U0129174

清代秘密宗教人物研究

齊汝萱 著

文 史 哲 學 集 成
文史哲出版社印行

國家圖書館出版品預行編目資料

清代秘密宗教人物研究 / 齊汝萱著 -- 初版 --
臺北市：文史哲, 民 103.02
　頁；公分（文史哲學集成；651）
　參考書目：頁
　ISBN 978-986-314-171-6（平裝）

1. 秘密宗教　2.民間信仰　3.清代

271.9　　　　　　　　　　　103004027

文 史 哲 學 集 成　　　651

清代秘密宗教人物研究

著　　　者：齊　　　汝　　　萱
出 版 者：文　史　哲　出　版　社
　　　　　http://www.lapen.com.tw
　　　　　e-mail：lapen@ms74.hinet.net
登記證字號：行政院新聞局版臺業字五三三七號
發 行 人：彭　　　正　　　雄
發 行 所：文　史　哲　出　版　社
印 刷 者：文　史　哲　出　版　社
臺北市羅斯福路一段七十二巷四號
郵政劃撥帳號：一六一八〇一七五
電話886-2-23511028・傳真886-2-23965656

實價新臺幣六四〇元

中 華 民 國 一〇三 年（2014）二月初版

清代秘密宗教人物研究

目　　次

圖表目次

第一章　緒　論

　　民間秘密宗教一方面對朝廷而言，為一種秘密性質的非法組織；一方面是相對於佛教和道教等傳統正信宗教，在其之外的異端教派。[1]因其「不合法」的性質而被清代官方稱作「邪教」，並有相關的法律規範與罰則加以查禁取締。民間秘密宗教本身即是一個複合概念，從清代所留存的史料中，可看出其所具多元面貌，不同教派在其內在本質上有所差異，有些教派具暴力傾向，作亂鄉里，造成社會衝突；有些教派提供社會規範、道德教化或其他服務如醫療等，具社會功能；亦有教派在其宗教觀上，提供一套對生命的終極關懷。底層民眾依據內心想望，受其吸引，參與其中。

　　有清一代，民間秘密宗教盛行於地方社會，民間秘密宗教的研究即成為研究清代地方社會相當重要的一環，在此一題材上，過去一二十年來的研究不算少數，有以民間秘密宗教總論、各教門專述、宗教教義與思想信仰、寶卷研究、官方查禁與教派起事以及各類專門主題研究等，研究成果豐碩。[2]唯在人物研究的議題上，較少以人物研究做為視角進行

1　莊吉發，《真空家鄉 ── 清代民間秘密宗教史研究》，臺北：文史哲出版社，2002年，頁5。
2　參見本書附錄「近十年海峽兩岸明清時期民間秘密宗教研究之回顧與展望（2003~2013）」。

深入探討，關注仍稍嫌不足。而少數注意人物的研究中，雖多少提及「歷史爲人所創造」、「歷史研究以人爲本」或是「歷史記載以人物爲中心」這類以「歷史學就是以人物作爲主要的研究對象」等的論調，但此中大多數的研究仍集中於對群體的探討，對於個體研究的認知仍停留在單一特殊個體的討論或介紹上。因此，本篇研究將擬以蒐集並且分析探討個體，並將這些個體歸納分類，進而拼湊成群體，再透過對這些群體的分析，試圖從人物研究中勾勒出民間秘密宗教在清代地方社會的樣貌。人物探討與分析在社會史研究上極具重要性，故本書以社會史思維出發，試圖透過研究清代地方社會上參與民間秘密宗教的各類人物作分析，從中觀察清代地方上的民間秘密宗教活動對歷史演變造成的社會發展與影響。

清代的地方社會上，民間秘密宗教相當盛行。本書以分析民間秘密宗教人物爲主軸，透過論述參與民間秘密宗教的各類人物，呈現出這些人物的特質，並嘗試將本書的研究問題聚焦在討論以下幾點：如有清一代，何以民間秘密宗教特別盛行？若從人物研究的角度來看，民間秘密宗教的起源與發展是何種情形？清代的皇帝以及朝廷官員對於民間秘密宗教中的人物持何種態度與看法？又在官方的政策和法律規範上，呈現出何種面貌？此外，清代的平民百姓爲何熱衷參與民間秘密宗教活動？而參與民間秘密宗教的人們有哪些類型？其分別在民間秘密宗教中有何種地位？在民間秘密宗教中，不同屬性類型的人物與民間秘密宗教教派本身的屬性性質之間關係爲何？又在整個清代近三百年的歷史脈絡上，不同時期參與民間秘密宗教的人們在特質上是否有所不同？最

後,參與民間秘密宗教的人物,他們所扮演的社會角色為何？對整個清代社會具有何種影響力？以上幾點,為本書所欲探討的主要問題。

　　藉由前述問題的探討,從人物研究的視角切入,欲深入分析探討以人物為研究主軸的清代民間秘密宗教淵源與發展、清代官方對於民間秘密宗教人物的政策與態度、清代參與民間秘密宗教的人物在不同時期的面貌,以及其所扮演的社會角色,進而對整個清代社會的影響與功能。本書嘗試以全清作為時間斷限,由於遷就於史料的限制,在確切的時間點上,上溯至清初崇德年間,下探至清末光緒宣統時期,將觀察民間秘密宗教人物在清代社會中的面貌,以及其所扮演的角色,並歸納其所具有的特質,建構出其所反映出的整個清代庶民社會與文化。

　　在研究方法上,主要採用歷史文獻分析法,將官方檔案、口供文獻、奏摺、實錄、方志、文集、筆記小說等史料進行分析與比較歸納,透過史料的蒐集與解析,拼湊歷史事實的發展與演變,再近一步從史實發展與演變中提出適當與合理的歷史解釋,乃至於建構出一個歷史理論架構。並且期望能透過此課題的書寫,試圖達到保存史料以及解決問題。

圖 1-0-1 研究方法架構模型圖

　　除此之外,同時亦參考社會學、政治學與心理學等社會科學的理論架構,來增強研究深度。從社會學的理論視角看

民間秘密宗教人物在地方上扮演的角色以及其功能與衝突；政治學的理論提供了分析清廷官方的統治策略以及民間秘密宗教內領導人物的分析方法；心理學的理論架構則充實了分析民間秘密宗教內各色人物心態的研究方法。

　　而文獻史料是歷史研究的基礎，透過文獻史料得知過去的人事時地物之間的關係、事件的發生以及演變過程。臺灣目前所藏史料以清代史料為多，本書的研究與書寫亦得利於此，在原始材料上的取用主要有三：一為兩岸分別整理出版的紙本史料；二為臺北國立故宮博物院典藏尚未整理出版的原始材料；三為電子資源的使用，主要以中央研究院的漢籍電子全文資料庫中，歷史語言所建「漢籍全文資料庫」。

（一）海峽兩岸整理出版的一手史料

　　歷史檔案是直接史料，可信度較高，透過檔案解讀是探討清代民間秘密宗教史的重要途徑。近年來，兩岸積極將史料整理出版，提供豐富的第一手資料，不僅有助理論架構建立，還可帶動研究風氣，擴大研究領域。[3]此外，檔案特點在於其本身為歷史事件正在進行過程中的文件，由當時社會活動過程直接形成的原始記錄，非事件的傳聞或之後的回憶，亦非事後為某種目的撰寫的著作或編制的材料。因此能較客觀反映當時的真實情況，是研究歷史比較可靠的證據之一。[4]

　　由於地理因素以及其他諸多條件上的限制，在中國大陸

3　莊吉發，《真空家鄉：清代民間秘密宗教史研究》，頁2。
4　中國第一歷史檔案館撰，〈清代檔案與清史修撰〉，《清史研究》第3期，2002年8月，頁4。

上的原始資料取得不易，在這方面的解決之道，主要以《清廷查辦秘密社會案》[5]中收錄的中國大陸地區史料與秘密社會相關的原始材料爲主，以及《康熙朝漢文硃批奏摺彙編》[6]、《雍正朝漢文硃批奏摺彙編》[7]、《乾隆朝上諭檔》[8]、《嘉慶道光兩朝上諭檔》、[9]《咸豐同治兩朝上諭檔》、[10]、《光緒朝硃批奏摺・秘密結社》[11]等，還有北京中國社會科學院歷史研究所編印的《清中期五省白蓮教起義資料》[12]等出版品。

在臺灣地區有中央研究院出版的《明清史料》[13]、《明清檔案》[14]皆爲本書研究重要的參考資料，以及臺北國立故宮博物院編印的檔案史料，如《宮中檔康熙朝奏摺》[15]、《宮中檔雍正朝奏摺》[16]、《宮中檔乾隆朝奏摺》[17]等，另外尚有《清實錄》、《大清會典》等官書典籍，這些出版的資料，對於研究清代民間秘密宗教，提供了珍貴的直接史料。

（二）臺北國立故宮博物院典藏的原始材料

除了上述已出版或已整理編印的直接史料外，本篇研究

---

5 劉子揚、張莉，《清廷查辦秘密社會案》v.1~v.40，北京：線裝書局，2006年。
6 《康熙朝漢文硃批奏摺彙編》，北京：檔案出版社，1984~1985年。
7 《雍正朝漢文硃批奏摺彙編》，上海：江蘇古籍出版社，1991年。
8 《乾隆朝上諭檔》，北京：檔案出版社，1991年。
9 《嘉慶道光兩朝上諭檔》，桂林：廣西師範大學出版社，2000年。
10 《咸豐同治兩朝上諭檔》，桂林：廣西師範大學出版社，1998年。
11 《光緒朝硃批奏摺・秘密結社》，北京：中華書局，1996年。
12 《清中期五省白蓮教起義資料》v.1~v.5，江蘇：江蘇人民出版社，1981年。
13 《明清史料》，臺北：國立中央研究院歷史語言研究所，1972年。
14 張偉仁編，《明清檔案》，臺北：聯經出版社，1986年。
15 《宮中檔康熙朝奏摺》，臺北：國立故宮博物院藏，1976年。
16 《宮中檔雍正朝奏摺》，臺北：國立故宮博物院藏，1977~1979年。
17 《宮中檔乾隆朝奏摺》，臺北：國立故宮博物院藏，1982~1988年。

亦使用不少尚未整理出版的原始材料，這些材料目前典藏於臺北國立故宮博物院，主要以文獻檔冊資料爲主，有《宮中檔》、《軍機處‧月摺包》、《外紀檔》、《上諭檔》、《月摺檔》、《議覆檔》、《林案檔》、《剿捕檔》等檔冊等。這些檔案史料主要爲清代臣工進呈皇帝的書面報告，其中又以地方大吏所奏者爲多，內容有官員對民間秘密宗教的描述與看法，也有皇帝看待邪教案件的硃批意見與批示，亦有被捕人民的口供，從這些材料中可以看到人民、官員與皇帝三種不同角度的看法。

（三）電子資料庫的使用

漢籍全文資料庫計畫肇始於 1984 年，目標是爲收錄對中國傳統人文研究具有重要價值的文獻，建立全文電子資料庫，作爲學術研究的輔助工具。資料庫內容以史部爲主，經、子、集部爲輔。以類別相屬，又可略分爲宗教文獻、醫藥文獻、文學與文集、政書、類書與史料彙編等，目前累計收錄歷代典籍已達六百七十多種，內容幾乎涵括所有重要典籍且仍在繼續新增書目。[18]

此外，在目前臺灣的研究環境上，因時代日新月異，數位環境逐漸形成，電子資料庫的建構造福研究者甚多，[19]中央研究院、臺北國立故宮博物院等學術與博物館機構皆有參

---

18 參見「漢籍全文資料庫」網址 http://hanji.sinica.edu.tw/。
19 數位典藏（digital　archive）是指將有保存價值之實體或非實體資料，透過數位化方式（攝影、掃描、影音拍攝、全文輸入等），並加上後設資料的描述（檔案本身的內容、背景、屬性等介紹），以數位檔案的形式儲存。

與。電子資源便捷實用，但目前仍無法將所有資料完全收錄，部份的檔案材料仍須依靠調閱原件。臺北國立故宮博物院圖書文獻處典藏有為數甚豐的善本古籍及清代檔案文獻，上述材料經臺北國立故宮博物院內的文獻圖書館對外開放，但限於館內閱覽，借閱人需填寫提件申請單，由館員至庫房提取所需資料。[20]實體環境的善本古籍與檔案文獻資源可與數位環境的電子資源相輔配合，使得研究者在研究工作的進行上更有效率。

第一節 清代民間秘密宗教的淵源與特性

—— 以人物為探討中心

有清一代，民間秘密宗教發展極盛，但若說起民間秘密宗教的起源，清代實非民間秘密宗教源起的開端，然則本書以研究「清代」民間秘密宗教為主，故僅討論大清一代的民間秘密宗教，即便如此，為求通順連貫，因此，偶有延續明代之人事物稍作討論者亦不為過。明清時期的民間秘密宗教起源、發展及其特色，在學術界中討論已久，以此議題為範疇的專題論文及相關著作亦多，[21]但討論方向向來少以「人物」為中心，故在此節中，將著重於透過人物的探討與分析來研究此一議題。

---

20 國立故宮博物院，《國立故宮博物院圖書館簡介》，頁 20~25。
21 參見本書註 2。

　　民間秘密宗教活躍於地方社會，各朝政府時有查禁，因此教門名稱時有改變，以防官員查拿。[22]及至清代，民間秘密宗教教門名目甚多，且組織龐雜，僅以清代官方查拿、審辦秘密社會組織所形成的檔案記載，教門名目多達百來種。[23]在此之中，既有明代傳襲下來的民間秘密宗教教門組織，如白蓮教、羅教、聞香教等；亦有在清代陸續成立的，如八卦教、雲南大乘教、一炷香教等；也有在清代各個不同的歷史發展階段中，從舊有的教門組織中分化衍生出來的，如一字教、未來教、橋梁會等。[24]然則，民間秘密宗教教門的創立，皆有靈魂人物，在其中扮演重要角色，此即是創教人物。以下將以教門類別做為準則，再以圖表輔助，分別排列比較、分析這些在明清時期盛行的民間秘密宗教教門的創教人物及各教派的傳承與發展關係。

表 1-1-1 民間秘密宗教創教人物與傳布地區及盛行時代

教門	衍生轉化	創教人物	傳佈區域	盛行時代
一字教	羅教名改名	清・姚姓	浙江、江西	雍正至乾隆年間
一字教	白陽教改名	清・周添明	直隸、山東	道光年間
一炷香教（朝天一炷香教、一炷香如意教）		明末・董吉升（董四海）	直隸、山東、奉天、吉林	明末至道光年間

---

22 王爾敏，〈秘密宗教與秘密會社之生態環境及社會功能〉，《近代史研究所集刊》，第 10 期，1981 年，頁 35。

23 劉子揚、張莉編，《清廷查辦祕密社會案》，v1~40，北京：線裝書局，2006 年，第 1 冊，頁 3。計數共一百零七種；澤田瑞穗著，《校注破邪詳辯：中國民間宗教結社研究資料》，東京：道教刊行會，1972 年，附錄。明清時期的教門名目約一百四十餘種。

24 劉子揚、張莉編，《清廷查辦祕密社會案》，第 1 冊，頁 3~6。

一炷香教	三元教改名	清・陳恭玉	直隸等地	嘉慶至道光年間
十王會	大乘教分化	清・孫文治	山東	道光年間
三寶大教		清・楊藍	陝西	順治年間
三乘會 （糍粑教）	羅教、無爲教支派	清・潘千乘 （潘茂芳）	江南、安徽	康熙末年至雍正年間
三皇聖祖教	圓頓教改立	清・黃森官	江西	雍正年間
三元會空子教	八卦教別名	清・牛三花拉	山東	雍正年間
三益教	收元教改名	清・姚應彩	湖北	乾隆年間
三陽教	混元教改名	清・劉之協	安徽、湖北、河南	嘉慶年間
三陽教	白陽教改名	清・段春和	山東	同治年間
大成教 （羅教）	脫胎於羅教	清・石伸	直隸、江蘇	雍正年間
大乘天真圓頓教 （圓頓教）		明・張豪	河南、江南、湖南、湖北、四川、山西、陝西	明至嘉慶年間
山西老會	黃天道支派	清・曹生泰	山西	乾隆年間
天圓教		清・舒思硯 （舒靖文）	浙江、江蘇	清初至乾隆年間
元頓教 （悄悄會、紅單教）	圓頓教改名	清・王伏林	陝西、甘肅	清初至乾隆年間
白蓮教		宋・茅子元	直隸、湖北、四川、山東、河南、湖廣、山西、雲南、貴州、江南、江西等處	全清
白陽會		清・劉姓道士	山東、陝西	康熙至乾隆年間
五葷道收元教 （收元教、 五葷道、八卦教）		清・劉佐臣	直隸、山東、山西、江南、江蘇	康熙至乾隆年間
未來教	白陽教改名	清・孫榮	直隸、湖北	乾隆至道光年間
末後一著教		清・王覺一	山東、湖廣、	道光至光

			江蘇、安徽、河南	緒年間
弘陽教（紅陽教、混元紅陽教）		明・高揚（韓太湖、混元老祖、飄高祖）	直隸、奉天、山東、山西、四川以及湖南等地	明末至清乾隆年間
收元教	榮華會改名	清・徐國泰	河南	乾隆年間
收緣會		清・胡二引進	直隸	乾隆年間
收圓教	無爲教改名	清・金悰有	安徽	嘉慶年間
成仙會		清・甘普	華亭、鳳翔各府縣	乾隆年間
老官齋教	羅教支派	明・姚文宇（普善）	福建、浙江	乾隆年間
油蠟教	圓頓教改名	清・魏子明	山西	清初至乾隆年間
長生教（長生道）	黃天道支派	清・汪長生	浙江、江蘇	雍正至乾隆年間
青蓮教（報恩會）	五盤教演化	清・楊守一	雲南、貴州	道光年間
兩杯茶教		清・盛廣大	江蘇	同治年間
青陽教	白蓮教轉化	清・趙文申、趙文世	河南	乾隆年間
清淨無爲教	聞香教支派	清・王懌	直隸	雍正至乾隆年間
清水教		清・胡黃狗	貴州	同治至光緒年間
順天教		清・劉才運	直隸	雍正年間
黃天道（黃天道教、黃天教）		明・李賓（普明）	直隸	明末至乾隆年間
無爲教	羅教的別稱	清・王道	直隸、山東、山西、浙江	清初至乾隆年間
雲南大乘教（西來教）		清・張保太	雲南、貴州、四川、江蘇，並流傳於湖廣及江南等數省	雍正至乾隆年間
源洞教（收緣教）		清・段思愛	山西	康熙至乾隆年間

圓明教		清・劉李氏	江寧等地	嘉慶年間
聚仙會	齋教支派	清・仇光耀	湖北	同治年間
聞香教		明・王森（王道森、石自然）	直隸、山西、陝西	明代至雍正年間
儒門教		清・田恒實	河南	乾隆年間
燈花教		清・劉儀順	四川、湖北、貴州	道光年間
龍天道	紅陽教的改名	清・張天佑	直隸、山東	乾隆年間
龍華會	雲南大乘教支派	清・吳時濟	江蘇	乾隆年間
橋梁會	無為教支派	清・胡昌思	山西	乾隆年間
彌陀教（又稱龍華會）		清・張妙松	江蘇、安徽、山東、河南	光緒年間
羅祖教		明・羅夢鴻	山東、湖南、江蘇、廣東、福建、浙江、江西、江南	康熙至乾隆年間
觀音會	大乘教支派	清・盧晉士	湖北	嘉慶年間

資料來源：《大清太宗文皇帝實錄》、《大清世祖章皇帝實錄》、《大清聖祖仁皇帝實錄》、《大清世宗憲皇帝實錄》、《大清高宗純皇帝實錄》、《上諭檔》、《史料旬刊》、《月摺檔》、《明清檔案》、《皇清奏議》、《軍機處檔・月摺包》、《宮中檔》、《宮中檔雍正朝奏摺》、《雍正朝漢文硃批奏摺彙編》、《宮中檔乾隆朝奏摺》、《康熙起居注冊》、《清代檔案史料叢編》、《清廷查辦秘密社會案》。

白蓮教相傳創立於南宋初年，創立者為茅子元，其十九歲落髮為僧，習止觀禪法，據稱其「一日坐定中，聞鴉聲而悟道」。其後，便仿照結蓮社的作法，創立白蓮宗，目的在藉由通過勸人皈依，達到普結淨緣，讓人們在精神上有所依託。[25]白蓮教的發展淵源久遠，在明清時期發展興盛，其傳習活動貫穿全清。清代官府破獲民間秘密教門時常歸結為白蓮教系

---

25 劉子揚、張莉編，《清廷查辦秘密社會案》，第1冊，頁6。

統。以目前所存的檔案而言，清代最早破獲的白蓮教案件，應在順治初年，[26]其後，於康熙朝查獲有山東蘭陽縣李雪臣案，[27]至雍正五年（1727），於山西長治縣破獲張進斗傳習的白蓮教，白蓮教傳教者張進斗於教內被爲稱張公祖，白蓮教內名稱多元又有稱混元教或無爲教以及榮華會等，其名目眾多之因，除爲躲避官府外，亦與輾轉傳習，支派眾多有關。[28]

　　白蓮教在乾隆朝前期的活動亦爲活躍，乾隆六年（1741）六月初三日，有湖廣安陸府沔陽州人王在一呈控其妻舅向彥升煽惑其妻向氏入白蓮案一案。向彥升是白蓮教的頭目，雍正九年（1731），向彥升拉其妹夫王在一入教，但由於王在一堅決不入教，於是便轉拉向氏入教成功。入教後的向氏，便不回家，捨子棄夫，王在一因幼子無依，便往沔陽州告官，官府隨即押取向彥升，並出具甘結，向氏亦重返家中。但不久後，白蓮教主王尊一與向彥升夥同勾引向氏，王在一得知後，再往沔陽州告官，但官府不查前押結案，於是王在一轉奔安陸府，官府亦不究，王在一激叩督部，督部命沔陽州查明，沔陽州接督批不究邪教，反指王在一瘋癲，督部即消案。

26 劉子揚、張莉編，《清廷查辦秘密社會案》，第 6 冊，頁 4~8。張存仁題本，順治八年閏二月初七日。

27 《宮中檔康熙朝奏摺》，第 7 輯，臺北：國立故宮博物院，1976 年，頁 259。直隸總督趙弘燮奏摺，康熙五十六年十月二十四日；《大清聖祖仁皇帝實錄》，（六），卷 275，頁 3。康熙五十六年，十一月己未。臺北：華文書局，1964 年，頁 3664。

28 《宮中檔雍正朝奏摺》，第 8 輯，臺北：國立故宮博物院，1978 年，頁 690。監察御史性桂等奏摺，雍正五年八月十六日；劉子揚、張莉編，《清廷查辦秘密社會案》，第 6 冊，頁 38~40。性桂等硃批奏摺，雍正五年九月十六日；《史料旬刊》，臺北：國風出版社，1963 年，天 298。山西巡撫覺羅石麟等奏摺，雍正五年十一月初六日。

向彥升與王尊一一夥人傳符授咒，使其妻向氏放火燒家，王在一帶著幼子逃命。[29]

至乾隆十八年（1753）時，官府破獲山西馮進京以及直隸王會混元教案，皆爲白蓮教系統，至乾隆二十二年（1757），河南張仁榮華會案、直隸胡二引進收緣會案，都源於張進斗之傳。[30]王會先因同村閻寡婦勸說入教，因其不識字，故找樓下村李起奉教經，但李起奉年紀大，只跟了三年，就去山西找馮進京。李起奉爲韓士英之徒，韓士英拜田金臺爲師，田金臺於乾隆七年因傳習收元教被查拏。至於山西長子縣人馮進京，其爲雍正五年（1727）山西長子縣破獲渾元教教主張進斗之徒，案發後，張進斗即被處斬，其餘教內信徒多從輕發落。馮進京於事過境遷後，又再稱老師父、未來佛，再次興教，引誘男女入教，斂取銀錢。[31]

到了乾隆四十年，河南鹿邑縣樊明德混元教案，樊明德混元教與張進斗所傳白蓮教亦有關連。其後，樊明德這支教派相延傳襲，其徒王懷玉一支在清中期教勢發達，稱爲牛八教。王懷玉傳徒劉松，官府破獲發配之後，在配所又與其徒

---

29 張偉仁編，《明清檔案》，第 103 冊，臺北：聯經出版社，1987 年，頁 B58359。都察院左都御史杭奕祿等奏副，乾隆六年六月二十六日。

30 劉子揚、張莉編，《清廷查辦秘密社會案》，第 6 冊，頁 46~58、63~74、108~120、142~155、157~170。方觀承錄副奏摺並附供單，乾隆十八年七月初九日、胡寶瑔錄副奏摺並附供單，乾隆十八年七月二十五日、蔣炳奏摺並附單，乾隆十八年七月二十六日、方觀承奏摺附單，乾隆十八年八月初一日、方觀承錄副奏摺並附供單，乾隆十八年八月初二日。

31 劉子揚、張莉編，《清廷查辦秘密社會案》，第 6 冊，頁 259~260、262~266。阿思哈祑批奏摺，乾隆三十三年九月十七日、阿思哈祑批奏摺，乾隆三十三年十月十三日。

劉之協、宋之清改立三陽教，但因所斂銀錢分配問題，宋之清又自立西天大乘教，其後參與嘉慶元年時的川陝處白蓮教動亂。[32]

　　另外有羅祖教簡稱羅教，亦爲清代盛行的民間秘密宗教之一。羅教初名無爲教，是明代山東即墨縣人羅夢鴻所創，以清淨無爲創教，因此被稱爲無爲教，又因教中尊羅夢鴻爲羅祖，故又名羅祖教，簡稱羅教。羅夢鴻所撰五部六冊，成爲羅祖教的重要經典，羅夢鴻身故後，由其子女及弟子分別傳習，而形成許多支派。羅夢鴻之子佛正繼承教主地位，世代傳習羅教；羅夢鴻之女羅廣，法名佛廣，與其夫王蓋人則以無爲教或大乘教名目繼續傳教。[33]

　　羅教創教者羅夢鴻，爲軍人出身，因於老年時，倍感精神無所寄託，故在此之際，突發奇想以佛教「禪宗」教義爲基礎，並提出以「清淨無爲」立教。追求無生境界、真空境界。羅夢鴻創教目的與教義，集中在該教所傳經書「五部六冊」中。這部經卷，是其弟子將他四處遊說所傳教義，記錄整理而成。羅教在清代相當盛行，並對清代社會產生重大影響。目前所見清代檔案記載最早發現羅教的活動，是在雍正五年（1727），查辦江淮衛七幫水手嚴會生被趙玉割去左耳一案，[34]追查出羅教是由翁姓等三人自直隸傳至江南，在漕幫水手中傳習，並於漕運沿途之浙江、江蘇、江西等處建立

---

32 《剿捕檔》，臺北：國立故宮博物院藏，頁 147。劉之協供詞，嘉慶五年八月初七日。
33 莊吉發，《真空家鄉 —— 清代民間秘密宗教史研究》，臺北：文史哲出版社，2002 年，頁 83。
34 劉子揚、張莉編，《清廷查辦秘密社會案》，第 6 冊，頁 331。

庵堂。庵堂既是傳教據點，又為山東、河南等籍各幫水手，糧船回空時的棲身之所。乾隆十四年（1749）廣東韶州杜清謨等傳習羅教案。[35]乾隆二十二年（1757），浙江平湖縣劉阿長設教開堂，傳習羅祖教，每年正月二十八、六月十九、八月十五拜佛念經。[36]乾隆四十五年（1780）福建建寧地方查出有沈本源傳習羅祖大乘教，吃齋修善，收徒傳教。[37]

老官齋教是羅教系統的教門之一，由明代浙江處州慶元縣姚文羽所創立，其後輾轉流傳至清代，皆由姚姓家族世代相傳。[38]乾隆十二年（1747），地方官府於福建建安、甌寧兩縣，查獲齋教明堂會首陳光耀傳教劫獄案；[39]在處理此案後，又於福建、江西查辦老官齋教。[40]先後拿獲姚家震父子，並於建寧等縣查有羅教等名目齋堂六十四處，每處在齋堂吃齋者自二三人至十餘人不等。老官齋教在地方上的特徵有二：一為關懷地方弱勢，教內有許多社會福利制度；一為在地方上形成暴力集團，製造騷動和動亂。

---

35 《軍機處檔‧月摺包》，臺北：國立故宮博物院藏，第 2740 箱，36 包，5157 號，碩色等奏摺錄副，乾隆十三年十二月十九日；秦寶琦，《中國地下社會》，北京：學苑出版社，1994 年，頁 117。

36 劉子揚、張莉編，《清廷查辦秘密社會案》，第 6 冊，頁 344~345、346。彰柱錄副奏摺，乾隆二十二年八月十六日、楊廷璋奏摺，乾隆二十二年八月二十四日。

37 《軍機處檔‧月摺包》，第 2705 箱，129 包，30065 號，江西巡撫郝碩奏摺錄副，乾隆四十六年三月二十三日。

38 《宮中檔雍正朝奏摺》，第 14 輯，臺北：國立故宮博物院，1979 年，頁 699。福建巡撫劉世明奏摺，雍正七年十月十三日。

39 《軍機處檔‧月摺包》，第 2772 箱，14 包，1968 號，武進陞奏摺錄副，乾隆十三年正月二十八。

40 《史料旬刊》，第 29 期，地 66。閩浙總督喀爾吉善等奏，乾隆十三年六月初九日。劉子揚、張莉編，《清廷查辦秘密社會案》，第 7 冊，頁 393~396。新柱硃批奏摺，乾隆十三年三月十四日。

　　清代末年，齋教之名已非單一教名。清官方文書記載中，常將「食齋」的教門，通稱為齋教或稱「齋匪」。咸豐、同治以及光緒年間，在各地陸續發生的齋教教徒起事約有十餘起。其中影響最大的是光緒二十一年（1895），福建古田的菜會案，其頭目鄭淮即鄭九九與劉祥與謀劃反天主教舉事，這是清末發生在福建地方上最大的一起齋教徒與天主教之間的教案。[41]其教門組織已明顯表現出教門與幫會相互滲透，而其傳教目的，在於糾人造反。這種情形於清代末年，常見於各教門之中。

　　黃天道又名黃天道教，簡稱黃天教，為明代李賓所創。李賓是直隸宣化府南興寧鎮上牛村人，出身農家，早年在當軍人鎮守野狐嶺關口時失去一目，後因被誣告積欠糧草而遭受酷刑，釋放回家後即開始修煉悟道，自稱當陽佛轉世，於嘉靖三十三年（1554）創立黃天道，法號普明，著有《普明如來無為了義寶卷》。黃天道創立後，主要在宣化府和山西大同一帶秘密流傳，後來李普明遷至萬全衛屬膳房堡，並於附近的碧天寺內講經說法，嘉靖三十七年（1558）身故。[42]到了康熙年間，黃天道仍以直隸萬全縣等地為中心，在華北各地傳播。康熙十一年（1672）十二月，《康熙起居注冊》中記載：

> 至於黃天、弘陽等教，男女雜集，誦經說法，先經嚴禁，至今尚未革除。切思此等之人，自古以來，只足

---

41 劉子揚、張莉編，《清廷查辦秘密社會案》，第 33 冊，頁 9737~9739。邊寶泉錄副奏摺，光緒二十一年九月二十二日。
42 莊吉發，《真空家鄉 —— 清代民間秘密宗教史研究》，頁 81~83。

> 為害，實無裨益。若不預行禁止，恐愚民被其煽惑，
> 深為不便……且嚴禁黃天等邪教。[43]

雖然朝中大臣與康熙皇帝在面對黃天教時，態度一致，但仍無法禁絕黃天教，康熙四十一年（1702），直隸萬全縣黃天道嫡派傳人李蔚曾公開爲李賓樹碑。李蔚是貢生，爲李賓胞兄李宸的四世孫，曾做過教首，死後被黃天道信徒尊爲普慧佛。[44]

雍正十三年（1735），直隸保定營參將王之琳拏獲竊賊山西平定州李尚發等人。供出鄰人李福傳習皇天教，家中藏有邪書五種，其中《寇天寶書》內載有「二康發現到卯年時節交換」之語，相傳李福之子李俊成會呼風喚雨，李尚發亦曾親見李俊成咒倒大樹，教中以陳蠻子爲軍師。[45]直隸總督李衛以李福傳習邪教，煽惑愚民，圖謀不軌，移咨山西查拏李福父子。時至乾隆年間時，出現山西老會、續安會以及天眞堂、長生道、長生教以及子孫教等名目，皆屬黃天道教系統。直隸萬全衛膳房堡西郊的碧天寺原爲佛教寺院，在李賓創立黃天道後，即將碧天寺作爲修道場所。

乾隆初年，碧天寺住持李繼應被捕後供認爲黃天道教首李懷雨之徒。山西介休縣張蘭鎮人曹生泰於乾隆五年（1740）間與黃天道教首李懷雨常相往來。曹生泰抄錄李賓所遺留的

---

43 《康熙起居注冊》，（一），北京：中華書局，1984年，頁69。學士傅達理遵旨覆奏，康熙十一年十二月二十一日。

44 劉子揚、張莉編，《清廷查辦秘密社會案》，第6冊，頁306~316。兆惠等錄副奏摺並附供單，乾隆二十八年四月十二日。

45 《史料旬刊》，第17期，天608，直隸總督李衛奏摺，雍正十三年八月初十日。

經卷，並於卷面上繪畫圖像。其後，曹生泰在返回山西介休縣設立山西老會，除此之外，亦使用續安會、天真堂等名目。[46]

黃天道在乾隆年間的民間社會中仍然相當流行，自清初以來，官府即不斷對其嚴加取締，乾隆二十八年（1763），拆燬碧天寺及普明墳塔對黃天道的打擊相當嚴重。乾隆二十七年（1762）冬，口北道員玉神保因公至直隸省城，直隸總督方觀承即面囑玉神保查明信眾祭拜李賓墳塔情形，其後，方觀承又由張家口親自前往查勘，查明廟塔在膳房堡迤西二里許碧天寺內，為一座十三層的石塔，高三丈六尺，周十二步，即為李賓夫婦的墳墓，稱為明光塔，因李賓號普明，其妻王氏號普光，取普明的「明」及普光的「光」而得名。普明和普光都被教內信眾尊為佛祖。廟中住持李繼印即是李繼應，不僧不道，住屋三間，亦於屋內圈砌成洞。方觀承查看經卷刻本及抄本，疑其另有藏匿，將李繼印所居圈洞夾牆刨毀，其空隙處有經卷符篆字蹟木戳藏匿在內。[47]乾隆二十八年（1763）四月初六日，方觀承、兆惠等人從宣化起程前往萬全縣碧天寺，凡遇有碑碣字蹟，即行詳細閱看，見到普明塔前碑記上有「康熙四十一年元孫李蔚立石」等字樣，李蔚為是歲貢生，普明胞兄李宸四世孫，曾充教首，死後被尊為普慧佛。兆惠飭令將明光塔連夜拆毀，塔下並無普明夫婦棺屍，便又令人在彌勒殿中間深掘，至一丈六尺有餘，終於鍬

---

46 《宮中檔乾隆朝奏摺》，第 17 輯，臺北：國立故宮博物院，1983 年，頁 347。山西巡撫明德奏摺，乾隆二十八年四月初一日。

47 《宮中檔乾隆朝奏摺》，第 17 輯，頁 288。直隸總督方關承奏摺，乾隆二十八年三月二十七日。

獲屍骨，將二屍骸骨拋棄郡城外，即於車道寸磔揚灰，並將碧天寺屋宇拆爲平地。[48]

嘉慶年間，有李春治素習黃天道教，平時四處收徒傳教。有山西天鎮縣人羅若升、閻存富以及王珍即王畛等人先後拜其爲師，皈依黃天道教。其後，李春治遇有直隸萬全縣人任時花、任時幅即任時貴兄弟二人，便勸令任時花兄弟一同拜師入教，吃齋唸經，任時花兄弟兩人即聽從李春治之言，遂拜李春治爲師，皈依黃天道教。任時花平日爲人治病，謝資各聽人便。其後，嘉慶十八年（1813）間，李春治因傳習黃天道教被官府拿獲，審訊後李春治被發遣，而任時花、任時幅以及羅若升等人，均行杖責，此後，任時花便不再習教。到了嘉慶二十四年（1819）十月間，羅若升前往任時花家中，與任時花商議共謀黃天道教復興之事，任時花應允幫助復興黃天道教。次年，任時花與羅若升、王畛等人便開始復傳黃天道教，在山西天鎮縣地方先後哄誘於開科等人及婦女丁王氏等人皈依黃天道教，做會騙錢。此外，任時花亦以醫療治病的方法傳教收徒，有任瑞、胡育因身患疾病，央求任時花醫治，並隨同磕頭念經。同年十二月間，羅若升到任氏兄弟家中做會。道光元年（1821）正月間，任時幅等人前往羅若升家中做會時，旋即被官府拿獲到案。[49]

---

48 《宮中檔乾隆朝奏摺》，第 17 輯，頁 423。直隸總督方關承奏摺，乾隆二十八年四月十二日。劉子揚、張莉編，《清廷查辦秘密社會案》，第 6 冊，頁 292、306~316、319~324。明德錄副奏摺，乾隆二十八年四月初五日、兆惠等錄副奏摺並附供單，乾隆二十八年四月十二日、方觀承奏摺附供單，乾隆二十八年。
49 劉子揚、張莉編，《清廷查辦秘密社會案》，第 6 冊，頁 327~328、329~330。

　　另有聞香教爲明代萬曆年間，直隷薊州人王森所創立。王森又名王道森，原名石自然。祖籍順天府薊州，遷居灤州石佛口。以輪迴生死、誘人修來世善果爲名，吃齋念經。[50]聞香教在傳教過程中用過多種名稱。明末清初，爲躲避官府鎮壓，改稱爲大乘教、善友會等名目。順治年間，聞香教即是以大成教等名目在直隷等地繼續活動。[51]至順治二年（1645），直隷真定府普州武強縣人趙高明等吃齋拜饒陽縣之大成教首孔道爲師，皈依大成教，每日叩頭三次：一報天地；二報皇天；三報父母。教中宣稱將來兵火臨頭，入教之後，便可消災免厄。趙高明在家蓄藏向孔道借抄的《九蓮經》、《定劫經》等寶卷，經卷中有「彌勒佛掌教」、「十辵小月是個趙」、「十辵小月坐龍墩」等隱語。教內的變天思想濃厚，順治四年（1647）四月，山西絳州境內查獲一起大成教聚眾起事案，經山西巡撫申朝紀嚴緝剿平，教首鄭登啓及僧人王月天等俱拏獲處決。[52]

　　大成教的傳播，在範圍上遠至廣東，順治十六年（1659）閏三月初四日，廣東查獲周裕傳習大成教一案。周裕自稱大成教教主，傳授七珍八寶，誘人領香聚會。大成教教主周裕自順治六年間，投拜於正黃旗原吏部侍郎周希貴門下，後常往廣東做生意及傳教；大成教領眾師父馮正保在各處勸化引

　　方受疇錄副奏摺附片，道光元年三月初六日、成格錄副奏摺附片，道光元年三月初七日。

50　莊吉發，《真空家鄉 —— 清代民間秘密宗教史研究》，頁 67~69。

51　莊吉發，《真空家鄉 —— 清代民間秘密宗教史研究》，頁 73。

52　張偉仁編，《明清檔案》，第 6 冊，臺北：聯經出版社，1986 年，頁 B3277。山西巡撫祝世昌題本，順治四年十月二十七日。

進，欲藉此機會斂財蓋觀音堂。廣東巡按張問政將周裕、馮正保、盛啟明等發廣州府監候，教中的嬬婦鄒氏、劉氏、田氏等人俱行斬首正法。[53]

乾隆年間的清淨無爲教，是屬東大乘教的一個教門，由王森五世孫王懌所創立。[54]而清淨無爲教、東大乘教以及拜祖教皆屬於聞香教系統。[55]乾隆六年（1741）破獲清淨無爲教。直隸永清縣人高六指子住京師順城門外，其高祖高宏龍尚在之時，曾遇有陝西澳中府固原縣人陳姓，傳授清淨無爲教，並供奉天地君親師字軸。其後，高宏龍自任爲教主，開始持齋念經，勸人入教。在其身故後，即由高二接任教主掌理教務，每逢清明節及九月二十六日高宏龍忌辰時做會二次。在高二身故，由高六指子掌教，但因高六指子目不識丁，無法掌理教務，遂由其親戚王佐家人韓必登代爲掌理教中事務。[56]清淨無爲教雖爲東大乘教的一個教門，屬聞香教系統，但其教內每年作會二次，分別爲清明節以及九月二十六日的高宏龍忌辰。從中反映出高宏龍自從擔任教主，傳習清淨無爲教後，即使身死，亦在這支清淨無爲教中注入了個人色彩，此外，清明節向爲中國傳統社會中，相當重要的節日，民間秘密宗教與民俗節日結合，更能使民眾接受，並招來信徒。

53 劉子揚、張莉編，《清廷查辦秘密社會案》，第 6 冊，頁 274~275。張問政揭帖，順治十七年正月；張偉仁編，《明清檔案》，第 35 冊，臺北：聯經出版社，1986 年，頁 B20097~B20098。廣東巡按張問政揭帖，順治十七年正月初八日。
54 濮文起編《中國民間秘密宗教辭典》，成都：四川辭書出版社，1996 年，頁 232。
55 莊吉發，《真空家鄉 —— 清代民間秘密宗教史研究》，頁 116、118。
56 秦寶琦，《中國地下社會》，頁 309；《硃批奏摺》，北京：中國第一歷史檔案館藏，直隸總督那蘇圖奏摺，乾隆十一年十二月初七日。

此外，有清茶門教，其名稱來由是因教中以清茶供奉神佛而得名，故此又叫清茶會。清茶門教的傳教者大多為王森之後裔，王氏傳習清茶門教，自明代傳承自清代，皆為王姓族人代代相傳，輾轉收徒傳教，至嘉慶年間時，王氏家族傳教已到了第九代族人，故此，可以將其視作家族事業來看待。有河南涉縣人劉景寬、李秋元等人，傳習清茶門教，為直隸石佛口王幅、王九息等人至涉縣傳教時所傳授的。在教中規矩上，入教信眾要先在佛像前面接受三皈五戒。河南附近地方的清茶門教徒，每年於三月初三、七月初十以及臘月初八等日子，皆會前往李秋元家聚會。教內在收徒入教或聚會時，懸掛彌勒佛圖像，並以清茶三杯作為供奉，同時念誦寶卷。

有河南新野縣人張蒲蘭曾拜直隸石佛口王允恭為師，入清茶門教，傳習三皈五戒，茹素念經。在王允恭身故後，其子王時玉又至新野縣等地，仍收張蒲蘭為徒。乾隆五十年（1785），張蒲蘭帶著直隸石佛口人王英到張建謨家中，並和其說王英世習白蓮教，後改為清茶門教，又稱清淨法門，並勸其入教。直隸石佛口王英即為王道森的後裔。嘉慶十五年九月間，有王老二和王老三即王時玉至張學言、張建謨家中拜訪，聲稱其家族傳教已有九代，而乾隆五十年來傳教的王英是第七輩，人俱呼為相公爺。張建謨隨即又拜王老三為師。王時玉為王允恭的三子，嘉慶二十一年（1816）五月間，張建謨等人在湖北襄陽縣屬段家坡地方被捕。[57]

弘陽教相傳創自明代萬曆年間的飄高老祖，因其自稱弘

---

57 《上諭檔》，臺北：國立故宮博物院藏，頁 314。王時玉供詞，嘉慶二十年十二月二十五日。

陽子得名，教中崇奉混元老祖，故又稱混元弘陽教，簡稱混元教。至清乾隆時，因為避諱乾隆皇帝的名字「弘曆」，因此，在官書檔案中均將「弘陽教」改寫為「紅陽教」。[58]關於飄高老祖其人，學術界頗有爭議，大致可歸納兩種說法：一說飄高老祖是山西洪洞人高揚；一說飄高老祖是直隸廣平府曲周縣人韓太湖。事實上，高揚和韓太湖本是一個人，既無真假，也無前後之分。[59]康熙年間，在奉天境內查獲弘陽教案多起。康熙二十七年（1688），直隸人蔡萬賢在奉天下家河地方傳習弘陽教，教中規定每年七月十五日做盂蘭會一次，十二月初八日做太平會一次，蔡萬賢曾收梁起鳳等人為徒。康熙五十八年（1719），奉天一帶有正紅旗公明英家奴郭進英、金國弼等傳習弘陽教。[60]

　　乾隆朝時期，紅陽教屢遭取締，山西平遙縣人王毓山與王增元同村素來交好，王毓山的父親王永福尚在之時，曾經傳習紅陽教。王增元拜王永福為師，入紅陽教後與王毓山一起學習念經。乾隆十一年（1746），因直隸紅陽教被官府破獲，此時官府查禁民間秘密宗教甚嚴，王永福便將經卷、佛像交給王毓山和王增元分開收藏，不敢再行教念誦。乾隆十七年（1752），王永福病故，王毓山出門經營生意，而王增元在鄉務農為生。乾隆四十四年（1779）冬間，王毓山在外所經營的買賣生意折本，因而貧窮難以度日，而王增元亦因年老不能耕作種田。兩人遂商量一同復興紅陽教，以勸人消

58 劉子揚、張莉編，《清廷查辦秘密社會案》，第 6 冊，頁 24~25。
59 莊吉發，《真空家鄉——清代民間秘密宗教史研究》，頁 80~81。
60 《硃批奏摺》，奉天府尹弘晌奏摺，乾隆四十年五月十六日。

災求福為由，拉引鄉民入教，藉此獲取佈施的錢文分用。王
毓山與王增元因擅長針灸治病，因此常為附近村里居民治
病，因此，來求醫的病患痊癒後，兩人便會勸令病患入教，
鄉里間或有患病者，遂以紅陽教能消災治病而相繼加入紅陽
教。[61]王毓山之子王治瓏亦隨同拜佛念經，平遙縣人渠閏甫，
與王增元同村，乾隆四十五年（1780），渠閏甫便拜王增元
為師，入紅陽教，吃齋念經，有師叔王毓山、閻慶廷等人，
以及師兄郭永都等十餘人，每年七月初四日，開堂做會一次，
供奉飄高老祖。

　　乾隆四十六年（1781），郭全儀等人拜王增元為師，入
教吃齋念經。同年七月初四日，在王增元家起會，有段立基
等六人，均因針灸病痊，而前往佈施，王增元將段立基等六
人及其妻姓氏列寫會簿，代為念經保佑。乾隆四十七年
（1782），又有王庭福等人投拜王增元為師，村民許福貴等
人亦隨同入教。乾隆四十八年（1783），王訪才等人拜王增
元為師，亦入紅陽教。同年十月，渠閏甫因欲充南政村外龍
天廟住持，恐無經本攜帶，不能入廟，聞得京城琉璃廠五聖
菴有經本出售，便將住房三間賣給堂兄渠成倉，得銀五十兩，
次月初六日起身進京，行至直隸途中即被保定府拏獲，其後，
拏獲紅陽教教首王增元、王毓山等人。[62]

　　道光年間，紅陽教系統發展相當活躍，屬於此一系統的

61　《軍機處檔‧月摺包》，第 2776 箱，150 包，36027 號，山西巡撫農起
　　奏摺錄副，乾隆四十九年三月初七日。
62　《宮中檔乾隆朝奏摺》，臺北：國立故宮博物院，1987 年，第 59 輯，
　　頁 456。山西巡撫農起奏摺，乾隆四十九年三月初七日。

民間秘密教門尚有混元教、紅陽大乘會以及淨空教等，皆屬紅陽教系統。此一教門的特徵在於多以治病爲導向，進行收徒傳教。而其傳教者與信眾在地理分佈上，多分佈於直隸南皮、文安、永清等縣。有三道嶺眞武廟的住持王慶環，爲一僧人，其法名爲廣慶，是紅陽教教徒，四處遊方傳教。有直隸人辛存仁移居伯都諾廳屬葦子溝屯居住，嘉慶十七年（1812），王慶環恰遊方至辛存仁家門口，並向其化緣，因當天天色已晚，辛存仁便留宿王慶環。辛存仁的母親牟氏，時常患病，辛存仁便將其母的情形告知王慶環，並向其請教應如醫治。王慶環聽聞後，便向辛存仁表明爲紅陽教徒，且告知若供奉飄高老祖，並學習紅陽教，同時用黃紙寫立「無生老父，無生老母」的牌位，虔誠地供奉，日久便能以無中生有，有中消無，混元一氣，牟氏的身體自然便可痊癒。辛存仁聽信其言，隨即便拜王慶環爲師，皈依紅陽教。王慶環傳授打坐「三回九轉」的運氣功夫及咒語，另外又傳給「秉教沙門」篆體木印一顆，以及紅陽教經卷數冊，辛存仁便將木印與經卷放置牌位前一同供奉，每月初一、十五等日，便燒香十二炷，誦讀經卷。次年，王慶環又先後傳徒于成功與陳立功等人，是年秋間，因官府嚴查「邪教」，辛存仁害怕便將原寫的牌位撕燬，改供釋迦及如來等佛像，照常燒香誦經。至嘉慶二十年（1815），王慶環病故，辛存仁則繼續傳習紅陽教。

　　有張幅因自幼雙眼失明，所以學習算命，在其學成之後，便將其所學的算命道理改用於替人醫治病症上。嘉慶二十一年（1816），張幅與同樣雙目失明的張甫明兩人合夥，租地搭棚居住，爲人治病。其後，因經由張幅與張甫明兩人醫治

而得痊癒的病人與日俱增，因此，在當地及附近鄉里的居民遂相傳其搭棚居住的地方爲二仙洞。道光元年（1821）六月間，張甫明病故，到了道光四年（1824），張幅遇拜辛存仁，便拜其爲師，皈依紅陽教。辛存仁傳與張幅紅陽教經卷數冊，張幅便將其所傳的經卷燒香誦讀，直至道光六年（1826）十二月裡，辛存仁等人先後被官府拏獲到案。[63]

　　另有直隸南皮縣人張成位，平日傳習紅陽教，爲紅陽教教首，嘉慶三年（1798）同村的李可學，又名李進學，因身患疾病，而拜張成位爲師，皈依紅陽教，並且學習焚香治病。教首張成位每年分別於正月與十月兩次往邀門下信徒至其家做會拜佛，供奉飄高老祖，並誦讀紅陽教經卷，唱說好話。凡赴會的信徒，每人各給銀錢一、二百文不等，將此稱爲如意錢，作爲備辦齋供使用。至嘉慶十五年（1810），因張成位身故，李可學等人便停止做會。到了嘉慶二十四年（1819）時，李可學因其家中住屋出售，而無處棲身，便往霸州等處爲人傭工度日。道光三年（1823）正月間，李可學至直隸永清縣，遇有同樣學習紅陽教的直隸永清縣人于三道，兩人講論三皈五戒，相談甚歡，彼此便互稱道友。[64]

　　李可學除爲人傭工外，亦時常替人治病，有劉喜的祖母張氏因素患眼疾，便延請李可學醫治，李可學以焚香供茶來醫治張氏眼疾。道光五年（1825），李可學等人因傳習紅陽

63 《軍機處檔・月摺包》，第 2747 箱，9 包，55254 號。富俊奏摺錄副，道光七年三月二十五日。
64 《外紀檔》，臺北：國立故宮博物院藏。直隸總督那彥成奏摺抄件，道光五年十二月十九日。

教，被官府拏獲。[65]

五葷道收元教創自康熙初年的劉佐臣。在順治年間時，京畿弘陽教首領太監魏子義收河南人李樂天即劉佐臣爲徒傳習弘陽教，後來劉佐臣寄居山東單縣，並於康熙初年，改立五葷道收元教，又稱收元教，或五葷道，亦作收元教五葷道，教中因分八卦收徒，又稱八卦教。劉佐臣派河南商邱縣人鄧雲龍執掌離卦教，曹縣人王容清分掌震卦教，在劉佐臣身故後，其長子劉儒漢踵行收元教，康熙五十七年（1718），劉儒漢因其父劉佐臣係「白蓮教」頭目，被牽入邪教案內，經部議以劉儒漢及其弟候選教諭劉儒清係邪教之子，俱行革職回籍，以劉佐臣早已病故，其子並無行教情事，題結在案。[66]

康熙年間，山西定襄縣人韓德榮在山東與劉起鳳、王天賜等人拜劉儒漢爲師，入五葷道收元教。韓德榮返回山西後繼續傳教。康熙五十七年（1718），收元教教主劉儒漢因八卦教被官府查禁，而暫停傳教活動，到了王天賜身故後，其子王之卿從河南虞城縣遷至商邱縣居住。雍正五年（1727），韓德榮重新開始傳教活動，其自稱是「孔子再世」，自封爲教主，雍正十年（1732），韓德榮命其徒張印、田大元前往山東，同劉起鳳之侄兒劉二長兒至河南虞城縣同教王之卿家

65　《上諭檔》，寄信上諭，道光五年十一月初三日。

66　《軍機處檔·月摺包》，第 2772 箱，15 包，2010 號，山西巡撫準泰奏摺錄副，乾隆十三年二月二十九日；同前檔，第 2772 箱，15 包，2081 號，阿里袞奏摺錄副，乾隆十三年三月二十三日；同前檔，第 2772 箱，18 包，2447 號，山西巡撫準泰奏摺錄副，乾隆十三年六月初三日；同前檔，第 2765 箱，90 包，16957 號，山東按察使國泰奏摺錄副，乾隆三十七年五月十二日。

商量入教事宜，出現爭執。[67]雍正年間，教門內的教徒皆多系出自康熙年間傳習收元教的教主劉儒漢之徒，但因其教徒分散在山東、山西、河南等地，其間又遇有康熙五十七年（1718）的查禁，因此教內信徒分別於各地逕自收徒傳習收元教，故於雍正年間，收元教教徒對於何地所傳習的收元教為首時，出現爭執。五葷道收元教或八卦教在山西、河南、山東等地各教首之間的矛盾或歧見，在於其教派的歷史傳承上，但也反映出其教門在雍正年間的傳教活動相當頻繁。到了乾隆朝後期，收元教系統下的八卦各教勢力日趨強大。收元教的內部組織因分隸八卦，每卦下皆設有掌教，因此，乾卦教、離卦教、震卦教、坎卦教等都是收元教的分支，因其以八卦命名，故又稱為八卦教。

天一門教亦為八卦教系統，乾隆四十二年（1777），有離卦教頭目張爾素平日以醫療傳教，曾替山東館陶縣珠兒莊人王四醫病，並勸令其入離卦教，王四即王崇仁，因其病癒，便入離卦教。此外，有直隸清豐縣人謝朝宗，又叫做謝三麻子，平日以販賣糧食為生，乾隆四十八年（1783）八月間，謝朝宗至同縣素識的鄭才家中拜訪，鄭才告訴謝朝宗震卦教又叫天一門教，教人燒香行好，日後可以獲福，入教必有好處，謝朝宗聽信其言，即拜鄭才為師，入了震卦教。另外，有山東菏澤縣人步偉，傳習八卦會震卦教，被稱為「指路真人」名號，曾引吳克己等人入教，乾隆四十二年十二月，步偉病故。乾隆四十七年（1782），吳克己等人因傳習八卦會

---

67 《軍機處檔‧月摺包》，第 2772 箱，17 包，2373 號，山西巡撫準泰奏摺錄副附趙德榮等供單，乾隆十三年五月十九日。

震卦教被查拏在案，供出步文斌為步偉的兒子，震卦教的掌教王中即是步文斌的母舅，王子重即是王中的兒子。經過審訊後，步文斌被充發至廣東德慶州地方。[68]

　　乾隆三十四年（1769），直隸南宮縣簡家莊人簡七隨其姊夫鄧耀羽學習拳棒。寧晉縣高口人李成章因其地畝被水淹沒，因此遷至衛村居住。簡七聞得李成章拳棒厲害，於是以大錢八百文為贄禮，往拜李成章為師，學習拳腳功夫，後來李成章返回高口。乾隆四十六年（1781）正月間，簡七往高口向李成章拜年，其時李成章兩腳已因患病成廢，李成章告知簡七，其原為收元教內分掌兌卦教的掌教卦長，如今已年老待死，兒子李可忠、李可德卻不足掌教，隨即便取出白紙字本一件、黃紙字片一張、木戳三個，面交簡七，囑令如有願拜為師者，即用黃紙照抄一張，背後填寫徒弟姓名，望空燒化，令其磕頭為徒，兼可得受贄禮錢文，簡七應允。乾隆四十八年（1783）五月，李成章病故。同年十一月，刑部左侍郎姜晟行抵新城查案途次，因南宮縣民魏王凱至京控告縣民李存仁等演習拳腳，內閣學士松筠口傳諭旨，令其順道前往直隸南宮縣嚴查教案。[69]

　　另外，乾隆年間有山東冠縣人李坤先是收元教內分掌坤卦的掌教卦長，平日販售粉皮為生。乾隆四十年（1775），李坤先到南宮縣出售粉皮，其見南宮縣人于聞粗通文理，即勸令于聞入教，並收附近村民邢金闕等人為徒。乾隆四十七

68 《乾隆朝上諭檔》，v1~18，北京：檔案出版社，1991年，第16冊，頁652。布文斌供詞，乾隆五十七年正月二十六日。

69 《宮中檔乾隆朝奏摺》，第58輯，臺北：國立故宮博物院，1987年，頁578。直隸總督劉峩奏摺，乾隆四十八年十二月初七日。

年（1782）三月，于聞聽得李坤先病重，即令邢金闕等前往冠縣探望，李坤先面囑邢金闕代書紅紙一張，寫明「坤宮執掌傳與于聞」字樣，令刑金闕轉交于聞。同年八月十五日，李坤先病故，于聞正式掌管坤卦。[70]乾隆四十八年（1783），安徽亳州人田恒業因復興收元教被捕正法，其胞弟田恒實即田恒時前往河南永城縣。乾隆五十一年（1786）三月間，田恒實因貧苦難度，起意倡立儒門教，編造歌詞，藉以騙錢度日，先後收亳州人康惠、永城縣人賈俊等人為徒。[71]

　　至嘉慶年間，於初年時發生長達九年的川陝楚等省份白蓮教大動亂，在平定之後，雖然反映清廷對民間秘密宗教的積極嚴拏態度，與貫徹對民間秘密宗教嚴格拏辦的決心，但在地方上，民間秘密宗教並未因此消聲匿跡，反而發展與活動益發活躍。其中，不少教門在歷經清初的傳習與發展後，在此一時期，已經演變成教眾龐大的大教門。八卦教即是一例，其原名為收元教，是世代以劉氏為教主的教門，因其教內下再各行分設八卦，每卦皆有掌卦者，故又稱之為八卦教。天理教亦為八卦教的一支，末劫與變天思想加以時遇閏八月，八卦教系統中的天理教即在林清等人的號召與宣傳下，發生了民間秘密宗教起事叛變。

　　自乾隆末年以來，山東、直隸等省份，八卦教的勢力滋長迅速，並未因官府的查拏與取締而被削弱。離卦教在傳教上，以行醫治病為手段之一，傳習離卦教的教首或頭目，多

70　《宮中檔乾隆朝奏摺》，第 59 輯，頁 95。山東巡撫明興奏摺，乾隆四十九年正月十三日。
71　《宮中檔乾隆朝奏摺》，第 60 輯，臺北：國立故宮博物院，1987 年，頁 656。河南巡撫畢沅奏摺奏摺，乾隆五十二年六月初七日。

平日為人治病，並教人坐功運氣，故而入教者眾多。山東德州恩縣人馮士奇，家中祖傳陰陽拳，藉以護身防家。蔡村每年一至三月，便有廟會活動，相當熱鬧，有不少外地人趕來參加廟會活動，因於馮士奇住家附近，故會將莊上房屋賃與外地趕廟會之人住宿。乾隆四十七年（1782），離卦教教首任萬立曾赴蔡莊趕會，並販賣手帕，亦於馮士奇家賃居房屋。嘉慶二年（1797）廟會期間，任萬立又至馮士奇家賃屋居住，因此與馮士奇交好。馮士奇染患腿疾，任萬立即告知是離卦教之人，倘若拜其為師，隨其入離卦教，即能將馮士奇的腿疾治療痊癒。馮士奇聽信後，即拜任萬立為師，入離卦教。[72]

另外，山東城武縣人孫懷亮，曾拜劉秉順為師，入離卦教，亦時常為人治病。嘉慶元年（1796）三月間，城武縣人劉化安染有時疾，便往邀孫懷亮到其家中醫治，治療痊癒後，孫懷亮便勸令劉化安隨其入教，以求消災除病。劉化安聽信允從，便即拜孫懷亮為師，學習離卦教，孫懷亮即教劉化安「尊敬長上，孝順父母，敬天地，修今生，知來生事，存心無歹，燒香磕頭，戒酒色財氣，行好免罪。」並教劉化安「向太陽兩手垂下，閉眼運氣」，孫懷亮聲稱功成後，即能替人治病。又口授四句咒語「耳為東方甲乙木，眼為南方丙丁火，鼻為西方庚辛金，口為北方壬癸水。」後來劉化安亦常為人治病。嘉慶十六年（1811）五月間，山東菏澤縣人白相雲因母親生病，邀請劉化安到家裡醫治其母，在醫治後，劉化安即勸令白相雲學習離卦教，聲稱可以消災除病。白相雲聽信

---

72 《宮中檔》，臺北：國立故宮博物院藏，第 2724 箱，88 包，16303 號。吏部尚書署山東巡撫章煦奏摺，嘉慶十九年八月十八日。

應允，劉化安即傳其運氣坐功及四句咒語。[73]

　　離卦教又稱老君門離卦教，又名義和門。直隸青縣人葉富明，平日以種地生理，在其父親葉長青尚在之時，便傳習老君門離卦教，又名義和門，每日在家三次朝太陽燒香磕頭，誦念無字真經歌訣，練習打坐功夫，並替人按摩治病，葉富明平日亦從其父親入教學習。嘉慶九年（1804）十一月，葉長青病故，其子葉富明仍繼續傳習離卦教。季八素與葉富明交好，嘉慶十二年（1807），葉富明便收季八為徒，傳其離卦教，其後，季八又轉傳滄州人湯四九。[74]

　　至嘉慶十八年（1813）癸酉，按照時憲書來推算，應設置閏八月，但經欽天監奏准後，官方曆書取消了閏八月，改以次年二月置閏，但民間仍然沿用舊的曆法，閏八月中秋即是相當於新頒時憲書中的嘉慶十八年九月十五日。民間流傳該年閏八月對清朝政權不利的歌謠與流言。其中，又以八卦教更是極力宣傳閏八月為紅陽末劫的思想「天上換盤，即將變天；清朝政權，即將結束」等流言。對八卦教而言，「八」是相當具神秘性質的數目，故此，閏八月對八卦教而言，更具特殊意義。八卦教內極力宣傳閏八月末劫思想，癸酉的閏八月是變天的時機，八卦教系統的天理教教主林清等人推算天書，算出此閏八月「紅陽末劫，彌勒降生，白陽教當興」，於是，林清暗中聯絡各卦教主，準備起事。[75]參與起事的教

73　《軍機處檔・月摺包》，第 2751 箱，9 包，48628 號。山東巡撫陳預奏摺錄副，嘉慶二十一年七月二十四日。
74　《宮中檔》，第 2723 箱，97 包，18583 號。直隸總督那彥成章奏摺，嘉慶二十五年五月初七日。
75　莊吉發，《真空家鄉 —— 清代民間秘密宗教史研究》，頁 240~242。

徒在心態上，多受閏八月流言以及末劫和變天思想所牽引，
加以清朝政府所頒的官方曆法中，未設置閏八月，與民間流
言相對映，正好讓民間秘密宗教掌教者有發揮空間，更加積
極地散播謠言，使得底層民眾因希冀得到好處或做官，故此
聽從入教參與起事的人很多。

　　雲南大理府太和縣人張保太，又作張贇泰（1659~1741），
是景東府的貢生。其自幼吃報恩齋，及長拜雲南騰越州的生
員楊鵬翼為師，習教念經以避風劫。康熙二十年（1681），
張保太即以做龍華會為名，傳習大乘教，於雞足山上開堂倡
教，法號道岸，釋名洪裕，自稱西來教主。聲稱大乘教為陝
西涇陽縣八寶山的無生老祖開派，楊鵬翼是大乘教第四十八
代祖師，而張保太本人則為第四十九代收圓祖師。[76]張保太
傳習大乘教，勸人喫齋念佛，入教修行，聲稱將來可以成佛
升天。並刊刻楊鵬翼所著《三教釋道》等經卷，凡入其教者，
均須購買此經卷。張保太的傳教活動，引起地方官府的注意，
雍正八年（1730），雲南地方官府即以張保太左道惑眾罪，
將其逮捕，擬絞監候。[77]雲南大理張保太傳習大乘教一案，
因信徒眾多，而被地方官府注意，並遭拏獲。張保太本身考
取過科舉且為貢生，因此熟識儒家經典；又拜了雲南騰越州
的生員楊鵬翼為師，習教念經以避風劫，此應為偏向道教的
民間秘密宗教；而雞足山上，佛教廟宇林立，故其所傳習的

76 《大清高宗純皇帝實錄》，卷 273，頁 4，乾隆十一年八月辛巳。臺北：
　　華文書局，1964 年。
77 劉子揚、張莉編，《清廷查辦秘密社會案》，第 7 冊，頁 524~532。佚
　　名奏摺並附供單，乾隆年間。

大乘教在宗教思想上含有儒釋道三教教義。其勸人入教修行，聲稱可以成佛升天，吸引多人入教。

雲南張保太倡立的大乘教，自清初即開始進行傳教活動，雍正八年（1730），因其傳教活動引起雲南地方官府注意，而被查拏。但教內活動並未因此而消聲匿跡，至乾隆初年，雲南、貴州、四川最遠達江蘇等地皆有傳習雲南大乘教者，其教中護法分爲三船：一名法船，二名瘟船，三名鐵船。各有教首：劉奇爲法船教首，雪峰爲瘟船教首，朱牛八爲鐵船教首。每年會期，雲南、貴州、四川等省的大乘教信眾聚集拜會。直至乾隆六年（1741），張保太被雲南總督兼巡撫事張允隨禁監斃。張保太身故之後，其繼子張曉在雲南設教接法開堂。乾隆十一年（1746），乾隆皇帝諭令各省訪拏各教首要犯。在審理期間，有太倉、嘉定、寶山、崑山、新陽、青浦等處民人一百數十名焚香跪稱彼等皆係賣產入教之人，因活佛被捕，不可得見，所以請求一見，死亦甘心等語，經地方官勸止解散。而此案所拏獲的大乘教教首齋頭內劉奇、魏王氏、魏之瑗等俱照謀大逆律凌遲處死。[78]

雲南張保太所傳的大乘教，除稱大乘教外，在各地亦有以別的名目傳習，龍華會、西來教、燃燈教、無極教等，皆爲雲南大乘教系統。江蘇宜興縣人吳時濟，自幼在茅山洞出家爲僧，後拜張保太爲師。雍正八年（1730），遷往江蘇丹徒縣新豐鎮南呂村道寧庵住持，藉醫行教，勸人禮佛，倡立

---

78 《大清高宗純皇帝實錄》，卷 271，頁 18，乾隆十一年七月己未。臺北：華文書局，1964 年；同書，卷 273，頁 3，乾隆十一年九月。

龍華會。[79]時濟和尙聲稱功行圓滿，即可白日飛昇。秦順龍、蔣祖法等人或累日不食，或終夜不眠，後走火入魔，竟以功行圓滿，意欲歸天。吳時濟並稱蔣祖法等人既可七日不食，功行圓滿，應在水鄉飛昇。蔣祖法等人決意闔家至太湖山中絕食飛昇。蔣祖法之姪蔣仲年延請族人苦勸不悟，即將田房分撥蔣仲年等收管，蔣祖法等十五人因慮無人收屍，故令朱順天、宗正乾二人仍行復食，又令廟祝吳紹文買柴爲焚屍之用。蔣祖法等十三人先後餓斃，朱順天等照蔣祖法遺命焚化屍身，案發後吳時濟判擬絞立決。[80]

　　上述爲清代所盛行較大的教門，清代民間秘密宗教若以人物而言，其教內結構由創教者、傳教者和入教者三個部分所組成。而清代民間秘密宗教之所以能夠在廣大基層社會廣泛傳播，原因爲民間秘密宗教教內教義的誘惑力，以及傳教者個人的利益欲望，再加以入教信眾的希圖好處心理。傳立教門者與信眾之間，各自爲滿足所需，互相依存的結果。

　　從創教者教義的誘惑力而言，中國傳統社會或政治上的治亂交替，或遇有災荒年月，或時逢社會變亂，底層民眾將這些社會現象，歸結於劫運所致；加以生命無常，從而使「消災祈福」成爲廣大底層民眾普遍共同渴望的訴求，這也是「入教避劫」觀念具有誘惑的心理因素。

　　再從傳教者個人的利益欲望而言，清代各教門的傳教

---

79 劉子揚、張莉編，《清廷查辦秘密社會案》，第 7 冊，頁 494~495、496、499。陳大受錄副奏摺，乾隆九年三月十三日、陳大受奏摺，乾隆九年四月二十四日、尹繼善錄副奏摺，乾隆九年五月二十二日。

80 張偉仁編，《明清檔案》，第 140 冊，臺北：聯經出版社，1988 年，頁 B78751。議政大臣刑部尙書盛安等副奏，乾隆十年十一月十九日。

者，大多是職業教首，其以傳教為生，而且藉由傳教而致富，在教徒參與人數越多之下，有些傳教者進而帶領教內教徒在地方上製造動亂，謀求滿足個人的政治野心。

　　至於入教教徒希圖好處的心理，為了祈求免災難、保平安，是由於其自覺所處的環境或時代有危難感，而非個人力量能夠抵抗時，即產生強烈謀求保護的心理需求，透過皈依民間秘密宗教，並參與教門內的活動，如吃齋念經、早晚祈禱、定期集會、祈禱神靈保佑以及救度亡魂等在精神上的慰藉；此外，亦有教徒為求獲得利益而入教，利益的部分有祈求「健體強身」，因此教內常以學練坐功運氣、舞拳弄棒為號召；另外，亦有教徒入教是因自己或家人生病，為了請求傳教者為其治療；還有部分教徒因為相信和傳教者買扎、皈依教門即可以得到官職，或分得土地以及財產等好處；亦有教徒相信皈依教門，習教便可以獲得長生不死，或者是修得來世的福報。

第二節　黜邪崇正 ──

清代官方政策中的民間秘密宗教

　　明清時期，民間秘密宗教盛行於底層社會，但民間秘密宗教人物的身份並非侷限於底層的百姓，偶有生員、地方官員或其家屬家丁甚或宮中太監，皆有崇信民間秘密宗教者。清代的君主很早就注意到民間密宗教，早在入關前，便在官

方史料中有所記載：

> 戊寅。鑲紅旗牛彔章京濟馬護家善友邪教李國梁。左
> 道惑眾。潛懷異心。為其主母告於戶部。比質問。供
> 有一用印劄付。據送禮部訊實。竝獲其印。及其餘劄
> 付。為首十六人。及受劄付者十六人。無劄付者五十
> 二人。竝不相認識者九十三人。部議俱應論死。奏聞。
> 上命為首十六人處斬。有劄付十六人。各鞭一百。貫
> 耳鼻。無劄付五十二人。止鞭一百。其不認識之九十
> 三人。各鞭八十二。遂令嚴禁善友邪教。上諭禮部曰。
> 自古僧以供佛為事。道以祀神為事。近有善友邪教。
> 非僧非道。一無所歸。實係左道也。且人生而為善。
> 則死亦無罪。若無罪戾。何用立善友之名。既有罪戾。
> 雖為善友何益。與其積惡而為善友……今因善友康養
> 民、李國梁等。合群結黨。私造印劄。惑世誣民。紊
> 亂綱常。凡列名於籍者。三百餘人。法司俱擬死罪。
> 朕加寬宥。止誅為首十六人。自今以後。除僧道外。
> 凡從善友邪教者……殺無赦。該管各牛彔章京。撥什
> 庫。及本主不行察究者。一例治罪。禁諭之前一日。
> 有鑲白旗善友三人鑲黃旗鑲紅旗正藍旗善友各一
> 人。持書於大清門外。告云。楚國無以為寶。惟善以
> 為寶。今奈何不分邪正黑白。而概行禁革。縱不惜善
> 友。獨不看佛之金面乎。禮部議。以其不遵禁約。執
> 付各本主殺之。[81]

---

81 《大清太宗文皇帝實錄》，卷 60，崇德七年戊寅，頁 822b~826a。臺北：
華文書局，1964 年。

上述引文爲崇德七年發生的一起舉發善友會傳習活動案件，
從此案的處理過程，可以看出皇太極對於民間秘密宗教在態
度上爲嚴厲查禁，但在其責罰上則可分爲兩種不同的態度，
即是對於傳教爲首之人，嚴厲以對；而對於受惑入教之人，
則採寬容輕罰的態度。

在清朝入關之後，民間秘密宗教的傳習活動延續明末在
底層社會輾轉傳習，地方官員對此現象深感憂慮。順治三年
（1647）六月，吏科給事中林起龍題請查禁各色教派：

> 爲達禁異端止訛言以安人心事。臣思天下教化一而後
> 風俗同，人心安而後根本固。臣觀明末教化不興，風
> 俗大壞，異端蜂起，有所謂白蓮教者，有所謂大成教
> 者，有所謂混元教者，有所謂無爲教者，種種名色，
> 不能枚舉，此輩以遊手奸民妄稱教主，聚眾招群，男
> 女混雜，不分晝夜，私印經文，訛言滋興，人心煽惑，
> 良民不安生理，不務耕作，燒香禮懺，不曰此處有活
> 佛，則曰來世生眞主，抑或謂目下天降異災，人死九
> 分，或謂幾時國動，大兵殺盡。大半愚民無知，聽其
> 招搖，任其魚肉，拋家棄業，生計鮮少。或起逆謀者
> 有之，或從盜賊者有之，如李自成之逆惡，鳳合營之
> 大盜，悉屬此類，明明可鑑者也。[82]

上述引文中，林起龍觀察地方上的民間秘密宗教，並知有白
蓮教、大成教、混元教以及無爲教等，甚至更多名目。此外，
亦分析民間秘密宗教的傳教手法，或稱活佛，或稱眞主，又

或以災難即將來臨，又或稱不久將有動亂。而在內文中，亦呈現出林起龍的疑慮：聚眾生事、男女雜處、不安生理、不事生產、拋家棄業等社會問題。為此，林起龍將原因歸為「教化」、「風俗」，並且提出了解決方針，除了疏請速敕都察院、五城御史、巡捕各衙門及在外撫按等官即行嚴捕教門並處以重罪來治標外，更提出了根本的解決之道「天下教化一而後風俗同，人心安而後根本固」。[83]其後，順治十年（1654）四月，順治皇帝基於儒家思想有利於統治政權的鞏固，上諭禮部將「崇儒重道」定為基本國策，以期「黜邪崇正」。[84]

至順治十三年（1657），順治皇帝再次重申以儒家思想治國的方針，並且連並儒釋道三教並行，以正人心：

> 諭禮部。朕惟治天下必先正人心。正人心必先黜邪術。儒釋道三教並垂。皆使人為善去惡。反邪歸正。遵王法而免禍患。此外乃有左道惑眾。如無為、白蓮、聞香等教名色。邀集結黨。夜聚曉散。小者貪圖財利。恣為姦淫。大者招納亡命。陰謀不軌。無知小民。被其引誘。迷罔顛狂。至死不悟歷考往代覆轍昭然。深可痛恨。向來屢行禁飭。不意餘風未殄。墮其邪術者。實繁有徒。京師輦轂重地。借口進香。張幟鳴鑼。男女雜遝。喧填衢巷。公然肆行無忌。若不立法嚴禁。必為治道大蠹。雖倡首姦民。罪皆自取。而愚蒙陷網罹辟。不無可憫。爾部大揭榜示。今後再有踵行邪教。

---

83 《大清世祖章皇帝實錄》，卷 26，頁 18。順治三年六月丙戌，林起龍奏，臺北：華文書局，1964。
84 《大清世祖章皇帝實錄》，卷 74，頁 13。順治十年四月甲寅。

> 仍前聚會燒香歛錢號佛等事。在京著五城御史。及該
> 地方官。在外著督撫按道有司等官。設法緝拏窮究姦
> 狀。於定律外。加等治罪。如或徇縱養亂。爾部即指
> 參處治。[85]

此段引文可以看出順治皇帝在面對民間秘密宗教的態度上延
續皇太極嚴厲查禁的方針，嚴懲爲首者，並對「被惑愚民」
表示可憫，寬容輕罰。

　　而到了康熙年間，康熙皇帝對於民間秘密宗教有自己一
套的看法，康熙二十六年（1687）刑科給事中劉楷條奏，請
禁止淫詞小說時，康熙皇帝連帶提及民間秘密宗教：

> 甲子。九卿議覆。刑科給事中劉楷條奏。請禁止淫詞
> 小說。應如所請。上曰。淫詞小說。人所樂觀。實能
> 敗壞風俗。蠱惑人心。朕見樂觀小說者。多不成材。
> 是不惟無益。而且有害。至於僧道邪教。素悖禮法。
> 其惑世誣民尤甚。愚人遇方術之士。聞其虛誕之言。
> 輒以為有道。敬之如神。殊堪笑。俱宜嚴行禁止。[86]

康熙皇帝藉由大臣請禁淫詞小說一事，抒發對民間秘密宗教
的看法，認爲民間秘密宗教與禮法有所違背，並指出「愚民
遇有方術之士，聽其荒唐虛誕的言論，信以爲真，相當可笑」，
故藉刑科給事中劉楷條請禁淫詞小說時，再次重申嚴禁「邪
教」的態度。

　　在雍正年間，雖然於清初對民間秘密宗教多有查禁，但
其在地方上，仍相當活躍，雍正皇帝對於民間秘密宗教的處

85　《大清世祖章皇帝實錄》，卷 104，頁 811b~812a，順治十三年諭禮部。
86　《大清聖祖仁皇帝實錄》，卷 129，頁 385b，康熙二十六年甲子。

理相當重視，並且採取謹慎的態度，雍正二年（1724）六月，江西等地民間秘密宗教傳習活動引起官府注意，雍正皇帝並藉此闡明其對民間秘密宗教的態度：

> 又諭。朕惟除莠所以安良。黜邪乃以崇正。自古為國家者。綏戢人心。整齊風俗。未有不以詰姦為首務也。聞江西地方。頗有邪教。大抵妄立名號。誆誘愚民。或巧作幻術。夜聚曉散。此等之人、黨類繁多。蹤跡詭祕。苟不絕其根株。必致蔓延日甚。地方各官、儻務姑息。不行訪拏。是養姦也。澄清風俗之謂何。該督撫亟當嚴飭各屬。密訪為首之人。嚴加懲治。能去邪歸正者。則予以從寬。如有出首者。即酌量獎賞。務令萌蘗盡除。姦民屏跡。風俗人心。咸歸醇正。儻或仍前因循。不能查禁。事發之後。該管官一併從重議處。此等查禁之事。亦不必張大聲勢。以駭眾聽。惟當留心密訪。設法緝獲。祇將為首者重懲。其餘被誘惑者。槩不深究。如此。方合朕意。假若不肖有司。借此恐嚇平民。波及無辜。則不特無益。而反有害矣。須飭諭屬員知悉。[87]

自上列引文得知，雍正皇帝對於民間秘密宗教查拏的態度相當明確，對於為首倡教、誘惑民眾的人，罰以重懲；而願意改邪歸正的人，予以從寬；至於被誘入教的人，則是蓋不深究；另外，若有出首者，便酌量給以獎賞。亦告誡地方官員，在查禁民間秘密宗教時，應暗中訪拏，不可張大聲勢，以避

---

87 《大清世宗憲皇帝實錄》，卷21，頁349a~349b。雍正二年六月，臺北：華文書局，1964年。

免造成民眾恐慌；更不許屬員擾民，造成事端。此外，更不可隱匿不報：

> 邪教妖言。大有關於人心風俗。該地方官。一有所聞。即當留心根究庶可以消姦宄而安良善。所謂防微杜漸也若下司隱匿不報。或上司知之。又欲化有事為無事。勢必致姦宄漏網。匪黨無所忌憚。附和者愈眾。則將來株連者愈多。是本欲息事。而轉致多事。故不如懲治之於早也。[88]

雍正皇帝指出為防微杜漸，整飭風俗，對於地方上的民間秘密宗教應採預防而非事後處理。因此，雍正皇帝告誡地方官員，若有風聲，便應留心，不可隱匿不報，亦不可以抱持將事化無的心態。而被雍正皇帝視為「模範疆吏」的田文鏡亦相當關注民間秘密宗教：

> 異端邪教最易煽惑人心。鄉愚男婦聚處混雜。不但敗壞風俗。抑且陰作匪為。若不嚴加禁戢。日久釀成禍患。誠非細故。然聚眾必有其由。而入教必有其漸。揆厥根源皆自迎神賽會而起。蓋小民每於秋收無事之時。以及春二三月共為神會。挨戶斂錢。或紮搭高臺演唱囉戲。或裝扮故事鼓樂迎神。引誘附近男女。招集遠方匪類。初則假托三皇釋門清茶等名色。以鼓惑愚民。經旬浹月聚而不散。遂成黨羽。因而焚香設誓。布散謠言。此即邪教之所由起也。欲杜邪教。先嚴神會。嗣後男耕女織。各務本業。毋得聽信奸棍騙誘。

佯修善事。甘入邪教。除民間秋冬祈年報賽。凡在應
祭神祇許報知鄉地。赴地方官具稟批准。止許日間演
戲祭告。不得繼之以夜。亦不得過三日。如敢裝扮神
像。鳴鑼擊鼓。迎神賽會者。地方官不時嚴查。犯則
立拏解。轄照巫師邪術例。分別首從。從重治罪。婦
女有犯罪坐夫男。鄉保地隣知而不舉。一并連坐。[89]

上列引文中，田文鏡指出民間秘密宗教煽惑人心，且男女雜
處，破壞風俗與倫常，應嚴加禁止，據其觀察下，認爲民間
秘密宗教的出現是根源自迎神賽會。春季祭神，秋季收成無
事，百姓常於春秋兩季間搭高臺演唱囉戲，裝扮故事鼓樂來
迎神，這些活動使民間秘密宗教有機可乘，因此田文鏡認爲
要杜絕「邪教」，嚴禁迎神賽會是必要途徑，並規範百姓在
官方認可下祭神，禁止迎神賽會、裝扮神像等事。

　　雖然雍正皇帝以及地方官員皆相當重視民間秘密宗教的
查禁與取締，但其傳習活動仍舊活躍，連首善之區的京城，
亦無法禁絕。反之，因爲其於首善之區，故官府在查禁的態
度上較爲重視且嚴厲，因此，官府破獲左道惑眾的案件在數
量上，甚至多於其他省份。雍正十三年（1735）十一月，監
察御史三圖具摺指出：

近見京城內外有一炷香、老君會、羅爺會、大成會、
朝陽會、清淨無爲等名色，不下數十種，不憚科禁明
條，假託希求功德，撰出鄙陋之詞，編成歌曲，各立
門碩，互相附和，牽引愚夫愚婦，若病若狂，信其恐

89 田文鏡，〈嚴禁迎神賽會以正風俗事〉，收入徐棟輯《牧令書》，卷16，
　　教化，頁20。引自漢籍全文資料庫，http://hanji.sinica.edu.tw/。

嚇矯詐，希冀將來福報，是以每至會期，爭前恐後，
雖典衣借債，毫無嗟怨，而家中父母，衣食有缺，亦
不暇顧，方且覓車辦香，前往上會，即數百里之外，
亦必廢工棄業，晝夜奔馳，千日成群，男女雜處，殊爲
謬妄，良可忿恨，此邪説害人之徒，豈可稍爲姑容。[90]

監察御史三圖在奏摺指出民間秘密宗教信徒希求將來福報的
心理，並從倫常與經濟的角度切入，民間秘密宗教信眾典當
物品以借香資、不顧家中衣食有缺的父母、晝夜奔馳廢產棄
業、集眾成群男女雜處等社會問題。而民間秘密宗教影響經
濟的問題很早即被提出，清初的許三禮作〈答陳齊永問〉一
文中即提出：

除每年供賦及仰事俯畜外。有鮮衣怒馬崇宮盛筵者。
禁之。有婚嫁侈費喪葬無度者。禁之。諸如習于奢俗。
慶生辰。賀字號。動輒打網請會戲筵綺席。二三十數
成羣者禁之。或惑于邪教祈平安福造神道祠。每至斂
錢佈施打醮演獻月每幾舉者。禁之。[91]

從上列引文中，可以看出許三禮將民間秘密宗教中的活動，
如爲祈求平安建造神道祠等行爲亦看爲民間地方上的奢侈浪
費行爲。此外，乾隆時期的沈夢蘭認爲邪教之起，由多游民，
百姓皆從事于隴畝，風俗自靖利。[92]指出清代地方上，盛行

---

90 《宮中檔雍正朝奏摺》，第 25 輯，臺北：國立故宮博物院，1979 年，
　　頁 436。監察御史三圖奏摺，雍正十三年十一月二十四日。
91 許三禮，〈答陳齊永問〉，收入徐棟輯《牧令書》，卷 9，農桑上，頁 2。
　　引自漢籍全文資料庫，http://hanji.sinica.edu.tw/。
92 沈夢蘭，〈溝洫之設旱澇有備利〉，收入徐棟輯《牧令書》，卷 9，農
　　桑上，頁 12。引自漢籍全文資料庫，http://hanji.sinica.edu.tw/。

民間秘密宗教的原因在於地方上無所事事的人士，並提出若民眾都在田畝之中辛勤工作，自然而然就不會有民間秘密宗教產生。另外，張杰在民間秘密宗教的盛行上，亦有不同的看法：

> 杰宦遊直隸十有餘年目擊心傷……愚民無知。孰能辨白。何者為雜差。何者為陋規。予取予求。莫敢誰何。而窮民益不聊生矣。是州縣派取民間各項雜差於此時。尤當革除淨盡。不可稍留萌芽者也。夫直隸為首善之區。而邪教疊出且有謀為叛逆者。蓋由於教化之不明。教化之不明由於民里之過窮。民里之過窮。由於大差之不均。雜差之不除耳。今誠能革除雜差。均派大差。則民力漸舒。民力既舒則教化可施。尚何有邪教叛逆之事哉。[93]

從上述引文中，張杰亦從經濟的角度切入，指出民間秘密宗教在地方上盛行的原因，在於民里過窮，以至於教化不明。其提出的解決之法為除雜役，改以大差代替，如此一來民力漸舒，教化便可施行。乍看之下，張杰似乎欲藉由官方政府在意「邪教」，因此以「邪教」做為陪襯，以提自己的政見，不過底層民眾生活窮困，亦為致使民間秘密宗教盛行的原因之一。

另外，黃六鴻則於著有短文〈嚴邪教〉於《福惠全書》中，引述部分於下：

> 夫人未有不好富貴。惡貧賤。趨生避死。喜福而畏禍

---

93 張杰，〈論差徭書〉，收入徐棟輯《牧令書》，卷11，賦役，頁57。引自漢籍全文資料庫，http://hanji.sinica.edu.tw/。

者。于是奸人因其好惡趨避喜畏之念。而詭其術曰我能富貴之。生之福之而人羣欣然慕其術。以為我能得之。則可以富貴。可以生、可以福。于是羣欣然師之以至于傾肝膽破資財捐身命而皆有所不顧。夫人之所以相信如此者。乃奸人為之倡其說。以為吾所以欲爾之傾肝膽。破資財。損身命者。姑試爾之信從果能堅固而不遷否也。果其能之則富貴可得。生可長存。福可永至。而又何貧賤死禍之是嬰哉。悲夫人之富貴貧賤生死。各有其命、豈人所能好惡趨避之乎獨其福禍乃在人之修德而懷刑。德修而福斯集。刑懷而禍斯遠。此人事自然之理。天道必然之應。卽富貴之與長年。皆可信于福之徵。而無俟外求矣。世之人、不務德之修。刑之懷。而惟奸人之是惑。往往至于傾肝膽以為我幸師之。而天地鬼神祖宗父母皆可不事也。破資財以為我今費之。而後此金玉珠寶充梁積棟其未有量也。損身命以為我卽捨之。而是術之赴水蹈火焚溺不加。且將來之榮華貴顯躬所必受也。嗚呼其亦愚甚矣。今世之所謂白蓮、無為、皇極、大乘、洪陽、螺祖諸教。皆奸人所創之邪教也。其惑人者亦卽富貴貧賤死生禍福之說。而人之受其惑亦惟是好惡趨避喜畏之念橫于其胸。于是奸人因而中之。鼓其邪說而愚者昧之。從其教者遍天下。操其心吾從是教卽已名登仙籍長生不死。百神呵護。諸福畢至。獨其富貴尚在將來則無不望其速得也。操欲得富貴之心天不降其爵祿。地不湧其金錢則陡然之富貴將何自而來乎。其不

至于乘机俟釁相聚而為亂不已也、為司牧者、宜通行曉諭。指其妄而破其愚。嚴其查而散其黨。即于保甲十家長禁止聚眾燒香。談經作會。無論男婦一槩不時稽察。并于朔望、保甲結狀內、敘明亦無邪教男女聚眾燒香、談經作會等情。如十家長保正、不行查報。鄰佑不行舉首。本州縣訪出、及傍人首告、將十家長保正鄰佑、一併究處。其有前項邪教之人。潛住地方引誘鄉愚者卽嚴拿解官。責逐出境。重則申憲究擬。如地方容隱。並重懲不貸如此、則鄉愚知儆。而邪教亦無所滋蔓于其間矣。[94]

自上列引文中，黃六鴻從心理的角度出發，認爲人都喜歡富貴，厭惡貧賤，且有趨生避死以及喜福畏禍的心理，此爲人之常情。而民間秘密宗教的傳教者因熟悉知曉人們心中的好惡，便從心理著手，哄誘民眾入教。黃六鴻亦指出地方不可容隱，必須重懲，使民眾以儆效尤。

　　而到了清末，柳堂又將「邪教」的問題再度回歸爲教化與風俗：

邪教非能惑人。人自為邪教惑耳。其為邪教惑者。何見理不明也。其見理不明。何未嘗讀書也。然則欲杜絕邪說。昌明正教。自必以廣興學校為第一要務矣。光緒二十六年拳匪仇教。釀成鉅禍。除照東撫新章匪產變價。撫恤教民外。因勸小康之家。出設立義學。小以成小。大以成大。有不敷者捐廉助之。先後已立

---

94 黃六鴻，〈嚴邪教〉，《福惠全書》，卷 26，教養部二，頁 10~11。引自漢籍全文資料庫，http://hanji.sinica.edu.tw/。

> 郭家莊等十五處。由是讀書者日益眾。明理者日益
> 多。自不至為邪說所惑。或與風化不無裨益。[95]

上述引文中，柳堂指出要移風易俗，杜絕「邪教」，設立學校為必要途徑，以讀書教化來令民眾不被「邪教」所惑。自清初以來，皇帝與官員大抵上依循著風俗教化與法律規範來令民眾遠離「邪教」，但以結果觀之，其成效不大。

第三節 清代律例法典中的民間秘密宗教

本書主要以案件做為軸線，從清代發生的民間秘密宗教案件中，將人物透過官方檔案所留存下大量口供材料進行分析。因此，在本篇研究上，使用有大批檔案資料。除檔案資料以外，因從案件著手，故在進行口供分析之前，尚須瞭解清代官方對民間密宗教的查禁與取締政策，以掌握案件來源與緣由。因此關於《大清律例》以及《大清會典》等官書典籍即為相當重要的參考資料，其中以《大清會典》尤為其甚。

《大清會典》由清代官方所進行編修，主要記載內容為清代的典章制度，其中包含中央與地方政府的機構與職掌、官吏的任免、文書制度、農業、手工業、商業、土地制度、賦稅、戶役等經濟政策，除此之外，尚有天文、曆法、習俗以及文教等，是研究清代典章制度的重要資料。

歷經清代各朝在制度上多有變動，因此《大清會典》在

---

95 柳堂，〈宰惠紀略〉，卷5，頁3。引自漢籍全文資料庫，
http://hanji.sinica.edu.tw/。

不定期的翻修下，共分修為五部。第一部修於康熙二十九年
（1690），記載範圍從清初的崇德元年（1636）到康熙二十
五年（1686）；[96]第二部於雍正十年（1732）完成，記載接
續第一部至雍正五年（1727）；[97]第三部於乾隆二十九年
（1764）完成，所載範圍止於乾隆二十七年（1762）；[98]第
四部完成於嘉慶二十三年（1818），敘事止於嘉慶十七年
（1812）；[99]第五部於光緒二十五年（1899）完成，內容所
記載的範圍接續自第一部至光緒二十二年（1896）。[100]

　　清朝政府重視編修會典，主要為強化中央專制，並使各
級官員能夠更有效地進行統治。編入會典的原則，其來源有
三種：一為皇帝頒發的諭旨，這是主要的來源，在條首大多
書寫「詔」、「敕」、「諭」、「旨」、「定」等字樣；二
為部院衙門的題請、科道督撫條陳經院議覆，以及議政大王、
貝勒、大臣、及九卿詹事科道會議的結果，此類於會典條首
中多冠以「題准」、「覆准」、「議定」和「議准」字樣。
三為歷來奉行的習慣成例。[101]以下將分別對此五部《大清會
典》中，與民間秘密宗教相關的條目，製表羅列於下，並詳
加說明。

96　《大清會典》（康熙朝），臺北：文海出版社，1995 年。

97　《大清會典》（雍正朝），臺北：文海出版社，1995 年。

98　《欽定大清會典則例》（乾隆朝），收入景印《文淵閣四庫全書》，臺
　　北：臺灣商務印書館，1986 年。

99　《欽定大清會典事例》（嘉慶朝），臺北：文海出版社，1992 年。

100　《欽定大清會典事例》（光緒朝），臺北：臺灣中文書局，1963 年。

101　郭松義，〈清朝的會典和則例〉，《清史研究通訊》第 4 期，1985 年，
　　　頁 34~36。

表 1-3-1 康熙朝《大清會典》中的民間秘密宗教

條名	內　　容	卷次	冊別頁碼
禁止師巫邪術	凡師巫假降邪神。書符呪水扶鸞禱聖。自號端公。太保師婆。名色及妄稱彌勒佛。白蓮社明尊教。白雲宗等會。一應左道亂正之術。或隱藏圖像。燒香聚眾。夜聚曉散。佯修善事。煽惑人民。為首者。絞。為從者。各杖一百。流三千里。	康熙朝·卷 116	725.5746
禁止師巫邪術	○若軍民裝扮神像。鳴鑼擊鼓。迎神賽會者。杖一百。罪坐為首之人。	康熙朝·卷 116	725.5746
禁止師巫邪術	○里長之而不首者。各笞四十。其民間春秋義社。以行祈報者不在此限。	康熙朝·卷 116	725.5746~ 725.5747
禁止師巫邪術	一各處官吏軍民僧道人等。來京。妄稱諳曉扶鸞禱聖。書符呪水。一切左道亂正邪術。煽惑人民。為從者。及稱燒煉丹藥。出入內外官家。或擅入皇域。貪緣作弊。希求進用。屬軍衛者。發邊衛充軍。屬有司者。發邊外為民。若容留潛住。及薦舉引用。隣甲知情不舉。并皇城各門守衛官軍。不行關防搜拿者。各恭究治罪。	康熙朝·卷 116	725.5747
禁止師巫邪術	一凡左道惑眾之人。或燒香集徒。夜聚曉散。為從者。及稱為善友。求討布施。至十人以上。并軍民人等。不問來歷。窩藏接引。或寺觀住持。容留披剃冠簪探聽境內事情。若審實探聽軍情。以奸細論及被誘軍民。捨與應禁鐵器等項。事發。屬軍衛者。發邊衛充軍。屬有司者。發邊外為民。	康熙朝·卷 116	725.5748
禁止師巫邪術	天聰五年閏十一月十一日。欽奉太宗文皇帝諭旨。凡巫覡星士。妄言吉凶。蠱惑婦女。誘取財物者。必	康熙朝·卷 116	725.5748~ 725.5749

	殺無赦。該管左領。撥什庫。及本主。各坐應得之罪。其信用之人。亦坐罪。欽此。		
禁止師巫邪術	○崇德七年五月初十日。欽奉太宗文皇帝諭旨。凡老少男婦。有爲善友。惑世誣民者永行禁止。如不遵禁約。必殺無赦。該管各左領。撥什庫。及各主不行查究者。一例治罪。欽此。	康熙朝・卷116	725.5749
禁止師巫邪術	○順治六年定。凡僧道巫覡之流。妄行法術。蠱惑愚眾者。治以重罪。	康熙朝・卷116	725.5749
禁止師巫邪術	○（順治）十三年十一月初七日。欽奉世祖章皇帝諭旨。凡左道惑眾。如無爲。白蓮。聞香等教名色。起會結黨。迷誘無知小民。殊可痛恨。今後再有踵行邪教。聚會燒香。斂錢號佛等事。在京著五城御史。及地方官。在外著督撫。司道。有司等官。設法緝拿。窮究奸狀。於定律外。加等治罪。欽此。	康熙朝・卷116	725.5749~725.5750
禁止師巫邪術	○（順治）十八年令。凡無名巫覡。私自跳神者。杖一百。因而致人於死者。處死。	康熙朝・卷116	725.5750
禁止師巫邪術	○康熙元年提准。人有邪病。請巫覡道士醫治者。須稟明都統。用印文報部。准其醫治。違者。巫覡道士正法外。請治之人。亦治以罪。	康熙朝・卷116	725.5750
禁止師巫邪術	○（康熙）五年覆准。凡邪教惑眾。在京行五城御史。在外行督撫。轉行文武各地方官。嚴禁查拿。如不行查禁。督撫等循庇不參。事發。在內該管官。每案罰俸三個月。在外州縣官。降二級。調用。督撫。罰俸一年。	康熙朝・卷116	725.5750~5751
禁止師巫邪術	○（康熙）七年覆准。凡邪教惑眾者。照律遵行。其地方各官。仍照例一併治罪。	康熙朝・卷116	725.5751

禁止師巫邪術	○（康熙）十二年題准。凡端公道士。私行跳神醫人者。免死。杖一百。雖曾稟過禮部。有作爲異端。跳神醫治。致人於死者。照鬮毆殺人律。擬罪。其私請之人。係官。議處。係平人。照違令律治罪。	康熙朝・卷 116	725.5751
禁止師巫邪術	○（康熙）十四年題准。凡傍人出首邪教者。不論犯人男婦多寡。共追銀二十兩給賞。如係專拿之人拿獲者。追給賞銀十兩。	康熙朝・卷 116	725.5751
禁止師巫邪術	○（康熙）十八年議准。凡迎神進香。鳴鑼擊鼓。肆行無忌者。爲首之人。照邪教惑眾律。擬絞監候秋後處決。爲從之人。枷號三個月。係旗下。鞭一百。係民。責四十板。具不准折贖。該管官不行查拿。事發。係旗下人。將佐領。驍騎校。步兵校。係民。將司坊官。府州縣。係兵。將守備。把總。每案罰俸半年。撥什庫。鞭八十。總甲責三十板。其參領。副尉。五城御史。布按司道。副將。參將。游擊。每案罰俸三個月。步軍統領。總尉。總督。巡撫。提督。總兵官。每案罰俸兩個月。若係府佐領下人。該管官。照參領。佐領。驍騎校。撥什庫例。治罪。若係僧道。將該管僧道官。革職。責二十板。僧錄道錄司官。革職。	康熙朝・卷 116	725.5751~5753
收藏禁書及私習天文	凡私家收藏天象器物。如璿璣玉衡渾天儀之類天文推步測驗之書。占休咎圖讖圖像讖緯之書。推治亂應禁之書。及繪畫歷代帝王圖像。金玉符璽等物不首官者。杖一百。若不係天文生私習天文者。罪亦如之。竝於犯人名下。追銀一十兩。給付告人充賞器物等項。竝追入官。私習之人。術業已成。決訖。送欽天監。充天文生	康熙朝・卷 116	725.5756~5757

收藏禁書及私習天文	康熙二十三年議准。凡習學天文之人。不必禁止。若有妄言禍福。煽惑愚人者。仍照律擬罪	康熙朝・卷116	725.5757
術士妄言禍福	凡陰陽術士。不許於大小文武官員之家。妄言國家禍福。違者。杖一百。	康熙朝・卷116	725.5780
造妖書妖言	凡造讖緯妖書妖言。及傳用惑眾者。皆斬。被惑人不坐。不及眾者。流三千里。合依量情分坐若私有妖書。隱藏不送官者。杖一百。徒三年	康熙朝・卷119	726.5907
造妖書妖言	崇德元年五月十二日。欽奉太宗文皇帝諭旨。凡有傳布訛言者。處死。欽此。	康熙朝・卷119	726.5907~5908
造妖書妖言	○康熙十六年題准。凡捏造俚歌。刊刻傳頌。沿街唱和者。內外地方官。即時查拏。照不應重律。治罪。若係妖言惑眾等詞。照律擬罪。	康熙朝・卷119	726.5908
造妖書妖言	○（康熙）十八年議准。凡妄說訛言。書寫張貼。煽動人心。為首者。立斬。為從者。具擬斬。監候秋後處決	康熙朝・卷119	726.5908
斬罪決不待時	造魘魅符書。呪詛殺人者	康熙朝・卷126	726.6266
絞罪決不待時	造讖緯妖書妖言。及傳用惑眾者	康熙朝・卷126	726.6276
絞監候	師巫假降邪神。一應左道亂正之術煽惑人民。為首者	康熙朝・卷126	726.6284
邊遠充軍	左道亂正。煽惑人心。為從者	康熙朝・卷126	726.6304
永遠充軍	一官吏軍民僧道人等來京。妄稱諳曉扶鸞禱聖。書符咒水。一切左道亂正邪術。煽惑人民為從者。及稱燒煉丹藥。出入內外官家。或擅入皇城。貪緣作弊希求進用。屬有司者。邊外。	康熙朝・卷127	727.6339
永遠充軍	一左道惑眾。燒香集徒。夜聚曉散。為從者。及稱為善友。求討布施。至十人以上。并軍民人等。窩藏接引。或寺觀容留剃簪。	康熙朝・卷127	727.6339

邊衛充軍	一僧道軍民人等。於各寺觀神廟。刁姦婦人。因而引誘逃走。或誆騙財物者。	康熙朝‧卷128	727.6361
邊衛充軍	一官吏軍民僧道人等來京。妄稱諳曉扶鸞禱聖。書符咒水。一切左道亂正邪術。煽惑人民為從者。及稱燒煉丹藥。出入內外官家或擅入皇城。夤緣作弊希求進用。屬軍衛者。	康熙朝‧卷128	727.6362
邊衛充軍	一左道惑眾之人。燒香集徒。夜聚曉散。為從者。及稱為善友。求討布施。至十人以上。并軍民人等。不問來歷。窩藏接引。或寺觀住持。容留剃簪。	康熙朝‧卷128	727.6362

資料來源：《大清會典》（康熙朝），臺北：文海出版社，1995年。

　　上表為康熙朝的《大清會典》，亦為滿州入關後的第一部會典，其中內容與民間秘密宗教相關的條文主要有「禁止師巫邪術」、「收藏禁書及私習天文」、「術士妄言禍福」以及「造妖書妖言」等條；而相對應的刑罰由重到輕分別為斬罪、絞罪、邊遠充軍、永遠充軍以及邊衛充軍等項。

　　明清時期的民間秘密宗教發達，非有清一代所特有，且滿州入關後的律例典籍大多參照明代，如「禁止師巫邪術」一條中的內文與罰則即與明代同：

　　　　凡師巫假降邪神、書符咒水、扶鸞禱聖，自號端公、太保、師婆，及妄稱彌勒佛、白蓮社、明尊教、白雲宗等，一應左道亂正之術，或隱藏圖像、燒香集眾、夜聚曉散，佯修善事，煽惑人民，為首者絞，為從者各杖一百，流三千里。若軍民裝扮神像、鳴鑼擊鼓、

迎神賽會者，杖一百，罪坐為首之人。里長知而不首
者，各笞四十。其民間春秋義社，不在禁限。[102]

從上述引文中可見《大明會典》與《大清會典》在「禁止師
巫邪術」一條中幾乎一致。此外，從該條內文中，即可見於
明清兩代官方政府所認可的民間祭祀活動，僅「春秋義社」[103]
一種，其餘民間私下的扶鸞禱聖、燒香號佛、迎神賽會等活
動皆屬違法。而官方政府禁止民間私自的宗教活動除為鞏固
政權，防範民眾集會，以避免有心人士藉由宗教活動，集會
民眾進行反政府的行為外，亦考量巫覡星士妄言吉凶，蠱惑
婦女，騙取財物等經濟與社會層面的問題。在順治年間特別
點名無為、白蓮以及聞香等教名色，此外，為了顯示政府的
重視程度，因此在罰則中，除了處罰違反禁令的民眾外，亦
處罰地方官員，以迫使地方官員盡責取締，至康熙年間時，
甚至以獎勵金的方式，鼓勵民眾主動出首「邪教」。

　　即便如此，巫覡僧道仍無法禁絕，因為在中國傳統上，
民眾將部分疾病看做是天譴病或有鬼魅邪神所惑，因此巫、
醫不分。民眾生病或經久治不癒，常會以鬼魅邪神解釋，並
請巫覡來醫治。清代官方政府雖嚴禁師巫邪術，但仍須面對
民間傳統，在折衷之下，雖准許民眾經由申請通過官方認可

---

102 李東陽等纂，申時行等重修，《大明會典》，卷165，〈律例六〉，頁
　　3。明萬曆十五年（1587），臺北：新文豐，1976年。

103 明代所施行里社制度中，地方建有社壇，奉祀社稷之神，每年於二月和
　　八月舉行祭社儀式。地方上除官府人員外，負責祭祀者，多為當地士紳
　　或大姓家族，因於舉行祭祀的季節為春天與秋天，故稱春秋義社。參見
　　李東陽等纂，申時行等重修，《大明會典》，卷94，〈禮部二〉，頁
　　15~16。

後，即可請巫覡道士醫治疾病，但因而致人於死者，不論是巫覡道士或是延請之人，皆會被治罪。

表 1-3-2 雍正朝《大清會典》中的民間秘密宗教

條名	內　　容	卷次	頁碼
禁止師巫邪術	凡師巫假降邪神。書符咒水。扶鸞禱聖。自號端公太保師婆名色。及妄稱彌勒佛白蓮社明尊教白雲宗等會。一應左道亂正之術。或隱藏圖像。燒香集眾。夜聚曉散。佯修善事。煽惑人民。為首者。絞。為從者。各杖一百流三千里。	雍正朝・卷 163	10547
禁止師巫邪術	○若軍民裝扮神像。鳴鑼擊鼓。迎神賽會者。杖一百。罪坐為首之人。	雍正朝・卷 163	10548
禁止師巫邪術	○里長知而不首者。各笞四十。其民間春秋義社。以行祈報者不在此限。	雍正朝・卷 163	10548
禁止師巫邪術——附律定例	一。各處官吏軍民僧道人等來京。妄稱諳曉扶鸞禱聖書符咒水。一切左道異端邪術。煽惑人民。為從者。及稱燒煉丹藥。出入內外官家。或擅入皇城夤緣作弊。希求進用。屬軍衛者。發邊疆充軍。屬有司者。發邊外為民。若容留潛住。及薦舉引用。鄰甲知情不舉。并。皇城各門守衛官軍不行關防搜拏者。各參究治罪。	雍正朝・卷 163	10548~10549
禁止師巫邪術——附律定例	一。凡左道惑眾之人。或燒香集徒。夜聚曉散。為從者。及稱為善友求討布施。至十人以上。并軍民人等。不問來歷。窩藏接引。或寺觀住持。容留披剃冠簪。探聽境內事情。若審實探聽軍情。以奸細論。及被誘軍民捨與應禁鐵器等項。事發。屬軍衛者。發邊衛充軍。屬有司者。發邊為民。	雍正朝・卷 163	10549~10550

禁止師巫邪術 —— 雍正三年 律例館奏准增 定	一。習天文之人。若妄言禍福。煽 惑人民者。仍照律治罪。	雍正朝・卷 163	10550
禁止師巫邪術 —— 雍正三年 律例館奏准增 定附律例文	一。凡端公道士。作爲異端法術。 醫人致死者。照鬭殺律擬罪。	雍正朝・卷 163	10550
禁止師巫邪術 —— 雍正三年 律例館奏准增 定附律例文	一。邪教惑衆。照律治罪外。如該 地方官不行嚴禁。在京五城御史。 在外督。撫。狥庇不行糾參。一幷 交與該部議處。旁人出首者。於各 犯名下併追銀二十兩充賞。如係應 捕之人擎獲者。追銀十兩充賞。	雍正朝・卷 163	10550~ 10551
禁止師巫邪術 —— 歷年事例	天聰五年。諭。凡巫覡星士。妄言 吉凶。蠱惑婦女。誘取財物者。必 殺無赦。該管佐領。領催。及本主。 各坐應得之罪。其信用之人亦坐罪。	雍正朝・卷 163	10551
禁止師巫邪術 —— 歷年事例	○崇德七年。諭。凡老少男婦。有 爲善友。惑世誣民者。永行禁止。 如不遵禁約。必殺無赦。該管各佐 領。領催。及各主。不行查究者。 一例治罪。	雍正朝・卷 163	10551
禁止師巫邪術 —— 歷年事例	○順治六年。定凡僧道巫覡之流。 妄行法術。蠱惑愚衆者。治以重罪。	雍正朝・卷 163	10551
禁止師巫邪術 —— 歷年事例	○（順治）十三年。諭。凡左道惑 衆。如無爲白蓮聞香等教名色。起 會結黨迷誘無知小民。殊可痛恨。 今後再有踵行邪教。聚會燒香。斂 錢號佛等事。在京。著五城御史。 及地方官。在外。著督。撫。司。 道。有司等官。設法緝擎。窮究奸 狀。於定例外加等治罪。	雍正朝・卷 163	10551~ 10552
禁止師巫邪術 —— 歷年事例	○（順治）十八年。定。凡無名巫 覡。私自跳神者。杖一百。因而致 人於死者。處死。	雍正朝・卷 163	10552

禁止師巫邪術 ——歷年事例	○康熙元年。題准。人有邪病。請巫覡道士醫治者。須稟明督統。用印文報部。准其醫治。違者。巫覡道士正法外。請治之人。亦治以罪。	雍正朝・卷 163	10552
禁止師巫邪術 ——歷年事例	○（康熙）五年。覆准。凡邪教惑眾。在京。行五城御史。在外。行督撫。轉行文武各地方官。嚴禁查拏。如不行查察。督撫等狥庇不參。事發。在內該管官。每案罰俸三個月。在外州縣官。降二級調用。督撫。罰俸一年。	雍正朝・卷 163	10552~ 10553
禁止師巫邪術 ——歷年事例	○（康熙）七年。覆准。凡邪教惑眾者。照律遵行。其地方各官。仍照例一併治罪。	雍正朝・卷 163	10553
禁止師巫邪術 ——歷年事例	○（康熙）十二年。題准。凡端公道士。私行跳神醫人者。免死。杖一百。雖曾稟過禮部。有作為異端。跳神醫治。致人於死者。照鬪毆殺人律擬罪。其私請之人。係官。議處。係平人。照違令律治罪。	雍正朝・卷 163	10553
禁止師巫邪術 ——歷年事例	○（康熙）十八年。議准。凡迎神進香。鳴鑼擊鼓。肆行無忌者。為首之人。照邪教惑眾律。擬絞。監候秋後處決。為從之人。枷號三個月。係旗下。鞭一百。係民。責四十板。俱不准折贖。該管官不行查拏。事發。係旗下人。將佐領。驍騎校。步軍校。係民。將司坊官。府州縣。係兵。將守備。把總。每案罰俸半年。領催。鞭八十。總甲。責三十板。其參領。副尉。五城御史。布按司。道。副將。參將。游擊。每案罰俸三個月。步軍統領。總尉。總督。巡撫。提督。總兵官。每案罰俸兩個月。若係內務府佐領下人。該管官照參領。佐領。驍騎校。領催例治罪。若係僧。道。將該管僧道官。革職。責二十板。僧錄。司官。革職。	雍正朝・卷 163	10553~ 10554

禁止師巫邪術 — 歷年事例	○（康熙）五十七年。議准。各處邪教。令該督撫嚴行禁止。若地方官不行嚴查。或別處發覺者。將地方官。及該督撫。一併嚴行查議。	雍正朝・卷163	10554~10555
罪名 — 笞四十	里長知師巫邪術。軍民賽會。而不首者。	雍正朝・卷163	10555
罪名 — 杖一百	軍民裝扮神像。鳴鑼擊鼓。迎神賽會。爲首者。	雍正朝・卷163	10555
罪名 — 流三千里杖一百	師巫假降邪神。書符咒水。扶鸞禱聖。自號端公太保師婆。及妄稱彌勒佛白蓮社明尊教白雲宗等會。一應左道異端之術。或隱藏圖像。燒香集眾。夜聚曉散。佯修善事。煽惑人民。爲從者。	雍正朝・卷163	10555~10556
罪名 — 邊衛充軍	妄稱諳曉扶鸞禱聖。書符咒水。一切左道異端邪術。煽惑人民。爲從者。及稱燒煉丹藥。出入內外官家。或擅入皇城。貪緣作弊。希求進用。屬軍衛者。	雍正朝・卷163	10556
罪名 — 邊衛充軍	左道惑眾。燒香集徒。夜聚曉散。爲從者。及稱爲善友。求討布施。至十人以上。幷不問來歷。窩藏接引。或寺觀容留。披剃冠簪。探聽境內事情。及被誘捨與應禁鐵器等項。事發。屬軍衛者。	雍正朝・卷163	10556~10557
罪名 — 邊外爲民	妄稱諳曉扶鸞禱聖。書符咒水。一切左道異端邪術。煽惑人民。屬有司者。發邊外。	雍正朝・卷163	10557
罪名 — 邊外爲民	左道惑眾。燒香集徒。夜聚曉散。有司者。發邊外。	雍正朝・卷163	10557
罪名 — 絞監候	師巫假降邪神。書符咒水。扶鸞禱聖。字號端公太保師婆。及妄稱彌勒佛白蓮社明尊教白雲宗等。一應左道異端之術。或隱藏圖像。燒香集眾。夜聚曉散。佯修善事。煽惑人民。爲首者。端公道士。作爲異端法術。醫人致死者。	雍正朝・卷163	10557~10558
罪名 — 斬監候	左道。及稱爲善友。若探聽軍情者。	雍正朝・卷163	10558

罪名 —— 斬監候	○窩藏容留之軍民人等。寺觀住持。	雍正朝·卷 163	10558
罪名 —— 斬監候	習天文之人。妄言禍福。煽惑人民。為首者。	雍正朝·卷 163	10558
術士妄言禍福	凡陰陽術士。不許於大小文武官員之家。妄言國家禍福。違者杖一百。其依經推算星命卜課。不在禁限。	雍正朝·卷 164	10615
術士妄言禍福 —— 罪名	止有杖一百一條。律文已明。不復列。	雍正朝·卷 164	10615

資料來源：《大清會典》（雍正朝），臺北：文海出版社，1995 年。

以上列表為雍正朝《大清會典》，其中顯示出官方政府更加重視民間迎神賽會、夜聚曉散等項民眾聚集的行為。

　　此外，巫覡道士與陰陽術士有相關雷同之處在於推算星命，卜課吉凶禍福等項。但官方政府對於陰陽術士的態度與巫覡道士並不相同，官方政府並不逕行禁止陰陽術士，惟對於國家的禍福不可妄言外，一般民眾依經推算星命卜課，是不被官方禁止的。又中國傳統中的算命、風水等民間習俗，深入底層民眾的日常生活，故清代政府在無關國家牽連與不傷民俗風氣之下遷就一般民眾的生活習慣。

表 1-3-3 乾隆朝《大清會典》中的民間秘密宗教

條名	內容	卷次	頁碼
禁止邪教	康熙十四年。奏準官員。該管地方。有愚民自稱為神為佛。不能察緝者。降兩級調用。或不能禁止邪教。以致聚眾張旗鳴鑼者。降一級調用。如給與此輩執照。告示者。革職。該管官降一級調用。督撫罰俸一年。如有愚民創建廟宇。不能察禁。反給告示者。罰俸一年。	乾隆朝·卷 27	26a~26b

| 禁止邪教 | （康熙）二十五年。奏準。地方內有迎神進香。擊鼓鳴鑼。聚眾張旗等項。肆行無忌。倡眾為首者。若該管官不行察拏繫民。將司坊官府州縣官。每案罰俸半年。五城御史布按司道每案罰俸三月。總督巡撫每案罰俸兩月。若繫僧道將該管僧道官革職。 | 乾隆朝・卷27 | 26b~27a |
| 禁止邪教 | 乾隆五年。議準。地方有頑民倡設邪教。附和邪術。煽惑聚眾。以致釀成不法。將平日漫無覺察之該地方官革職。該管上司降兩級調用。督撫降一級留任。 | 乾隆朝・卷27 | 27a |

資料來源：《欽定大清會典則例》（乾隆朝），收入景印《文淵閣四庫全書》，
　　　　　臺北：臺灣商務印書館，1986。

上列簡表為乾隆朝《欽定大清會典則例》，在簡表中所列出的是針對地方官員，在面臨地方上的民間秘密宗教時，若並無察覺或處理不當所需受的連帶懲處罰則，說明清代官方政府對於民間秘密宗教的問題態度上，呈現出積極與重視。

　　清代至乾隆朝時，歷經入關後的政權奠定與南明餘力的掃蕩，在政權逐漸平穩之下，地方上的民間秘密宗教問題逐漸明顯浮現出來，伴隨民間秘密宗教在地方上的活躍發展，官方政府亦積極地針對民間秘密宗教問題進行處理，而會典中亦反映出地方上的迎神賽會活動等，並未因政府的禁止而逐漸消失。

表 1-3-4 嘉慶朝《大清會典》中的民間秘密宗教

| 條名 | 內　　容 | 卷次 | 頁碼 |
| 徒流遷徙地方 | 應發黑龍江等處條例內。如邪教為從者。聽從入西洋教不知悛改者。造妖書妖言傳用惑人不及眾者。俱改發新疆給額魯特為奴。 | 嘉慶朝・卷596 | 722 |

禁止師巫邪術	○凡師巫假降邪神。書符咒水。扶鸞禱聖。自號端公太保師婆名色。及妄稱彌勒佛白蓮社明尊教白雲宗等會。一應左道異端之術。或隱藏圖像。燒香集眾。夜聚曉散。佯修善事。煽惑人民。為首者。絞監候。為從者。各杖一百流三千里。若軍民裝扮神像。鳴鑼擊鼓。迎神賽會者。杖一百。罪坐為首之人。里長知而不首者。各笞四十。其民間春秋義社以行祈報者。不在此限。	嘉慶朝‧卷610	1506~1507
禁止師巫邪術 — 附律定例	一。各處官吏軍民僧道人等。求京妄稱諳曉扶鸞禱聖。書符咒水。一切左道異端邪術。煽惑人民。為從者。及稱燒煉丹藥。出入內外官家或擅入皇城。貪緣作弊。希求進用。屬軍衛者。發邊衛充軍。屬有司者。發邊外為民。若容留潛住。及薦舉引用。鄰甲知情不舉。並皇城各門守衛官軍不行關防搜拏者。參究治罪。謹案此條原例。乾隆三十六年。將屬軍衛者四句。改為發近邊充軍。人增若事關重大臨時酌量辦理二句。	嘉慶朝‧卷610	1507~1508
禁止師巫邪術 — 附律定例	一。凡左道惑眾之人。或燒香集徒。夜聚曉散。為從者。及稱為善友。求討布施。至十人以上。並軍民人等。不問來歷。窩藏接引。或寺廟觀住持容留披剃冠簪。探聽境內事情。若審實探聽軍情。以姦細論。及被誘軍民捨與應禁鐵器等項。事發。屬軍衛者。發邊衛充軍。屬有司者。發邊外為民。謹案此條係原例。	嘉慶朝‧卷610	1508~1509

禁止師巫邪術 ──附律定例	一。凡左道惑眾之人。或燒香集徒。夜聚曉散。為從者。發邊遠充軍。若稱為善友。求討布施。至十人以上。並軍民等不問來歷。窩藏接引。或寺觀住持容留披剃冠簪者。發近邊充軍。謹案此條乾隆三十六年改定。	嘉慶朝‧卷610	1509
禁止師巫邪術 ──附律定例	一。各處官吏軍民僧道人等。妄稱諳曉扶鸞禱聖。書符咒水。或燒香集徒。夜聚曉散。並捏造經咒邪術。傳徒斂錢。一切左道異端。煽惑人民。為從者。發往黑龍江。給索倫達呼爾為奴。其稱為善友。求討布施。至十人以上者。或稱燒煉丹藥。出入內外官家。或擅入皇城夤緣作弊。希求進用者。並軍民人等寺觀住持。不問來歷。窩藏接引。容留*披剃冠*簪。至十人以上者。俱發近邊充軍。若不及十人。容留潛住。薦舉引用。及鄰甲知情不舉。並皇城各門守衛官軍不行關防搜拏者。各照違制律治罪。如事關重大。臨時酌量辦理。至於守業良民。諷念佛經。茹素邀福。並無學習邪教。捏造經咒。傳徒斂錢惑眾者。不得濫用此例。謹案此條嘉慶六年將上二條修併改定。十七年奏准。邪教為從者。改發新疆給額魯特為奴。	嘉慶朝‧卷610	1509~ 1510
禁止師巫邪術 ──附律定例	○一。邪教惑眾照律治罪外。如該地方官不行嚴禁。在京五城御史。在外督撫。徇庇不行糾參。一併交與該部議處。旁人出首者。於各犯名下。併追銀二十兩充賞。如係應捕之人拏獲者。追銀十兩充賞。謹案此條雍正三年定例。	嘉慶朝‧卷610	1510~ 1511

禁止師巫邪術 —— 附律定例	○一。熟習符咒。不畏刑罰。不敬官長。作姦犯科。惑世誣民者。照光棍例爲首者立斬。爲從者概擬絞監候秋後處決。謹案此條雍正七年定。乾隆五年查熟習符咒。不畏刑罰。惑世誣民等項。即係以邪術架刑。及私相傳習之屬。應照雍正十年定例遵行。無庸複載。此條刪。	嘉慶朝・卷610	1511
禁止師巫邪術 —— 附律定例	○一。私習羅教爲首者照左道異端煽惑人民律。擬絞監候。不行查報之鄰佑總甲人等。均照律各笞四十。其不行嚴查之地方官。交部議處。謹案此條係雍正十一年定例。乾隆五年查律文左道異端。所包甚廣。羅教特其一耳。非通行例也。刪。	嘉慶朝・卷610	1511~ 1512
禁止師巫邪術 —— 附律定例	○一。凡有姦匪之徒。將其各種避刑邪教。私相傳習者。爲首者教授之人擬絞監候。爲從學習之人。杖一百流三千里。若是犯到官。本犯以邪術架刑者。照規避本罪律遞加二等。罪止杖一百流三千里。其犯該絞斬者。仍照本罪科斷。至事犯到官。本犯雇人作法架刑者。亦照以邪術架刑例治罪。併究出代爲架刑之人。造詐教誘人犯法與犯人同罪律至死減一等。得贓。照枉法從重論。保甲鄰里知而容隱不首者。照知而不首本律笞四十。地方官不行查拏者。照例議處。謹案此條係雍正十一年定例。	嘉慶朝・卷610	1512~ 1513
禁止師巫邪術 —— 附律定例	一。私刻地畝經。及占驗推測妄誕不經之書。售賣圖利。及將舊有書板藏匿。不行銷燬者。俱照違制律治罪。謹案此條係乾隆九年。	嘉慶朝・卷610	1513

禁止師巫邪術 —— 附律定例	一、各省遇有與立邪教哄誘愚民事件。該州縣立赴搜訊。據實通稟。聽院司按覆情罪輕重。分別辦理。儻有諱匿。輒自完結。別經發覺。除有化大爲小曲法輕縱別情。嚴參懲治外。即罪止枷責。案無出入。亦照諱竊例從重加等議處。謹案此條係乾隆四十六年定例。	嘉慶朝・卷 610	1513
禁止師巫邪術 —— 附律定例	一、西洋人有在內地傳習天主教。私自刊刻經卷。倡立講會。蠱惑多人。及旗民人等向西洋人轉爲傳習倂私立名號。煽惑及眾。確有實據。爲首者擬絞立決。其傳教煽惑而人數不多亦無名號者。擬絞監候。僅止聽從入教不知悛改者。發新疆給額魯特爲奴。旗人銷除旗檔。如有妄布邪言。關繫重大。或持咒蠱惑。誘污婦女。倂誆取病人目睛等情。仍臨時酌量。各從其重者論。至被誘入教之人。如能悔悟。赴官首明出教者。概免制罪。若被獲到官。始行悔悟者。於遣罪上減一等。杖一百徒三年。儻始終執迷不悟。即照例發遣。並嚴禁西洋人不許在內地置買產業。其失察西洋人潛住境內並傳教惑眾知該管文武各官。交部議處。謹案此條嘉慶十六年定。	嘉慶朝・卷 610	1513~ 1515
禁止師巫邪術 —— 歷年事例	○天聰五年諭。凡巫覡星士妄言吉凶。蠱惑婦女。誘財物者。必殺無赦。該管佐領領催及本主。各坐應得之罪。其信用之人亦坐罪。	嘉慶朝・卷 610	1515
禁止師巫邪術 —— 歷年事例	○崇德七年諭。凡老少男婦。有爲善友或是誆民者。永行禁止。如不遵禁約。必殺無赦。該管各佐領領催及各主不行查究者。一例治罪。	嘉慶朝・卷 610	1515
禁止師巫邪術 —— 歷年事例	○順治六年定。凡僧道巫覡之流。妄刑法術。蠱惑愚眾者。治以重罪。	嘉慶朝・卷 610	1515~ 1516

禁止師巫邪術 ——歷年事例	○（順治）十三年諭。凡左道惑眾。如無爲白蓮聞香等教名色。起會結黨迷誘無知小民。殊可痛恨。今後再有踵行邪教聚會燒香斂錢號佛等事。在京著五城御史及地方官。在外。著督撫司道有司等官。設法緝拏。窮究姦狀。於定例外加等治罪。	嘉慶朝・卷610	1516
禁止師巫邪術 ——歷年事例	○（順治）十八年定。凡無名巫覡私自跳神者。杖一百。因致人於死者處死。	嘉慶朝・卷610	1516
禁止師巫邪術 ——歷年事例	○康熙元年題准。人有邪病。請巫覡道士醫治者。須稟明都統。用印文報部。准其醫治。違者巫覡道士正法外。請治之人。亦治以罪。	嘉慶朝・卷610	1516
禁止師巫邪術 ——歷年事例	○（康熙）五年覆准。凡邪教惑眾。在京行五城御史。在外行督撫。轉行文武各地方官嚴禁查拏。如不行查察。督撫等徇庇不參。事發。在內該管官每案罰俸三月。在外州縣官降二級調用。督撫罰俸一年。	嘉慶朝・卷610	1516～1517
禁止師巫邪術 ——歷年事例	○（康熙）七年覆准。凡邪教惑眾者。照律遵行。其地方各官。仍照例一併治罪。	嘉慶朝・卷610	1517
禁止師巫邪術 一歷年事例	○（康熙）十二年題准。凡端公道士。私行跳神醫人者。免死。杖一百。雖曾稟過禮部。有作爲異端。跳神醫治。致人於死者。照鬭歐殺人律擬罪。其私請之人。係官。議處。係平人。照違令律治罪。	嘉慶朝・卷610	1517
禁止師巫邪術 一歷年事例	○（康熙）十八年議准。凡迎神進香。鳴鑼擊鼓。肆行無忌者。爲首之人。照邪教惑眾律擬絞監候。秋後處決。爲從之人。枷號三月。係旗下。鞭一百。係民責四十板。俱不准折贖。該管官不行查拏。事發係旗下人。將佐領驍騎校步軍校。係民。將司坊官府州縣。係兵。將守備把總。每案罰俸半年。領催鞭	嘉慶朝・卷610	1517～1519

	八十。總甲責三十板。旗參領副尉五城御史布按司道副將參將游擊。每案罰俸三月。步軍統領總尉總督巡撫提督總兵官。每案罰俸兩月。若係內務府佐領下人。該管官照參領佐領驍騎校領催例治罪。若係僧道將該管僧道官革職。責二十板。僧錄道錄司官革職。		
禁止師巫邪術 — 歷年事例	○（康熙）五十七年議准。各處邪教。令該督撫嚴行禁止。若地方官不行查嚴。或別處發覺者。將地方官及該督府一併嚴行。查議。	嘉慶朝・卷610	1519
禁止師巫邪術 — 歷年事例	○嘉慶十六年諭。刑部議覆甘家斌奏請嚴定西洋人傳教治罪專條。一摺。西洋人素奉天主。其本國之人自行傳習。原可置之不問。若誑惑內地民人。甚或私立神甫等項名號。蔓延各省。實屬大干法紀。而內地民人安心被誘。遞相傳授。迷網不解。豈不荒悖。試思其教不敬神明。不奉祖先。顯畔正道。內地民人聽從習受。詭立名號。此於悖逆何異。若不嚴定刻條。大加懲創。何以杜邪術而正人心。嗣後西洋人有司自刊刻經卷。倡立講會。蠱惑多人。及旗民人等向西洋人轉為傳習。並私立名號。煽惑及眾。確有實據。為首者。竟當定為綾決。其傳教蠱惑而人數不多亦無名號者。著定為絞候。其僅止聽從入教不知悛改者。著發往黑龍江給索倫達呼爾為奴。旗人銷去旗檔。至西洋人現在住居京師者。不過令其在欽天監推步天文。無他技藝足供差使。其不諳天文者。何容任其閒往滋事。著該管大臣等即行查明。除在欽天監有推步天文差使者。仍令供職外。其餘西洋人。俱著發交	嘉慶朝・卷610	1519~ 1521

	兩廣總督。俟有該國船隻至粵。附便遣令歸國。其在京當差之西洋人。仍當嚴加約束。禁絕旗民往來。以杜流弊。至直省地方。更無西洋人應當差使。豈可容其潛住傳習邪教。著各該督撫等實力嚴查。如有在境逗遛。立即查拏。分別辦理。以淨根株。		
禁止師巫邪術──歷年事例	○又諭。外省地方。本無需用西洋之人之處。即不應有西洋人在境潛住。從前外省拏獲習教人犯。每稱傳播始於京師。今京師以按明稽覆。徹底清釐。若外省再有傳習此教者必係另有西洋人在彼煽惑。地方匪徒私自容留。不可不加之屬禁。除廣東省有西洋人往來貿易其居住之處留心管束。勿任私行傳授。有不遵禁令者即按例懲治外。其餘各直省。著該督撫等飭屬通行詳查。如現有西洋人在境。及續有西洋人潛來者。均令地方官即行查拏具報。一面奏聞。一面遞交廣東省遣令歸國。如有地方官查辦不力。致令傳教。惑眾。照新定條例嚴禁參重處。若內地民人私習其教。復影射傳惑者著地方官一律查拏。按律治罪。將此通諭知之。	嘉慶朝・卷610	1521~1522

資料來源:《欽定大清會典事例》(嘉慶朝),臺北:文海出版社,1992年。

上列表格爲嘉慶朝的《欽定大清會典事例》。到了嘉慶年間,民間秘密宗教在官府不斷禁止與取締之下,仍不斷發展,且教中信徒多半在被官府查拏後,若有機會,仍會繼續參與民間秘密宗教的傳習活動,屢禁不絕。又擬判徒流遷徙者或趁機潛逃回原籍繼續傳教,或在遷徙之地踵習其教,官府覺察此一現象後,便於嘉慶年間,將徒流遷徙的地方做更改,原

來應發擬黑龍江等處，皆改發到新疆給額魯特爲奴。

　　官方政府將地點變更的原因在於杜絕教犯在配所附近繼續傳教，因新疆地方有其特有的文化、習俗與宗教信仰，不易受到民間秘密宗教的影響，而使發配至新疆地區的教犯無法在當地傳習「邪教」。

　　除此之外，自雍正皇帝禁教以後，「禁止師巫邪術」一條中，亦加載西洋人傳習天主教，嘉慶年間刑部議覆甘家斌奏請嚴定西洋人傳教治罪專條。而在甘家斌所奏內容中亦說明嚴禁天主教的理由：

> 西洋人素奉天主。其本國之人自行傳習。原可置之不問。若誑惑內地民人。甚或私立神甫等項名號。蔓延各省。實屬大干法紀。而內地民人安心被誘。遞相傳授。迷網不解。豈不荒悖。試思其教不敬神明。不奉祖先。顯畔正道。內地民人聽從習受。詭立名號。此於悖逆何異。若不嚴定刻條。大加懲創。何以杜邪術而正人心。嗣後西洋人有司自刊刻經卷。倡立講會。蠱惑多人。及旗民人等向西洋人轉為傳習。[104]

上列引文中，清楚說明清代官方在文化政策上，對於西洋人所傳習天主教中的疑慮與矛盾之處，即以天主教「不敬神明」與「不奉祖先」，而將其視為偏離正道。但於其文中，亦反映出中國官方對於西洋人自身信仰天主教，以及西洋人自相傳習天主教並無意見。

104　《欽定大清會典事例》（嘉慶朝），卷610，頁1519~1521。

表 1-3-5 光緒朝《大清會典》中的民間秘密宗教

條名	內容	卷次	頁碼
禁止師巫邪術	○凡師巫假降邪神。書符咒水。扶鸞禱聖。自號端公太保師婆名色。及妄稱彌勒佛白蓮社明尊教白雲宗等會。一應左道異端之術。或隱藏圖像。燒香集眾。夜聚曉散。佯修善事。煽惑人民。為首者絞監候。為從者各杖一百流三千里。若軍民裝扮神像。鳴鑼擊鼓。迎神賽會者。杖一百。罪坐為首之人。里長知而不首者。各笞四十。其民間春秋義社。以行祈報者。不在此限。	光緒朝・卷 766	14861
禁止師巫邪術 — 附律條例	○一。各處官吏軍民僧道人等。來京妄稱諳曉扶鸞禱聖。書符咒水。一切左道異端邪術。煽惑人民。為從者。及稱燒煉丹藥。出入內外官家。或擅入皇城。貪緣作弊。希求進用。屬軍衛者。發邊衛充軍。屬有司者。發邊外為民。若容留潛住。及薦舉引用。鄰甲知情不舉。並皇城各門守衛官軍。不行關防摻奪者。參究治罪。謹案此條係原例。乾隆三十六年。將屬軍衛者四句。改為發近邊充軍。又增若事關重大臨時酌量辦理二句。	光緒朝・卷 766	14861
禁止師巫邪術 — 附律條例	一。凡左道惑眾之人。或燒香集徒。夜聚曉散。為從者。及稱為善友。求討布施。至十人以上。並軍民人等。不問來歷。窩藏接引。或寺觀住持容留披剃冠簪。探聽境內事情。若審實探聽軍情。以奸細論。及被誘軍民捨與應禁鐵器等項。事發。屬軍衛者。發邊衛充軍。屬有司者。發邊外為民。謹案此條係原例。	光緒朝・卷 766	14861~14862

禁止師巫邪術 —— 附律條例	一。凡左道惑眾之人。或燒香集徒。夜聚曉散。爲從者。發邊遠充軍。若稱爲善友。求討布施。至十人以上。並軍民等不問來歷。窩藏接引。或寺觀住持容留披剃冠簪者。發近邊充軍。謹案此條乾隆三十六年改定。	光緒朝・卷 766	14862
禁止師巫邪術 —— 附律條例	一。各處官吏軍民僧道人等。妄稱諳曉扶鸞禱聖。書符呪水。或燒香集徒。夜聚曉散。並捏造經呪邪術。傳徒斂錢。一切左道異端。煽惑人民。爲從者。發往回城。給大小伯克及力能管束之回子爲奴。其稱爲善友。求討布施。至十人以上者。或稱燒煉丹藥。出入內外官家。或擅入皇城。貪緣作弊。希求進用者。並軍民人等寺觀住持。不問來歷。窩藏接引。容留披剃冠簪。至十人以上者。俱發近邊充軍。若不及十人。容留潛住。薦舉引用。及鄰甲知情不舉。並皇城各門官衛官軍。不行關防搜拏者。各照違制律治罪。如事關重大。臨時酌量辦理。至於守業良民。諷念佛經。茹素邀福。並無學習邪教。捏造經呪。傳徒斂錢惑眾者。不得濫用此例。謹案此條。嘉慶六年將上二條修併改定。邪教爲從者。原作發往黑龍江給索倫達呼爾爲奴。十七年奏准。邪教爲從者。改發新疆給額魯特爲奴。二十年。復改爲發往回城給大小伯克及力能管束之回子爲奴。	光緒朝・卷 766	14862~14863
禁止師巫邪術 —— 附律條例	○一。凡傳習白陽白蓮八卦等邪教。習念荒誕不經呪語。拜師傳徒惑眾者。爲首擬絞立決。爲從年未逾六十。及雖逾六十。而有傳徒情事。俱改發回城給大小伯克及力能管束之回子爲奴。如被誘學習。尚未傳徒。而又年逾六十以上者。改	光緒朝・卷 766	14862~14863

	發雲貴兩廣煙瘴地方充軍。旗人銷旗檔。與民人一律辦理。至紅陽教及各項教會名目。並無傳習呪語。但供有飄高老祖。及拜師授徒者。發往烏魯木齊。分別旗民。當差爲奴。其雖未傳徒。或曾供奉飄高老祖。及收藏經卷者。俱發邊遠充軍。坐功運氣者。杖八十。如有具結改悔。赴官投首者。准其免罪。地方官開造名冊。申送臬司衙門存案。儻再有傳習邪教情事。即按例加一等治罪。若拏獲到案。始行改悔者。各照所犯之罪問擬。不准寬免。如訊明實止茹素燒香。諷念佛經。止圖邀福。並未拜師傳徒。亦不知邪教名目者。免議。謹案此條嘉慶十八年定。二十四年。因調劑回疆遣犯。將被誘學習並未傳徒而又年逾六十者。改發雲貴兩廣煙瘴地方充軍。並增入具結改悔。及拏獲始行改悔二層。		
禁止師巫邪術──附律條例	○一。各項邪教案內。應行發遣回城人犯有情節較重者。發往配所永遠枷號。謹案此條嘉慶二十四年定。	光緒朝‧卷766	14863
禁止師巫邪術──附律條例	○一。邪教惑眾。照律治罪外。如該地方官不行嚴禁。在京五城御史。在外督撫。徇庇不行糾參。一併交部議處。旁人出首者。於各犯名下。並追銀二十兩充賞。如係應捕之人拏獲者。追銀十兩充賞。謹案此條係雍正三年定例。	光緒朝‧卷766	14863
禁止師巫邪術──附律條例	○一。熟習符呪。不畏刑罰。不敬官長。作姦犯科。惑世誣民者。照光棍例。爲首者立斬。爲從者概擬絞監候。秋後處決。謹案此條雍正七年定。乾隆五年。查熟習符呪不畏刑罰惑世誣民等項。即係以邪術架刑。及私相傳習之屬。應照雍正十一年定例遵行。毋庸複載。此條刪。	光緒朝‧卷766	14863

禁止師巫邪術 —— 附律條例	○一。私習羅教為首者。照左道異端煽惑人民律擬絞監候。不行查報之鄰佑總甲人等。均照律各笞四十。其不行嚴查之地方官。交部議處。謹案此條係雍正十一年定例。乾隆五年因律文左道異端。所包甚廣。羅教特其一。非通行例刪。	光緒朝・卷 766	14863
禁止師巫邪術 —— 附律條例	○一。凡有姦匪之徒。將各種避刑邪術私相傳習者。為首教授之人。擬絞監候。為從學習之人。杖一百流三千里。若事犯到官。本犯以邪術架刑者。照規避本罪律。遞加二等。罪止杖一百流三千里。其犯該絞斬者。仍照本罪科斷。至事犯到官。本犯雇人作法架刑者。亦照以邪術架刑例治罪。並究出代為架刑之人。照詐教誘人犯法與犯人同罪律。至死減一等。得贓。照枉法從重論。保甲鄰里知而容隱不首者。照知而不首本律笞四十。地方官不行查拏者。照例議處。謹案此條係雍正十一年定例。	光緒朝・卷 766	14863
禁止師巫邪術 —— 附律條例	○一。私刻地畝經。及占驗推測妄誕不經之書。售賣圖利。及將舊有書板藏匿。不行銷毀者。俱照違制律治罪。謹案此條係乾隆九年定例。	光緒朝・卷 766	14863
禁止師巫邪術 —— 附律條例	○一。各省遇有興立邪教。哄誘愚民事件。該州縣立赴摻訊。據實通稟。聽院司按戲情罪輕重。分別辦理。儻有諱匿。輒自完結。別經發覺。除有化大為小曲法輕縱別情。嚴參懲治外。即罪止枷責。案無出入。亦照諱竊例。從重加等議處。謹案此條係乾隆四十六年定例。	光緒朝・卷 766	14863
禁止師巫邪術 —— 歷年事例	○天聰五年諭。凡巫覡星士妄言吉凶蠱惑婦女誘取財物者。必殺無赦。該管佐領領催及本主。各坐應得之罪。其信用之人亦坐罪。	光緒朝・卷 766	14863

禁止師巫邪術 ——歷年事例	○崇德七年諭。凡老少男婦。有爲善友惑世誣民者。永行禁止。如不遵禁約。必殺無赦。該管各佐領領催及各主不行查究者。一例治罪。	光緒朝・卷766	14863~ 14864
禁止師巫邪術 ——歷年事例	○順治六年定。凡僧道巫覡之流。妄行法術。蠱惑愚衆者。治以重罪。	光緒朝・卷766	14864
禁止師巫邪術 ——歷年事例	○（順治）十三年諭。凡左道惑衆。如無爲白蓮聞香等教名色。起會結黨。迷誘無知小民。殊可痛恨。今後再有踵行邪教聚會燒香斂錢號佛等事。在京著五城御史及地方官。在外著督撫司道有司等官。設法緝拏。窮究姦狀。於定例外加等治罪。	光緒朝・卷766	14864
禁止師巫邪術 ——歷年事例	○（順治）十八年定。凡無名巫覡私自跳神者。杖一百。因而致人於死者處死。	光緒朝・卷766	14864
禁止師巫邪術 ——歷年事例	○康熙元年題准。人有邪病。請巫覡道士醫治者。須裏明統。用印文報部。准其醫治。違者。巫覡道士正法外。請治之人。亦治以罪。	光緒朝・卷766	14864
禁止師巫邪術 ——歷年事例	○（康熙）五年覆准。凡邪教惑衆。在京行五城御史。在外行督撫。轉行文武各地方官嚴禁查拏。如不行查察。督撫等徇庇不參。事發。在內。該管官每案罰俸三月。在外。州縣官降二級調用。督撫罰俸一年	光緒朝・卷766	14864
禁止師巫邪術 ——歷年事例	○（康熙）七年覆准。凡邪教惑衆者。照律遵行。其地方各官。仍照例一併治罪。	光緒朝・卷766	14864
禁止師巫邪術 ——歷年事例	○（康熙）十二年題准。凡端公道士。私行跳神醫人者。免死。杖一百。雖曾裏過禮部。有作爲異端。跳神醫治。致人於死者。照鬥毆殺人律擬罪。其私請之人。係官。議處。係平人。照違令律治罪。	光緒朝・卷766	14864
禁止師巫邪術 ——歷年事例	○（康熙）十八年議准。凡迎神進香。鳴鑼擊鼓。肆行無忌者。爲首之人。照邪教惑衆律。擬絞監候。	光緒朝・卷766	14864

	秋後處決。爲從之人。枷號三月。係旗下。鞭一百。係民。責四十板。俱不准折贖。該管官不行查拏。事發。係旗下人。將佐領。驍騎校。步軍校。係民。將司坊官府州縣。係兵。將守備把總。每案罰俸半年。領催。鞭八十。總甲。責三十板。其參領。副尉。五城御史。布按司道。副將。參將。遊擊。每案罰俸三月。步軍統領。總尉。總督。巡撫。提督。總兵官。每案罰俸兩月。若係內務府佐領下人。該管官照參領佐領驍騎校領催例治罪。若係僧道。將該管僧道官革職。責二十板。僧錄道錄司官革職。		
禁止師巫邪術 — 歷年事例	○（康熙）五十七年議准。各處邪教。令該督撫嚴行禁止。若地方官不行嚴查。或別處發覺者。將地方官及該督撫一併嚴行查議。	光緒朝・卷766	14864
禁止師巫邪術 — 歷年事例	○嘉慶十八年奏。辦理邪教。總以有無傳習經呪。供奉邪神。拜授師徒爲斷。至白陽教。即係白蓮教。及八卦教之別名。最足爲害。嗣後爲首。照左道異端煽惑人民律。擬絞監候。爲從。發新疆給額魯特爲奴。旗人銷除旗檔。與民人一律辦理。至紅陽教。及各項教會名目。並無傳習呪語。但供有飄高老祖。及拜師授徒者。發往烏魯木齊。分別旗民當差爲奴。其雖未傳徒。或曾供奉飄高老祖。及收藏經卷者。發邊遠充軍。至坐功運氣。雖非邪教。亦比照故自傷殘律杖八十。若訊明實止茹素燒香。諷念佛經。止圖邀福。並未拜師傳徒。亦不知邪教名目者。方予免議。奉旨。嗣後審辦白陽白蓮八卦等邪教。凡傳徒爲首者。定擬絞決。其紅陽等及各項教會名目。即照刑部所議辦理。	光緒朝・卷766	14864~14865

禁止師巫邪術 — 歷年事例	○（嘉慶）二十一年奉旨。嗣後各直省遇有倡立邪教惑眾騙錢案內應行發遣之犯。著該督撫於審明定案時。酌留一二名。於該省犯事地方。永遠枷號示眾。	光緒朝‧卷766	14865
禁止師巫邪術 — 歷年事例	○又諭。孫玉庭等奏傳習牛八邪教案犯。先後赴官投具悔結。懇請免罪一摺。湖北省傳習牛八教之邵元勝等。經地方官宣諭開導。具結改悔。投案者共有三百六十四名。湖北一省如此。可見各省傳習邪教者。尚復不少。鄉民妄聽邪說。信從入教。本應治罪。但人數過多。愚民無知。一時被誘。若不予以自新之路。朕心實所不忍。惟是此內真心改悔者。固不乏人。恐亦有希圖免罪。暫時投首者。閱時既久。難保其不故智復萌。應酌定條例。以示儆戒。著阮元張映漢飭令該地方官。將此次具結改悔之人。再行曉諭。以該犯等本係有罪之人。現奉恩旨准予自新。係屬法外施仁。若改悔之後。又復習教。則是怙惡不悛。定當加等治罪。責令各出具再犯習教情願加等治罪甘結。方准免罪。該地方官仍將具結之人。開造名冊。申送臬司衙門存案。儻將來冊內之人。再有傳習邪教者。一經訪獲。即將該犯按律加一等治罪。各直省俱照此一律辦理。	光緒朝‧卷766	14865
禁止師巫邪術 — 歷年事例	○（嘉慶）二十二年諭。徐炘奏查明各屬首悔。茹素念經男婦取結釋甯一摺。所辦失之寬縱。習教之犯。准令自首免罪。原因其真心悔悟。投首到官。呈繳經像。方予以自新之路。該護撫摺內所奏。如蒲城等縣監生王瑞朋等均係自行投案。呈繳經像。具結改悔。其蒲城等縣民	光緒朝‧卷766	14865～ 14866

	人魏景昌等。鳳縣等縣民人楊得才等。則皆係訪查拏獲到案。始自稱改悔者。此等入教莠民。平日甘心邪慝。迨被獲畏罪。藉口改悔。冀圖一時苟免。釋放後仍將故智復萌。該護撫概予釋免。殊覺漫無區別。徐炘著傳旨申飭。除案內自首之王瑞朋等。俱准免罪釋甯外。其拏獲之魏景昌等十四名楊得才等四名口。仍各照所犯之罪分別問擬。不准寬免。嗣後各直省查審邪教改悔之案。俱著照此分別辦理。		
禁止師巫邪術——歷年事例	○道光元年諭。方受疇奏邪教案內留於本境永遠枷號人犯。請即行解配等語。邪教案內應行發遣人犯。留於本境枷示。原以化誨愚蒙。俾知儆戒。今本犯既不知改悔。匪徒復踵習其教。自不若投之遐荒。免滋煽惑。著即照該督所議。咨明李老和二犯。仍照刑部原擬。一併解發回城為奴。嗣後拏獲邪教案犯。審明應發遣者。均即行解配。其有情節較重者。發往配所。永遠枷號。毋庸留於犯事地方監禁枷示。以消萌蘗。	光緒朝·卷766	14866
禁止師巫邪術——歷年事例	○（道光）十二年諭。此案尹老須即尹資源。接管劉功離卦教。自稱南陽佛。創立朝考等場黑風等劫名目。神奇其說。煽惑至數千人之多。句結至三省之遠。狂悖已極。尹老須即尹資源。著即凌遲處死。仍傳首犯事地方。以昭炯戒。尹明仁聽從伊父習教多年。實屬世濟其惡。尹明仁著即處斬。韓老吉蕭滋依議應斬。著監候入於本年朝審情實辦理。其失察之地方官。及查辦不實各員。著吏部查取職名。分別議處。	光緒朝·卷766	14866

資料來源：《欽定大清會典事例》（光緒朝），臺北：臺灣中文書局，1963年。

上列表格爲光緒朝的《欽定大清會典事例》。到了嘉慶年間，官府覺察民間秘密宗教屢禁不絕，擬判徒流遷徙之教犯或趁機潛逃回原籍繼續傳教，或在遷徙之地踵習其教。爲了防止上述情形，嘉慶年間，將徒流遷徙的地方先後做更改，原來應發擬黑龍江等處，先是改發到新疆給額魯特爲奴，其後，又再更改爲發回城給大小伯克及力能管束之回子爲奴。清政府將發配地點變更，其主因在於杜絕教犯繼續於配所附近傳習「邪教」。因新疆地方在民族上多屬回族，回城中非以漢族爲主，而回族有其特有的文化、習俗與宗教信仰，不易受到民間秘密宗教的影響，而至於發配回城地區的教犯自然無法傳習「邪教」。

第二章　清代初期民間秘密宗教人物分析

　　民間秘密宗教人物的研究基礎立於案件口供之上，因此，本書擬就民間秘密宗教案件為軸心，透過民間秘密宗教案件所留存的口供資料進行解讀，進而透視、分析民間秘密宗教教內的人物。然則，不同的民間秘密宗教屬性不同，故參與在教內人物的性質與取向亦不盡相同，為避免混淆與錯誤解讀，在分析與歸納上，不將人物拉離教門，獨立處理，而是保留其教派名稱，將教內人物置於其教門中一併討論，因此，民間秘密宗教特有的同教異名、派生現象雖非本書討論範圍，但為求謹慎，故在歸納分類上，仍將相近性質的異名教門集結討論。

第一節　崇德順治時期的民間秘密宗教人物

　　滿洲入關前後盛行的教派，主要是明代後期民間秘密宗教的延展。清朝初年以來，各地的民間秘密宗教活動更加頻繁，教派案件層出不窮，新興教派如雨後春筍，屢禁不絕，各教派或以所供奉的神像物品；或取經卷名稱；或採經文字義；或以信仰儀式；或因地理位置；或以姓氏拆字；或因演

繹八卦；或以其性質特徵命名。[1]以下將透過《大清太宗文皇帝實錄》、《大清世祖章皇帝實錄》、《明清檔案》、《宮中檔》、《清廷查辦秘密社會案》等史料之中所載的民間秘密宗教案件，於下表羅列出清初崇德順治時期的民間秘密宗教活動及教案取締，並藉由這些案件中所附供詞及其他資訊，對參與民間秘密宗教人物進行分析與討論。

表 2-1-1 崇德順治時期秘密教門案件一覽表

教門	案件時間	分佈位置	備註
東大乘教	崇德元年十月	遼寧錦州	
聞香教	順治元年	直隸等地	
混元教	順治元年	直隸等地	
白蓮教	順治元年	直隸等地	
	順治七年	四川保寧府	
	順治八年閏二月	直隸曲周縣等地	表 2-1-2
無爲教	順治元年	直隸境內	
	順治十五年十二月	山西平陽府等地	表 2-1-3
弘陽教	順治年間	直隸京畿等地	
大成教	順治元年	直隸等地	
	順治二年	直隸等地	表 2-1-4
	順治三年	直隸等地	
	順治四年	山西絳州	
	順治十六年閏三月	廣東廣州	表 2-1-5
三寶大教	順治五年二月	陝西境內	表 2-1-6
大乘教	順治十六年六月	江蘇池州	表 2-1-7
	順治十八年六月	江蘇溧陽	
天圓教	順治年間	浙江杭州	

資料來源：《大清太宗文皇帝實錄》、《大清世祖章皇帝實錄》、《明清檔案》、《宮中檔》、《清廷查辦秘密社會案》。

---

1 莊吉發，《真空家鄉 —— 清代民間秘密宗教史研究》，臺北：文史哲出版社，2002 年，頁 65~67。

由上列簡表可知崇德、順治時期（1636~1661），官府所查
出的民間秘密宗教在地理位置分布上有遼寧、直隸、山西、
陝西、四川、江蘇、浙江、廣東等地，至於教門名目，則是
共計十種：東大乘教、白蓮教、聞香教、混元教、無爲教、
弘陽教、大成教、三寶大教、大乘教、天圓教。其中的東大
乘教即是明末時王森所創的聞香教，其後聞香教偶以善友會
等名目在各地傳教。[2]時值清太宗崇德元年（1636）十月間，
善友會以道人崔應時爲首共五十人，遣胡有升持書呈遞多譯。

> 丙戌。先是和碩睿親王多爾袞、和碩豫親王多鐸往征
> 明國。至錦州下營。城內有道人崔應時者為首。與其
> 黨五十人同謀。造為歌謠。其書數千言。大約言明國
> 當滅。我朝當興。宜速進兵攻取山海等關之意。遣胡
> 有升持獻多鐸軍前約為內應……二十二日大吉。是晚
> 將近二更。可整理大兵一支在城內下營。一支在城東
> 關外下營。餘在城北門之西。第三礮臺下營。毋動。
> 我在內預備接應……見有以白帶為號者係我等接
> 應。便可向前豎梯。我等在城上縋繩。大兵攀繩而上。
> 一舉可得矣……至二更末。從錦州城北面攻擊失期。
> 遂未成事而回。城中人覺之。隨執崔應時等監禁獄
> 中。時胡有升率其同謀……逃出來歸。[3]

在馬西沙、韓秉方著《中國民間宗教史》一書指出這是聞香

---

2 莊吉發，《真空家鄉 —— 清代民間秘密宗教史研究》，頁 67~69。
3 《大清太宗文皇帝實錄》，卷 31，頁 398a~398b，崇德元年十月。臺北：
　華文書局，1964 年。

教勾結滿洲的事件。[4]莊吉發所著《真空家鄉 —— 清代民間秘密宗教史研究》一書中,則引用《大清太宗文皇帝實錄·初纂本》中善友會道人崔應時長達二千餘言的原書,屬歌謠體裁,並說明其所反映出民間秘密宗教特有的末劫思想。[5]道人崔應時抱持末劫變天思想致書多鐸相約裡應外合,後因城內發覺,將崔應時監禁於獄中,胡有升等人則逃出城外降清。

順治年間,直隸曲周等地的白蓮教曾計畫起事反清。宋伯光自稱是明朝天啓皇帝的第三個兒子,計畫舉兵反清,遇有白蓮教教首栗丁來訪,栗丁爲白蓮教教中首領,結識的人眾多,宋伯光便封其爲首帥;後於順治八年(1651)正月初八日,曲周縣人王鳳聽聞同縣張振魁精通算命,便領宋伯光至張振魁家算命,宋伯光即封張振魁爲軍師。到了二月,宋伯光和張振魁等人商議,訂於二月十六日舉事,先攻曲周、肥鄉等縣城,但由於張振魁之兄張經魁與王在京等人因恐事敗後遭牽連,便向官府出首,張振魁等人先後被捕。[6]

表 2-1-2 山西白蓮教徒栗丁在曲周等處籌畫起事要犯分佈表

姓名	籍貫	親屬關係	行業/身份	教中身份	教中從事工作
陳東坡				東立頭目	
劉長腿				西立頭目	
栗　奇		栗丁胞弟			入夥同謀
張得勝					製造號布旗幟,上書會令,約訪

---

4 馬西沙、韓秉方,《中國民間宗教史》,上海:上海人民出版社,1992年,頁 559。

5 莊吉發,《真空家鄉 —— 清代民間秘密宗教史研究》,頁 68~72。

6 劉子揚、張莉編,《清廷查辦秘密社會案》,第 6 冊,北京:線裝書局,2006 年,頁 4~8。張存仁題本,順治八年閏二月初七日。

					天下諸侯、賢士、英傑
宋伯光					自稱天啟第三個兒子，今改名爲宋伯光
焦　贊	饒陽縣張布村人			北立頭目	
栗　丁		栗奇之兄		帥首	領號布小旗給散眾人，每號布一塊，斂錢三四百文不等，旗一杆斂銀一兩
劉登樓	曲周縣人				往各莊糾人，散送旗布
王加棟	丘縣人				有領一塊自存，或領三、五塊轉散與人
王鳳（王奉）	曲周縣人				有領一塊自存，或領三、五塊轉散與人
路奇鳳	肥鄉縣人				有領一塊自存，或領三、五塊轉散與人
郭善友（郭大寬）					有領一塊自存，或領三、五塊轉散與人
王加良（王加梁）	丘縣人				領號布一塊，大、小旗一包（埋於洞內）
韓小吾	順德府沙河縣人				窺見王加棟父子持齋已久，領有號布，叛心陡起，便商議入黨起手
張振魁（張振奎）	曲周縣人	張經魁之弟	算命師	軍師	順治八年正月初八日，王鳳素聞張振魁精通算法，領宋伯光前

					至張振魁家中算命。算出宋伯光是好命。
張經魁		張振魁之兄			害怕牽連，出首官府
張錫祿	曲周縣人				
趙秋水（趙湛）	永年縣人		生員		隨願入夥同謀，密言商議
奇　山	曲周縣人		僧人		順治八年正月十七日，栗丁在曲周縣地方張不郎寺見僧人奇山
鄭卷毛（鄭見吾）	丘縣人				栗丁與奇山令其前往饒陽縣地方張布村，與焦贊下書會兵
郭學掌	丘縣人	郭計顯之叔			前往饒陽縣地方張布村跑腿送信
郭計顯	丘縣人	郭學掌之侄			跑腿送信
唐禿子（唐已修）	曲周縣人				預定二月十六日起手，將城門鎖簧用鐵絲纏倒，認起火為號，內應即便開門
李召一（李振唐）	廣宗縣人	李振明之兄	生員		合謀攻城
李振明	廣宗縣人	李召一之弟	馬夫		投充馬夫，好在城裡居住，等候兵到，得便接應，合謀攻城
馬騰鶚	肥鄉縣人	劉君顯之岳父			發散號布
張耀斗	肥鄉縣人		工房書手		發散號布，合謀攻城
劉君顯	肥鄉縣人	馬騰鶚之婿			合謀攻城
王在京	肥鄉縣人		快手		害怕牽連，出首官府

| 蘇二陽 | 丘縣人 | | | | 投入合夥，同謀買馬做箭 |

資料來源：張存仁題本，順治八年閏二月初七日，收錄於《清廷查辦秘密社會案》v6.4~8。

直隸曲周等地白蓮教計畫反清一事，參與人數達五十餘人，在籍貫分佈上有饒陽縣人、沙河縣人、曲周縣人、肥鄉縣人、廣宗縣人、永年縣人與丘縣人，其之間的連繫多有親屬關係或地緣關係；在職業及身份類別上有生員、快手、工房書手、馬夫、僧人以及算命師等；在教內結構上，有自稱明代天啓皇帝第三個兒子的宋伯光以及白蓮教首栗丁為教中核心人物；亦有張得勝製造號布旗幟，上書會令，約訪天下諸侯、賢士、英傑者；而算命師張振魁與僧人奇山等江湖異士則扮演凝聚團結的精神量來源；尚有跑腿送信、領號布小旗給散眾人、前往各莊糾人，合謀攻城者；更有投入合夥，同謀買馬做箭，其中李振明特地投充馬夫，好在城裡居住，等候兵到，得便接應，合謀攻城；當中較特別的是，亦有好事者參謀其中，沙河縣人韓小吾因窺見王加棟父子持齋已久，領有號布，叛心陡起，便商議入黨起手。教內結構由上至下，分工上雖大致呈現鬆散但仍見有緊密之處，但最後仍因教內同謀者張經魁與王在京等人害怕罪責，而出首官府，終告失敗被捕。

　　無爲教曾是羅祖教創立之初的別稱。[7]明朝末年，山西平陽府夏縣人張一品傳習無爲教，自稱「彌勒佛下界」，傳有正、心、護、元、氣五輩字號，先後收陝西延安府延昌縣人

---

7 莊吉發，《真空家鄉 —— 清代民間秘密宗教史研究》，頁76。

高林霄等人爲徒，有子張天。後因流寇作亂，高林霄等隨同
張一品前往河南地方居住，後因河南年荒無度，又返回山西，
寄居高平縣高家寨。張一品故後，其子張天自稱「未來佛下
界」，身上刺有「日、月、乾、坤、天、地」字樣，自立爲
傳頭教主，並令鐵匠爲其私鑄銅印一顆，重五斤半，上篆「正
平王鎭國寶」六字，還藏有重十斤的碧玉石一塊、敕書一道、
聖旨一道、未刊龍邊僞票一張、邪經等項，企圖登基稱帝。[8]

表 2-1-3 山西平陽張天等傳立無爲教反清要犯分佈表

姓名	籍貫	年齡	關係	行業	備註
高林霄	陝西延安府延昌縣人	65歲	張一品、張天之徒弟；王國和、王明興之師父	明末時逃荒至平陽府蒲縣種地，後跟張一品吃齋做齋公	反清，順治十五年（1658）十二月初十日，據山西按察司呈，問得犯人一名高林霄
張　天	住平陽府夏縣曹彰鎭上王村		張一品之子；高林霄、劉加官之師父	原爲齋公頭兒（賣藥）	反清，搜出私鑄銅僞印重五斤半，上篆正平王鎭國寶六字、碧玉石一塊重十斤、僞敕書一道、聖旨一道、未刊龍邊僞票一張、邪經等項
張一品			張天之父；高林霄之師父	齋公頭兒	已故。自造經卷，自說是彌勒佛下界
張自高				齋公	反清
王國和	住富山村		高林霄氣字輩徒弟	齋公	反清
王明興			與張成豹爲朋友；高林霄之徒；張海之師父		反清

---

8 劉子揚、張莉編，《清廷查辦秘密社會案》，第 6 冊，頁 15~29。白如梅題本，順治十五年。

張　海		王明興之徒		反清
張成豹	汾洲府汾陽縣人	與王明興為朋友	常在富山等村賣烟	反清
劉加官		張天之徒		當日原是長子地名琚村有個已故染匠姓李的，他引我投在他教門裡吃齋
李　姓	長子地名琚村		染匠	已故。引劉加官入教

資料來源：白如梅題本，順治十五年，收錄於《清廷查辦秘密社會案》
　　　　　v6.15~29。

山西平陽張天等傳立無為教反清一事，參與人士在籍貫分佈上有陝西延安府延昌縣人、平陽府夏縣人、汾洲府汾陽縣人等；在其之間的關係上，多為師徒關係；在職業上多為齋公，或兼賣藥營生，亦有做生意及染匠等其他行業。教主張天承襲自其自稱「彌勒佛下界」的父親張一品，繼續傳習無為教，在其思想上亦呈現出濃厚的變天思想，為強化其變天思想及鞏固其接續天命的「神聖」身份，企圖稱帝，帶領信徒反清建立新朝代。

　　順治年間，聞香教以大成教等名目在直隸等地繼續活動。[9]順治二年（1645），直隸真定府普州武強縣人趙高明等吃齋，並拜饒陽縣大成教教首孔道為師，皈依大成教，每日叩頭三次：一報天地；二報皇天；三報父母。教中宣稱將來兵火臨頭，入教之後，便可消災免厄。趙高明在家蓄藏向孔道借抄的《九蓮經》、《定劫經》等寶卷，經卷中有「彌勒佛掌教」、「十疋小月是個趙」、「十疋小月坐龍墩」等隱

9 莊吉發，《真空家鄉──清代民間秘密宗教史研究》，頁73。

語。順治三年（1646）三月內，武強縣據真定府所發帖文，遍貼嚴禁白蓮等教告示於城市鄉村，嚴禁惑人邪道，不許擾害良民，仍密差捕快四散訪緝。至四月十五日，有陳家院地方報知趙高明蓄髮妖術情行，俟夜靜睡熟，撥門闖入院內，見男女混雜一處，即挐獲趙高明、趙萬銀、趙應亨等三人。趙高明全未剃髮，不遵新式，審訊後即依照叛逆律處以絞刑。[10]

表 2-1-4 直隸定州趙高明等傳習大成教要犯分佈表

姓名	籍貫	年齡	關係	備註
趙高明	直隸真定府普州武強縣人（在地名陳家院）	34歲	孔道之徒	自順治二年五月內吃齋，聽信在逃饒陽縣之孔道為師父，皈依大成教門。妄稱將來兵火臨頭，消災免厄。在家蓄藏邪書
趙萬銀	直隸真定府普州武強縣人（在地名陳家院）		孔道之徒	自順治二年二月內吃齋，聽信在逃饒陽縣之孔道為師父，皈依大成教門
趙應亨	直隸真定府普州武強縣人（在地名陳家院）		孔道之徒	自順治二年九月吃齋，聽信在逃饒陽縣之孔道為師父，皈依大成教門
孔道	饒陽縣人，久住深州		高明、趙萬銀、趙應亨之師父	引高明、趙萬銀、趙應亨入教，今不知下落
吳可成	直隸真定府普州武強縣人（在地名陳家院）			據定州道僉事陳燝呈詳，又有吳可成、常保印、陳佳猷三人俱已剃頭。各因世亂吃齋，不係同夥，亦無妖書。該村地方不敢隱匿，亦舉首出，一併拿獲到縣。該縣審問，只尋常吃齋，無甚關係，各責十板
常保印	直隸真定府普州武強縣人（在地名陳家院）			
陳佳猷	直隸真定府普州武強縣臺南村人			

---

10 劉子揚、張莉編，《清廷查辦秘密社會案》，第 6 冊，頁 269~272。郝晉揭帖，順治三年七月二十八日。

資料來源：郝晉揭帖，順治三年七月二十八日，收錄於《清廷查辦秘密
社會案》v6.269~272。

直隸定州趙高明等傳習大成教一事，入教人士因爲相信將來
會有兵火之災臨頭，爲了要消災免厄，因而皈依大成教，而
從其教內之經卷內容，可以看出教內濃厚的變天思想，亦是
使皈依大成教的信徒們深信將來會有兵火之災的主要原因；
在這則案件中，較特別的是，吳可成、常保印以及陳佳猷等
人，因與趙高明等大成教信徒同縣，並且吃齋，因而被其所
居之臺南村地方舉報出來，但這干人等是因世亂吃齋，並無
皈依大成教。從此可見，在當時的地方社會上，將吃齋與信
教視爲相等。

　　順治四年（1647）四月，山西絳州境內查獲一起大成教
聚眾起事案，經山西巡撫申朝紀嚴緝剿平，教首鄭登啓及僧
人王月天等俱擎獲處決。[11]大成教的傳播，遠至廣東，順治
十六年（1659）閏三月初四日，廣東查獲周裕傳習大成教一
案。周裕自稱大成教教主，傳授七珍八寶，誘人領香聚會。
大成教教主周裕自順治六年間，投拜於正黃旗原吏部侍郎周
希貴門下，後常往廣東做生意及傳教；大成教領眾師父馮正
保在各處勸化引進，欲藉此機會斂財蓋觀音堂。廣東巡按張
問政將周裕、馮正保、盛啓明等發廣州府監候，教中的嫠婦
鄒氏、劉氏、田氏等人俱行斬首正法。[12]

---

11 張偉仁編，《明清檔案》，第 6 冊，臺北：聯經出版社，1986 年，頁
　　B3277。山西巡撫祝世昌題本，順治四年十月二十七日。
12 劉子揚、張莉編，《清廷查辦秘密社會案》，第 6 冊，頁 274~275。張
　　問政揭帖，順治十七年正月；張偉仁編，《明清檔案》，第 35 冊，臺北：

表 2-1-5 廣東周裕等傳立大成教要犯分佈表

姓名	籍貫	年齡	行業/身份	教中身份	備註
周　裕	陝西三元縣人	42歲	做生意	大成教教主	順治六年間，曾投拜過正黃旗原吏部侍郎周希貴老爺門下，後就常往廣東來做生意，便中就傳些教。
馮正保	順天人			領眾師父	在天津衛營內隨王入廣，從來一向吃齋，因是十二年間與周裕相遇，講起大成教來，就聽信他，替他在廣東城裡主教，叫人聚會領香，要斂錢糧，
盛啓明				跟隨周裕	
小存子				跟隨周裕	
鄒　氏	廣東人		孀婦		
劉　氏	廣東人		孀婦		
田　氏	廣東人		孀婦		

資料來源：張問政揭帖，順治十七年正月，收錄《清廷查辦秘密社會案》v6.274~275、張問政揭帖，順治十七年正月初八日，收錄《明清檔案》，v35.B20097~B20098。

廣東周裕等人傳立大成教一事，雖被清朝政府查拿，但在其宗教思想中，解決了當時下層社會中，貧困百姓在養生送死上的相關問題，也透過此一思想，吸引底層社會的百姓參與民間秘密宗教。大成教教主周裕，勸人領香入教，並宣傳教內的宗教思想，被拏後供稱：

　　小的年肆拾貳歲，是陝西三元縣人。順治六年間，曾投拜過正黃旗原吏部侍郎周希貴老爺門下，後就常往廣東來做生意，便中就傳些教，雖有些入教的人，虧本城住的領眾師父馮正保他替我各處勸化引進，實欲借此機會靠著入教的人裏頭布施些錢糧去蓋觀音

堂。小的這教門中人死了不哭，不做齋，不燒錢化紙，是得大涅槃到清福裏去的。[13]

周裕自稱大成教的教主，其所傳習的大成教在宗教思想中，提出其宗教思想解決當時下層社會，貧困百姓在養生送死上的相關問題。透過領香入教，進入此教門之人在往生後，即可進入大涅槃，不在輪迴受苦，因此往生者的家屬就不需要花錢做齋，更不需要燒化紙錢。這樣的宗教思想，相信往生者進入大涅槃去享清福，不僅慰藉了信眾，亦對底層窮苦百姓在家中有人往生時的開銷減輕不少金錢上的負擔，因此吸引不少底層社會的百姓參與。順治十六年（1659）閏三月二十六日，張問政將辦理原委具題，同年六月初六日奉旨，諭旨中指出「兵丁、孀婦，均為入教之人，或分別處治，或即行斬首，輕重大相懸絕也，著嚴察確擬具奏。生殺出自朝廷，該藩凡有緝獲，俱當審明奏請，乃先行正法，然後奏聞，殊非人臣奉公守法之義。」[14]從諭旨中所見，大成教的信徒中，除了男婦民人之外，尚有兵丁等身份之人參與入教。

順治初年，陝西地區民間秘密宗教的發展與傳播亦是相當盛行，陝西長安縣人楊藍自稱活佛，倡立三寶大教，在漢中一帶設有教壇五十餘處。[15]

---

13 張偉仁編，《明清檔案》，第 35 冊，頁 B20097。廣東巡按張問政揭帖，順治十七年正月初八日。
14 張偉仁編，《明清檔案》，第 35 冊，頁 B20098。
15 張偉仁編，《明清檔案》，第 7 冊，臺北：聯經出版社，1986 年，頁 B3893。陝西三邊總督孟喬芳題本，順治五年三月十九日。

表 2-1-6 陝西長安楊籃等倡立三寶大教要犯分佈表

姓名	籍貫	行業/身份	教中身份	備註
楊　藍	陝西長安縣人		自稱活佛	
王正世	城固縣人	生員	大頭目	
徐學孔	興安州人			

資料來源：孟喬芳題本，順治五年三月十九日，收錄於《明清檔案》
　　　　　v7.B3893。

陝西長安楊籃等倡立三寶大教一事，其中楊藍自稱活佛，是
三寶大教信仰中的核心人物，餘下有大頭目分別爲城固縣的
生員王正世以及興安州人徐學孔等人，順治五年（1648）二
月二十一日，興安州知州稟稱：

> 卑職遵依訪緝間，偶於本月二十日據保正周之龍密
> 稟，有一妖人楊藍，號稱三寶大教，無分晝夜，男女
> 聚黨成群，自漢中洋風以東傳染結連，羽翼繁多，及
> 至興安，煽惑不下數千。每至一處，男女俯伏至地，
> 不敢仰視。至於水陸奉供，僭竊凌越，無所不至，見
> 在蓼葉溝蔡家堂登壇聚會，江北一帶，多爲歸從，釀
> 害地方，大爲不便。但人數眾多，器械全備，非卑職
> 差役所能獲者，若不密報發兵擒拏，爲禍非淺。[16]

興安鎮總兵官任珍於當日巳時，即親領馬兵，馳至漢中蔡家
堂，見壇場內高布帳幔，羅列器械，聚集男婦，頭披白布一
條爲號。任珍即令各兵圍住教壇，生擒教中首夥一百二十二
名，婦女六十一人，查獲《無爲經》及弓箭七副，長短鎗三

---

16 張偉仁編，《明清檔案》，第 7 冊，頁 B3893。陝西三邊總督孟喬芳題
　本，順治五年三月十九日。

十一桿，黃旗一桿，大白布帳三十幅。三寶大教信眾似信變天思想，黃色為帝王之色，黃旗製作便隱含了變天思想，加以官兵搜出多種兵械武器，似乎謀同不軌，教中參與人物有男有女，人數不少。

　　清初以來盛行的大乘教，是屬於羅組教的一個大支系，其教案亦層見疊出。[17]在清代初期，大乘教盛行於江蘇地區。順治十六年（1659），江寧池州府破獲大乘教一案，該年六月，池州府民人金世聞、金枚甫以及陳雨等，將已故之何姓屍棺密藏於幽室之中，並將其屍身僭用黃色衣物裝殮，擅設金字聖旨亭，揚言回生做皇帝。經江寧巡撫衛貞元揭報後援引「凡造妖書妖言傳用惑眾者斬監候律」，將金世聞等三名大乘教犯處斬，何姓屍棺及寶卷及金字聖旨亭抬至橋南獅子口燒燬。[18]

表 2-1-7 江寧池州金世聞等傳習大乘教要犯分佈表

姓名	籍貫	行業/身份	備註
金世聞	江寧池州府人	民人	
金枚甫	江寧池州府人	民人	
陳　雨	江寧池州府人	民人	
何　姓			已故。其屍棺密藏於幽室，其屍身僭用黃色衣物裝殮，擅設金字聖旨亭，揚言回生做帝。

資料來源：衛貞元揭帖，順治十六年九月，收錄於《明清檔案》
　　　　　v35.B19563。

---

17 莊吉發，《真空家鄉 —— 清代民間秘密宗教史研究》，頁 76~77。
18 張偉仁編，《明清檔案》，第 35 冊，頁 B19563。江寧巡撫衛貞元揭帖，順治十六年九月。

大乘教教徒金世聞、金枚甫以及陳雨深信其教內的變天思想，將已故之何姓屍身藏於幽室，並僭用黃色衣物裝殮，相信已故的何姓將會起死回生，並且當上皇帝。

順治十八年（1661）六月間，江寧巡撫朱國治捕獲江蘇鎮江府溧陽縣人端應國夫婦，端應國及曹氏夫婦向來喫齋，並傳習大乘教。[19]順治年間，浙江金華府蘭谿縣人舒思硯，又名舒靖文，遷居杭州城茱市橋地方，開立「始初堂」，並編造《延齡拔黃離塵寶懺》、《金天科儀》、《臨凡機語》等經卷，創立天圓教。舒思硯自稱彌勒佛下凡，為天圓教教主，並聲稱彌勒治世，救度殘靈，先後收徒俞松恩、黃天亮、顏靈心以及張揚雲等。[20]

崇德順治年間，民間秘密宗教人物的活動，雖不頻繁，規模亦不大，但往往帶有政治色彩，與宗教思想上的變天思想結合，並且以明裔作為號召，因而令清朝政府對此多加留意。除此之外，亦有少部分的民間秘密宗教，因明末清初世局混亂，而以保平安為由的吃齋唸佛或以養生送死等社會照顧之功能吸引百姓參與民間秘密宗教活動，民眾聚集，即令剛建立的清朝政權不安，對此更加注意。

第二節　康熙年間的民間秘密宗教人物

康熙年間（1662~1722），清代政權進入穩定統治時期，

19　《大清聖祖仁皇帝實錄》，（一），卷 3，頁 12，順治十八年。臺北：華文書局，1964 年，頁 80。

20　《宮中檔乾隆朝奏摺》，第 18 輯，臺北：國立故宮博物院，1983 年，頁 332、616。

社會日趨平穩，經濟逐漸發展繁榮，這些條件有利宗教發展。
康熙皇帝的文化政策上，傾向認爲民間秘密宗教妖言惑眾，
斂財傷民，情罪可惡，自應依律處治，故康熙年間直省大吏
所查獲的教案，名目較多。[21]以下將透過《大清聖祖仁皇帝
實錄》、《明清檔案》、《軍機處檔》、《宮中檔》、《康
熙起居注冊》、《清廷查辦秘密社會案》等史料之中所載的
民間秘密宗教案件，於下表羅列出清代康熙年間的民間秘密
宗教活動及教案取締，並藉由這些案件中所附供詞及其他資
訊，對參與民間秘密宗教人物進行分析與討論。

表 2-2-1 康熙年間秘密教門案件一覽表

教門		案件時間	分佈位置	備註
收元教系統	五葷道收元教	康熙初年	山東單縣	
	收元教	康熙四十四年	山西定襄縣	表 2-2-2
		康熙四十五年	山東單縣	
		康熙五十六年	山東單縣	
		康熙五十八年	山西、山東等地	
	八卦教	康熙五十三年	山東城武縣	
弘陽道		康熙十一年十二月	直隸等地	
黃天道		康熙十一年十二月	直隸等地	
羅祖教系統	羅祖教	康熙十六年	江蘇蘇州	
		康熙二十五年	廣東乳源縣	
		康熙二十六年	廣東乳源縣	
羅祖教系統	羅祖教	康熙三十九年	江蘇蘇州	表 2-2-3
		康熙四十八年	廣東乳源縣	
		康熙五十三年	江蘇蘇州	
		康熙六十年	廣東乳源縣	
	大乘教	康熙五十二年	江蘇蘇州	
		康熙年間	直隸灤州	

---

21 莊吉發，《真空家鄉 —— 清代民間秘密宗教史研究》，頁 77~79。

聖人教	康熙十九年五月	直隸等地	
弘陽教	康熙二十七年	奉天境內	
	康熙二十八年	奉天境內	
	康熙五十八年	奉天境內	
源洞教	康熙三十年	山西安邑縣	
天圓教	康熙三十九年	浙江杭州	
黃天教	康熙四十一年	直隸萬全縣	
神捶教	康熙五十六年	山東、河南等地	
白蓮教	康熙五十六年	山東、河南等地	表2-2-4
	康熙五十七年	山東、河南等地	

資料來源：《大清聖祖仁皇帝實錄》、《明清檔案》、《軍機處檔》、
　　　　　《宮中檔》、《康熙起居注冊》、《清廷查辦秘密社會案》。

由上列簡表可見，康熙年間官府查出的民間秘密宗教在地理
位置分布有直隸、奉天、山西、山東、河南、浙江、江蘇、
廣東等地；教門名目共計十四種：五葷道收元教、弘陽道、
黃天道、羅祖教、聖人教、弘陽教、源洞教、天圓教、黃天
教、收元教、大乘教、八卦教、神捶教、白蓮教。其中黃天
道、弘陽教、羅祖教、大乘教、白蓮教、天圓教都是明末以
來流傳較久，信徒較多的較大教門；聖人教、源洞教則為信
徒較少的小教門；神捶教則是白蓮教的別名；五葷道收元教
或八卦教的創立，對後來民間秘密宗教的發展產生重大影
響，可說是民間秘密宗教開始活躍的重要標誌，在此一時期
的民間秘密宗教活動，也已不限於華北地區。[22]

　　黃天道又名黃天道教，簡稱黃天教，明代李賓所創。李
賓是直隸宣化府南興寧鎮上牛村人，出身農家，早年在當軍
人鎮守野狐嶺關口時失去一目，後因被誣告積欠糧草而遭受
酷刑，釋放回家後即開始修煉悟道，自稱當陽佛轉世，於嘉

---

22 莊吉發，《真空家鄉——清代民間秘密宗教史研究》，頁86。

靖三十三年（1554）創立黃天道，法號普明，著有《普明如來無爲了義寶卷》。黃天道創立後，主要在宣化府和山西大同一帶秘密流傳，後來李普明遷至萬全衛屬膳房堡，並於附近的碧天寺內講經說法，嘉靖三十七年（1558）身故。[23]到了康熙年間，黃天道仍以直隸萬全縣爲中心，在華北各地傳播。康熙十一年（1672）十二月，《康熙起居注冊》中記載：

> 至於黃天、弘陽等教，男女雜集，誦經說法，先經嚴禁，至今尚未革除。切思此等之人，自古以來，只足爲害，實無裨益。若不預行禁止，恐愚民被其煽惑，深爲不便……且嚴禁黃天等邪教。[24]

雖朝中大臣與康熙皇帝在面對黃天教時，態度一致，但仍無法完全禁絕黃天教的傳播與發展，康熙四十一年（1702），直隸萬全縣黃天道嫡派正宗傳人李蔚，曾公開爲李賓樹碑。李蔚是貢生，爲李賓胞兄李宸的四世孫，因做過會首，其死後被黃天道信徒尊爲普慧佛。[25]

　　弘陽教相傳創自明代萬曆年間的飄高老祖，因其自稱弘陽子而得名，教中崇奉混元老祖，故又稱爲混元弘陽教，簡稱混元教。關於飄高老祖其人，學術界頗有爭議，大致可以歸納爲兩種說法：一說飄高老祖是山西洪洞人高揚；一說飄高老祖是直隸廣平府曲周縣人韓太湖。事實上，高揚和韓太

23　莊吉發，《真空家鄉——清代民間秘密宗教史研究》，頁81~83。

24　《康熙起居注冊》，（一），北京：中華書局，1984年，頁69。學士傅達理遵旨覆奏，康熙十一年十二月二十一日。

25　劉子揚、張莉編，《清廷查辦秘密社會案》，第6冊，頁306~316。兆惠等錄副奏摺並附供單，乾隆二十八年四月十二日。

湖本來就是同一個人，既無真假，也無前後之分。[26]康熙年間，在奉天境內查獲弘陽教案多起。康熙二十七年（1688），直隸人蔡萬賢在奉天下家河地方傳習弘陽教，教中規定每年七月十五日做盂蘭會一次，十二月初八日做太平會一次，蔡萬賢曾收梁起鳳等人爲徒。康熙五十八年（1719），奉天一帶有正紅旗公明英家奴郭進英、金國弼等傳習弘陽教，[27]惟在此一時期弘陽教所留史料不多，甚爲可惜。

　　五葷道收元教創自康熙初年的劉佐臣。順治年間，京畿弘陽教首領太監魏子義收河南人李樂天即劉佐臣爲徒傳習弘陽教，後來劉佐臣寄居山東單縣，並於康熙初年改立五葷道收元教，又稱收元教或五葷道，亦作收元教五葷道，教中因分八卦收徒而稱八卦教。劉佐臣派河南商邱縣人郜雲龍執掌離卦教，曹縣人王容清分掌震卦教，劉佐臣身故後其子劉儒漢踵行收元教，康熙五十七年（1718），劉儒漢及其弟候選教諭劉儒清因其父劉佐臣是「白蓮教」頭目而被革職回籍。[28]

---

26 莊吉發，《真空家鄉 ── 清代民間秘密宗教史研究》，頁 80~81。
27 《硃批奏摺》，北京：中國第一歷史檔案館藏。奉天府尹弘晌奏摺，乾隆四十年五月十六日。
28 《軍機處檔・月摺包》，臺北：國立故宮博物院藏，第 2772 箱，15 包，2010 號，山西巡撫準泰奏摺錄副，乾隆十三年二月二十九日；同前檔，第 2772 箱，15 包，2081 號，阿里袞奏摺錄副，乾隆十三年三月二十三日；同前檔，第 2772 箱，18 包，2447 號，山西巡撫準泰奏摺錄副，乾隆十三年六月初三日；同前檔，第 2765 箱，90 包，16957 號，山東按察使國泰奏摺錄副，乾隆三十七年五月十二日。

表 2-2-2 山西、山東等地傳習五葷道收元教（八卦教）要犯分佈表

姓名	籍貫	關係	行業/身份	教中身份	備註
魏子義	京畿居住	劉佐臣之師父	太監	弘陽教首領	傳習弘陽教
郜雲龍	河南商邱縣人			掌離卦教	劉佐臣派其執掌離卦教
劉佐臣（李樂天）	河南人，寄居山東單縣	魏子義之徒；劉儒漢、劉儒清之父		五葷道收元教教主	康熙初年，改立五葷道收元教，又稱收元教，或五葷道，亦作收元教五葷道。教中因分八卦收徒，又稱八卦教
劉儒漢	河南人，寄居山東單縣	劉佐臣之長子；劉儒清之兄；劉起鳳、劉起祥、韓德榮、王天賜之師父	捐納選授山西榮河縣知縣	收元教教主	劉佐臣身故後，繼續傳習收元教。後捐納選授山西榮河縣知縣，康熙五十七年（1718），因其父劉佐臣傳教，被牽入邪教案內，經部議以係邪教之子，俱行革職回籍
劉儒清		劉佐臣之子；劉儒漢之弟	候選教諭		康熙五十七年（1718），因其父劉佐臣傳教，被牽入邪教案內，經部議係邪教之子，俱行革職回籍
劉本元					康熙四十五年（1706），劉儒漢被劉本元首告傳習邪教，拏解審釋
王容清	曹縣人			掌震卦教	劉佐臣派其分掌震卦教
劉起祥	山西定襄縣人	劉起鳳之兄弟；劉儒漢之徒	傭工	收元教教徒	
劉起鳳	山西定襄縣人，後遷居山東城武縣	劉起祥之兄弟；劉儒漢之徒	傭工	收元教教徒	

韓德榮	山西定襄縣人	劉儒漢之徒		收元教教徒	康熙四十四年（1705），劉起鳳由山東返回山西，以收元教可修來世富貴，不忌酒肉，亦不作會，勸韓德榮皈依收元教
王天賜	直隸長垣縣人，移居河南虞城縣人	劉儒漢之徒	賣布商	收元教教徒	康熙五十三年（1714），王天賜到山東賣布，遇劉起鳳，即隨同劉起鳳拜劉儒漢爲師，皈依收元教

資料來源：準泰奏摺錄副，乾隆十三年二月二十九日，收錄於《軍機處檔・月摺包》，第 2772 箱，15 包，2010 號、阿里袞奏摺錄副，乾隆十三年三月二十三日，收錄於《軍機處檔・月摺包》，第 2772 箱，15 包，2081 號、準泰奏摺錄副，乾隆十三年六月初三日，收錄於《軍機處檔・月摺包》，第 2772 箱，18 包，2447 號、國泰奏摺錄副，乾隆三十七年五月十二日，收錄於《軍機處檔・月摺包》，第 2765 箱，90 包，16957 號。

山西、山東等地傳習五葷道收元教（八卦教）一案，參與人在籍貫分佈上有居住京畿者、河南人寄居於山東單縣、河南商邱縣人、曹縣人、山西定襄縣人、遷居山東城武縣的山西定襄縣人以及移居河南虞城縣的直隸長垣縣人；從參與人的職業來看，多有非居住於其本籍，而主動到各地從事商業買賣、傭工或其他不固定之服務業等的民眾，具遊移於各省之間的特性，因其特性，故可得知參與此教門之人之間的連繫有地緣關係，教徒之間傳播教門，有以同鄉糾其參與或在外地工作、居住時結識之人牽引參與教門。參與人劉起祥、劉起鳳兄弟即是山西定襄縣人，但因其傭工之故，至山東居住，在傭趁之際拜劉儒漢爲師，皈依收元教，後於康熙四十四年（1705），劉起鳳自傭工之地山東，返回本籍山西定襄縣，

遇到同鄉的韓德榮，並牽引其皈依收元教，韓德榮入收元教後，便隨劉起鳳前往山東單縣拜劉儒漢爲師。至康熙五十三年（1714），賣布商人王天賜到山東做生意，偶遇劉起鳳，即隨同劉起鳳拜劉儒漢爲師，皈依收元教。收元教在信仰上的儀式和規範較爲單純，不忌酒肉，亦不作會，在其信仰功能上，相信皈依收元教，即可修得來世富貴，對於小農、小工以及小商人等一般平民百姓或較爲窮苦的底層社會人民來說，有其吸引力。

羅祖教是明代山東即墨縣人羅夢鴻所創，以清淨無爲創教，因此被稱爲無爲教，又因教中尊羅夢鴻爲羅祖，故又名羅祖教，簡稱羅教。羅夢鴻所撰五部六冊，成爲羅祖教的重要經典，羅夢鴻身故後，由其子女及弟子分別傳習，而形成許多支派。羅夢鴻之子佛正繼承教主地位，世代傳習羅教；羅夢鴻之女羅廣，法名佛廣，與其夫王蓋人則以無爲教或大乘教名目繼續傳教。[29]至康熙年間，羅祖教或大乘教的教徒們已有相當的數量。

表 2-2-3 羅教、大乘教傳習與建造經堂人物及地點表

姓名	籍貫	關係	行業/身份	教中身份	時間與經堂地點
徐士鸞				羅祖教教徒	康熙十六年（1677）在江蘇蘇州建造削筋墩經堂，有屋八間
鄧　姓 鄧慈濟				羅祖教教徒 住持紫微山經堂	康熙二十五年（1686），在廣東乳源縣建造紫微山經堂，後延請鄧慈濟住持紫微山經堂，以傳習羅祖教

---

29 莊吉發，《真空家鄉 —— 清代民間秘密宗教史研究》，頁 83。

何大成			生員	羅祖教教徒	康熙二十六年（1687），
羅廷章	廣東乳源縣人			住持真武閣經堂	何大成之祖在乳源縣境內建造真武閣經堂，由素習羅祖教的羅廷章住持
周元甫				羅祖教教徒	康熙三十九年（1770），
陳文堂				掌管南堂（又稱陳姓經堂）	素習羅祖教的周元甫在蘇州買地建造南堂，有屋十四間，後來由陳文堂掌管，又稱陳姓經堂
柯養會		黃國徵之師父	雲遊道人	大乘無爲教教徒	素習羅祖教系統的大乘無爲教，後來到廣東樂昌縣琵琶山建造洞頭菴，招徒習教
黃國徵		黃長賢之師父；柯養會之徒		大乘無爲教教徒	於康熙四十八年（1709）在乳源縣境內另造樂成仙經堂
黃長賢		黃國徵之徒；劉可嘉之師父		大乘無爲教教徒	在樂成仙經堂傳習大乘無爲教
劉可嘉		黃長賢之徒；杜清謨之師父		大乘無爲教教徒	在樂成仙經堂傳習大乘無爲教
杜清謨		劉可嘉之徒		大乘無爲教教徒	在樂成仙經堂傳習大乘無爲教
盛　姓				大乘教教徒	康熙五十二年（1713），
姜漢如				掌管北堂（又稱姜姓經堂）	在蘇州建造北堂，有屋二十一間，後由姜漢如掌管，又稱姜姓經堂
傅　姓				羅祖教教徒	康熙五十三年（1714），
性　海			僧人	住持西來菴經堂	在蘇州建造西來菴經堂，有屋八間，由僧人性海住持
謝之誠	廣東乳源縣人	朱觀祥之師父		羅祖教教徒	廣東乳源縣境內的觀音閣傾塌已久，康熙六十年（1721），由謝之誠重建
朱觀祥		謝之誠之徒		羅祖教教徒	
馬　姓				羅祖教教徒	康熙六十一年（1722），
郭肇中				掌管馬菴經堂	在蘇州買地建造馬菴經堂，有屋十九間，後由郭肇中掌管

資料來源：碩色等奏摺錄副，乾隆十三年十二月十九日，收錄於《軍機處檔・月摺包》，第 2740 箱，36 包，5157 號、秦寶琦《中國地下社會》，頁 117。

羅祖教或大乘教的活動在康熙年間的記載並不多見，根據《清廷查辦秘密社會案》中，認為「清統治者最早發現羅教的活動，是雍正五年查辦江淮衛七幫水手嚴會生被趙玉割去左耳一案。」[30]羅祖教或大乘教的傳播，以其信徒的職業分佈上，多為漕運水手，其信仰的共同實體中心為「菴堂」。康熙年間的菴堂分佈上有江蘇蘇州的削筋墩經堂、南堂（又稱陳姓經堂）、北堂（又稱姜姓經堂）、西來菴經堂、馬菴經堂；廣東乳源縣的紫微山經堂、真武閣經堂、樂成仙經堂、觀音閣；廣東樂昌縣的洞頭菴。分佈上多在長江以南地區，信徒多為買地自建菴堂。康熙十六年（1677），徐士鸞在江蘇蘇州建造削筋墩經堂；或有信徒買地建造菴堂，在菴堂建造完後，則延請僧人或另聘傳習羅祖教或大乘教之人住持或掌管。康熙二十五年（1686），鄧姓在廣東乳源縣建造紫微山經堂，後延請鄧慈濟住持紫微山經堂，以傳習羅祖教。康熙二十六年（1687），生員何大成之祖在乳源縣境內建造真武閣經堂，由素習羅祖教的羅廷章住持。康熙三十九年（1770），素習羅祖教的周元甫在蘇州買地建造南堂，後來由陳文堂掌管，又稱陳姓經堂。康熙五十二年（1713），盛姓在蘇州建造北堂，後由姜漢如掌管，又稱姜姓經堂。康熙六十一年（1722），馬姓在蘇州買地建造馬菴經堂，後由郭肇中掌管。

---

30 劉子揚、張莉編，《清廷查辦秘密社會案》，第 6 冊，頁 331。

康熙五十三年（1714），傅姓在蘇州建造西來菴經堂，由僧人性海住持；或有道人自建菴堂，自行傳教。雲遊道人柯養會素習羅祖教系統的大乘無爲教，後來到廣東樂昌縣琵琶山建造洞頭菴，招徒習教，其徒黃國徵於康熙四十八年（1709）在乳源縣境內另造樂成仙經堂；亦有信徒將傾塌已久的菴堂進行重建。康熙六十年（1721），廣東乳源縣境內的觀音閣，傾塌已久由謝之誠重建。[31]

康熙年間的白蓮教在直隸附近頗爲盛行，在地方上，白蓮教又被稱作爲神捶教。康熙五十六年（1717）十月，直隸總督趙弘燮聽聞河南境內有白蓮教徒進行傳教活動。河南杞縣境內，有李家集人李廣居，李廣居前赴官府出首傳習白蓮教的張千一，官府在查拏教眾審訊後，即獲供有蘭陽縣北門裡的李貢生家中，窩穩多人。[32]河南巡撫張聖佐具奏時亦稱，蘭陽縣民李雪臣之子李興邦在生員李山義家，以白蓮教爲名，聚徒惑眾。[33]杞縣即知會蘭陽縣差役將李雪臣、李山義等人拏獲，在清代對於白蓮教的查拏相當嚴厲，此一案中參與白蓮教之教徒亦接受到相當嚴厲的判決：

> 刑部等衙門議覆、刑部尚書張廷樞等、察審河南蘭陽
> 縣白蓮教賊首李雪臣等聚眾謀爲不軌一案除李雪

---

31 《軍機處檔‧月摺包》，第 2740 箱，36　包，5157 號，碩色等奏摺錄副，乾隆十三年十二月十九日；秦寶琦，《中國地下社會》，北京；學苑出版社，1994 年，頁 117。

32 《宮中檔康熙朝奏摺》，第 7 輯，臺北：國立故宮博物院，1976 年，頁 259。直隸總督趙弘燮奏摺，康熙五十六年十月二十四日。

33 《大清聖祖仁皇帝實錄》，（六），卷 275，頁 3。康熙五十六年十一月己未。臺北：華文書局，1964 年，頁 3664。

臣、已經蘭陽縣挈獲杖斃外為首之袁進即朱復業、應
照謀反律、凌遲處死郭英撫袁進為子、應照謀反之祖
父律擬斬立決。為從之李興邦等二十二人、俱照謀反
律擬斬立決。孫丙等十四人、俱擬斬監候。洪知所等、
俱發三姓等處、給披甲人為奴。其各處白蓮等邪教之
人、行令地方官、嚴查治罪。從之。[34]

清代官員與皇帝對於白蓮教的傳習與活動相當敏感，在查挈
辦理上，態度積極。康熙皇帝即於同年十月二十三日面諭大
學士馬齊等人，白蓮教以至山東，不可聽其蠢動，應加以嚴
挈。[35]

表 2-2-4 河南蘭陽縣李雪臣等傳習白蓮教要犯分佈表

姓名	籍貫	行業	教中身份	備註
李雪臣	河南蘭陽縣人	生員		河南杞縣有一木匠，於康熙五十六年九月十七日聲言，要殺某人某人之語，地方稟官處理供出，蘭陽縣李雪臣等，約齊於十八日聚眾殺官，查李雪臣為白蓮邪教，密行圍拿。
李興邦	河南蘭陽縣人			李雪臣之子
李山義		生員		合謀殺官
曹　鈞		監生		合謀殺官
周　姓	居住江南鳳陽府穎州龍口山			合謀殺官
閻　姓	居住江南鳳陽府穎州龍口山	道士		合謀殺官

34 《大清聖祖仁皇帝實錄》，（六），卷 278，頁 28。康熙五十七年四月戊戌，頁 3720。
35 《康熙起居注冊》，（三），頁 2448。面諭大學士馬齊等，康熙五十六年十月二十三日。

袁　進（范光智）	曹州人，住范家坑		白蓮教刷印符帖爲首之人	乳名小宛兒，向過繼與河南扶溝縣楊秦爲子，因取名楊元〈袁〉進，外人將楊字去掉，竟叫作袁進，在河南地方行白蓮教，與李雪臣、喬大倫等來往
趙勳公	山東單縣人，又說是曹縣人，在河南蘭陽縣候家莊住十餘年			會打把式，在河南聞拿逃走
溫知新	曹州人，住龍家集			合謀殺官

資料來源：李樹德硃批奏摺，康熙五十六年十月十一日，收錄於《清廷查辦秘密社會案》v6.34~37、趙弘燮奏摺，康熙五十六年十月二十四日，收錄於《宮中檔康熙朝奏摺》v7.259。

河南蘭陽縣李雪臣等傳習白蓮教並計畫聚眾殺官一事，參與人在籍貫分佈上有河南蘭陽縣人、居江南鳳陽府穎州龍口山人、住范家坑的曹州人、住龍家集的曹州人、住河南蘭陽縣候家莊的曹縣人；在職業及身份類別上有生員、監生與道士等；在教內結構上，有文有武。河南蘭陽縣人李雪臣與李山義俱是生員，曹鈞爲監生，亦有居住江南鳳陽府穎州龍口山的閻姓道士，而居住於范家坑的曹州人袁進（范光智）則爲白蓮教中負責刷印符帖爲首之人，此外，尚有會打把式的趙勳公等，此白蓮教徒約齊計畫於十八日聚眾殺官，至於爲何聚眾殺官，原因不明。

康熙年間，民間秘密宗教人物的活動，已較前朝頻繁，規模大小不一，但不全然帶有政治色彩。雖尚有白蓮教等教門在宗教思想上具變天、末劫思想，合謀教眾反清外，亦有五葷道收元教、弘陽教、羅祖教等，以修來世之福或以提供其他社會需求來吸引民眾信仰的教門亦不少見。但清朝政府

一方面留意教門叛亂造反，另一方面認為左道惑眾，或為防範民間秘密宗教以各種名目斂財傷民等因素，對民間秘密宗教仍多加注意與查拏。

第三節　雍正年間的民間秘密宗教人物

雍正年間（1723~1735），由於雍正皇帝積極整頓地方財政及吏治，使得社會經濟更加繁榮穩定，更有利民間秘密宗教發展，在此一時期的民間秘密宗教活動呈現出兩種型態，一種是舊有教門的復興，另一種是新興教門的出現，種類及名目繁多。[36]以下將透過《大清世宗憲皇帝實錄》、《史料旬刊》、《軍機處檔·月摺包》、《宮中檔雍正朝奏摺》、《雍正朝漢文硃批奏摺彙編》、《清廷查辦秘密社會案》等史料之中所載的民間秘密宗教案件，於下表羅列出清代雍正年間的民間秘密宗教活動及教案取締，並藉由這些案件中所附供詞及其他資訊，對參與民間秘密宗教人物進行分析與討論。

表 2-3-1 雍正年間秘密教門案件一覽表

教門		案件時間	分佈位置	備註
白蓮教系統	白蓮教	雍正元年	河南等地	
	混元教	雍正三年九月	山西長子縣	表 2-3-2
	龍華會	雍正五年六月	山西澤州	
		雍正五年十月	山西澤州	
	渾沌教	雍正五年八月	山西長子縣	

---

36 莊吉發，《真空家鄉 —— 清代民間秘密宗教史研究》，頁 86。

一炷香教		雍正元年	山東等地	
		雍正十三年十一月	直隸等地	
空子教		雍正元年	山東等地	
		雍正二年三月	山東安邱縣	表2-3-3
		雍正二年九月	山東東平州魚臺縣	
		雍正五年七月	山東高密縣	
		雍正六年八月	山東東平州	
無爲教		雍正元年	山東等地	
		雍正七年	直隸永平府	
順天教		雍正二年六月	直隸刑臺縣	表2-3-4
三皇聖祖教		雍正十二年二月	江西南昌府	表2-3-5
道心教		雍正三年五月	福建、浙江	表2-3-6
橋梁教		雍正五年閏三月	河南等地	
哈哈教		雍正五年閏三月	河南等地	
悟真教		雍正五年閏三月	河南等地	
長生教		雍正五年	浙江西安縣	
羅祖教系統	羅祖教	雍正元年	山東、浙江、江西	
		雍正三年	廣東樂昌縣	
		雍正五年十月	浙江金衛所	表2-3-7
		雍正五年十一月	浙江杭州	
		雍正六年正月	江蘇蘇州	
		雍正七年	江西南安府	
		雍正八年	江西南安府	
	三元會	雍正六年	山東嶧州	表2-3-8
	大成教	雍正二年九月	江蘇邳州	
		雍正十年正月	江蘇陽湖縣	表2-3-9
		雍正十三年十一月	直隸等地	
	無爲教	雍正七年	浙江縉雲縣	表2-3-10
	一字教	雍正七年	浙江等地	
	三乘會	雍正十二年十二月	江南南陵縣	表2-3-11
		雍正十三年閏四月	江南南陵縣	
大乘教		雍正八年	雲南大理府	表2-3-12
		雍正十三年九月	雲南大理府	
聞香教系統		雍正九年四月	湖北黃安縣	
	大成教	雍正十年十一月	直隸灤州	表2-3-13
		雍正十年十二月	直隸灤州、深州	
	大乘教	雍正十年	直隸等地	

	衣法教	雍正十年十二月	直隸饒楊縣	
儒理教		雍正十年五月	直隸隆平縣、唐山縣	
收元教		雍正十年	山東、山西	表 2-3-14
朝天一炷香教		雍正十二年三月	山東高唐州	表 2-3-15
清淨無爲教		雍正十三年十一月	直隸等地	
老君會		雍正十三年十一月	直隸等地	
羅爺會		雍正十三年十一月	直隸等地	
朝陽會		雍正十三年十一月	直隸等地	
皇天教		雍正十三年	山西平定州	表 2-3-16

資料來源：《大清世宗憲皇帝實錄》、《史料旬刊》、《軍機處檔·月
　　　　　摺包》、《宮中檔雍正朝奏摺》、《雍正朝漢文硃批奏摺彙
　　　　　編》、《清廷查辦秘密社會案》。

由上列簡表可知雍正年間，官府所查出的民間秘密宗教在地理位置分布上有直隸、山東、山西、湖北、河南、雲南、江西、江南、浙江、江蘇、廣東、福建等地；至於教門名目，則是共計三十三種：白蓮教、一炷香教、空子教、大成教、無爲教、羅祖教、順天教、道心教、混元教、橋梁教、哈哈教、悟真教、龍華會、長生教、三元會、渾沌教、一字教、大乘教、儒理教（又稱摸摸教）、衣法教、收元教、三皇聖祖教（又名圓頓大乘教）、朝天一炷香教（又名愚門弟子教）、三乘會（又名糍粑教）、清淨無爲教、老君會、羅爺會、朝陽會、皇天教等。

　　龍華會原是佛教浴佛廟會的活動，清初以來的龍華會，主要取義於白蓮教教義的「龍華三會」。[37]因此，此一時期的白蓮教或稱龍華會，或名混元教，又作混沌教等，皆屬白蓮教系統的民間秘密宗教。山西潞安府長子縣人張進斗即張

---

37 莊吉發，《真空家鄉 —— 清代民間秘密宗教史研究》，頁92。

冉公，又稱作張公祖，自康熙末年起，即在山西傳習混元教，又稱龍華會，收王奉祿等人爲徒。至雍正三年（1725），王奉祿收長子縣人馮進京爲徒，馮進京平日莊農、齋公、與人剃頭、給人算掛、燒香占病、賣針等營生，後來馮進京隨同王奉祿同往拜見張進斗，並拜其爲師。此外，河南濟源縣人翟斌如，外號翟神仙，會看風水子平，他亦曾拜張進斗爲師。雍正五年（1727）四月二十四日，教中商謀起事，預計八月二十六日夜間進入山西嶧州城，並於隔日正式動手。但在起事前，翟斌如等人已被山西澤州官府拏獲。[38]

表 2-3-2 山西長子張進斗等傳習混元教要犯分佈表

姓名	籍貫	關係	行業	教中身份	備註
張進斗（張冉公、張公祖）	山西潞安府長子縣王晃村人	王奉祿、馮進京、翟斌如之師父；張開茂、張開盛、張開機、張開發之子		齋公教主	傳習混元教，又稱做龍華會
張開茂	山西潞安府長子縣王晃村人	張進斗之長子			
張開盛	山西潞安府長子縣王晃村人	張進斗之次子	種地生理		
張開機	山西潞安府長子縣王晃村人	張進斗之三子	訓蒙度日		
張開發	山西潞安府長子縣王晃村人	張進斗之四子	種地生理		

---

38 《宮中檔雍正朝奏摺》，第 8 輯，臺北：國立故宮博物院，1978 年，頁 690。監察御史性桂等奏摺，雍正五年八月十六日；劉子揚、張莉編，《清廷查辦秘密社會案》，第 6 冊，頁 38~40。性桂等硃批奏摺，雍正五年九月十六日；《史料旬刊》，臺北：國風出版社，1963 年，天 298。山西巡撫覺羅石麟等奏摺，雍正五年十一月初六日。

翟斌如（翟神仙）	河南濟源縣人	張進斗之徒	看風水子平	龍華會頭目	雍正五年四月，教中商謀起事
王奉祿	長子縣西北呈村人	馮進京之師父；張進斗之徒			
王君祿				頭目	
馮進京	山西潞安府長子縣西北呈村人	馮獻先之子；馮氏之夫；王奉祿、張進斗之徒	莊農、齋公、剃頭、算掛、燒香占病、賣針營生		供稱所傳習的是混沌教。祖父幾輩都是齋公
馮獻先		馮進京之父			
楊　滋	住山西西北呈村		算命、燒香占病		
楊廷選	山東人，寄居懷慶府		千總		
楊世龍				頭目	印憑是靳廣、翟斌如、王君祿給的。有這印憑，便是頭目，要招聚百十人，或四五十人
靳　廣			王廷楊管家	頭目	
焦　成			于廷楊家廚子		
焦明山				龍華會頭目	供稱翟斌如告知陝西出了紫微星，河南動了，別處就都動
陳　桂					雍正五年三月，靳廣教往濟源縣翟神仙處送書去。四月又送了兩回書
廣　秀	潞安府五龍山		和尚		
杜　三	西屯村人	馮進京之徒	釘碗生意、齋公		雍正四年在沁源縣地方遇馮進京
司　禮	長治縣西波村	杜三、馮進	氈匠手藝		雍正五年春間，

	人	京之徒		杜三勸吃齋，說修個來生好處，世上騎騾騎馬的人，都是前生修來的
曹茂臣	長治縣北口村人	馮進京之徒	氈帽營生	雍正六年司禮在集上說拜馮進京爲師有好處
楊光祿		司禮之姊夫	齋公	
賈　四（賈坤）			在鄉教書	雍正四年，王君祿說教書濟得甚事，靳廣是王宅管家，托靳廣舉薦與王家管帳

資料來源：性桂等奏摺，雍正五年八月十六日，收錄《宮中檔雍正朝奏摺》v8.690、性桂等硃批奏摺，雍正五年九月十六日，收錄《清廷查辦秘密社會案》v6.38~40、覺羅石麟等奏摺，雍正五年十一月初六日，收錄於《史料旬刊》v11.298、胡寶瑔錄副奏摺並附供單，乾隆十八年七月二十五日，收錄於《清廷查辦秘密社會案》v6.63~74。

　　山西長子張進斗等傳習混元教一事，在籍貫分佈上有山西長子縣王晃村人、長子縣五龍山人、長治縣北口村人、長治縣西波村人、河南濟源縣人、山東人等；其之間的連繫多有親屬關係或地緣關係；在職業及身份類別上有莊農、種地生理、在鄉教書、訓蒙度日、千總、管家、廚子、釘碗生意、氈匠手藝、氈帽營生、和尚、齋公、算命、算掛、看風水子平、燒香占病、剃頭、賣針營生等；在參與民間秘密宗教人士上，有齋公教主張進斗，爲教中核心人物。其自康熙末年起，即在山西傳習混元教；河南濟源縣人翟斌如，因會看風水子平，故被稱爲翟神仙，是張進斗之徒；亦有王奉祿是個教門，勸

人吃齋說偈，傳過馮進京兩首偈語。[39]其中提及「三乘」，是指上、中、下三乘。上乘爲官員吏典，中乘爲一切富豪，下乘爲受窮賤人，這偈語反映出世俗的價值觀，以及百姓所渴求的社會地位，亦是教門吸引民眾參與的重要元素；而馮進京祖上幾輩皆爲齋公，故其對於教門的接受度較高，會參禪說偈，運氣念誦無字眞經，燒香占病。雍正三年（1725），拜王奉祿爲師，隨同前往拜見張進斗，其後又拜張進斗爲老師父，後又遇有廣秀和尙傳得運氣法子。至於燒香占病，是同村楊姓所教騙人法子。[40]

透過燒香占病，一方面吸引民眾加入參與教門，另一方面亦爲取得銀錢的手段；廣秀和尙傳馮進京運氣念無字真經。[41]盤膝打坐，做得功夫到了，閉著眼滿屋皆光，可看到奇花異果、土地、竈君、祖先，學久還能去病延年。這是民間秘密宗教依照民眾對於去病延年的渴求所提供的途徑，以吸引民眾加入教門；雍正四年間（1726），王君祿向在鄉教書的賈坤說，你教書濟得甚事，靳廣是王宅管家，是個好朋

---

39 「化言化語化良人，同進天宮證佛身。修身圓滿正果位，勝積寶貝共黃金」又四句：「清涼廳上好歡喜，我下靈山暗吊賢。無生慈悲加生意，要分三乘也不難。」參見劉子揚、張莉編，《清廷查辦秘密社會案》，第 6 冊，頁 63~74。胡寶瑔錄副奏摺並附供單，乾隆十八年七月二十五日。

40 馮進京供稱人家生下孩子，請去算掛，騙說其子犯將軍箭，便取一盆水，將香火粘在碗裡，蓋在水中占驗，若未滅是有救，滅就不救了。蓋時小的先把香火弄熄，掀起來就是滅的，等其許謝再做，掀起來就是著的，那水原泡不著香，怎能滅呢，原不過騙人幾升口子糧食，將軍箭是命理書上有的。參見同上註之供單。

41 盤膝打坐，閉眼咬牙，舌往上頂，把意注在元開，從鼻子里把氣往腹裡吸，到滿了，慢慢放出來，這算無字真經。說做得功夫到了，閉著眼滿屋皆光，可以看到奇花異果、土地、竈君、祖先，學的久了還能去病延年。參見同上註之供單。

友，我托靳廣舉薦你，與王家管帳，因此與靳廣熟識，隔年又會見翟神仙、楊副將等人。[42]

在傳統中國的村落鄉間，社交相對單純且封閉，而民間秘密教門的參與，恰提供了社交上的擴充；此外，雍正五年（1727）春間，杜三勸司禮入教吃齋，說修個來生好處，世上騎騾騎馬的人，都是前生修來的，司禮聽從並拜其為師。從中亦可看出當時生活貧困的底層百姓對於當世的無奈，以及對來世的期待；焦明山是龍華會的重要頭目之一，其被捕後供稱，翟斌如告知陝西出了紫微星，河南是天心地膽，河南動了，別處就都動。[43]另外，有楊世龍亦供稱其所具有的印憑是靳廣、翟斌如、王君祿給與的。有印憑便是頭目，要招聚百十人，或四五十人。此即是民間秘密宗教組織透過聲稱擁有占星卜卦等能力之異士，對教內信徒提出預言，並以給與印憑或頭目或官職之名銜等好處，導引其教內信眾協助達成教內在上位者的個人私欲。

雍正二年（1724）九月間，山東巡撫陳世倌在山東魚臺縣境內拏獲空子教要犯李萬祿等人。李萬祿供出有東平州人楊得祿，在地方上教人朔望燒香，編造八卦歌持誦，傳授內承法和外承法。益都縣人高擇善於高密縣被捕後供出東平州人牛三花拉，是空子教的教首，曾收安邱縣人李大本等人為徒，托名貿易，往來於膠州、高密等山東諸縣城，收徒傳教。李大本曾勸令范存信燒香入教，按一家人口，每月一口給三個香錢。空子教又稱三元會空子教。河東總督田文鏡具摺時，

---

42 參見同上註之供單。
43 《宮中檔雍正朝奏摺》，第 8 輯，頁 690。

亦指出牛三花拉倡立三元會空子教，信徒眾多，在山東各城府境內先後拏獲教犯五十餘人。[44]

表 2-3-3 山東東平牛三花拉等傳習空子教要犯分佈表

姓名	籍貫	關係	行業	教中身份	備註
牛三花拉（牛見德，又作牛三花子）	山東兗州府東平州人	李大本等人之師父	貿易	空子教的教首	於雍正五年（1727）七月十五日，頭戴五幅冠，身穿青綢褊衫，坐在桌子上發表牒超度人三代宗親
李萬祿	山東東平州魚臺縣人			空子教教徒	
楊得祿	山東東平州人			空子教教徒	教人朔望燒香，編八卦歌持誦，稱運脈，傳授口訣，閉目捲舌運氣，默念「眞空家鄉，無生父母」二語，名爲内承法，内承法習熟後給與法名，其不能坐功運氣者，稱爲外承法
李大本	山東安邱縣人	牛三花拉之徒弟		空子教教徒	勸令范存信燒香入教，四時叩頭，早晨求衣服，晌午求好模樣，晚上求財帛，子時求壽限，按一家人口，每月一口給三個香錢

44　《宮中檔雍正朝奏摺》，第 3 輯，臺北：國立故宮博物院，1978 年，頁 175。山東巡撫陳世倌奏摺，雍正二年九月十二日；同書，第十一輯，臺北：國立故宮博物院，1978 年，頁 101、113、295。巡察山東等處湖廣道監察御史蔣洽季奏摺，雍正六年八月十四日、署理山東巡撫岳濬奏摺，雍正六年八月十七日、河東總督田文鏡奏摺，雍正六年九月初八日；同書，第十三輯，臺北：國立故宮博物院，1978 年，頁 663。河東總督田文鏡奏摺，雍正七年七月二十一日。

| 范存信 | 山東安邱縣人 | | | 空子教教徒 | |
| 高擇善（徐秀） | 山東青州府益都縣人 | | | 空子教教徒 | |

資料來源：陳世倌奏摺，雍正二年九月十二日，收錄於《宮中檔雍正朝
　　　　　奏摺》v3.175、蔣治季奏摺，雍正六年八月十四日；岳濬奏摺，
　　　　　雍正六年八月十七日；田文鏡奏摺，雍正六年九月初八日，
　　　　　收錄於《宮中檔雍正朝奏摺》v11.101、113、295、田文鏡奏
　　　　　摺，雍正七年七月二十一日，收錄於《宮中檔雍正朝奏摺》
　　　　　v13.663。

山東東平等地的空子教傳習一事，前後被官府拏獲教犯達五
十餘人，在籍貫分佈上有魚臺縣人、安邱縣人、益都縣人等，
參與空子教的教徒幾乎為山東人士。

　　教首牛三花拉，本名牛見德，又稱牛三花子，發表牒超
度信徒三代宗親時，坐在桌子上，頭戴五幅冠，身穿青綢褊
衫；牛三花拉的徒弟李大本勸人燒香入教，並教入教者四時
叩頭：「早晨求衣服，晌午求好模樣，晚上求財帛，子時求
壽限」。每月按一家人口，一口給三個香錢；空子教楊得祿
亦教人朔望燒香，並且編造八卦歌持誦，稱為運脈，傳授口
訣，閉目捲舌運氣，默念「真空家鄉，無生父母」二語，名
為內承法，內承法習熟後給與法名，其不能坐功運氣者，稱
為外承法。空子教以喫齋念佛，修善祈福，修練身體，並超
度教徒祖宗，吸引信教者繁多，又空子教內教教徒所求者，
諸如衣服、財帛等，不外乎是些民生需求；而求壽限，則是
一般平民百姓們，在溫飽之餘，亦希冀能夠長命百歲的願望；
至於求好模樣，即可看出在不同時代下，皆有對於外貌、身
體上的健康或是美觀的追求。

　　另外，在空子教的財源上，亦由教徒所供奉，每月按一家人口，一口給三個香錢，故翰林院庶吉士董思恭具摺指出，山東邪教分為二派：一派是一炷香教，一派是空子教。空子教以邪術哄誘人心，一家之內有一人入其教者，勢必舉家歸教，如痴如迷，賣田宅，棄物利，以恣其掌教者之欲，甚至男女雜處，畫則散居於各村，夜則相聚一室。[45]

　　雍正二年（1724）六月，直隸順德府知府曾逢聖稟報邢臺縣中巖寨有劉言基等人倡立順天教，煽惑鄉愚，巡撫李維鈞據報後，即派人密拏要犯。先後拏獲教首劉言基，頭目要國卿、周定國、楊自起等人。據供劉言基的曾祖劉才運與要國卿、周定國、楊自起等人修行持齋，創立順天教。教中塑造真空老祖金公與無生佛母黃婆塑像供奉，每年三月及十月聚眾燒香，書符消災，斂取銀錢。中巖寨祠宇及香客住房共計五百餘間，中巖寨附近的太子寨亦有廟宇，善男信女自中巖寨進香後，又至太子寨，稱為燒轉香。直隸巡撫李維鈞細覽各犯供詞後指出，順天教非白蓮教遺派，但其講法書符，男女混雜敗壞風俗亦屬邪教，自應按律治罪。[46]

45　《雍正朝漢文硃批奏摺彙編》，（一），江蘇：古籍出版社，1991 年，頁 328。翰林院庶吉士董思恭奏摺，雍正元年四月；劉子揚、張莉編，《清廷查辦秘密社會案》，第 18 冊，頁 4426~4427。董思恭奏摺，雍正元年四月。

46　《宮中檔雍正朝奏摺》，第 2 輯，臺北：國立故宮博物院，1977 年，頁 740。直隸巡撫李維鈞奏摺，雍正二年六月十二日。

表 2-3-4 直隸邢臺劉言基等倡立順天教要犯分佈表

姓名	籍貫	關係	行業	教中身份	備註
劉才運	居邢臺縣中巖寨	劉言基的曾祖		順天教大教主	創立順天教
劉大師父（劉言基）	居邢臺縣中巖寨	劉才運的曾孫		順天教大教主	
要國卿	居邢臺縣中巖寨		莊農	順天教頭目	向入中巖寨，托稱修行持齋，而創立順天教
周定國	居邢臺縣中巖寨		莊農	順天教頭目	
楊自起	居邢臺縣中巖寨		莊農	順天教頭目	

資料來源：李維鈞奏摺，雍正二年六月十二日，收錄於《宮中檔雍正朝奏摺》v2.740。

直隸邢臺劉言基等倡立順天教一事，教主與各頭目皆居邢臺縣中巖寨中，在日常職業上，向來莊農。劉才運創立順天教，為順天教大教主，轉傳自其曾孫劉言基仍繼成其祖父為順天教大教主；而頭目要國卿、周定國、楊自起等人，自劉才運尚在時，即與劉才運同入中巖寨修行持齋。此外，從中巖寨的祠宇以及其香客住房的數量上看來，可以得知信仰順天教的教徒不在少數。至於教內在財源上的收入，主要倚賴信眾的供奉。透過每年三月及十月份時聚眾燒香，提供書符消災等服務，收取銀錢。在民間秘密宗教的教別系統上，順天教是屬大乘天真圓頓教的一個支派。[47]

　　大乘天真圓頓教，簡稱圓頓大乘教，又名圓頓教。清初以來，圓頓教發展迅速，擁有廣大信徒。[48]雍正十二年（1734）

---

47 莊吉發，《真空家鄉 —— 清代民間秘密宗教史研究》，頁 91。
48 莊吉發，《真空家鄉 —— 清代民間秘密宗教史研究》，頁 100。

二月，徐文穆奉旨充浙江查辦事件大臣，會同浙江總督程元章審訊王益善一案。吳士榮自稱文陽王，希圖騙人財物，自造劄付，捏稱天下將亂，領此劄付，便可保守身家，兼得做官。即與祝芳昇合夥，刊刻劄板，四處煽誘，賣與王益善、張齊雲、周德、黃雄、黃邦奇、周士興、王昌宇、周燦、周統、錫管連、陳明章、周廷鳳、祝芳昇及已故之吳元德、鄔國嵋各劄付一張。於是年四月，先後解到首犯黃森官等一十五名，將盟布令其自行閱看，始供因開店折本，無可營生，遂於雍正十年（1732）三月內，與傅秀山商量，在江西省城建造齋堂，傳習圓頓大乘教，改立三皇聖祖教及白陽會等名目，以招引信徒。而黃森官之父黃廷臣則自稱為天老爺，又稱黃太師，黃森官則為彌勒佛紫薇星。不但入教男婦皆奉為教主，其胞叔亦甘心下拜。其後入教信徒越多，黃森官即以紫薇星自居，遂與黃雨珍、熊簪舉、周簪鳳結為生死之交，其狂悖之語，形於盟布之內，意圖不軌。[49]

表 2-3-5 江西南昌黃森官等倡立三皇聖祖教要犯一覽表

姓名	關係	行業	教中身份	備註
黃森官	黃廷臣之子；與黃雨珍、熊簪舉、周簪鳳結為生死之交	開店	三皇聖祖教教主；自稱彌勒佛紫微星	因開店折本，無可營生，遂於雍正十年（1732）三月內與傅秀山商量，在江西省城建造齋堂，設立三皇聖祖教，即圓敦大乘教，又名白陽會，招引信徒斂財
傅秀山			軍師	與黃森官在江西省城建造齋堂，設立三皇聖祖教斂財

---

49 徐珂，〈徐文穆以皖撫查辦浙江事件〉，《清稗類鈔》，臺北：臺灣商務印書館，1966 年，頁 1342~1343。

黃廷臣	黃森官之父		自稱天老爺，又稱黃太師	
黃雨珍	與黃森官結爲生死之交			
熊簪舉	與黃森官結爲生死之交			
周簪鳳	與黃森官結爲生死之交			
吳士榮			自稱文陽王	自造劄付，刊刻劄板，與祝芳昇合夥，四處煽誘，賣與王益善、張齊雲、周德、黃雄、黃邦奇、周士興、王昌宇、周燦、周統、錫管連、陳明章、周廷鳳、詹子彬、徐敏及已故之吳元德、鄔國嵋
王益善				領有劄付一張。相信天下將亂，領此劄付，可保守身家，兼得做官
詹子彬			督兵大元帥	
徐敏			提調天下兵馬大元帥	
張齊雲				
周士興				
周德				
黃雄				
黃邦奇				
王昌宇				
周廷鳳				
周燦				
周統				
錫管連				
陳明章				
吳元德				
鄔國嵋				

資料來源：徐珂編，〈徐文穆以皖撫查辦浙江事件〉，收錄於《清稗類鈔》，頁 1342~1343。

江西南昌黃森官等倡立三皇聖祖教意圖不軌一事，參與人數
眾多。教門的傳習與改立以及盟布經書劄付的製造與傳散，
皆起因於個人的經濟欲望。三皇聖祖教教主黃森官因爲做生
因失敗虧本，因而建造齋堂，倡立教門，圖斂銀錢；而自稱
文陽王的吳士榮亦因希圖騙人財物，自造劄付，捏稱亂世將
至，領有劄付的人，便可保守身家，兼得做官；至於買有劄
付的人，一方面將天下大亂信以爲真，另一方面亦有部分貪
圖做官的心理因素。

　　雍正三年（1725）五月間，溫州城守備張進陞等在永嘉
縣拏獲道心教教主范子盛等人，並在其屋內搜出五爪金龍、
大小金龍、大小金銀牌十餘面、《推背圖》及姓名冊籍等。
教主范子盛以末劫將至，揚言若要避劫，須吃其所販售的丹
藥，搭配以符牌，即可在末劫到來時化死爲生。民眾爲了躲
避劫難，爭相出錢購取丹藥。[50]要入道心教尙須供奉銀錢，
而教徒供奉的銀錢在每年四季按時繳交給福建教主。王文治
是福建教主，住福建省城，經手將丹藥、箚牌發售信眾，其
祖父王還初由張姓教主傳授道心教，在張姓教主身故後，王
還初即接任教主，教人燒香供奉彌勒佛。後來王還初因案發
被捕，在福建省城雙門前被杖斃示眾。[51]

50 《宮中檔雍正朝奏摺》，第 4 輯，臺北：國立故宮博物院，1978 年，頁
　　452。浙江按察使甘國奎奏摺，雍正三年六月初二日。
51 《雍正朝漢文硃批奏摺彙編》，（五），江蘇：古籍出版社，1991 年，
　　頁 252。福建浙江總督覺羅滿保奏摺，雍正三年六月初三日。

表 2-3-6 福建浙江范子盛等傳習道心教要犯分佈表

姓名	籍貫	關係	行業	教中身份	備註
張姓	住布政司衙門後白雲洞	王還初之師父		教主（第一任）	號稱彌勒老佛
號稱太陰娘娘	住北京大同關			教首	
王還初	住福建省城湯門內畢水港	王文治之祖父；張姓教首之徒		接充教主（第二任）	隨張姓教首傳授道心，故稱道心教，張姓教首身故後，即接充教首，教人燒香供奉彌勒佛。後來因案發被捕，在福建省城雙門前被杖斃示眾
范子盛				道心教教主（第三任）	在其住屋內搜出五爪金龍、大小金龍、大小金銀牌十餘面、《推背圖》及姓名冊籍等件
王文治	住福建省城湯門內畢水港	王還初之孫	販售丹藥	福建教主	經手將丹藥、箭牌發售信眾，常在溫州一帶販售丹藥。此外，使用駝骨、銅錫製成數寸長的小牌，在上面鑿成花紋，又用白紙畫龍，製成小票，作為入教憑證，亦藉販售小票來斂財

資料來源：甘國奎奏摺，雍正三年六月初二日，收錄於《宮中檔雍正朝奏摺》v4.452。覺羅滿保奏摺，雍正三年六月初三日，收錄於《雍正朝漢文硃批奏摺彙編》v5.252。

福建、浙江等地范子盛等傳習道心教一事，據教主范子盛供稱教中信徒分佈於溫州、永樂、瑞平等縣，入教男女約五千

餘人。道心教在其宗教思想上，亦以末劫思想來吸引民眾入教；此外，其教主亦具變天思想，在教主范子盛的住屋內搜出五爪金龍、大小金龍、大小金銀牌十餘面以及《推背圖》及姓名冊籍等件。在中國政治傳統上「龍」本身具有象徵帝王的形象，家中藏有金龍，實屬僭越的行為。道心教在雍正年間以前就已行成，約有五、六十年之久，其利用民眾害怕劫難臨頭的心理傳教，並以販賣丹藥及符牌等物做為斂取銀錢的手段。

　　中國的魏晉南北朝時期，是經濟重心由北轉南的重要開端，至隋唐時期，首都建於北方的黃河流域，形成政治中心於北方，經濟中心於南方的局面。為將物資由南方的長江流域運往北方的黃河流域，於是開鑿運河，此後歷朝歷代的政治中心多建於北方的黃河流域，而南方長江流域的經濟發展益加繁榮，漕運系統在明清時期發展達到鼎盛。清代的漕運水手多皈依羅祖教或稱大成教，雍正五年（1727），山東兗州府人劉把式因乾兒子嚴會生持斧砍人，又誑騙工價銀逃走，而指使江南盧州府人趙玉割去嚴會生左耳，劉把式、趙玉先後被捕。趙玉是金衢所幫水手，而劉把式則為嘉興幫水手，兩人皆皈依羅祖教。雍正年間，清廷對於羅祖教與大成教在漕運水手間的活動相當注意，從割耳案中的供詞中，可以得知雍正年間漕運糧船各幫水手平均每幫約五人至十餘人皈依羅祖教。[52]

---

52 《史料旬刊》，天 50。抄錄刑部咨文，雍正年間；劉子揚、張莉編，《清廷查辦秘密社會案》，第 6 冊，頁 332~333。抄錄刑部咨文，雍正五年。

表 2-3-7 浙江金衢所羅教趙玉割耳案要犯分佈表

姓名	籍貫	關係	行業	備註
嚴會生		劉把式之義子	漕運水手	在江淮衛七幫當水手
趙　玉	江南盧州府人	劉把式之師姪	漕運水手	供稱在金衢所幫當水手。劉把式是我師叔，與我已故師父同羅祖教。劉把式因他乾兒子嚴會生在孟有德船上持斧砍人，又誆了工價銀逃走，劉把式告訴我說，你與他們的船相近，我求你管著嚴會生，他若再來吵鬧，你就打折他的腿，不然割了他的耳朵羞辱他。後來我看見嚴會生同孟有德吵鬧，我將嚴會生喚去，罵他時，他與我打架，我拿刀子將他的左耳割下。
劉把式	山東曹州陽谷縣人	嚴會生之義父；李道人之徒；趙玉之師叔	漕運水手	供稱在嘉興幫當水手，趙玉是我同羅祖教的師姪。我師父李道人，是杭州前衛幫水手，病故有十二年了。從這教門不只我一幫的人，每幫也有四五人，也有十數個人的。我們教主羅道是羅祖的後代，自羅祖至今有八輩子了。我沒有見過教主，聽他說在京東石拉子裡住，是哪州縣地方我不知道
孟有德	江南松江府婁縣人	與嚴會生同船當水手	漕運水手	供稱在江淮衛七幫當水手。嚴會生今年正月內，雇在我們船上當水手，我說合給他工銀三兩。後嚴會生棄船逃走。到三月間在蔡村地方。嚴會生又來向我要銀吵鬧，因此我向劉把式說，叫管他是實。劉把式如何教趙玉割他耳朵，我不知道。我父母早亡過了，因我報答我父母養育的恩，吃過三年齋，所以眾人都叫我道人，並沒有歸甚麼教
李道人	住京東石拉子	劉把式之師父	漕運水手	在杭州前衛當水手
羅　道	在京東石拉子裡住	羅祖之後代	羅祖教教主	

資料來源：抄錄刑部咨文，雍正五年，收錄於《清廷查辦秘密社會案》v6.332~333。

浙江金衛所羅祖教趙玉割耳案，其實僅是漕運水手之間的個人紛爭，與羅祖教本身無太大關連，但透過此案可得知，羅祖教在漕運水手中相當盛行，且劉把式教唆趙玉管教嚴會生，可知羅祖教中有彼此互助的傳統。

雍正二年（1724）九月，山東巡撫陳世倌具摺指出羅祖教亦稱做大成教，在江南邳州的活動情形：

> 訪得江南邳州五聖堂地方迤西半里，有吳滔天者，係羅祖教，其人物故已五十餘年，其妻亦故十有餘年，而至今不葬，遠近傳言金剛不壞，每逢正月十三、二月二十及九月二十七等日，伊夫婦忌日，四方男婦，多至其前，焚香羅拜，謂之朝祖。其子亦故，其婿尚在，更有瞽目馮君重，居於邳州徐揚山，踵行其教，名曰大成教。[53]

由陳世倌所具奏之情由，可知江南邳州人吳滔天於生前傳習羅祖教，而居於江南邳州徐揚山的馮君重踵行其教，稱爲大成教。可見此時的羅祖教，亦被稱爲大成教，而三元會則爲羅祖教在轉傳時的改立名目。牛其祿是江蘇邳州贛榆縣人，在其八歲之時，於江蘇出家當僧人，一直到了三十二歲時，便還俗爲民，並且前往山東嶧縣做買賣生意。雍正初年，牛其祿害病，因此請道士孟懷斗給與醫治，在其治療痊癒後，即皈依孟懷斗所傳習的三元會，並且跟隨孟懷斗至江南邳州西鄉，朝拜三元會祖師吳大虛的老堂。在堂內供有吳大虛夫婦的棺木，教中相傳吳大虛爲三元會祖師第九世轉身，當地人每年會向吳大虛夫婦的屍棺燒香禮拜，並稱三元會的祖師

---

53 《宮中檔雍正朝奏摺》，第 3 輯，頁 176。山東巡撫陳世倌奏摺，雍正二年九月十二日。

還會再轉世。牛其祿在得知此一傳聞後，即自稱是祖師吳大虛的轉世，並且在江南邳州西鄉地方上住了四、五年，在此期間，學得一些經文及藥方，而當地教內信徒也相信牛其祿是真祖師的第十世轉身。到了雍正六、七年間，牛其祿再度重返山東嶧縣地方，並揚言自己是三元會祖師轉世，曾轉過十世，是十轉金丹，應該轉入王宮。因此，牛其祿便捏稱自己是皇十四子胤禵，私下偷從王宮走出來，隱姓埋名，度化眾人，待圓滿時仍回王宮去。[54]其中，陳世倌所具奏內提及的江南邳州人吳滔天夫婦，與牛其祿供詞中所提及的三元會祖師吳大虛夫婦應為同一人。

表 2-3-8 山東嶧州牛其祿傳習三元會要犯分佈表

姓名	籍貫	職業/身份	教中身份	備註
牛其祿	江蘇邳州贛榆縣人，後在邳州西鄉住了四、五年	曾為僧人，後還俗在山東嶧縣做生意	三元會祖師轉世	八歲時出家，三十二歲還俗。雍正初年因病請孟懷斗治療後皈依三元會，自稱祖師吳大虛轉世。其後在山東嶧縣揚言祖師轉身，曾轉十世是十轉金丹，應轉入王宮，捏稱皇十四子胤禵私出，隱姓埋名，度化眾人，待圓滿時仍回王宮去
馮君重	居江南邳州徐揚山			傳習大成教
吳大虛（吳滔天）	江南邳州西鄉五聖堂地方		三元會祖師	羅祖教，已故五十餘年而葬，傳言金剛不壞，其棺木供在老堂內
孟懷斗		道士	治療疾病	傳習三元會

資料來源：陳世倌奏摺，雍正二年九月十二日，收錄於《宮中檔雍正朝奏摺》v3.176、秦寶琦，《中國地下社會》，頁 314。

---

54 秦寶琦，《中國地下社會》，頁 314。

山東嶧州牛其祿傳習三元會一事，參與人士在籍貫分佈上有
江蘇邳州贛榆縣人、江蘇邳州西鄉人、江蘇邳州徐揚山人等。
案中的牛其祿本身可視爲專業型騙子，他於幼年時出家當和
尚，至壯年時還俗，在其還俗後便到山東嶧縣做買賣生意。
其後因病遇傳習三元會的道士孟懷斗，在痊癒後皈依三元
會，並至江南邳州西鄉，朝拜三元會祖師吳大虗，在聽聞吳
大虗的轉世傳說後，便自稱祖師吳大虗的轉世，成功地使當
地教徒信服。其後又返回山東嶧縣，仍揚言爲三元會祖師轉
身，並且捏稱是皇十四子胤禵私下出來，隱姓埋名，度化眾
人，待圓滿時仍回王宮去。從此案中，可知羅祖教系統的三
元會，具其特有的轉世思想，相信其祖師會不斷轉世修行；
而牛其祿捏稱爲皇子之事，亦可看作民間對於皇宮內的人事
物在心態上，呈現出感興趣與好奇心。

　　雍正十年（1732）正月，署理蘇州巡撫喬世臣訪聞江蘇
常州府陽湖縣地方，有周天祚等人傳習大成教，參與大成教
活動的信徒眾多。喬世臣隨即密諭常州府知府魏化麟，魏化
麟隨即親至前往周天祚家中，並搜出圖像、經懺等件。訊據
周天祚供稱：

> 前因伊子周文惠在糧船上做裁縫，路過天津遇有大成教
> 頭周士成，授以此教。每逢上元、中元、下元等日，眾
> 人各出分金做會，茹素誦經，除去會費之外，湊銀十兩
> 或五兩，寄送天津，去與周士成拜懺，並無造作妖言。55

周天祚父子俱聽信大成教頭周士成，入大成教。其後喬世臣

55　劉子揚、張莉編，《清廷查辦秘密社會案》，第 6 冊，頁 275~276。喬
　　世臣硃批奏摺，雍正十年閏五月初一日。

即移咨直隸，並拘拏周士成。於天津縣拿獲周士成後，搜出摺二扣、經七部、書札稿一本，一同移解到蘇，將其移解至江南常州府嚴訊：

> 小的聽得從前師父周尚禮說是一個名叫石伸起首的，後傳與董自亮、呂九九、陳耀馱、周應魁、張玉含、周尚禮、周士秀，遞相傳流下來。那教頭周士秀在日，原有陽湖、江陰各處的人來過天津的，如今周尚禮、周士秀都死了，所以是小的出名的。小的看的是羅門經，喫長齋，勸人為善，每年各處的人來做會拜懺，原要費幾十兩銀子，餘剩積貯在那裡做些好事。[56]

表 2-3-9 江蘇陽湖周士成等人傳習大成教要犯分佈表

姓名	籍貫	關係	行業	教中身份	備註
周天祚	常州府陽湖縣人	周文惠之父		大成教教徒	家搜出圖像經懺等件。供出前因其子周文惠在糧船上做裁縫，路過天津，遇有大成教教首周士成傳教
周文惠	常州府陽湖縣人	周天祚之子	在糧船上做裁縫	大成教教徒	大成教頭周士成，授以此教
周士成	天津縣人	周尚禮之徒		大成教教首	天津縣拿獲周士成，並搜出摺二扣，經七部，書札稿一本
周尚禮		周士成之師父		大成教教徒	
石 伸				起首大成教之人	傳與董自亮、呂九九、陳躍馱、周應魁、張玉含、周尚禮、周士秀，遞相傳留下來

資料來源：喬世臣硃批奏摺，雍正十年閏五月初一日，收錄於《清廷查辦秘密社會案》v6.275~276、喬世臣奏摺，雍正十年閏五月初一日，收錄於《宮中檔雍正朝奏摺》v19.1487。

---

56 《宮中檔雍正朝奏摺》，第 19 輯，臺北：國立故宮博物院，1979 年，頁 1487。署理蘇州巡撫喬世臣奏摺，雍正十年閏五月初一日。

江蘇陽湖周士成等人傳習大成教一事，署理蘇州巡撫喬世臣
於同份奏摺中指出陽湖、江陰、宜興、無錫、蘇州、鎮江、
揚州、淮安、徐州、鳳陽、泗州、天長及浙江山陰等地方，
皆有大成教的頭領分居，並且招引信徒入教。而大成教教頭
周士成所供出，在大成教中所讀的經卷是羅門經，羅門經即
是五部六冊，故從此可以得知，大成教即爲羅祖教在傳習過
程中所改立的名目。除此之外，江蘇、浙江地區的無爲教，
亦屬羅祖教的支派。

　　雍正七年（1729），無爲教的教首張維英被捕時，自稱
其所傳的無爲教即是傳自羅祖教。並於供詞中說明無爲教是
羅明忠的祖上羅成自明代正德年間所傳。因此，官府亦根據
張維英等人的供詞，將江浙一帶的無爲教歸爲羅祖教。張維
英亦供出浙江處州府慶雲縣人姚細妹即姚煥一，是姚文羽的
子孫，法名普振。[57]其遷居至江西撫州府臨川縣，曾拜普萬
即陳萬善爲師，其祖上都奉羅祖教。姚煥一於康熙十九年
（1680）去世。雍正七年（1729），浙江地方官奉旨查辦羅
祖教，姚姓子孫爲避免被查拏，將羅祖教或無爲教改稱一字
教，當地則稱爲老官齋教。[58]

57　《宮中檔雍正朝奏摺》，第 14 輯，臺北：國立故宮博物院，1979 年，
　　頁 699。福建巡撫劉世明奏摺，雍正七年十月十三日。
58　《軍機處檔・月摺包》，第 2772 箱，25 包，3733 號，開泰奏摺錄副，
　　乾隆十三年十一月二十四日。

表 2-3-10 浙江等地張維英傳習無爲教要犯分佈表

姓名	籍貫	關係	教中身份	備註
張維英			無爲教教首	
羅明忠				
羅　成		羅明忠之祖先		正德年間傳下
王　道	永平府石佛口人		創立無爲教	
姚煥一（姚細妹、普振）	浙江處州府慶雲縣人，遷居江西撫州府臨川縣	姚文羽的子孫；陳萬善之徒		
姚千祐	浙江處州府慶雲縣人，遷居江西撫州府臨川縣	姚煥一之子		
姚成武	浙江處州府慶雲縣人，遷居江西撫州府臨川縣	姚煥一之子		
姚文謨	浙江處州府慶雲縣人，遷居江西撫州府臨川縣	姚煥一之子		供稱祖上都奉羅祖教
姚際眉	浙江處州府慶雲縣人，遷居江西撫州府臨川縣	姚煥一之子		
陳萬善（普萬）		姚煥一之師		
姚華卿（普緒）	浙江處州府慶雲縣人	姚文謨之高祖		
姚安福（普掌）	浙江處州府慶雲縣人	姚文謨之曾伯祖		
姚安慶（普器）	浙江處州府慶雲縣人	姚文謨之曾祖		

資料來源：劉世明奏摺，雍正七年十月十三日，收錄《宮中檔雍正朝奏摺》v14.699、開泰奏摺錄副，乾隆十三年十一月二十四日，收錄《軍機處檔・月摺包》，第 2772 箱，25 包，3733 號。

　　浙江等地張維英傳習無爲教一事，在籍貫分佈上大致居住於浙江一帶，其之間的連繫多有親屬關係。無論是信仰羅祖教

系統的無爲教羅明忠亦或是居於浙江處州府慶雲縣信奉羅祖教的姚換一家族，皆自祖上數代，約於明朝年間時即開始供奉羅祖教，相傳甚久。

　　雍正年間破獲的三乘會是無爲教的支派。[59]康熙末年，安徽南陵縣人潘茂芳創立三乘會，因教中以糍粑供奉彌勒佛，故又被稱爲糍粑教。雍正四年（1725），潘茂方身故，其子潘玉衡繼續傳習三乘會。隔年潘玉衡即被官府查拏，枷責後釋放，至雍正十二年（1734）五月內，合肥縣拏獲三乘會教首潘玉衡等十四名。[60]經潘玉衡供稱教中爲病人念經治病是從黃昏念到五更，念經時都穿著隨身衣服，潘玉衡站在上首，眾人在下邊跪拜，點大燭供笑羅漢茶、果、糍粑。念經完畢後將供佛的糍粑切開，男女各吃一塊，吃完便散去，婦女往後樓，男人在前樓歇息，潘玉衡則在後樓歇息。除治病念經外，凡逢諸佛菩薩的生日，信眾皆往潘玉衡家中念經喫齋。雍正十三年（1735）五月，趙弘恩遵奉諭旨將潘玉衡等立行杖斃。[61]

表 2-3-11 江南南陵潘玉衡傳習三乘會要犯分佈表

姓名	籍貫	關係	職業/身份	教中身份	備註
潘茂芳 （潘千乘）	安徽南陵縣人	潘玉衡之父		創立三乘會	雍正三年身故
潘玉衡 （潘戀璣）	安徽南陵縣人	潘茂芳之子	監生（雍正四年因邪教	三乘會教首	三乘會是以唸經治病爲名，騙人錢用是有

59 莊吉發，《真空家鄉 —— 清代民間秘密宗教史研究》，頁 102。
60 《宮中檔雍正朝奏摺》，第 24 輯，臺北：國立故宮博物院，1979 年，頁 148。江南總督趙弘恩奏摺，雍正十三年二月十五日。
61 《史料旬刊》，第十一期，天 373。趙弘恩等奏摺，雍正十三年五月十二日。

			教首被革）、念經治病		的。那婦女來求治病，有錢的送錢，如貧窮無錢也不拒。或有不正經的，哄誘他成奸也是有的
王子玉	南陵縣人	潘茂芳之徒		三乘會教徒	
侯君耀	南陵縣人	潘茂芳之徒		三乘會教徒	
余自全	南陵縣人	潘茂芳之徒		三乘會教徒	
董君瑞	宣城縣人	潘茂芳之徒		三乘會教徒	
王子開	無爲州人	潘茂芳之徒		三乘會教徒	
郭平言	合肥縣人	潘茂芳之徒		三乘會教徒	
夏公旭	合肥縣人	夏公祥之兄弟；潘茂芳之徒；王之惠之丈人；夏玉三之叔		三乘會教徒	雍正十二年二月十八日害病，叫夏玉三接潘玉衡念了一夜經
榮得明	巢縣人	潘茂芳之徒		三乘會教徒	
吳彬然	銅陵縣人	潘茂芳之徒		三乘會教徒	
夏公祥		夏公旭之兄弟；王之惠之伯丈		三乘會教徒	平日至潘玉衡家念經
夏玉三		夏公旭之侄		三乘會教徒	平日至潘玉衡家念經
王之惠		夏公祥之女婿		三乘會教徒	平日至潘玉衡家念經
戴　氏				求治病者	遠處人來求治病，潘玉衡曾哄誘
史　氏				求治病者	遠處人來求治病，潘玉衡曾哄誘

資料來源：趙弘恩奏摺，雍正十三年二月十五日，收錄於《宮中檔雍正朝奏摺》v24.148、趙弘恩等奏摺，雍正十三年五月十二日，收錄於《史料旬刊》v11.373、趙弘恩等硃批奏摺，雍正十三年五月十二日，收錄於《清廷查辦秘密社會案》v6.380~385。

江南南陵潘玉衡傳習三乘會一事，教徒眾多，在籍貫分佈上有安徽南陵縣人、無爲州人、宣城縣人、合肥縣人、巢縣人、銅陵縣人。三乘會本身是以唸經治病爲名，來求治病的有錢

送錢，如貧窮無錢的也不拒，即其教門性質為醫病傳教。透過念經醫療疾病來收取銀錢，如教內信徒夏公旭於雍正十二年（1734）二月十八日害病，便叫其侄兒夏玉三接潘玉衡來念了一夜的經。又因其具宗教性質，因此對於窮困付不出醫藥費的底層民眾有極大吸引力。但潘玉衡亦以念經治病為由，對遠處來求治病的婦女哄誘成姦。此外，三乘會除了透過醫治疾病收取銀錢外，亦有來唸經拜佛施捨供奉者，而教內信徒送香貲，也是看信徒有力無力，收取三錢五錢不等。

　　雲南大理府太和縣人張保太，又作張賚泰（1659~1741），是景東府的貢生。其自幼吃報恩齋，及長拜雲南騰越州的生員楊鵬翼為師，習教念經以避風劫。康熙二十年（1681），張保太即以做龍華會為名，傳習大乘教，於雞足山上開堂倡教，法號道岸，釋名洪裕，自稱西來教主。聲稱大乘教為陝西涇陽縣八寶山的無生老祖開派，楊鵬翼是大乘教第四十八代祖師，而張保太本人則為第四十九代收圓祖師。[62]張保太傳習大乘教，勸人喫齋念佛，入教修行，聲稱將來可以成佛升天。並刊刻楊鵬翼所著《三教釋道》等經卷，凡入其教者，均須購買此經卷。張保太的傳教活動，引起地方官府的注意，雍正八年（1730），雲南地方官府即以張保太左道惑眾罪，將其逮捕，擬絞監候。[63]

62 《大清高宗純皇帝實錄》，（六），卷 273，頁 3~5。乾隆十一年八月辛巳。臺北：華文書局，1964 年，頁 3966~3967。
63 劉子揚、張莉編，《清廷查辦秘密社會案》，第 7 冊，頁 524~532。佚名奏摺並附供單，乾隆年間。

表 2-3-12 雲南大理張保太傳習大乘教要犯分佈表

姓名	籍貫	關係	身份	備註
張保太 （張賚泰、 洪裕、道岸）	雲南大理府太和縣人	楊鵬翼之徒	景東府貢生、齋公	西來教主。自幼喫報恩齋，及長拜雲南騰越州生員楊鵬翼爲師，習教念經，以避風劫。康熙二十年（1681），以同教做龍華會爲名，傳習大乘教，在雞足山開堂倡教，勸人入教修行，喫齋念佛，聲稱將來可以成佛升天。是第四十九代收圓祖師
楊鵬翼	雲南騰越州	張保太之師父	生員	是大乘教第四十八代祖師，著有《三教釋逕》等經卷
宋朝倫	合江縣人			入過張保太的無爲教，劉奇犯案後就不吃齋
孫老祖 （岸前）	成都九陽關	張太保之徒弟	銅梁縣貢生	教下有四個盤頭

　　資料來源：佚名奏摺並附供單，乾隆朝，收錄於《清廷查辦秘密社會案》
　　　　　　　v7.524~532；乾隆十一年八月，收錄於《大清高宗純皇帝實錄》
　　　　　　　卷 273，頁 4。

　　雲南大理張保太傳習大乘教一案，因信徒眾多，而被地方官府注意，並遭拏獲。張保太本身考取過科舉且爲貢生，因此熟識儒家經典；又拜了雲南騰越州的生員楊鵬翼爲師，習教念經以避風劫，此應爲偏向道教的民間秘密宗教；而雞足山上，佛教廟宇林立，故其所傳習的大乘教在宗教思想上，含有儒釋道三教的教義。其勸人喫齋念佛，入教修行，聲稱將來可以成佛升天，因此吸引眾多教徒前往入教。

　　雍正年間，聞香教以大成教或大乘教或東大乘教等名目繼續傳播。直隸總督李衛曾派人臥底於大乘教內部，以訪查其活動。查到大成教首是旗人王姓武舉即王敏迪，住灤州石

佛口，名下有次掌教二人：一係周世榮，住饒陽縣曲呂村，
今因癱瘓，有其胞弟廣東丁憂通判周世臣代主其事；一係王
瑛，住深州貢家臺。教中以姓周與姓王者爲數最多，分別約
有千餘家以及千餘人。其教內凡是能宣經講道者，即爲小教
首，分居各處，招引眾人入教。至於衣法教的老教首爲已故
旗人董一亮，今有其女住居易州代掌衣法教，而饒陽縣武舉
王作梅爲其管事。次教首則爲饒陽縣人孫連若等。以上二教
皆始於順治年，以輪迴生死誘人修來世善果爲名，吃齋念經，
男女混雜，彼此不避。[64]直隸總督那蘇圖具摺指出，石佛口
族人王敏迪，因祖父接交大乘教，經前督臣審擬絞罪，雍正
三年（1725），遇赦釋回。[65]

表 2-3-13 直隸灤州王作梅傳習大成教要犯分佈表

姓名	籍貫	關係	職業/身份	教中身份	備註
王敏迪	住灤州石佛口		旗人、武舉	大成教教首	祖父接交大乘教
周世榮	住饒陽縣曲呂村	周世臣之兄		大成教次掌教	今因癱瘓,有伊弟廣東丁憂通判周世臣代主其事
周世臣		周世榮之弟	廣東丁憂通判	代理大成教次掌教	因周世榮癱瘓,而代主其事
王　瑛	住深州貢家臺			大成教次掌教	

---

64 《宮中檔雍正朝奏摺》，第 20 輯，臺北：國立故宮博物院，1979 年，
　頁 867。直隸總督李衛奏摺，雍正十年十一月二十九日；劉子揚、張莉
　編，《清廷查辦秘密社會案》，第 6 冊，頁 277~279。李衛硃批奏摺，
　雍正十年十一月二十九日。
65 《軍機處錄副奏摺》，北京：中國第一歷史檔案館。那蘇圖奏摺錄副，
　乾隆十一年十二月十五日。

鄭自昌	深州人			大成教小教首領頭門徒	凡教內有能宣經講道者，即爲小教首，分住各處，招引眾人。
楊林全	衡水縣人			大成教小教首領頭門徒	
侯燕平	衡水縣人			大成教小教首領頭門徒	
靳清宇	河南人			大成教小教首領頭門徒	
董一亮	住居易州		旗人	衣法教老教首	已故衣法教教首
董　姓	住居易州	董一亮之女	旗人	代掌衣法教	
王作梅	饒陽縣人		旗人、武舉	大成教教首，爲董姓管事	
孫連若	饒陽縣人			衣法教次教首	

資料來源：李衛奏摺，雍正十年十一月二十九日，收錄於《宮中檔雍正朝奏摺》v20.867、那蘇圖奏摺錄副，乾隆十一年十二月十五日，收錄於《軍機處錄副奏摺》。李衛硃批奏摺，雍正十年十一月二十九日，收錄於《清廷查辦秘密社會案》，v6.277~279。

　　直隸傳習大乘教與衣法教一事，參與人士在籍貫分佈上有灤州石佛口人、饒陽縣曲呂村人、深州貢家臺人、衡水縣人、河南人以及居易州人，其之間多姓王與姓周；教門內部的上位主持者，在職業及身份類別上較爲特殊，有旗人、武舉、廣東丁憂通判等，多具有官方色彩的背景。此二教之信徒繁多，因教中的生命觀強調輪迴生死的概念，故底層百姓多半因其聲稱可修來世善果，而入教修行。

　　康熙年間，山西定襄縣人韓德榮在山東與劉起鳳、王天賜等人拜劉儒漢爲師，入五葷道收元教。[66]韓德榮返回山西後繼續傳教。康熙五十七年（1718），收元教教主劉儒漢因

66　參見本書頁106~109。

八卦教被官府查禁，而暫停傳教活動，到了王天賜身故後，其子王之卿從河南虞城縣遷至商邱縣居住。雍正五年（1727），韓德榮重新開始傳教活動，其自稱是「孔子再世」，自封為教主，雍正十年（1732），韓德榮命其徒張印、田大元前往山東，同劉起鳳之侄兒劉二長兒至河南虞城縣同教王之卿家商量入教事宜。據韓德榮徒弟田大元供稱：

> 從前我師父韓德榮叫我同張印到山東劉起鳳家去，那時他家住在山東城武縣宋家花園東邊三間草房子裡。其時劉起鳳已死，有他姪子劉二長兒引我同張印一齊到河南虞城縣一個村裡。他說是連城村，從前孔夫子的徒弟子路在那裡住過一夜，又叫寓賢集，尋著王之卿，是個麻面，連鬢鬍子胖漢子，住的是坐北朝南的草房，還有西首三間草房，留我們住了一夜，我叫他歸了山西的教。他說這教是起自山東，我們這裡是師父，你那裡是徒弟，怎麼反叫我們歸你的教呢？把我罵了一頓趕回來的。[67]

五葷道收元教即八卦教在山西、河南、山東等地各教首之間的著矛盾或歧見，在於其教派的歷史傳承上，但也反映出其教門在雍正年間的傳教活動相當頻繁。

表 2-3-14 山東山西韓德榮傳習收元教要犯分佈表

姓名	籍貫	關係	教中身份	備註
韓德榮	山西定襄縣人	劉儒漢之徒	教首	雍正五年（1727），重新開始傳教活動。自稱「孔子再世」，自任教首。雍正十年

67 《軍機處檔‧月摺包》，第 2772 箱，17 包，2373 號，山西巡撫準泰奏摺錄副附趙德榮等供單，乾隆十三年五月十九日。

				（1732），韓德榮命其徒張印、田大元往山東，同劉起鳳之姪劉二長兒至河南虞城縣同教王之卿家面商入教事宜
劉起鳳	住山東城武縣宋家花園東邊三間草房子	劉二長兒之叔；劉儒漢之徒		
劉二長兒		劉起鳳之姪		
劉儒漢	河南人，寄居山東單縣	韓德榮、劉起鳳、王天賜之師父		康熙末年，因八卦教被官府查禁，而暫停傳教活動
王天賜	住河南虞城縣	王之卿之父；劉儒漢之徒		
王之卿	河南虞城縣遷連城村至商邱縣居住	王天賜之子		
張　印		韓德榮之徒		
田大元		韓德榮之徒		

資料來源：準泰奏摺錄副附趙德榮等供單，乾隆十三年五月十九日，收錄於《軍機處檔・月摺包》，第 2772 箱，17 包，2373 號。

山東山西等地韓德榮傳習收元教一事，在籍貫分佈上有山東人、山西人、河南人，教門內的教徒皆多系出自康熙年間傳習收元教的教主劉儒漢之徒，但因其教徒分散在山東、山西、河南等地，其間又遇有康熙五十七年（1718）的查禁，因此教內信徒分別於各地逕自收徒傳習收元教，故於雍正年間，收元教教徒對於何地所傳習的收元教為首時，出現爭執。

　　朝天一炷香教，又被稱為愚門弟子教，是一個小教門。[68] 雍正十二年（1734）三月初六日，山東高唐州拏獲教犯楊翠

及王天柱等朝天一炷香教教犯。供出夏津縣人陳永順傳習朝
天一炷香教，其教門中的儀式爲一日三時向太陽磕頭，念持
咒語，祈求降福消災。陳永順被捕後，供認朝天一炷香教爲
肥城縣人王弼及恩縣人楊世公所傳習。是年三月十一日起至
三月十七日等日，先後拏獲教犯楊世公等二十餘人。[69]

表 2-3-15　山東高唐王天柱傳習朝天一炷香教分佈表

姓名	籍貫	備註
楊　翠	山東高唐州人	
王天柱	山東高唐州人	
陳永順	夏津縣人	傳習朝天一炷香教，又稱愚門弟子教，一日三時向太陽磕頭，念持咒語，祈求降福消災
王　弼	肥城縣人	傳習朝天一炷香教
楊世公	恩縣人	傳習朝天一炷香教

資料來源：岳濬奏摺，雍正十二年三月二十四日，收錄於《宮中檔雍正
朝奏摺》v22.745

山東高唐王天柱等傳習朝天一炷香教一案，據供教中信眾籍
貫分佈上有夏津縣人、肥城縣人、恩縣人、平陰縣人以及滋
陽縣人等，其教門中的儀式爲一日三時向太陽磕頭。可見其
宗教觀上具太楊崇拜，而信徒們相信透過此一儀式加上念持
咒語，即可降福消災，儀式簡單，容易吸引民眾入教。

雍正十三年（1735）八月初四日，直隸保定營參將王之
琳拏獲竊賊山西平定州李尙發等人。供出鄰人李福傳習皇天
教，家中藏有邪書五種，其中《寇天寶書》內載有「二康發

---

69 《宮中檔雍正朝奏摺》，第 22 輯，臺北：國立故宮博物院，1979 年，
頁 745。山東巡撫岳濬奏摺，雍正十二年三月二十四日。

現到卯年時節交換」之語,相傳李福之子李俊成會呼風喚雨,
李尚發亦曾親見李俊成咒倒大樹,教中以陳蠻子爲軍師。[70]直
隸總督李衛以李福傳習邪教,煽惑愚民,圖謀不軌,移咨山
西查拏李福父子。

表 2-3-16 山西平定李福傳習皇天教要犯分佈表

姓名	籍貫	關係	職業	教中身份	備註
李尚發	山西平定州人	李福之鄰居	竊賊		曾親見李俊成咒倒大樹
李　福	山西平定州人	李尚發之鄰居			傳習皇天教
李俊成	山西平定州人	李福之子			會呼風喚雨,咒倒大樹
陳蠻子				軍師	

資料來源:李衛奏摺,雍正十三年八月初十日,收錄於《史料旬刊》
　　　　　v17.608。

山西平定李福傳習皇天教一案,在籍貫上多爲山西人。山西
平定州人李福傳習皇天教,家中藏有《寇天寶書》,書內之
語暗藏改朝換代的之意,其教內的陳蠻子爲軍師,故可看出
此教中鮮明的變天思想。此外,吸引民眾入教的手段上,以
李福之子李俊成會呼風喚雨爲號召,爲增加可信度,並讓眾
人親見李俊成咒倒大樹。

　　雍正年間,民間秘密宗教人士的活動範圍主要盛行於直
隸、山東、山西、河南等省份,而江蘇、安徽、浙江、江西、
湖廣、閩粵等地亦有不少民間秘密宗教人士進行活動。因此,
可以將雍正年間的民間秘密宗教活動視爲已遍及中國南北各
省。就參與民間秘密宗教的人物而言,其中的男女關係、教

---

70 《史料旬刊》,第十七期,天 608。直隸總督李衛奏摺,雍正十三年八
　　月初十日。

眾狂熱的活動以及日常從事產業的荒廢等，對傳統社會產生負面的作用。然而在這些參與民間秘密宗教的人物上，無論是居於教內上位的教首或參與教門的廣大教眾，在其心態上，皆透過民間秘密宗教的參與，獲得了一定程度的滿足，亦是民間秘密宗教所提供的正面功能，故吸引眾多底層民眾參與。而朝廷採取慎重且不擾民的措施，對於被惑民眾盡行不究。故清初民間秘密宗教未因官府查禁，產生大規模的叛亂。

第三章　乾隆年間民間秘密宗教人物分析

　　乾隆年間（1736~1795），民間秘密宗教的活動益發頻仍。除了從明代延續傳承的教門外，尚有清初所創立的教門，再加以此一時期出現的新興教門，整個長達六十年的乾隆朝，教案疊起，層出不窮。又因清代特有的公文書制度，因此官方在對這些案件的經過、紀錄以及處理過程，大多被妥善保存下來，後世的今日，得以聞所見聞。透過這些為數極為可觀的案卷，其內所附有的口供資料，進行解讀，並加以透視、分析民間秘密宗教內的人物。然則，為了敘述上的便利與脈絡上的清晰，本書將依照《真空家鄉 ── 清代民間秘密宗教史研究》一書中，對於乾隆朝民間秘密宗教發展過程的斷限劃分方式：即自乾隆元年至二十年（1736~1755）為乾隆朝前期。民間秘密宗教在歷經雍正朝嚴禁後復趨活躍；自乾隆二十一年至四十年（1756~1775）為乾隆朝中期。教案發生頻繁，案件層出不窮；而自乾隆四十一年至六十年（17376~1795）為乾隆朝後期。[1]以下將以此劃分斷限為依據，分為此三個階段，分別分節進行論述。

---

1 莊吉發，《真空家鄉 ── 清代民間秘密宗教史研究》，臺北：文史哲出版社，2002 年，頁 113。

第一節 乾隆朝前期的民間秘密宗教人物

　　乾隆元年至二十年（1736~1755），爲乾隆朝前期，此一時期的民間秘密宗教在歷經雍正朝的嚴禁後，轉趨活躍。以下將透過《大清高宗純皇帝實錄》、《史料旬刊》、《明清檔案》、《宮中檔乾隆朝奏摺》、《清廷查辦秘密社會案》以及臺北國立故宮博物院所藏的《軍機處檔・月摺包》與《宮中檔》等史料之中所載的民間秘密宗教案件，並於下表羅列出乾隆朝前期的民間秘密宗教活動及教案取締，藉由透過這些案件中，所附的供詞及其他資訊，對參與民間秘密宗教人物進行分析與討論。

表 3-1-1 乾隆朝前期民間秘密宗教案件一覽表

教門		案件時間	分佈位置	備註
雲南大乘教系統	大乘教	乾隆元年	雲南、四川等地	表 3-1-2
		乾隆三年	江蘇常州府	
		乾隆六年	雲南境內	
		乾隆十二年	雲南、貴州、四川等地	
	西來教	乾隆四年	江蘇常州府	
	燃燈教	乾隆五年	江蘇太倉府	
	龍華會	乾隆九年	江蘇丹徒縣	表 3-1-3
		乾隆十年	江蘇丹徒縣	
	無極教	乾隆十一年	四川等地	
收緣會		乾隆五年	直隸沙河縣	
山西老會		乾隆五年	山西介休縣	表 3-1-4

白蓮教系統	白蓮教	乾隆五年十二月	河南等地	表 3-1-5
		乾隆六年六月	湖廣安陸府	
		乾隆十七年	湖北羅田縣	
	混元教	乾隆十八年	山西長治縣	表 3-1-6
		乾隆十八年	直隸等地	
清淨無爲教		乾隆六年	直隸等地	表 3-1-7
拜祖教		乾隆十一年	陝西等地	
羅祖教系統	大乘教	乾隆六年	廣東樂昌縣	表 3-1-8
		乾隆十一年	陝西西安	
		乾隆十三年	江西龍南縣	
	無爲教	乾隆十一年	直隸宛平縣	
	一字教	乾隆十三年	江西石城縣	
	老官齋教	乾隆十二年十一月	福建建安、甌寧	
		乾隆十三年三月	福建境內	
	羅祖教	乾隆十四年四月	福建寧化	
		乾隆十四年	湖南宜章縣	
		乾隆十五年	廣東等地	
	大乘無爲教	乾隆十四年	廣東乳源縣	
	橋梁會	乾隆十七年	山西平陽	表 3-1-9
	三元會	乾隆十七年	山東嶧縣等地	
龍天道		乾隆七年	山東新城縣	
榮華會		乾隆七年	直隸通州	
		乾隆十八年	直隸、河南等地	
收源教		乾隆七年	山西長子縣	
		乾隆十三年	山西等地	表 3-1-10
紅陽教		乾隆十一年	直隸等地	
彌勒教		乾隆十一年	湖北襄陽縣	
四正香教		乾隆十一年	山西、陝西等地	
金童教		乾隆十三年	福建莆田縣	
祖師教		乾隆十三年	福建海澄縣	
長生道		乾隆十三年	浙江紹興府	
龍華會		乾隆十八年	浙江寧波	
大乘教		乾隆二十年	湖北應城縣	

資料來源：《大清高宗純皇帝實錄》、《史料旬刊》、《明清檔案》、《宮中檔乾隆朝奏摺》、《清廷查辦秘密社會案》以及臺北國立故宮博物院所藏的《軍機處檔‧月摺包》與《宮中檔》。

由上列簡表可知乾隆朝前期，官府所查出的民間秘密宗教在地理位置分布上有直隸、山東、山西、陝西、河南、湖北、湖南、雲南、四川、貴州、湖廣、浙江、江西、江蘇、廣東、福建等地；至於教門名目，則是共計三十種：大乘教、羅祖教、老官齋教、一字教、橋梁會、無爲教、大乘無爲教、清淨無爲教、龍華會、榮華會、西來教、燃燈教、收緣會、收源教（源洞教）、混元教（清淨佛門教）、三元會、山西老會、長生道（子孫教）、白蓮教、紅陽教、拜祖教、祖師教、龍天道、彌勒教、四正香教、無極教、金童教。

　　雲南張保太倡立的大乘教，自清初即開始進行傳教活動，雍正八年（1730），因其傳教活動引起雲南地方官府注意而被查拏。[2]但教內活動並未因此而消聲匿跡，至乾隆初年，雲南、貴州、四川最遠達江蘇等地皆有傳習雲南大乘教者，其教中護法分爲三船，各有教首：劉奇爲法船教首，雪峰爲瘟船教首，朱牛八爲鐵船教首。直至乾隆六年（1741），張保太被雲南總督兼巡撫事張允隨禁監斃。張保太身故後其繼子張曉在雲南設教接法開堂。乾隆十一年（1746），乾隆皇帝諭令各省訪拏各教首。審理期間有太倉、嘉定、寶山、崑山、新陽、青浦等處民人一百數十名焚香跪稱彼等皆係賣產入教之人，因活佛被捕，不可得見，所以請求一見，死亦甘心等語，經地方官勸止解散。而此案拏獲大乘教的教首劉奇、魏王氏、魏之瑗等人俱照謀大逆律凌遲處死。[3]

---

2 參見本書頁 141~142。
3 《大清高宗純皇帝實錄》，（六），卷 271，頁 18~22。乾隆十一年七月己未。臺北：華文書局，1964 年，頁 3941~3943。

表 3-1-2 雲南、貴州與四川傳習雲南大乘教要犯表

姓名	籍貫	關係	行業/身份	教中身份	備註
張保太	雲南大理府太和縣人	張曉之繼父	貢生、齋公	教主	乾隆六年（1741）被雲南總督兼巡撫事張允隨禁監斃
張二郎	雲南人	張保太之弟			
張　曉		張保太之繼子		接法開堂	張保太身故後，接法開堂
李開花					魏明璉身故後，魏王氏接教開堂，以右中宮兼管左中宮，加陞總統宮元佛權。乾隆八年（1743），魏王氏母子前往四川，謁見劉奇，共謀舉事，並與李開花暗通聲氣
魏王氏		魏明璉之妻；魏之瑷之母		張保太授果位金剛	
魏明璉		魏王氏之夫；魏之瑷之父		張保太授果位金剛	
魏之瑷		魏明璉、魏王氏之子		張保太授果位金剛	
劉　奇（劉權、劉元亨）	四川人	黃世運；陳良璧之師父		法船教首	私設度牒圖記
黃世運		劉奇之徒			
陳良璧		劉奇之徒			
雪　峰（陳霖龍）	江西人	一梅之師父		瘟船教首	曾在浙江杭州靈隱寺出家。手中有八卦紋，胸前有肉瘤，腳下有七顆黑痣，在順慶地方收徒傳教，揚言「如今該係彌勒佛管天下了，皇帝是李開花。」所以將來要做李開花的軍師
一　梅		雪峰之徒			
朱牛八				鐵船教首	
雪山梁浩（赤龍）					聚集多人，幫扶李開花，與劉奇常相往來。川陝總督慶復疑其就是霖龍
王徐氏	太倉人	王巖之妻		接教開堂	王巖身故後，王徐氏

王　巖	太倉人	王徐氏之夫		接教開堂	接教開堂。乾隆九年（1744），江蘇案發陸元祥逃入雲南，轉告王徐氏，張保太借劉奇之竅。王徐氏令左允文等赴川探聽
陸元祥					
左允文					
魏齋婆	貴州人				

資料來源：《大清高宗純皇帝實錄》，卷 271，頁 18，乾隆十一年七月己未；同書，卷 273，頁 3，乾隆十一年九月。

雲南、貴州與四川等地傳習雲南大乘教一事，參與人數眾多。在教內結構上，除雲南教主外，尚有三船護法教首，劉奇為法船教首，又名劉權即劉元亨，私設度牒圖記發與教內信眾，並於張保太正法後，對外聲稱張保太借其身還魂入竅，信徒及其他地區接教開堂的教首皆信以為真；雪峰為瘟船教首，曾在浙江杭州靈隱寺出家，其徒聲稱雪峰手中有八卦紋，胸前有肉瘤，腳下有七顆黑痣，收徒傳教外，尚揚言「如今該係彌勒佛管天下了，皇帝是李開花。」並聲稱將來要做李開花的軍師；朱牛八為鐵船教首。護法教首們皆以散播其個人神話，來增加教內信徒的崇拜以及強化其在教內的領導地位。

　　另外，在各地接教開堂者，亦多出現女性角色，如王巖身故後，其妻王徐氏接教開堂；魏明璉身故後，其妻魏王氏亦接教開堂，甚至以右中宮兼管左中宮，加陞總統宮元佛權。這些女性在其丈夫身故後，仍繼而接教開堂並未因其女性身份而受限制與反對，即可反映出民間秘密宗教中，女性地位並未受到當時世俗社會的性別價值影響，亦可看作民間秘密宗教吸引女性參與的原因之一。在乾隆十一年（1746）各省查拏教首要犯審理，在此期間，有太倉、嘉定、寶山、崑山、

新陽、青浦等處民人一百數十名，因教首被捕，而聚集焚香跪稱甘心受死，也要見到教首。這些教內信徒瘋狂信仰，甚至賣盡家產以求入教者，不在少數，甚至不顧自身性命，以上種種瘋狂信仰行為，即是清廷益發嚴厲查拏的原因之一。

　　雲南張保太所傳的大乘教，除稱大乘教外，在各地亦有以別的名目傳習，如龍華會、西來教、燃燈教、無極教等，皆為雲南大乘教系統。江蘇宜興縣人吳時濟，自幼在茅山洞出家為僧，其後拜張保太為師。雍正八年（1730），遷往江蘇丹徒縣新豐鎮南呂村道寧庵擔任住持，藉醫行教，勸人禮佛，倡立龍華會。[4]時濟和尚聲稱功行圓滿，即可白日飛昇。秦順龍、蔣祖法等人或累日不食，或終夜不眠，後走火入魔，竟以功行圓滿，意欲歸天。吳時濟以蔣祖法等人既可七日不食，功行圓滿，應在水鄉飛昇。蔣祖法等人決意闔家至太湖山中絕食飛昇。蔣祖法之姪蔣仲年延請族人苦勸不悟，即將田房分撥蔣仲年等收管，蔣祖法等十五人因慮無人收屍，故令朱順天、宗正乾二人仍行復食，又令廟祝吳紹文買柴為焚屍之用。蔣祖法等十三人先後餓斃，朱順天等照蔣祖法遺命焚化屍身，案發後吳時濟判擬絞立決。[5]

<hr>

4 劉子揚、張莉編，《清廷查辦秘密社會案》，第 7 冊，北京：線裝書局，2006 年，頁 494~495。陳大受錄副奏摺，乾隆九年三月十三日；同書，頁 496。陳大受奏摺，乾隆九年四月二十四日；同書，頁 499。尹繼善錄副奏摺，乾隆九年五月二十二日。

5 張偉仁編，《明清檔案》，第 140 冊，臺北：聯經出版社，1988 年，頁 B78751。議政大臣刑部尚書盛安等副奏，乾隆十年十一月十九日。

表 3-1-3 江蘇丹徒等地吳時濟傳習龍華會要犯分佈表

姓名	籍貫	年齡	行業/身份	備註
吳時濟（慈濟）	江蘇宜興縣人	67歲	和尚	教人吃素念佛。十五歲在茅山角下洞仙庵出家爲僧，師父洪徹，已死多年。到四十歲上，往華山庵住持，雍正八年（1730），遷在丹徒縣新豐鎮南呂村道寧庵住持，有十來年
吳紹文			廟祝	蔣祖法死時欲報官，但未死之朱順天、宗正乾二人說他們出來有整百人送他歸天，不必報官，便隨同朱順天到宜興周山前化地方蔣家報信，他家也不啼哭，說有緣法歸天了，就有五十六個人同一個和尚到山，起火焚化，將屍骨埋於廟側
朱順天				蔣祖法、秦順龍先由僧人妙進勸吃齋，妙進死了才投拜僧人時濟爲師，闔家誠心吃素，念佛修行，勸眾人入會，說今年要歸天，糾人同去燒香，初二日起就坐清功，不吃東西，餓死的。因要人料理後事，故此留下朱順天、宗正乾二人
宗正乾				
蔣祖法	江蘇常州宜興縣人			
秦順龍	宜興縣人			
妙　進			僧人	已故。勸蔣祖法吃齋之人
王茂泗	丹徒縣人			已故。時濟之徒，寓於廟內，因龍華會可以坐化成佛，隨拜時濟爲師
呂杏□	丹徒縣人			時濟之徒
呂國榮	丹徒縣人			時濟之徒
湯永文	金壇縣人			時濟之徒
馮　浩	金壇縣人			時濟之徒
張　仁	丹陽縣人			時濟之徒
史天珩	溧陽縣人			時濟之徒

資料來源：陳大受錄副奏摺，乾隆九年三月十三日、陳大受奏摺，乾隆九年四月二十四日、尹繼善錄副奏摺，乾隆九年五月二十二日，收錄於《清廷查辦秘密社會案》，v7.494~495、496、499、議政大臣刑部尙書盛安等副奏，乾隆十年十一月十九日，收錄於《明清檔案》v140.B78751。

江蘇丹徒等地吳時濟傳習龍華會致蔣祖法等自斃一案，共十三人餓死斃命。龍華會教頭吳時濟誘使蔣祖法等人或累日不食，或終夜不眠，希冀苦修得功行圓滿，好白日飛昇。其中，累日不食、飛昇等概念與道教修行中的「避穀」之法及「屍解」等概念近似。相傳得道的真人，在成功修煉至「脫劫飛昇」的階段，會以肉身升天，民間傳說中的呂洞賓即為此例；然而，一般修行者大多只到屍解的階段，即先行捨棄肉體，靈魂才可以升天，通常修行者會先行向親人交待自己的身後事再離世。與此案中蔣祖法等十三人決意至太湖山中絕食飛昇，不謀而合。這也反映出民間秘密宗教亦從道教中借取概念。

　　明代中葉，李賓創立黃天道，至乾隆年間時，出現山西老會、續安會以及天真堂、長生道、長生教以及子孫教等名目，皆屬黃天道系統。直隸萬全衛膳房堡西郊的碧天寺原為佛教寺院，在李賓創立黃天道後，即將碧天寺作為修道場所。乾隆初年，碧天寺住持李繼應被捕後供認為黃天道教首李懷雨之徒。山西介休縣張蘭鎮人曹生泰於乾隆五年（1740）間與黃天道教首李懷雨常相往來。曹生泰抄錄李賓所遺留的經卷，並於卷面上繪畫圖像。其後，曹生泰在返回山西介休縣設立山西老會，除此之外，亦使用續安會、天真堂等名目。[6]

6　《宮中檔乾隆朝奏摺》，第 17 輯，臺北：國立故宮博物院，1983 年，頁347。山西巡撫明德奏摺，乾隆二十八年四月初一日。

表 3-1-4 山西介休等地曹生泰傳習山西老會要犯分佈表

姓名	籍貫	關係	行業/身份	備註
李　賓			黃天道教主	明代中葉時，創立黃天道，將碧天寺作爲修道之所
李繼應（李繼印）	直隸萬全衛人	李懷雨之徒	碧天寺住持	
李懷雨	直隸萬全衛人	李繼應之師父	黃天道教首	乾隆五年（1740）間，曹生泰與李懷雨常相往來。曹生泰抄錄李賓遺留的經卷，後於山西設立山西老會，此外，還有續安會、天眞堂等名目
曹生泰	山西介休縣張蘭鎮人			

資料來源：明德奏摺，乾隆二十八年四月初一日，收錄於《宮中檔乾隆朝奏摺》v17.347。

民間秘密宗教中，經卷爲相當重要的一環，經卷的抄錄與轉手，常會是民間秘密宗教派生現象的開端。乾隆五年（1740）間，山西人曹生泰與黃天教首李懷雨交好，曹生泰返回山西後，即設立山西老會，其所傳誦的經卷，即是曹生泰從李懷雨處抄錄到李賓所遺留的經卷。

白蓮教在乾隆朝前期的活動依舊相當活躍，乾隆六年（1741）六月初三日，有湖廣安陸府沔陽州人王在一呈控其妻舅向彥升煽惑其妻向氏入白蓮案一案。向彥升是白蓮教的頭目，雍正九年（1731），向彥升拉其妹夫王在一入教，但由於王在一堅決不入教，於是便轉而拉向氏入教成功。入了教的向氏，便不回家，捨子棄夫，王在一因幼子無依，便往沔陽州告官，官府隨即押取向彥升，並出具甘結，向氏亦重返家中。但不久後，白蓮教主王尊一與向彥升夥同勾引向氏，王在一得知後，再往沔陽州告官，但官府不查前押結案，於

是王在一轉奔安陸府，官府亦不究，王在一激叩督部，督部命沔陽州查明，沔陽州接督批後不究邪教，反指王在一瘋癲，督部即消案。向彥升與王尊一一夥人傳符授咒，使其妻向氏放火燒家，王在一帶著幼子逃命。[7]

表 3-1-5 湖廣安陸等地向彥升傳習白蓮教要犯分佈表

姓名	籍貫	關係	備註
王在一	湖廣安陸府沔陽州人	向彥升之妹夫；向氏之夫	
向　氏	湖廣安陸府沔陽州人	王在一之妻；向彥升之妹	
向彥升	湖廣安陸府沔陽州人	王在一之妻舅；向氏之兄	白蓮教頭目
王尊一			白蓮教教首

資料來源：都察院左都御史杭奕祿等奏副，乾隆六年六月二十六日，收錄於《明清檔案》v103.B58359。

湖廣安陸等地向彥升傳習白蓮教一案中，可知民間秘密宗教人物間多半具有血緣與地緣兩大要素的原因。白蓮教頭目向彥升，在拉人入教上，從親戚家人著手，即是勸令其妹夫王在一入教，但在遭到拒絕後，又轉而勸令其妹向氏入教。親屬關係在民間秘密宗教於地方上的滋長，可以說是相當重要，教內教徒勸人入教上，大多先拉親戚家屬，因此，在民間秘密宗教發展與活動上，往往不是「一人入教，舉家入教」，就是「棄家棄子，家庭破碎」的情形。

　　白蓮教自宋代創教以來，流傳時間相當廣泛，橫跨數個

---

7 張偉仁編，《明清檔案》，第 103 冊，臺北：聯經出版社，1987 年，頁B58359。都察院左都御史杭奕祿等奏副，乾隆六年六月二十六日。

朝代，到了清代依舊活躍，但由於清代歷朝對於「邪教」的查拿相當嚴厲，因此白蓮教在傳播與發展上，以不斷轉換、更改名目，來躲避官府的查拿。混元教、混沌教等名目皆為白蓮教的異名。乾隆十八年（1953）直隸順德府南和縣韓村地方破獲一起混元教案，查出直隸沙河縣北留村人王會傳習混元教。王會先因同村閻寡婦勸入教，因其不識字，故找樓下村李起奉教經，但李起奉年紀大，只跟了三年，就去山西找馮進京。李起奉為韓士英之徒，韓士英拜田金臺為師，田金臺於乾隆七年因傳習收元教被查拏。至於山西長子縣人馮進京，其為雍正五年（1727）山西長子縣破獲渾元教教主張進斗之徒，在案發後，張進斗即被處斬，其餘教內信徒多從輕發落。[8]相隔數年後，馮進京因事過境遷，又再稱老師父、未來佛，再次興教，引誘男女入教，斂取銀錢。[9]

表 3-1-6 直隸等地王會傳習混元教要犯分佈表

姓名	籍貫	年齡	關係	職業	備註
馮進京	山西長子縣西北呈村人	59歲	王會、李郭氏、郗成業之師父	齋公、平日剃頭、算掛、賣針營生、燒香占病	祖父幾輩都是齋公。會參禪說偈、運氣念無字真經
田金臺			韓士英之師父		已故
閻寡婦			王會之師父		

---

8 參見本書頁 83~86。

9 劉子揚、張莉編，《清廷查辦秘密社會案》，第 6 冊，頁 46~58。方觀承錄副奏摺並附供單，乾隆十八年七月初九日；同書同冊，頁 63~74。胡寶瑛錄副奏摺並附供單，乾隆十八年七月二十五日；同書同冊，頁 108~120。蔣炳奏摺並附單，乾隆十八年七月二十六日；同書同冊，頁 142~155。方觀承奏摺附單，乾隆十八年八月初一日；同書同冊，頁 157~170。方觀承錄副奏摺並附供單，乾隆十八年八月初二日。

同　印	河南武安縣人	25歲	張存柱之徒	同羅村龍泉寺僧人	自幼出家，同張存柱交好。張存柱勸入教
李起奉	邢臺縣樓下村人		韓士英之徒；王會之師父		傳習元通清淨佛門教，又稱收元教
韓士英	住在京城金魚胡同		田金臺之徒；李起奉之師父	行醫	
郭引進（劉郭氏）	直隸省順德府任縣張臺村人	44歲	劉夫榮、劉愛姐、劉正姐之母；馮郭氏之姐；張存柱之岳母；李李氏、孟加明之師父		寡婦。乾隆十七年（1952）五月二十三日，到王會家中與他睡，說日後得志，封個宮院
劉愛姐	直隸省順德府任縣張臺村人	17歲	郭引進之女；張存柱之妻		
劉正姐	直隸省順德府任縣張臺村人	12歲	郭引進之女		
馮郭氏	直隸省順德府任縣張臺村人	34歲	劉郭氏之妹		丈夫馮懷仁是直隸南和縣人，乾隆十八年（1953）到姐姐劉郭氏家拜王會為師，說親近他，自有福分。王會說其面相好，日後事成封為宮院，就與他睡了一夜，丈夫回原籍去了，不知道
劉夫榮（劉福榮）	直隸省順德府任縣張臺村人		郭引進之子；同印之師父		王會寫了一紙合同封他為平昔王
張存柱	武安縣人，在同羅村住	27歲	劉郭氏之女婿；劉愛姐之夫	務農	乾隆十八年（1953）四月內王會叫劉郭氏女婿與他磕頭入教，並送王會一千錢，王會寫了一張黃紙合同，封為鎮殿大將軍

李李氏	順德府南和縣人		郭引進之徒		寡婦，上了三兩銀子布施，拜郭引進為師，說收了去修西頂娘娘廟使用
郗成業			郭引進之徒；孟加明知師父		是乾隆十六年（1953）八月裡入教，這教名混元教，聽說是張公祖留下來的。王會給一張黃紙和同，說是封作直義國公
王　會	直隸沙河縣北留村人	39歲	閻氏、李起奉、馮進京之徒；唐明禮、孟加明之師父		先因本村閻寡婦勸入教，因為其不識字，故找樓下村李起奉教經，但李起奉年紀大，只跟了三年，就去山西找馮進京。有一部立天卷共四本寫著元、亨、利、貞四字。自稱人王
唐明禮	順德府南和縣人		王會之徒	平日開飯店，偶爾當畫匠	乾隆十七年（1952）二月初一日，王會來鋪裡買飯吃，說山里修廟，要攬畫匠作畫，入教就會發財
孟加明			劉郭氏、郗成業、王會之徒；王文臣之師父		乾隆十六年（1951）十月入教。後來郗成業給一張黃紙合同，說王會封做隨意王
王文臣	張路村人	33歲	孟加明之徒；李麟角之師父	賣藥為生	乾隆十八年（1953）二月入教，拜孟加明為師，孟加明說，凡出過布施的人，屋內不點燈就會亮，長生不老。後來郗成業給一張黃紙合同，說王會封作同心王

李麟角	順德府南和縣韓村人	王文臣之徒；李復成、李經世、李經業、孔一邦、王第二、魏進忠之師父	莊稼	王文臣勸入教，他原說將來水淹正定府，地陷郜城縣，若入教可免災難
李復成	順德府南和縣韓村人	李麟角之徒	莊農	乾隆十七年（1952）秋天，李麟角勸入教可免災難，出錢布施又可修積來世
李經世	順德府南和縣韓村人	李麟角之徒		乾隆十八年（1953）入教，將來地陷可免遭劫，又可修來世
李經業	順德府南和縣韓村人	李麟角之徒		乾隆十七年（1952）多天，李麟角說不久就要地陷，入教可免災難，因是個忙人，沒常在他家走動，如今見他們的教不正經，已不與他們來往，李麟角還說，小的反了教，日後不知怎樣死的
孔一邦	順德府南和縣人	李麟角之徒	做生意商人	乾隆十七年（1952）多天害病，李麟角勸入教，不但病好，將來地陷，還可免災難
王第二（王治功）	順德府南和縣人	李麟角之徒		乾隆十八年（1953）春天，李麟角勸入教，說日後可以免除災難
魏進忠		李麟角之徒		

資料來源：方觀承錄副奏摺並附供單，乾隆十八年七月初九日、胡寶瑛
　　　　　錄副奏摺並附供單，乾隆十八年七月二十五日、蔣炳奏摺並
　　　　　附單，乾隆十八年七月二十六日、方觀承奏摺附單，乾隆十
　　　　　八年八月初一日、方觀承錄副奏摺並附供單，乾隆十八年八
　　　　　月初二日，收錄於《清廷查辦秘密社會案》v6.46~58、63~74、
　　　　　108~120、142~155、157~170。

直隸等地王會傳習混元教反清一事，參與人數眾多，在籍貫分佈上有直隸、山西、河南等地；參與人士之間的關係多為親戚朋友；在職業及身份類別上呈現相當多元的樣貌，有齋公、僧人、算掛、行醫、賣藥、務農、開飯店、畫匠以及做生意的商人等；從其教內地位來看，信徒的部分多以務農、從商為生，而教內主要傳教人物多具有齋公、算掛、行醫、賣藥等身份或能力。

在教內結構上，有山西長子縣西北呈村人馮進京平日做齋公兼剃頭、賣針為生會算掛與燒香占病，馮進京曾於雍正年間因傳習渾元教而被查拿，但相隔不久，又開始傳教，為此案中王會、李郭氏、都成業的師父。住京城金魚胡同的韓士英是田金臺之徒，收邢臺縣樓下村人李起奉為徒，平日行醫，李起奉再收王會為徒傳習元通清淨佛門教，又稱收元教。直隸沙河縣北留村人王會為此案中的重要人物，年三十九歲，傳徒習教，並散發合同，以封王封將為誘，吸引民眾參與，張路村人王文臣，年三十三歲，平日賣藥為生，王會封其為同心王、孟加明則封做隨意王、都成業封直義國公、武安縣人張存柱，年二十七歲，平日務農，封為鎮殿大將軍、直隸省順德府任縣張臺村人劉夫榮封為平昔王；除此之外，王會亦以相同手法哄誘婦女，即稱日後得志將封其為宮院，直隸省順德府任縣張臺村人劉郭氏即郭引進，年四十四歲，是個寡婦，王會哄誘其至家中與他睡，說日後得志，封個宮院、馮郭氏，年三十四歲，為劉郭氏的妹妹，至劉郭氏家拜王會為師，王會說其面相好，日後事成封為宮院，就哄誘成功，睡了一夜。除了以封王封將封宮院等名目誘人入教外，

亦以災難、末劫、福報、修來世等妄稱禍福來引民眾入教，李麟角，平日莊稼為生，王文臣勸其入教，說將來水淹正定府，地陷郜城縣，若入教可免災難、王第二即因李麟角勸說入教日後可免災難、孔一邦，平日從商，因於多天害病，李麟角勸其入教，病即好了之外，還說將來地陷可免災難、李復成，平日莊農為生，李麟角勸入教可免災難，出錢布施又可修積來世就聽從入教。教內為了騙取更多布施，散布凡出過布施的人，屋內不點燈就會亮，會長生不老等話語。

　　清淨無為教屬東大乘教的一個教門，由王森五世孫王懌所創立。[10]而清淨無為教、東大乘教以及拜祖教皆屬聞香教系統。[11]乾隆六年（1741）破獲清淨無為教。直隸永清縣人高六指子住京師順城門外，其高祖高宏龍尚在之時，曾遇有陝西澳中府固原縣人陳姓，傳授清淨無為教，並供奉天地君親師字軸。其後，高宏龍自任為教主，開始持齋念經，勸人入教。在其身故後，即由高二接任教主掌理教務，每逢清明節及九月二十六日高宏龍忌辰時做會二次。在高二身故，由高六指子掌教，但因高六指子目不識丁，無法掌理教務，遂由其親戚王佐家人韓必登代為掌理教中事務。[12]

10　濮文起，《中國民間秘密宗教辭典》，成都：四川辭書，1996年，頁232。
11　莊吉發，《真空家鄉 —— 清代民間秘密宗教史研究》，頁116、118。
12　秦寶琦，《中國地下社會》，北京：學苑出版社，1994年，頁309；《硃批奏摺》，北京：中國第一歷史檔案館，直隸總督那蘇圖奏摺，乾隆十一年十二月初七日。

表 3-1-7 直隸永清韓必登傳習清淨無爲教要犯分佈表

姓名	籍貫	關係	行業/身份	備註
王 彝		王森之五世孫		創立清淨無爲教
陳 姓	陝西澳中府固原縣人	高宏龍之師父		高宏龍曾遇陝西澳中府固原縣陳姓,傳授清淨無爲教,供奉天地君親師字軸,持齋念經,勸人行善
高宏龍	直隸永清縣人	高六指子之高祖;陳姓之徒	教主	高宏龍曾遇陝西澳中府固原縣陳姓,傳授清淨無爲教,供奉天地君親師字軸,持齋念經,勸人行善
高 二			教主	高宏龍身故後,充任掌教,每年清明及九月二十六日高宏龍忌辰做會二次
高六指子	直隸永清縣人,寄居京師順城門外	高宏龍之玄孫	教主	高二身故,由高六指子掌教。因高六指子本人目不識丁,難以掌教
王 佐		高六指子之親戚		遂由其親戚王佐家人韓必登代掌教中事務
韓必登		王佐之家人	代理教主	

資料來源:那蘇圖奏摺,乾隆十一年十二月初七日,收錄於《硃批奏摺》,北京:中國第一歷史檔案館。秦寶琦,《中國地下社會》,北京:學苑出版社,1994年,頁309。

清淨無爲教雖爲東大乘教的一個教門,屬聞香教系統,但從供詞中,其教內每年作會二次,分別爲清明節及九月二十六日的高宏龍忌辰。從中反映出高宏龍自任爲教主傳教後,即使身死,亦在這支清淨無爲教中注入了個人色彩;除此之外,清明節向爲中國傳統社會中,相當重要的節日,民間秘密宗教與民俗節日結合,更能使民眾接受,並招來信徒。

　　乾隆年間,福建破獲多起老官齋教案。老官齋教爲羅祖教的分支,平素勸人入教吃齋,聲稱可以修得成佛,其教內信徒每月定期聚集吃齋一、二次,故在各處聚集吃齋的地方即建有齋堂。福建建安、甌寧二縣,起初僅有移立即遺立地

方設有齋堂，名為齋明堂，其齋頭為陳光耀，法號普照，能坐功參道。其後，有齋頭江華章，法號普才，在周地村建有千興堂，自為會首；另外，有齋頭魏華勝，法號普騰，在芝田村建有得遇堂；還有齋頭黃朝尊即黃朝莊，在七道橋建有興發堂；而後，有齋頭王大倫在埂尾村建有純仁堂，以上五堂，每逢朔望，各齋堂內聚集教內男婦吃齋聚會。每人持香至齋堂，誦經禮佛吃齋，結束後散去，每次聚會約數十人至百餘人不等。教中各齋堂除了每月聚會外，每年還舉行盛大聚會點蠟，稱做蠟會。做蠟會時於堂中上首設立無極老祖神位，旁列文殊、普賢菩薩，中設香斗，建布旗，焚旃檀，旁燃巨燭十二枝或十六枝，晝夜誦經不輟。乾隆十二年（1747）十一月間，遺立地方的齋明堂齋頭陳光耀在街中搭蓋蓬廠，聚集多人念經點蠟。經鄉長陳瑞章舉報，甌寧縣縣丞程述祖往查，拏獲陳光耀等五名。

　　乾隆十三年（1748）正月，各堂齋頭惶恐株連。於是金山崗葛竟仔與其妻舅魏現、七道橋齋頭黃朝尊及教內朱錦標之妻女巫嚴氏商謀聚眾劫獄。為號召信徒，朱錦標自稱朱彌勒，其妻嚴氏稱老官娘，又稱朱小娘，法名普少，聲稱坐功上天，師父囑咐，今應彌勒下降治世。欲煽惑信徒同往劫獄，救出陳光耀等人，並乘勢搶掠富戶，並私造劄付、兵簿、旗幟，由參謀李潘書寫元帥、總帥、總兵、副將、遊擊、守備、千總等職銜，圖謀造反。各齋頭手執大小藍、白旗幟，旗面或書「無為大道」、「代天行事」、「無極聖祖」、「勸富濟貧」等字樣。並造兵簿二本，內列副將吳月照、吳國用，參將葛亮志，守備饒志用，且書「擇十四日會齊，十五日攻

破建寧府，带領兵丁，不得有誤，依令施行等字樣。」[13]信眾以綢布包頭，用「無極聖祖」圖記，作爲標記。

乾隆十三年（1748）正月十二日，女巫嚴氏假託降神讖語，揚言正月十五日彌勒佛及菩薩將會入城，各村鄉民於十三、四日聞得風聲先行躲匿，齋頭黃朝尊等分路糾約信眾，散箚招兵，教內信徒以包頭爲號，各有等次，頭包青緞者爲首領，包綾綢者次之，包青藍布者則負責戰鬥。正月十五日早晨，信眾聚集於芝田祭旗，鄉民無論老幼男婦俱被威脅隨行，分爲三隊：第一隊先行，欲攻府城，第二、三隊在後，沿途放火劫掠村莊。女巫嚴氏坐於轎內，率眾先行，令鄉人扛抬神像，一路跳躍。沿途所至村莊，即威脅村民加入，並給與綠布包頭，做爲同行記號，若遇不從者，即焚燬其房屋。途中經過九個村莊，被教眾焚燬的房屋共五百一十四間，計一百九十三戶，一路聲勢浩大。

建寧府文武衙門據報後，立即遣兵丁百餘名，前往堵禦。當日未刻，官兵與老官齋教民相遇，村民所組成的老官齋教教民，交戰不久，第一隊即被官兵堵截，無法前進，而第二、三隊又遭沿途村莊受害村民的追趕打殺，不克接應，在官兵與沿途不滿的村民趕殺下，教眾四散奔逃，女巫嚴氏亦被村民打死，被捕教犯二百餘名。[14]

---

13 《軍機處檔・月摺包》，臺北：國立故宮博物院藏，第 2772 箱，14 包，1968 號，武進陞奏摺錄副，乾隆十三年正月二十八日。

14 《史料旬刊》，第 29 期，臺北：國風出版社，1963 年，地 66。閩浙總督喀爾吉善等奏，乾隆十三年六月初九日；劉子揚、張莉編，《清廷查辦秘密社會案》，第 7 冊，頁 393~396。新柱硃批奏摺，乾隆十三年三月十四日。

表 3-1-8 福建建安、甌寧陳光耀傳習老官齋教分佈表

姓名	行業/身份	教中身份	教內參與/事由
陳光耀（普照）	移立地方設齋明堂	會首	能坐功參道，在街搭蓋蓬廠，聚集多人，唸經點燭
江華章（普才）	周地村設有千興堂		
魏華勝（普勝）	芝田村立有得遇堂	會首	
王大倫	埂尾村立有純仁堂	會首	
黃朝尊（黃朝莊）	七道橋立有興發堂	會首	因陳光耀等被抓，遂起事聚眾入城劫獄，救陳光耀等，並乘勢搶劫富戶，私造偽箚、兵簿、旗幟
李　潘		參謀	黃朝尊令其書寫魏立元帥、總兵、副將、游擊、守備、千總各名目
嚴　氏（朱小娘，普少）		女巫、老官娘	因陳光耀等人被抓，遂商謀聚眾劫獄
朱錦標		號稱朱彌勒	
葛竟仔			
魏　現			
吳月照		副將	
吳國用		副將	
葛亮志		參將	
饒志用		守備	

資料來源：武進陞奏摺錄副，乾隆十三年正月二十八日，收錄於《軍機處檔‧月摺包》，第 2772 箱，14 包，1968 號、新柱硃批奏摺，乾隆十三年三月十四日，收錄於《清廷查辦秘密社會案》v7.393~396、閩浙總督喀爾吉善等奏，乾隆十三年六月初九日，收錄於《史料旬刊》v29.地 66。

福建建安與甌寧縣等地陳光耀等因傳習老官齋教被捕後，女巫嚴氏等人計畫劫獄救陳光耀圖謀造反一事，參與人數相當龐大，多為福建人士。事件起因於地方官府查拏老官齋教首

陳光耀，在陳光耀被捕之後，附近地方的其他齋堂害怕開堂
審訊時，禍連教眾，因而共商入城劫獄，救出陳光耀等人。
教內信眾因情感上的因素參與其中；而朱錦標自稱朱彌勒，
其妻嚴氏號稱老官娘，聲稱坐功上天，師父囑咐，今應彌勒
下降治世等話語，以神話來增加教內信徒的信心；加以打著
「勸富濟貧」、乘勢搶劫富戶等經濟誘因來號召信徒，因此，
參與者眾多。或因參與者眾，嚴氏等人帶著變天思想，私造
劄付、兵簿、旗幟，由並命參謀李潘書寫元帥、總帥、總兵、
副將、遊擊、守備、千總等職銜，圖謀造反。除了使用有與
國家官府相同的職銜，意圖不軌外，尚製有兵簿二本，其內
開列副將吳月照、吳國用，參將葛亮志，守備饒志用等人，
謀變野心嶄露無遺。此案規模雖大，但在倉促準備之下，缺
乏嚴密的計劃與充足的準備，加上沿路村莊鄉民的反對與不
滿，使得這場原先預計為民眾與官兵的對抗，轉變成官兵與
不滿的鄉民共同追殺老官齋教民，而告失敗。

羅祖教簡稱羅教，在乾隆年間亦發展出許多相異名目，
原因多半為躲避政府的查禁，一字教、無為教、老官齋教、
橋梁會以及龍華會等名目皆為羅祖教的系統。[15]乾隆初年，
山西平陽府破獲一起橋梁會，橋梁會原為無為教改名而來的
一個新興小教門。康熙年間，山西平陽府臨汾縣人關綸民在
鄉傳習無為教，替人念經治病。有村民胡昌思自幼務農為業，
在十八歲的時候，因身患癩瘡，經過關綸民念經治療後痊癒。
因此，胡昌思在療癒後，便皈依無為教，持齋吃素，並娶關

---

15 莊吉發，《真空家鄉 —— 清代民間秘密宗教史研究》，頁 119~124。

綸民的女兒關氏爲妻。胡昌思在三十二歲時，關綸民身故，胡昌思即將關綸民所遺留下來的經卷帶回家誦習，並開始以治病爲名，傳徒斂錢。有王存古等人因生病，向其求治，在痊癒後，皆拜胡昌思爲師，皈依無爲教。胡昌思收徒益多後，於每年正月二十九日，即聚集治癒的男人念經；另於正月三十日，聚集治癒的婦女念經，並收取布施錢米。參與念經者，每人各帶米糧數升，以供衆人食用，其剩餘部分，則用作修橋鋪路的工資。其後，胡昌思因信衆所給銀錢米糧累積增加，於是又捐地募銀，在路旁建蓋茶房五間，向過路行人施茶。到了雍正年間，因官府嚴禁無爲教等教門的傳習與活動，胡昌思即將無爲教改名爲橋梁會。及至乾隆十二年（1747）六月，胡昌思身故，其妻胡關氏因貧困，無以爲居亦無以餬口，故移居茶房，並且沿其夫念經治病，聚衆做會，傳習橋梁會，來斂收銀錢，但胡關氏將所募化的銀錢，多用於施茶、修橋以及鋪路使用。[16]乾隆十七年（1752），官府查禁橋梁會，胡關氏等人被捕。[17]

表 3-1-9 山西平陽等地胡關氏傳習橋梁會要犯分佈表

姓名	籍貫	關係	職業
關綸民	山西平陽府臨汾縣人	關氏之父；胡昌思之岳父	治病
胡昌思	山西平陽府臨汾縣人	關綸民之女婿；關氏之夫	務農、治病

---

16 《軍機處檔・月摺包》，第 2740 箱，58 包，8180 號，山西巡撫阿思哈奏摺錄副，乾隆十七年四月初六日。

17 《宮中檔乾隆朝奏摺》，第 3 輯，臺北：國立故宮博物院，1982 年，頁 485。山西巡撫阿思哈奏摺，乾隆十七年七月二十八日。

關 氏（胡關氏）	山西平陽府臨汾縣人	關綸民之女；胡昌思之妻	治病
王存古		胡昌思之徒	
秦世祿		胡昌思之徒	
梁學雍	太平縣民	胡昌思之徒	

資料來源：阿思哈奏摺錄副，乾隆十七年四月初六日，收錄於《軍機處檔・月摺包》，第 2740 箱，58 包，8180 號、阿思哈奏摺，乾隆十七年七月二十八日，收錄於《宮中檔乾隆朝奏摺》v3.485

山西平陽等地胡關氏傳習橋梁會一事，參與的信眾不少，從檔案上來看，從開始傳教到查拏到案，歷隔三代，自康熙年間，關綸民即在鄉間為鄉民念經治病，平日以務農為業的胡昌思因身患癩瘡，因此找其治療，或在治療期間，關綸民對於良善的胡昌思感到滿意，因此將女兒嫁給胡昌思，等到關綸民過世後，胡昌思閱讀瀏覽關綸民留下的經書經卷，也開始幫鄉民治病，或許治病療效不錯，來尋求醫療的男婦不少，因此，透過醫療治病，胡昌思得到些許銀錢米糧，除了糊口外，意拿來做社會公益，做為修橋鋪路的工資。從檔案中看到，在米糧銀錢最多之時，甚至捐地在路旁建蓋茶房有五間之多，向過路行人施茶，在胡昌思的醫療傳教行為上，有部分的社會關懷在其中。在胡昌思過世後，其妻胡關氏貧窮無依，故開始依其父、夫的醫療傳教來收取銀錢糊口，胡關氏在醫療傳教，收取銀錢之餘，亦延續其夫的作法，將所募化的銀錢，多用於施茶、修橋以及鋪路使用。

收源教又稱源洞教，流傳於山西境內，乾隆年間查獲並逮捕教首段文琳等人。段文琳原籍猗氏縣，後移居安邑，其於永寧州被捕後即供出康熙年間，段文琳的嗣祖段思愛傳習收源教，在段思愛過世後，其繼子段而俊在墳園內建造佛堂

供奉圖像。雍正七年（1729），安邑現官府將其經像佛堂改
燬究辦。而段文琳就是段而俊之子，因家貧無度，憶及永寧
州人景福奇曾爲其嗣祖段思愛之徒，故段文琳即於乾隆十二
年（1747）赴永寧州拜景福奇爲師。景福奇將女兒配給段文
琳爲妻，在景福奇身故後，段文琳便將景福奇所遺經卷收存，
並於乾隆十三年（1748）與陽曲縣人張成復行傳教。[18]

表 3-1-10 山西太原段文琳傳習源洞教要犯分佈表

姓名	籍貫	關係	教中身份
段文琳	原籍猗氏縣，移居安邑	段思愛之嗣孫、段而俊之子、景福奇之徒暨女婿	教首
張　成	陽曲縣人	與段文琳一同復興源洞教	
段思愛		段文琳之嗣祖	
段而俊		段思愛之繼子、段文琳之父	
景福奇	永寧州人	段思愛之徒、段文琳之師暨岳父	

資料來源：山西巡撫覺羅巴延三奏摺錄副，乾隆四十三年十二月十一日，
　　　　　收錄於《軍機處檔・月摺包》，第 2764 箱，第 103 包，22056 號。

山西太原段文琳傳習源洞教一事，從檔案上看，是一個橫經
三代傳承的小教門復興事件，從康熙年間的段思愛開始傳
習，至其繼子段而俊時即被查獲，當時已至雍正年間，其後，
此教門暫歇一段時日，直到段而俊之子段文琳因生活貧困，
想起可以依靠傳教斂取銀錢，故轉而找上其嗣祖的徒弟景福
奇學習傳教，景福奇便將其女嫁與段文琳，直至景福琦父子過
世後，段文林才約同張成一起復興傳教。

---

18 《軍機處檔・月摺包》，第 2764 箱，第 103 包，22056 號。山西巡撫覺
羅巴延三奏摺錄副，乾隆四十三年十二月十一日。

第二節　乾隆朝中期的民間秘密宗教人物

　　乾隆二十一年至四十年（1756~1775），爲乾隆朝中期，此一時期的民間秘密宗教教案發生頻繁，案件層出不窮。以下將透過《大清高宗純皇帝實錄》、《史料旬刊》、《明清檔案》、《宮中檔乾隆朝奏摺》、《清廷查辦秘密社會案》以及臺北國立故宮博物院所藏的《上諭檔》、《山東口供檔》、《東案檔》、《東案口供檔》、《軍機處檔·月摺包》以及《宮中檔》等史料之中所載的民間秘密宗教案件，並於下表羅列出乾隆朝中期的民間秘密宗教活動及教案取締，藉由透過這些案件中，所附的供詞及其他資訊，對參與民間秘密宗教人物進行分析與討論。

表 3-2-1 乾隆朝中期民間秘密宗教案件一覽表

教門		案件時間	分佈位置	備註
羅祖教系統	羅祖教	乾隆二十二年八月	浙江平湖	表 3-2-2
		乾隆三十三年	浙江杭州	
		乾隆三十七年	江西寧都	
	無爲教	乾隆二十八年	浙江錢塘	
		乾隆三十五年	浙江等地	表 3-2-3
		乾隆四十年二月	浙江遂昌	表 3-2-4
	大乘教	乾隆二十九年	江蘇蘇州	
		乾隆三十三年	浙江杭州	
	大乘無爲教	乾隆三十四年	江蘇蘇州	
白蓮教系統	收緣會	乾隆二十二年	河南等地	
	榮華會	乾隆二十二年	河南洧川縣	表 3-2-5
	收元教	乾隆二十二年	河南等地	
		乾隆三十三年九月	河南等地	表 3-2-6
	收元榮華會	乾隆三十六年三月	河南等地	表 3-2-7

龍華會		乾隆二十五年八月	貴州仁懷	
		乾隆三十三年	甘肅文縣	
喫素教		乾隆三十七年	江蘇崇明	
天圓教		乾隆二十八年	浙江、江蘇等地	表 3-2-8
		乾隆三十四年	浙江湖州	
彌勒教		乾隆三十三年	貴州思南	
未來教		乾隆三十四年	湖北江陵	
未來真教		乾隆四十年	直隸清河	
黃天教		乾隆二十八年四月	直隸萬全衛	表 3-2-9
長生教		乾隆三十三年	江蘇蘇州、常州	
白陽教		乾隆三十六年	河南、安徽、直隸	
八卦教系統	八卦教	乾隆三十七年五月	山東單縣	
	收元教	乾隆三十七年六月	江蘇銅山	
		乾隆三十七年	山東單縣	
		乾隆三十七年	直隸容城	
		乾隆三十七年	江南等地	
太陽經教		乾隆三十八年	湖北應山	
清水教		乾隆三十九年	山東臨清	表 3-2-10
青陽教		乾隆四十年	河南鹿邑	
混元教		乾隆四十年	河南鹿邑	
混元紅陽教		乾隆四十年	奉天海城	
一炷香如意教		乾隆四十年	奉天承德	

　　資料來源：《大清高宗純皇帝實錄》、《史料旬刊》、《明清檔案》、
　　　　　　　《宮中檔乾隆朝奏摺》、《清廷查辦秘密社會案》以及臺北
　　　　　　　國立故宮博物院所藏的《軍機處檔‧月摺包》與《宮中檔》。

　　由上列簡表可見在乾隆朝中期，官府查出的民間秘密宗教在
地理位置分布上，有直隸、奉天、山東、河南、湖北、安徽、
浙江、江西、江蘇、貴州、甘肅等地，至於教門名目，共計
二十四種：羅祖教、無爲教、大乘教、大乘無爲教、收緣會、
收元教、榮華會、龍華會、收元榮華會、黃天教、天圓教、
彌勒教、長生教、未來教、未來真教、白陽教、青陽教、喫
素教、八卦教、太陽經教、清水教、混元教、混元紅陽教、

一炷香如意教。其中，羅祖教的傳播與活動，仍舊極為活躍。
乾隆二十二年（1757），浙江平湖縣破獲一起傳習羅教案。
浙江省嘉興府平湖縣人沈廣林傳習羅教，在每年正月二十
八、六月十九、八月十五等日，三次拜佛念經，有鍾四、王
敘隆曾在沈廣林家念經一次，因而學習，其於乾隆二十年
（1755）身故。乾隆二十二年正月內，鍾四傳與劉阿長、王
敘山，劉阿長遂為掌教。[19]

表 3-2-2 浙江平湖等地劉阿長傳習羅祖教要犯分佈表

姓名	籍貫	關係	教中身份
劉阿長		鍾四之徒	掌教（第三任）
鍾　四		劉阿長、王叙山之師父	掌教（第一任）
王叙山		鍾四之徒	掌教（第二任）
王敘隆			開堂指引
沈廣林	浙江省嘉興府平湖縣人		

資料來源：彰柱錄副奏摺，乾隆二十二年八月十六日、楊廷璋奏摺，乾
　　　　　隆二十二年八月二十四日，收錄於《清廷查辦秘密社會案》，
　　　　　v6.344~345、346。

浙江平湖等地劉阿長傳習羅祖教一案，算是乾隆朝所破獲的
傳習羅祖教案件中的一個小案件。劉阿長所傳習的羅祖教為
鍾四所傳授，開堂時是王敘隆同來指引，王敘隆在教中，尚
負責刷印經像圖畫等工作。鍾四原先掌教，而後傳與劉阿長、
王敘山，王叙山與劉阿長遂先後掌教。

---

19 劉子揚、張莉編，《清廷查辦秘密社會案》，第 6 冊，頁 344~345、346。
　彰柱錄副奏摺，乾隆二十二年八月十六日、楊廷璋奏摺，乾隆二十二年
　八月二十四日。

　　無為教是羅祖教系統下的一個教門。[20]在乾隆朝中期，江浙一帶皆有陸續破獲無為教案件，乾隆三十五年（1770），浙江餘杭縣拏獲阮學聖等人傳習無為教。浙江餘杭人阮學聖有兄弟三人，老大為阮學秀，老二即是阮學聖，老三為阮學元，以及老么阮學明，阮氏兄弟四人皆在鄉務農為生。至乾隆二十六年（1761）四月間，阮學元出外營生，在其外出的途中，遇到信奉無為教的教徒浙江錢塘縣人姚天榮。姚天榮即勸令阮學元與其一同持齋誦經，以求增福延年。阮學元允從後，便一同前往姚天榮家中焚香禮拜，信奉無為教，不開葷食，後即起程返鄉。同年七月間，姚天榮至浙江餘杭縣阮家探望阮學元，見阮家兄弟三人，又勸得阮學聖、阮學秀一起皈依無為教，阮學聖、阮學秀亦允從，姚天榮便將經卷給與阮家兄弟，並告知其每逢庚戌、庚申等日，必須各自在家拜念誦經，圖求免災祈福，以達到延年益壽。[21]

表 3-2-3 浙江等地姚天榮傳習無為教要犯分佈表

姓名	籍貫	關係	職業	備註
阮學秀	浙江餘杭人	阮學秀排行老大、阮學聖排行第二、阮學元排行第三、阮學明排行第四，四人為親兄弟	務農	
阮學聖	浙江餘杭人		務農	
阮學元	浙江餘杭人		原先務農，後出外營生	出外營生，途遇無為教信徒姚天榮，便同至姚天榮家內焚香禮拜
阮學明	浙江餘杭人		務農	
姚天榮	錢塘縣人			勸令阮學元持齋誦經，以求增福延年

20 莊吉發，《真空家鄉——清代民間秘密宗教史研究》，頁139。
21 《軍機處檔・月摺包》，第2771箱，73包，11632號，署理浙江巡撫熊學鵬奏摺錄副，乾隆三十五年二月二十日。

資料來源：署理浙江巡撫熊學鵬奏摺錄副，乾隆三十五年二月二十日，
　　　　　收錄於《軍機處檔・月摺包》，第 2771 箱，73 包，11632 號。

浙江等地阮學聖傳習無爲教一案，所拏獲的無爲教民分佈於
浙江武康、餘杭、山陰等縣。阮學聖四兄弟以務農爲生，生
活單純，阮學元出外營生後，因遇無爲教信徒姚天榮，便從
其持齋誦經，以求增福延年。可見在一般民眾心目中，生活
無虞之下，亦希望能累積福報與延年益壽的心理，即成爲民
間秘密宗教在做宣傳時的一個重要誘因要素。在底層民眾渴
求趨吉避凶的心理下，民間秘密宗教提供一個簡單可達到增
福延年的途徑，即是只需要改變飲食 —— 不開葷，以及在特
定日期念誦經文，這樣簡單又經濟的方式，故能吸引希圖免
災祈福的民眾參與。

　　乾隆四十年（1775）二月，浙江遂昌破獲一起傳習無爲
教案。江口人蔡立賢與魯聖先兩人自幼在遂昌、松陽等地傭
工度日。後來魯聖先因爲生病，因此在松陽巖寺充當廟祝，
兩人皆爲福建上杭縣人鄭統的徒弟，傳習無爲教。鄭統自稱
其所傳習的無爲教傳自福建已故的無爲教老教首張普天，張
普天即是張玉桂。鄭統後來從福建到浙江，後便落腳於浙江
遂昌一帶，開始收徒，傳習無爲教，他勸人持齋念佛，聲稱
可以祈福消災。因此有鄭劉綏、黃英章、魯聖先、蔡立賢等
人先後拜其爲師。[22]

22　劉子揚、張莉編，《清廷查辦秘密社會案》，第 16 冊，頁 3761~3764。
　　三寶錄附奏摺並附清單，乾隆四十年二月二十一日。

表 3-2-4 浙江等地鄭統傳習無爲教要犯分佈表

姓名	籍貫	關係	職業	備註
蔡立賢	江口人	鄭統之徒	傭工	自幼在遂昌、松陽傭工度日
魯聖先	江口人	鄭統之徒	傭工、廟祝	自幼在遂昌、松陽傭工度日。後因病在松陽巖寺充當廟祝
鄭　統	福建上杭縣人	張普天之徒；鄭劉綬、黃英章、魯聖先、蔡立賢之師父		自稱福建已故無爲教首張普天之徒，勸人持齋念佛，可以祈福消災。遂有鄭劉綬、黃英章、魯聖先、蔡立賢拜其爲師
鄭劉綬	遂昌縣人	鄭統之徒		
黃英章	遂昌縣人	鄭統之徒		
張普天（張玉桂）		鄭統之師父		已故。無爲教首

資料來源：三寶錄附奏摺並附清單，乾隆四十年二月二十一日，收錄於《清廷查辦秘密社會案》v16.3761~3764。

浙江遂昌鄭統傳習無爲教一案，所拏獲的無爲教民大多爲浙江遂昌本地人或來遂昌傭工的工作者。信徒多從事傭工一類等出勞力較辛苦，且不固定的工作。福建人鄭統，即以這群生活於社會底層的民眾希求祈福消災的心態，拉引鄭劉綬、黃英章、魯聖先、蔡立賢等人入教。

　　白蓮教在乾隆朝的活動依舊相當活躍，爲躲避官府查拏，多改以其他名稱，或稱收緣會，或名榮華會，又稱龍華會，又作收元教等，名目眾多。乾隆五年（1740）直隸沙河縣人胡二引進倡立收緣會，胡二引進即胡張氏，爲胡大之妻。乾隆二十二年（1757）河南洧川查獲張仁、王五鈞等人傳習榮華會案件，供出胡張氏，胡張氏被拏後供稱：

乾隆元年正月內，同小的父親張寅、母親李氏上京，往黃村皇姑寺裡進香，見了寺內尼僧藍三，他將小的三人留在廟內住了一個多月，小的三人就吃了長齋。藍三還交了小的些經懺……就搬往各鄉村住，指稱這咒語給那鄉愚人治病，也有治好了的。住了幾年，同小的的父母親回順德府家去了……至乾隆四年，小的的父親張寅向潞安府田梁村挑鐵鍋販賣，小的父親向我說，田梁村有個有道的田老人家，你又行好吃齋，我同你一同往田老人家處，學習他的功夫。小的依允。於乾隆五年七月內，同小的父親到潞安府田梁村，見了田老人家，教小的坐功，因此回家才起了這個收緣會，四季往他那裡送些銀錢。於乾隆十一年田老人家死後，小的沒了師父，四季的會無處歸著。小的的外公李姓家在潞安府青崗村，有個鄰舍周三，也是田老人的徒弟，自幼吃齋，說話最妙，小的想像必是田老人家的魂人在周三的身上，小的就將四季湊的錢送給周三。後來小的父親死了，小的男人胡大把小的送上京來，就在西直門外螺螄坑地方朱魁的房子裡居住，語人治病消災，陸續收了些徒弟，又將這張文建認作義子，改名胡文保。指會攢些銀錢，謊稱送往山西供養活佛。後來周三又死了，原是怕會裡的人散，又謊說他的靈光入了小的義子張文建即胡文保身上，原是誆哄眾人。[23]

<hr />

23 劉子揚、張莉編，《清廷查辦秘密社會案》，第 6 冊，頁 200~203。胡寶瑛錄附奏摺並附供單，乾隆二十二年十一月二十四日。

乾隆五年（1740），胡二引進拜山西潞府田老人爲師，田老人過世後，即捏稱田老人轉魂入其徒周三身上。在周三故後，又稱周三靈光附入其義子胡文保身上。此外，教中傳有黑紙合同五百張，張仁被捕後，合同交給胡張氏收受。合同上書寫「十門有道一口傳，十人共士一子丹，十口合同西江月，開弓射箭到長安」。[24]山西周姓爲活佛，即爲周隆庭，李姓爲李老君，即是李老人，本名李彥穩，其二人與胡二引進皆曾跟隨無爲教的張進斗吃齋唸經。[25]

表 3-2-5 河南洧川張仁傳習榮華會要犯分佈表

姓名	籍貫	年齡	關係	職業/身份
藍　三			胡二引進之師父	黃村皇姑寺尼僧
田老人	山西潞安人		胡二引進之師父	
張　寅			胡二引進之父	四處做買賣
趙子信				廟裡教學
王五鈞	許州人	46 歲	張仁之徒弟	
張　仁			李老人之徒、王五鈞之師父	
李老人（李彥穩）		71 歲	張進斗之徒弟	
周隆庭			張進斗之徒弟	
胡二引進（胡張氏）	直隸順德府沙河縣人	49 歲	張進斗之徒弟、胡大之妻、胡文保之義母	念咒治病
胡　大			胡二引進之夫	

---

24 《宮中檔乾隆朝奏摺》，第 72 輯，臺北：國立故宮博物院，1988 年，頁 867。湖廣總督畢沅奏摺，乾隆五十四年七月十三日；劉子揚、張莉編，《清廷查辦秘密社會案》，第 6 冊，頁 200~233、249~250、252~255。胡寶瑛錄副奏摺並附供單，乾隆二十二年十一月二十四日、劉統勳等錄副奏摺並附供單，乾隆二十二年十二月十五日、胡寶瑛錄副奏摺並附供，乾隆二十二年十二月十七日。

25 無爲教張進斗案發於雍正五年（1727），參見本書頁 83~86。

胡文保 （張文建）	山西太原府 愉次縣人	26歲	胡二引進之義子	做買賣、傭工
劉宏基	宛平縣人	52歲	胡二引進之徒	
張玉先	昌平州人		胡二引進之徒	
張士洪	昌平州人	49歲	胡二引進之徒	
韓士英	昌平州人	50歲	胡二引進之徒	持受茶葉治病
龔天保	昌平州人	41歲	胡二引進之徒	
劉　三	昌平州人	52歲	胡二引進之徒	
徐天德	昌平州人	32歲	胡二引進之徒	
李宗豹	順義縣人	39歲	胡二引進之徒	
諸　亮	宛平縣人	47歲	胡二引進之徒	白衣庵尼僧
韓宗貴		49歲	胡二引進之徒	鑲紅旗包衣壯丁
徐自明		70歲	胡二引進之徒	正白旗包衣打牲戶
胡杜氏	宛平縣人	56歲	胡二引進之徒	
趙國太	宛平縣人	54歲	胡二引進之徒	在房山縣地方煤窯 上傭工
鄭國治	宛平縣人	39歲	胡二引進之徒	做買賣
李存智	鄌城縣人	53歲	張仁徒弟，後拜王 五鈞為師	
閣　玉	洧川縣人	34歲	張仁之表親	
柳興林	洧川縣人	27歲	張仁開店時，為其 做夥計	夥計

資料來源：胡寶瑛錄副奏摺並附供單，乾隆二十二年十一月二十四日、
　　　　　劉統勳等錄副奏摺並附供單，乾隆二十二年十二月十五日、
　　　　　胡寶瑛錄副奏摺並附供，乾隆二十二年十二月十七日，收錄
　　　　　於《清廷查辦秘密社會案》v6.200~233、249~250、252~255。

河南洧川張仁傳習榮華會一事，入教者眾，在籍貫分佈上有
山西潞安府田梁村人、山西太原府愉次縣人、直隸順德府沙
河縣人、許州人、昌平州人、順義縣人、宛平縣人、鄌城縣
人、洧川縣人；參與人士之間的關係多為親戚朋友；在職業
及身份類別上有鑲紅旗包衣壯丁、正白旗包衣打牲戶、白衣
庵尼僧、黃村皇姑寺尼僧、為人治病者或為茶葉治病、或為

念咒治病、廟裡教學、四處做買賣、傭工以夥計等；從其教內職業分佈來看，信徒的部分多以從商或從事為人傭工、夥計為生，而教內主要傳教人物多具有僧尼或行醫治病等身份或能力。

在教內人物結構上，有張進斗的徒弟，七十一歲的李老人，即是李彥穩，傳徒張仁，張仁又收四十六歲的許州人王五鈞為徒，而胡二引進即胡張氏亦為張進斗的徒弟，此外，還先後拜黃村皇姑寺尼僧藍三以及山西潞安府田梁村人田老人為師，昌平州人韓士英，年五十歲，為胡二引進的徒弟，學會四句持受茶葉的佛歌，於是便在家依法給人傳教治病。胡二引進為此案中的重要人物，傳徒習教，以入教將會有各種好處為由，吸引民眾參與入教，昌平州人徐天德，年三十二歲，在韓士英家遇見胡二引進，教念無字真經，說有好處，就入了會，每季給錢一百文、順義縣人李宗豹年三十九歲，胡二引進教其念無字真經，說日後能消災去病，就入了會，後來胡二引進又給了針線栓錢二個、黑紙合同六張說：古來是三佛掌世，過去是老君佛，現在是釋迦佛，未來是彌勒佛，會裡人領了合同，等未來佛掌教時，執著這合同好去赴龍華會，有好處的，每張合同要價一兩銀、鑲紅旗包衣壯丁韓宗貴，年四十九歲與正白旗包衣打牲戶徐自明，年七十歲，皆拜胡二引進為師，學無字真經四字，說能去病消災，將來大有好處，每年四季，給香錢二三十文不等，亦有鄆城縣人李存智，年五十三歲，為張仁的徒弟，後拜王五鈞為師，聽張仁說過年七日七夜天昏地黑，那時給一丸藥，壓在舌底下，就避災了。

　　除此之外，有另一批信徒參與入教的原因爲治病痊癒，宛平縣人劉宏基，年五十二歲，因身體多病，聽說胡二引進會治病念咒，便請求醫治，病好了後就認做師父，每年四季繳交香錢，據其供稱每季約有一二百人攢湊銀錢、昌平州人張玉先，因父親身體多病痛，請胡二引進醫治，痊癒後便入收緣會，每月給香錢五六十文不等、昌平州人龔天保，年四十一歲，以及昌平州人劉三，年五十二歲，兩人皆因求胡二引進給母親治病，治療好後就入收緣會，學念無字真經四句，說後來會有好處，每季給香錢四十文至六十文不等，其後又給黑紙合同，說領了可消災去病，每張要銀一兩，日後可增萬兩，將來赴龍華會對查號數，大有好處，此外，又給了綠線穿針錢一個說這是金針引玉線，供著可避瘟疫、宛平縣人胡杜氏，年五十六歲，因患眼疾，請胡二引進醫治好後便入收緣會，學念無字真經，以及白衣庵尼僧諸亮，年四十七歲，自幼出家，因多病醫治不好，請胡二引進醫治好了後即入收緣會。

　　此外，宛平縣人趙國太，年五十四歲，平日在房山縣地方煤窯上傭工，胡二引進教其吃齋，默念無字真經，念了幾日後沒見甚麼好處，就開了齋，不隨收緣會、宛平縣人鄭國治，年三十九歲，平日買賣爲業，因父親胃氣疼，求胡二引進醫治，痊癒後就入收緣會，每季給香錢一百文，學念無字真經，說後來有好處，念了幾日，不見有甚麼好處，又因做買賣不得閒，就沒念了。此二人亦反映出底層民眾對於民間秘密宗教的心態，靈驗則信的現實心理。另外，昌平州人張士洪，年四十九歲，先前曾與其兄張士乾同入法船會時被獲，

被打了二十板子、其兄張士乾枷號，案件完結後，就不吃齋了，但不久後，又入了胡二引進的收緣會，學念無字真經，此亦為參與民間秘密宗教的底層民眾的另一項特點，似乎為了來生來世的好處，能夠忍受今世的刑罰。

乾隆二十二年（1757），河南破獲榮華會惑眾騙錢一案，拏獲王五鈞、張仁以及胡二引進等教犯。張仁之徒王五鈞曾收孫士謙等人為徒，而後孫士謙轉收許州人徐國泰為徒。在前案中張仁、王五鈞等人被正法，孫士謙的弟弟孫士信與徐國泰等人均漏網未獲。次年，孫士信即自號真人，並與任洪鈞等惑眾騙錢，隨即被官府查拏，孫士謙、孫士信被捕枷號遊示，在路途中，孫士謙將所抄書本交給徐國泰收藏，在孫士謙與孫士信行至泌陽縣地方時，先後病故。時至乾隆二十八年（1763），徐國泰與徐珮商謀復興舊教，為躲避官府查拏，徐國泰將榮華會改名為收元教，並捏稱張仁、王五鈞、孫士謙、孫士信等人皆已轉世在京師，其書中之言悉皆應驗，誘哄鄉愚入教，並於三月二十五日設立神像燒香傳教。凡入教者，先令叩頭設誓，再傳與十字經、四句歌、八字真言念誦，聲稱可求福消災。凡入教之人各給徐國泰錢百十文至一千餘文不等。徐國泰又因賣畫進京，買回菸袋、荷包等物分給教內，捏稱進京探看轉世之張仁，傳言帶給，各令誠心奉教，藉此多騙錢文。到了乾隆三十二年（1767），徐國泰聞知官兵出征緬甸，雲南有用兵之事，又見《推背圖》中有「鼠尾牛頭」字句，於是便編造歌詞傳唱，歌詞中有「戊子己丑天下亂」，藉以勸人入教。地方官府訪得徐國泰等人形跡可疑，並在其家起獲抄書三本、抄單一紙，隨即將其捕拏在案，

計前後入教人犯共八十六名。[26]

表 3-2-6 河南等地徐國泰傳習收元教要犯分佈表

姓名	籍貫	關係	職業	備註
王五鈞		孫士謙之師父		
孫士謙		王五鈞之徒、孫士信之兄		
孫士信		孫士謙之弟		自號眞人，惑眾騙錢
任洪鈞				
徐　珮				
徐國泰	許州人	孫士謙之徒、李從呼之表哥	賣畫	商謀復興舊教，將榮華會改名收元教，捏稱張仁、王五鈞等已轉世
李從呼	棗陽縣人	徐國泰之表弟、孫貴遠之師父		
葉正遠	鍾祥縣人			原爲羅祖教信徒，後皈依收元教
孫貴遠	居於襄陽與棗陽二縣交界地方	李從呼之徒	石匠	李從呼告知信奉收元教，吃齋念經，可以消災免禍。孫貴遠即給錢百文，拜李從呼爲師，皈依收元教

資料來源：阿思哈硃批奏摺，乾隆三十三年九月十七日、阿思哈硃批奏摺，乾隆三十三年十月十三日，收錄於《清廷查辦秘密社會案》v6.259~260、262~266。

河南等地徐國泰傳習收元教一事，參與人數共計八十六人，在籍貫分佈上有棗陽縣人、鍾祥縣人、襄陽縣人，其之間的連繫多有親屬關係或地緣關係；在教內人物結構上，有孫士信、任洪鈞以及徐珮三人，皆自號眞人，希圖惑眾騙錢，許

---

26 劉子揚、張莉編，《清廷查辦秘密社會案》，第 6 冊，頁 259~260、262~266。阿思哈硃批奏摺，乾隆三十三年九月十七日、阿思哈硃批奏摺，乾隆三十三年十月十三日。

州人徐國泰爲孫士謙之徒，平日賣畫爲生，爲此案重要人物，其商謀復興舊教，將榮華會改名收元教，捏稱張仁、王五鈞等已轉世在京城，相信的民眾相當多，甚至原爲羅祖教信徒的葉正遠，亦皈依收元教。

　　乾隆三十年（1765）二月，河南泌陽縣人李文振拜徐國泰爲師，皈依收元教。李文振素無家業，向來傭工度日，與表甥張成功同住，因其素不識字，故徐國泰口傳以「南無天元太保阿彌陀佛」十字經咒，令其回家持誦，李文振即勸張成功及母張氏同念。乾隆三十四年（1769）冬，李文振因家貧難度，故起意邀張成功一同復興舊教，騙錢分用，張成功允從後即向村鄰王天基、梅正行等宣稱燒香入教，可免災病，並稱自己入教免一身之災，轉勸數人，即免一家之災。又立根基錢名色，聲稱代修善事，積下根基，今生出一，來世得百。李文振隨即將舊日榮華會收元教合名收元榮華會，於乾隆三十五年（1770）三月十五日正式開教，張成功母子等俱拜李文振爲師。同年七月間，有原籍安徽壽州霍邱縣，寄居六安州杭石沖陽在成即歐相成，向村鄰言及其兄陽在天在河南省桐柏縣與泌陽縣的草廟溝爲李文振家種地，並拜李文振爲師入教，草廟溝地方有萬佛樓，前往燒香禮佛，可以免災祈福。次年正月，陽在成即率領同村周至均等前往萬佛樓。教首李文振令眾人誦念十字眞經，周至均等各出錢入教。同年二月，陽在天到安徽壽州卓分家，宣稱今年本地人口多災，並告知李文振家供有靈感觀音，每人寄錢二百文做醮，在家朔望吃齋，朝夕念誦十字眞經，便可消災獲福。卓分聽信，即送錢一千二百文，拜陽在天爲師。同年三月間，李文振、

張成功等十三人被捕，梅正行等十二人自行投首。收元榮華會的信眾分佈安徽六安州、霍邱縣等地。[27]

表 3-2-7 河南等地李文振傳習收元榮華會要犯分佈表

姓名	籍貫	關係	職業/身份
徐國泰		李文振之師父	收元榮華會教首
李文振	河南泌陽縣人	徐國泰之徒	
張成功	河南泌陽縣人	李文振之表甥	
張　氏	河南泌陽縣人	李文振之母	
王天基	河南泌陽縣人	張成功之村鄰、李文振之徒	
梅正行	河南泌陽縣人	張成功之村鄰、李文振之徒	
陽在天	安徽霍邱縣人	陽在成之兄、卓分之親戚兼師父、李文振之徒	種地
陽在成（歐相成）	原籍安徽壽州，寄居六安州杭石沖	陽在天之弟	
卓　分	安徽壽州霍邱縣人	陽在天之親戚兼徒弟	
陶金玉		陽在天之表姪	
周至均	安徽六安州杭石沖人		

資料來源：何煟奏摺錄副，乾隆三十六年正月二十日、乾隆三十六年三月初十日、乾隆三十六年七月初二日、乾隆三十六年七月十五日，收錄於《軍機處檔·月摺包》第 2765 箱，87 包，16127 號、第 2765 箱，88 包，16335 號、第 2771 箱，84 包，14521 號、第 2771 箱，84 包，14467 號。

河南等地李文振傳習收元榮華會一事，參與人物在籍貫分佈上多集中於河南以及安徽兩省分，其中有泌陽縣人、霍邱縣

27 《軍機處檔·月摺包》，第 2765 箱，87 包，16127 號，河南巡撫何煟奏摺錄副，乾隆三十六年正月二十日；同檔，第 2765 箱，88 包，16335 號，河南巡撫何煟奏摺錄副，乾隆三十六年三月初十日；同檔，第 2771 箱，84 包，14521 號，河南巡撫何煟奏摺錄副，乾隆三十六年七月初二日；同檔，第 2771 箱，84 包，14467 號，河南巡撫何煟奏摺錄副，乾隆三十六年七月十五日。

人、杭石沖人等地方參與人最多，這些參與民間秘密宗教的人士之間的連繫多具有親戚關係或鄰居關係；在其教內參與的人物結構上，有河南泌陽縣人李文振為此案重要的核心人物，其拜徐國泰為師，皈依收元教。在此之後，李文振即因家貧難度，故起意邀張成功一同復興舊教，以斂取銀錢，騙錢分用，因此，便以入教可免災病等語進行宣傳，而為了快速且拉引更多民眾入教參與，便宣稱一人入教，即可免一身的災難，如果轉勸數人入教，就可以免一家的災禍。除此之外，又以底層百姓對來生渴求的心理，立根基錢等名目，聲稱代修善事，今生出一，來世得百，吸引底層百姓參與入教。

順治年間，浙江蘭谿縣人舒思硯即是舒敬文，遷居至杭州府城居住，自稱彌勒下凡，為天圓教主，生有四子，長子舒孔傳，次子舒禹傳，三子早夭，四子舒機暢。長子舒孔傳生子舒德玉，居浙江臨平鎮；次子舒禹傳生子舒敬，住居杭州府城太平門，舒敬在杭州生長、進學，考取杭州府學武生；四子舒機暢生子舒宏緒，返回蘭谿縣居住。舒思硯在杭州茱市橋開立始初堂，倡立天圓教，並招收湖州府長興縣人俞松恩、黃天亮、顏靈心、張揚雲四人為徒，分為「中和聖善」四支，俞松恩、顏靈心、張揚雲等三人在浙江傳教；黃天亮一支，流入江蘇境內，在蘇州、松江一帶傳習天圓教。康熙三十九年（1700）時，舒思硯被人首告倡立「邪教」，逃匿未獲。雍正四年（1726），舒禹傳身故，其子舒敬年方十五歲，便由黃天亮之徒陳子陵接往松江府家中。教中收徒斂錢傳教，如有皈依天圓教之人，即填給「萬化斗章」圖記票紙為憑據，每張取銀錢。陳子陵過世後，由其子陳旦觀及其徒

姚盛愚等人相繼接教傳徒。陳旦觀、姚盛愚先後身故後，便由姚盛愚的徒弟楊維中承接開教，仍以松江府爲中心傳習天圓教。楊維中假托祖師之名，因其與舒敬往來密切，故以舒敬爲收圓教始祖嫡孫，藉此名目來招攬善男信女入教。金山衛生員徐筠以及南匯縣生員徐周柄等人皆隨同楊維中傳習天圓教。每年正月、八月在姚家菴聚會誦經，教中藉填發票紙來斂取銀錢；另外，松江府人徐耀輝因與楊維中爲同教異派，故而另行開設佛堂收徒傳教；徐耀輝的表妹王康氏亦另撰有《庚辰調和帖》數種，並詆毀楊維中等人奉教不力，又編造陰牒，填寫經文中語句誘人領買。徐耀輝、王康氏遂與楊維中在松江各立門戶，各自傳教。顏靈心的徒弟沈光辰在蘇州境內傳習天圓教，遞傳至楊忝一，自稱靈陽正宗，並刻有圖記。其後，轉傳翁仁榮、莊松年等人。乾隆二年（1737），舒孔傳身故，至乾隆十五年（1750），舒德玉的妻子舒徐氏患有瘋病。乾隆二十二年（1757），舒敬自松江府返回杭州時，因路過舒德玉家附近，便探望其嫂舒徐氏病情，告知祖上留有經卷《天圓經懺》讀誦可延年益壽。乾隆二十八年（1763）五月，官府取締天圓教，拏獲徐筠、楊維中等人。[28]

---

28 《宮中檔乾隆朝奏摺》，第 18 輯，臺北：國立故宮博物院，1983 年，頁311。浙江學政錢維城奏摺，乾隆二十八年六月二十七日；同書，頁 543。廷寄，乾隆二十八年七月初四日；同書，頁 616。兩江總督尹繼善等奏摺，乾隆二十八年八月初六日；同書，頁 648。浙江學政錢維城奏摺，乾隆二十八年八月初八日；《軍機處檔・月摺包》，第 2771 箱，72 包，11144 號。浙江巡撫覺羅永德奏摺錄副，乾隆三十四年十二月初一日。

表 3-2-8 江蘇松江舒敬等人傳習天圓教要犯分佈表

姓名	籍貫	關係	職業/身份
舒思硯（舒敬文）	浙江蘭豁縣人，遷居杭州府城	俞松恩、黃天亮、顏靈心之師父；舒孔傳、舒禹傳、舒機暢之父	
俞松恩	湖州府長興縣人	舒思硯之徒	
黃天亮（黃添亮）	湖州府長興縣人	舒思硯之徒	
陳子陵	江蘇松江府人	黃天亮之徒	
陳旦觀	江蘇松江府人	陳子陵之子	
姚盛愚	松江府人	陳子陵之徒	
楊維中	松江府人	姚盛愚之徒	
徐　筠	金山衛人	楊維中之徒	金山衛生員
徐周柄	南匯縣人	楊維中之徒	南匯縣生員
徐耀輝	松江府人	王康氏之表哥	
王康氏	松江府人	徐耀輝之表妹	
顏靈心	湖州府長興縣人	舒思硯之徒	
沈光辰		顏靈心之徒	
楊忝一		沈光辰之徒	
翁仁榮		沈光辰之徒	
莊松年		沈光辰之徒	
張揚雲	湖州府長興縣人	舒思硯之徒	在浙江傳教
舒孔傳（舒學佳）	住居浙江臨平鎮	舒思硯之長子、舒德玉之父	
舒德玉	住居浙江臨平鎮	舒孔傳之子	
徐　氏		舒德玉之妻	患有瘋病
舒禹傳（舒與參、舒泰）	住居杭州府城太平門	舒思硯之次子、舒敬之父	
舒　敬（舒天英）	住居杭州府城太平門	舒禹傳之子	杭州府學武生
舒機暢	返回蘭谿縣居住	舒思硯之四子、舒宏緒之父	
舒宏緒	返回蘭谿縣居住	舒機暢之子	

資料來源：錢維城奏摺，乾隆二十八年六月二十七日、廷寄，乾隆二十八年七月初四日、尹繼善等奏摺，乾隆二十八年八月初六日、錢維城奏摺，乾隆二十八年八月初八日，收錄於《宮中檔乾隆朝奏摺》，v18.311、543、616、648；覺羅永德奏摺錄副，乾隆三十四年十二月初一日，收錄於《軍機處檔·月摺包》，第 2771 箱，72 包，11144 號。

江蘇松江舒敬等人傳習天圓教一事，參與人士在地理分佈上集中於浙江、江蘇兩省分，其中多爲蘭谿縣人、長興縣人、金山衛人、南匯縣人等；在職業及身份類別上尚有金山衛生員、南匯縣生員以及杭州府學武生參與其中；在教內人物結構上，天圓教創教教主舒思硯以俞松恩、黃天亮、顏靈心、張揚雲等四個門徒爲四支傳教主體，在傳教上門徒亦會拉攏舒思硯家族的後代，以提高傳教的正統性，彼此間，雖爲同教，在傳教上亦會產生矛盾的現象。

　　黃天道在乾隆年間的地方社會上，仍然相當流行，自清初以來，官府即不斷對其嚴加取締，乾隆二十八年（1763），拆燬碧天寺及普明墳塔，對於黃天道的傳習活動打擊相當嚴重。乾隆二十七年（1762）冬，口北道員玉神保因公至直隸省城，直隸總督方觀承即面囑玉神保查明信眾祭拜李賓墳塔情形，其後，方觀承又由張家口親自前往查勘，查明廟塔在膳房堡迤西二里許碧天寺內，爲一座十三層的石塔，高三丈六尺，周十二步，即爲李賓夫婦的墳墓，稱爲明光塔，因李賓號普明，其妻王氏號普光，取普明的「明」及普光的「光」而得名。普明和普光都被教內信眾尊爲佛祖。廟中住持李繼印，即是李繼應，不僧不道，住屋三間，亦於屋內圈砌成洞。方觀承查看經卷刻本及抄本，疑其另有藏匿，將李繼印所居圈洞夾牆刨毀，其空隙處果有經卷符篆字蹟木戳藏匿在內。[29]乾隆二十八年（1763）四月初六日，方觀承、兆惠等人從宣化起程前往萬全縣碧天寺，凡遇有碑碣字蹟，即行詳細閱看，

29　《宮中檔乾隆朝奏摺》，第17輯，頁288。直隸總督方觀承奏摺，乾隆二十八年三月二十七日。

見到普明塔前碑記上有「康熙四十一年元孫李蔚立石」等字
樣，李蔚為是歲貢生，普明胞兄李宸四世孫，曾充教首，死
後被尊為普慧佛。兆惠飭令將明光塔連夜拆毀，塔下並無普
明夫婦棺屍，隨即將彌勒殿中間深掘入土一丈六尺有餘，終
於鍬獲屍骨，將二屍骸骨拋棄郡城外，即於車道寸礫揚灰，
並將碧天寺屋宇拆為平地。[30]

表 3-2-9 直隸萬全衛李繼印傳習黃天教要犯分佈表

姓名	籍貫	年齡	職業	關係/緣由
曹生泰	山西介休縣張蘭鎮人	64歲	道士	家中排行第二，乾隆五年（1740）到華山廟出家，把老婆王氏也休了
曹生體	山西介休縣張蘭鎮人		開煙鋪	為曹生泰大哥，在直隸冀州開煙鋪
曹生瑞	山西介休縣張蘭鎮人		傭工	為曹生泰四弟，出門傭工去了
曹生賜	山西介休縣張蘭鎮人			為曹生泰三弟
李繼印（李繼應）	懷安縣高崖人	60歲	道士、住持	乾隆二年（1737）在華山廟出家，現為碧天寺住持
李懷雨	山西榆次縣人			已故。曾為碧天寺住持
王玉成			和尚、住持	已故。曾為碧天寺住持
蔚天海	山西天鎮縣人	34歲	種地做工	乾隆二十七年（1762）七月裡到碧天寺種地做工，拜李繼印為師
王進賢	昌平州孟祖村人	57歲		祖上都奉黃天道教，吃齋
杜孔智	懷安縣柴溝堡人	39歲	做工	拜李繼印為師
劉士連	懷安縣柴溝堡人	61歲		父親為黃天到教首，吃齋

---

30 《宮中檔乾隆朝奏摺》，第17輯，頁423。直隸總督方觀承奏摺，乾隆
二十八年四月十二日。劉子揚、張莉編，《清廷查辦秘密社會案》，第
6冊，頁292、306~316、319~324。明德錄副奏摺，乾隆二十八年四月初
五日、兆惠等錄副奏摺並附供單，乾隆二十八年四月十二日、方觀承奏
摺附供單，乾隆二十八年。

劉萬德				黃天道會首,已故。劉士連之父
李遐年	萬全縣膳房堡人	44歲		李賓第八代孫
李奉吉	萬全縣膳房堡人	31歲		普明九代侄孫
李文忠	萬全縣人	47歲		祖上原是黃天道首,自幼吃齋,接著當會首,一年四時八節,在碧天寺做會
施一貫	昌平州孟祖村人	49歲		從前曾吃過齋,跟王進賢燒香磕頭,但不會念經
朱榮全	昌平州人			從前隨王進賢的父親拜佛,並不念經
崔義	昌平州人			原同王進賢燒香拜佛吃齋,並不會念經
崔登官	昌平州人			崔義的兒子,跟著父親吃齋,不會念經
劉宗相	昌平州人		打法器	與王進賢同村,王進賢教打法器,凡有人請他幫道場,即會去幫
劉宗文	昌平州人		打法器	與王進賢同村,王進賢教打法器,凡有人請他幫道場,即會去幫
李福德	山西天鎮人		種地	原跟李遐年吃過齋

資料來源:明德錄副奏摺,乾隆二十八年四月初五日、兆惠等錄副奏摺並附供單,乾隆二十八年四月十二日、方觀承奏摺附供單,乾隆二十八年,收錄於《清廷查辦秘密社會案》,v6.292、306~316、319~324。

直隸萬全衛李繼印傳習黃天教一事,參與人士在籍貫分佈上,大多為直隸、山西二省,且多集中於介休縣、懷安縣、天鎮縣、榆次縣、萬全縣等縣;參與人士多為世代皆供奉黃天道教者,代代相傳吃齋信教;在職業及身份類別上有道士、住持、黃天道會首、打法器、與人傭工、種地、開煙鋪等;從其教內地位來看,信徒的部分多以從商或從事為人傭工、種地等行業為生,而教內主要傳教人物多具有道士、住持等

身份，且黃天道會首多爲代代相傳。在教內人物結構上，有萬全縣膳房堡人李遐年，年四十四歲，爲李賓第八代孫，以及萬全縣膳房堡人李奉吉，年三十一歲，爲李賓第九代侄孫，另外，此案中重要人物懷安縣高崖人李繼印，即李繼應，年六十歲，於乾隆二年（1737）在華山廟出家，拜山西榆次縣人李懷雨爲師，乾隆七年（1742），同李懷雨到碧天寺，那時的住持爲王玉成和尙，王玉成病故後，李懷雨管事，乾隆十七年（1752）李懷雨身故，便接著管事。自從乾隆八年（1743）山西犯案，[31]官府查得緊，就不敢做會了。

　　此外，另有山西介休縣張蘭鎭人曹生泰，年六十四歲，家中排行第二，於乾隆五年（1740）把妻子王氏休了，到華山廟出家，同年到過碧天寺，與李懷雨認識，因會寫字，故李懷雨拿出普明存放道已破爛的經卷請曹生泰重新抄寫，後於乾隆二十八年（1763）四月初一二間，在大同地方聽人說地方官府爲碧天寺抄經的事要拿僧道，辦得甚緊。於是便想經卷原是其所抄寫的，何苦連累他人，良心上過不去，就從大同起身，要到懷安出首，至十二日走到天鎭、懷安交界永嘉堡地方，被補役盤問，因即告訴是山西人姓曹，即被拿獲。

　　傳習黃天道教的會首多半爲世代相傳，已故的懷安縣柴溝堡人劉萬德，原是黃天道的會首，身故後其子劉士連，年六十一歲，仍舊繼續吃齋、萬全縣人李文忠，年四十七歲，其祖上原是黃天道的會首，自幼吃齋，接續當會首，一年四時八節，都在碧天寺做會，但因乾隆八年（1743）山西犯案

31　參見本書頁 159~160。

後，就不敢做會，會裡的人亦散去久矣。而信奉黃天道教的
信徒多辦吃齋但不會念經，山西天鎮縣人蔚天海，年三十四
歲，種地做工營生，於乾隆二十七年（1762）七月裡，到碧
天寺種地做工，九月時李繼印叫其拜師，工錢仍按月給發；
懷安縣柴溝堡人杜孔智，年三十九歲，做工度日，乾隆二十
二年（1757）在碧天寺往來，認識李繼印，乾隆二十七年在
寺裡做了幾日工，拜李繼印為師。因會寫字，謄寫過三本經
卷；昌平州孟祖村人施一貫，年四十九歲，從前原吃齋，但
不會念經，昌平州人朱榮全，以及崔義、崔登官父子皆隨著
拜佛，但並不念經。

　　乾隆年間，民間秘密宗教將底層群眾組織起來，欲與清
朝官府對抗的事件中，以兩起案件為大：一起為前述之老官
齋教一案；[32]一起則為山東王倫率領清水教教眾起事一案，
而清水教王倫的反抗事件，在規模上較老官齋更甚。文人俞
蛟與王倫同時代，曾目睹王倫起事，著有《臨清寇略》等書
記載：

> 先是五月間，四鄉忽起訛言，清水教主招聚訓練，擇
> 八月二十八日起事矣。或問起事云何？曰：殺官劫庫
> 藏。察之，每村果有賊目數人，教習鎗棒，聲言飲水
> 一甌，可四十九日不食，因名其教為清水云。時未知
> 渠魁為王倫也。[33]

從文人俞蛟所著的《臨清寇略》記載中，得知當時清水教教

32　參見本書頁 168~172。
33　俞蛟，《臨清寇略》，收錄於《筆記小說大觀》，第十編，臺北：新興
　　書局，1975 年，頁 65。

內相傳，天下將有四十五天的劫數將會來臨，要躲過此劫，
就必須入教，學習運氣不吃飯，方能避過劫數，除此之外，
尚須飲水一甌，即可四十九天不吃飯，以避過四十五天的劫
數，因爲飲用清水，所以叫做清水教。

表 3-2-10 山東等地王倫傳習清水教要犯分佈表

姓名	籍貫	關係	職業	備註
王　倫	山東壽張縣黨家店人	王眞、王樸、王淑之兄；張既成之徒；王經隆、閆吉祥、李桐、李玉珍、趙煥、艾得見、邵然、趙大坊、李世傑、丁若金、趙玉佩、溫炳、李贊一、李得申、徐足、張百祿、趙傳、景淑之義父	治病傳教	清水教教主。傳授咒語邪術及坐功運氣，聚眾起事
王　眞	山東壽張縣黨家店人	王倫兄弟，排行第二		
王　樸	山東壽張縣黨家店人	王倫兄弟，排行第三	教武藝	
王　淑	山東壽張縣黨家店人	王倫兄弟，排行第四		
張既成	陽穀縣黃塚人	王倫之師父	木匠	時常爲王倫修蓋房屋
袁公溥	東阿縣馬山頭人	張既成之師父	平日行醫	會推拿術，常出外與人治病
閆逢源		王倫之徒		
梵　偉（梵和尚）	壽張縣人	王倫之徒	和尚、會過陰	從幼出家，在南台顯慶寺出家
張九錫	山西壺關縣人	王倫之徒		
王經隆		王倫之義子		
閆吉祥		王倫之義子		
李　桐	壽張縣賈家莊人	王倫之義子		

李玉珍		王倫之義子		
趙　煥		王倫之義子		
艾得見		王倫之義子		
邵　然		王倫之義子		
趙大坊		王倫之義子		
李世傑		王倫之義子		
丁若金		王倫之義子		
趙玉佩		王倫之義子		
溫　炳		王倫之義子		
李贊一		王倫之義子		
李　得		王倫之義子		
申徐足		王倫之義子		
張百祿		王倫之義子； 孟燦之姪子		
趙　傳		王倫之義子		
景　淑		王倫之義子		
孟　燦		王倫之徒； 張百祿之舅舅		拳腳很好
李　貴	陽穀縣人	王倫之徒	伺候王倫	任教中傳事官
李　旺	臨清州人	王經隆之徒	販賣豆腐乾	

資料來源：寄信上諭，乾隆三十九年九月十二日，收錄於《上諭檔》，頁 79、大學士舒赫德題本，乾隆四十年九月十七日，收錄《明清檔案》v25.B126445、刑部奏摺錄副，乾隆四十四年正月初五，收錄於《軍機處檔‧月摺包》，第 2764 箱，104 包，22384 號、《欽定勦捕臨清逆匪紀略》、《東案檔》，上下冊、《山東口供檔》。

王倫是山東壽張縣黨家店人，有兄弟四人，王倫居長，依次為王眞、王樸、王淑。俞蛟著《臨清寇略》對王倫其人有一段描述說：

> 倫，陽穀人，貌魁岸，性狡譎，多力，有拳勇。嘗爲縣役，因事責斥，無以爲生；遂撮方書，爲人治癮瘍，頗驗。擇受病男婦之精悍者，不受値，均感其惠，願爲義兒義女，以報德。又詭稱遇異人，授符籙，能召鬼

神諸邪法，以惑愚民，積十餘年，而奸黨遍諸各邑。[34]
據王倫三弟王樸等人的供詞，王倫是壽張人，而非如俞蛟於
《臨清寇略》內所寫其為陽穀人。王倫年約四十歲上下，身
長四尺，鬚長五寸，素日為人醫治疾病，家裡有地約一頃五、
六十畝。王倫時往堂邑縣，學習拳棍，凡入教之人，俱稱王
倫為教主。[35]

　　王倫於乾隆十六年（1751）拜陽穀縣黃塚人張既成為師，
張既成的師父是東阿縣馬山頭人袁公溥。[36]袁公溥平日行
醫，會推拿術，常出外與人治病。張既成是木匠，時常為王
倫修蓋房屋。王倫藉邪術惑人入教，山東巡撫徐績具摺奏稱，
「親見賊人內有持刀疾走，宛如獼猴之人，餘亦不避鎗砲。」
德州城守尉格圖肯齋摺家人亦稱，聞外間謠言，「賊夥往來
行走，有忽見忽不見之語。」[37]王倫不僅傳授巫術咒語，還
教習運氣練拳。有壽張縣人梵偉，從幼出家，在南台顯慶寺
出家，因其法名梵偉，因此人多稱其為梵和尚，王倫教其使
雙刀運氣，也能四、五日不喫飯。[38]教中所傳習的武藝，除了
使用雙刀運氣外，也傳授各種拳法，山西壺關縣人張九錫稱其
從前在冠縣聽得人說王倫是義和拳。乾隆三十九年（1774）九

---

34 俞蛟，《臨清寇略》，收錄於《筆記小說大觀》，第十編，頁 65。

35 《欽定剿捕臨清逆匪紀略》，卷二，臺北：國立故宮博物院藏，嘉慶朱
絲欄寫本，閻逢源供詞，乾隆三十九年。

36 《東案檔》，上冊，臺北：國立故宮博物院藏，嘉慶朱絲欄寫本，頁 41。
寄信上諭，乾隆三十九年十月初四日。張偉仁編，《明清檔案》，第 25
冊，臺北：聯經出版社，1990 年，頁 B126445。大學士舒赫德題本，乾
隆四十年九月十七日。

37 《東案檔》，下冊，臺北：國立故宮博物院藏，嘉慶朱絲欄寫本，頁 75。
寄信上諭，乾隆三十九年九月十二日。

38 《山東口供檔》，臺北：國立故宮博物院藏，乾隆三十九年，頁 13。

月二十九日〈寄信上諭〉中亦稱「此等奸民,俱由白蓮教而起,又名義和拳,煽惑鄉愚,擾害不法。」除此之外,王倫不僅教習義和拳,亦傳習七星紅拳和八卦拳。[39]

王倫平素除了替人治病外,亦教人運氣,習練拳棒,糾人入教,從乾隆三十五、六年(1770~1771)間就開始收徒傳道。王倫在眾徒弟中收王經隆、閆吉祥、李桐、李玉珍、趙煥、艾得見、邵然、趙大坊、李世傑、丁若金、趙玉佩、溫炳、李贊一、李得申、徐足、張百祿、趙傳、景淑等十八人爲義子。王倫稱呼學習煉氣不喫飯的爲文徒弟,演習拳棒的爲武徒弟。[40]在徒弟中孟燦的拳腳很好,王樸也會教武藝,梵偉會過陰。陽穀縣人李貴曾任教中傳事官,常在王倫跟前伺候。[41]王倫常藉捉邪治病來吸收信徒。壽張縣賈家莊人李桐害病,王倫治好後就拜他爲義父。[42]臨清州人李旺向來販賣豆腐乾生理,素與王經隆認識,知其會煉氣,不喫飯,故拜認爲師想學他的道,學習煉氣,不曾煉成。[43]王倫的徒弟在鬍張、陽穀、堂邑、臨清各處皆有,數量相當多,教內教徒再轉輾糾人入教,因此,人數達至約五、六百人。由於清水教信眾與日俱增,王倫遂有起事顯道的計劃,張百祿稱王倫稱孤道寡的話是聽見舅舅孟燦說王倫做了夢,夢見自己是

39 《軍機處檔・月摺包》,第 2764 箱,104 包,22384 號,刑部奏摺錄副,乾隆四十四年正月初五日。《東案檔》,上冊,頁 305。寄信上諭,乾隆三十九年九月二十九日。《欽定剿捕臨清逆匪紀略》,卷一四,河南巡撫何煟奏摺,乾隆三十九年十月十八日。
40 《山東口供檔》,頁 1。王經隆供詞,乾隆三十九年。
41 《山東口供檔》,頁 71。李貴供詞,乾隆三十九年。
42 《山東口供檔》,頁 29。李桐供詞,乾隆三十九年。
43 《山東口供檔》,頁 21。李旺供詞,乾隆三十九年。

條龍，將來貴不可言。[44]王倫傳習清水教後，隨著教派勢力的日益強大，於是逐漸萌生推翻現狀的野心。乾隆三十九年（1774）八月間，因官府將派人查拏王倫，王倫於是決定提前起事。王倫案發後，參與其中的要犯的祖墳俱被官府刨掘燒燬。王倫起事失敗後，清水教等教派遂遭受重大的打擊，查禁更加嚴厲。

第三節　乾隆朝後期的民間秘密宗教人物

　　乾隆四十一年至六十年（1776~1795），為乾隆朝後期，此一時期的民間秘密宗教特徵有二：一方面各大教派組織日趨嚴密，在規模上明顯擴大；另一方面，各小教派因地方祭祀團體日益多元化，亦是相當活躍。[45]以下將透過《大清高宗純皇帝實錄》、《宮中檔乾隆朝奏摺》、《清廷查辦秘密社會案》、《清代檔案史料叢編》以及臺北國立故宮博物院所藏的《上諭檔》、《軍機處檔‧月摺包》以及《宮中檔》等史料，於下表羅列出乾隆朝後期的民間秘密宗教教案取締，透過案件中所附供詞及其他資訊，對參與民間秘密宗教人物進行分析與討論。

44　《山東口供檔》，頁 275。張百錄供詞，乾隆三十九年。
45　莊吉發，《真空家鄉 —— 清代民間秘密宗教史研究》，頁 161。

表 3-3-1 乾隆朝後期民間秘密宗教案件一覽表

教門		案件時間	分佈位置	備註
八卦教系統	離卦教	乾隆四十二年	山東館陶	
		乾隆四十六年	山東館陶	
	乾卦教	乾隆四十三年	直隸元城	
	震卦教	乾隆四十三年	直隸元城	
		乾隆四十七年	山東單縣	
		乾隆四十八年	山東荷澤	
		乾隆五十一年	直隸開州	
		乾隆五十三年	山西、直隸、河南	
		乾隆五十四年	山東荷澤	
	天一門教	乾隆四十八年	直隸清豐	表 3-3-2
	八卦教	乾隆四十五年	直隸等地	
		乾隆四十八年	山東、直隸等地	
		乾隆五十一年	直隸元城	
		乾隆五十三年	直隸開州	
		乾隆五十六年	貴州貴筑	
	坎卦教	乾隆五十二年	山東鄒縣	
	儒門教	乾隆五十一年	河南永城	表 3-3-3
		乾隆六十年	河南商邱	
混元教		乾隆四十二年	河南等地	
		乾隆四十四年	河南商邱	
		乾隆四十七年	安徽亳州	
		乾隆四十八年	河南鹿邑	
收源教		乾隆四十三年	山西等地	
義和拳門		乾隆四十三年	山東冠縣	
元頓教		乾隆四十二年	甘肅河州	
沒劫教		乾隆四十二年	河南等地	
		乾隆末年	山東單縣	
白蓮教系統	白蓮教	乾隆四十五年	山東曹縣	
		乾隆四十七年	河南等地	
	收元教	乾隆四十八年	直隸南宮	
		乾隆五十二年二月	直隸蠡縣	表 3-3-4
		乾隆五十五年	湖北穀城	
		乾隆五十八年六月	湖北房縣	表 3-3-5
紅陽教		乾隆四十八年十一月	山西平遙	表 3-3-6

空字教		乾隆四十五年	湖北孝感	
羅祖教系統	羅祖教	乾隆四十五年十二月	福建建寧	表 3-3-7
		乾隆四十六年	湖北、安徽等地	
		乾隆四十九年	湖廣德安	
	羅祖三乘教	乾隆四十六年	江西、四川等地	
	無爲教	乾隆四十六年	山西介休	
泰山香教		乾隆五十一年	山東鄒縣	
消災求福會		乾隆五十二年	山東歷城	
念佛會		乾隆五十二年	直隸南信	
三佛會		乾隆五十二年	直隸文安	
白陽會		乾隆五十二年	直隸蠡縣	
白楊教		乾隆五十三年	陝西扶風	
悄悄會		乾隆五十三年	陝西寶雞	表 3-3-8
邱祖龍門教		乾隆五十三年	直隸任邱	
三益教		乾隆五十四年	河南新野	
三陽教		乾隆五十五年	安徽太和	
		乾隆五十九年	甘肅等地	
西天大乘教		乾隆五十七年	陝西安東	
		乾隆五十八年	湖北襄陽	
		乾隆五十九年	四川等地	
無無教		乾隆五十九年	浙江仙居	
長生教		乾隆六十年	浙江蕭山	

資料來源：《大清高宗純皇帝實錄》、《宮中檔乾隆朝奏摺》、《清代檔案史料叢編》、《清廷查辦秘密社會案》與臺北國立故宮博物院所藏《上諭檔》、《軍機處檔・月摺包》以及《宮中檔》。

由上列簡表可知雍正年間，官府所查出的民間秘密宗教在地理位置分布上有直隸、山東、山西、陝西、甘肅、貴州、四川、江西、湖北、安徽、河南、浙江、福建、湖廣等地；至於教門名目，則是共計三十三種：收元教、離卦教、乾卦教、震卦教、坎卦教、八卦教、天一門教、元頓教、混元教、沒劫教、收源教（又名源洞教）、義和拳門、白蓮教、紅陽教、空字教、羅祖教、羅祖三乘教、無爲教、儒門教、泰山香教、

消災求福會、念佛會、三佛會、白陽會、白楊教、悄悄會、
邱祖龍門教、三益教、三陽教、西天大乘教、無無教、長生
教等。其中，收元教的內部組織分隸八卦，每卦下皆設有掌
教，因此，乾卦教、離卦教、震卦教、坎卦教等都是收元教
的分支，因其以八卦命名，故又稱爲八卦教。到了乾隆朝後
期，八卦教的勢力日趨強大。

　　天一門教亦爲八卦教系統，乾隆四十二年（1777），有
離卦教頭目張爾素平日以醫療傳教，曾替山東館陶縣珠兒莊
人王四醫病，並勸令其入離卦教，王四即王崇仁，因其病癒，
便入離卦教。此外，有直隸清豐縣人謝朝宗，又叫做謝三麻
子，平日以飯賣糧食爲生，乾隆四十八年（1783）八月間，
謝朝宗至同縣素識的鄭才家中拜訪，鄭才告訴謝朝宗震卦教
又叫天一門教，教人燒香行好，日後可以獲福，入教必有好
處，謝朝宗聽信其言，即拜鄭才爲師，入了震卦教。另外，
有山東菏澤縣人步偉，傳習八卦會震卦教，被稱爲「指路眞
人」名號，曾引吳克己等人入教，乾隆四十二年十二月，步
偉病故。乾隆四十七年（1782），吳克己等人因傳習八卦會
震卦教被查拏在案，供出步文斌爲步偉的兒子，震卦教的掌
教王中即是步文斌的母舅，王子重即是王中的兒子。經過審
訊後，步文斌被充發廣東德慶州。[46]

---

46 《乾隆朝上諭檔》，第 16 冊，北京：檔案出版社，1991 年，頁 652。布
文斌供詞，乾隆五十七年正月，二十六日。

表 3-3-2 直隸清豐鄭才等人傳習天一門教要犯分佈表

姓名	籍貫	關係	職業/身份	教內身份
王　四 （王崇仁）	山東館陶縣珠兒莊人			離卦教教徒
張爾素			治病傳教	離卦教頭目
謝朝宗 （謝三麻子）	直隸清豐縣人	鄭才之徒	販賣糧食	震卦教，又叫天一門教徒
鄭　才	直隸清豐縣人	謝朝宗之師父		震卦教，又叫天一門教徒
步　偉 （指路眞人）	山東菏澤縣人	步文斌之父	傳習八卦會震卦教	八卦會震卦教首
步文斌		步偉之子、王中之姪甥		八卦會震卦教徒
吳克己				八卦會震卦教徒
王　中		步文斌之母舅		震卦教的掌教
王子重		王中之子		震卦教徒

資料來源：布文斌供詞，乾隆五十七年正月，二十六日，收錄於《乾隆朝上諭檔》v16.652。

直隸清豐鄭才等人傳習天一門教一事，參與人物在籍貫分佈上多爲直隸、山東二省人士，其中多館陶縣人、菏澤縣人以及清豐縣人；其之間的連繫多有親屬關係或醫療與病患關係；在職業及身份類別上有從事商業與醫療等；在教內人物結構上，有使用醫療能力，來進行傳教工作者，離卦教頭目張爾素平日以醫療傳教；亦有以入教有好處爲由，引人入教者，直隸清豐縣人鄭才告訴謝朝宗天一門教，教人燒香行好，可以獲福，入教必有好處。此外，山東館陶縣珠兒莊人王四因病治癒而入教；直隸清豐縣人謝朝宗，聽信入教將有好處而入教等，皆可看出，民間秘密宗教在進行宣傳，與引人入教最常見的兩種方式，即以入教有好處，以及醫療治病傳教。

乾隆三十四年（1769），直隸南宮縣簡家莊人簡七隨其姊夫鄧耀羽學習拳棒。寧晉縣高口人李成章因其地畝被水淹沒，因此遷至衛村居住。簡七聞得李成章拳棒厲害，於是以大錢八百文爲贄禮，往拜李成章爲師，學習拳腳功夫，後來李成章返回高口。乾隆四十六年（1781）正月間，簡七往高口向李成章拜年，其時李成章兩腳已因患病成廢，李成章告知簡七，其原爲收元教內分掌兌卦教的掌教卦長，如今已年老待死，兒子李可忠、李可德卻不足掌教，隨即便取出白紙字本一件、黃紙字片一張、木戳三個，面交簡七，囑令如有願拜爲師者，即用黃紙照抄一張，背後填寫徒弟姓名，望空燒化，令其磕頭爲徒，兼可得受贄禮錢文，簡七應允。簡七因不識字，即向李成章詢問字片字意思，李成章告知黃紙內意總說人視聽言動，不可邪妄，教得好徒弟，愈多愈好，死後可以上昇。乾隆四十八年（1783）五月，李成章病故。[47]

乾隆四十八年（1783）十一月十九日，刑部左侍郎姜晟行抵新城查案途次，因南宮縣民魏王凱至京控告縣民李存仁等演習拳腳，內閣學士松筠口傳諭旨，令其順道前往直隸南宮縣嚴查教案。同月二十二日，姜晟馳抵南宮縣，查明魏家莊在南宮縣境內西南，相距縣城六里，居民將近百戶，魏姓居其六、七，居民多以製香爲業。簡家莊在魏家莊之南，相距六里。據簡七之子簡成供稱，其父所演習的拳棒，稱小紅拳。山東冠縣人李坤先是收元教內分掌坤卦的掌教卦長，平日販售粉皮爲生。乾隆四十年（1775），李坤先到南宮縣出

---

47 《宮中檔乾隆朝奏摺》，第 58 輯，臺北：國立故宮博物院，1987 年，頁 578。直隸總督劉峩奏摺，乾隆四十八年十二月初七日。

售粉皮，其見南宮縣人于聞粗通文理，即勸令于聞入教，並
收附近村民邢金闕等人爲徒。乾隆四十七年（1782）三月，
于聞聽得李坤先病重，即令邢金闕等前往冠縣探望，李坤先
面囑邢金闕代書紅紙一張，寫明「坤宮執掌傳與于聞」字樣，
令刑金闕轉交于聞。同年八月十五日，李坤先病故，于聞正
式掌管坤卦。[48]乾隆四十八年（1783），安徽亳州人田恒業
因復興收元教被捕正法，其胞弟田恒實即田恒時前往河南永
城縣。乾隆五十一年（1786）三月間，田恒實因貧苦難度，
起意倡立儒門教，編造歌詞，藉以騙錢度日，先後收亳州人
康惠、永城縣人賈俊等人爲徒。[49]

表 3-3-3 河南永城田恒實傳習儒門教要犯分佈表

姓名	籍貫	關係	職業/身份	備註
簡　七	直隸南宮縣簡家莊人	鄧耀羽之妻舅、李成章之徒、簡成之父	接掌兌卦卦長	以大錢八百文爲贄禮往拜李成章爲師，學習拳腳
簡　成	直隸南宮縣簡家莊人	簡七之子		
鄧耀羽	直隸南宮縣簡家莊人	簡七之姊夫		
李成章	寧晉縣高口人	簡七知師父、李可忠、李可德之父	收元教內分掌兌卦的卦長	因其地畝被水淹沒，遷至衛村居住
李可忠	寧晉縣高口人	李成章之子		
李可德	寧晉縣高口人	李成章之子		
李存仁	直隸南宮縣人			
李坤先	山東冠縣人	于聞、邢金闕之師父	收元教內分掌坤卦的卦長	平日販售粉皮生理

48 《宮中檔乾隆朝奏摺》，第 59 輯，臺北：國立故宮博物院，1987 年，
　　頁 95。山東巡撫明興奏摺，乾隆四十九年正月十三日。
49 《宮中檔乾隆朝奏摺》，第 60 輯，臺北：國立故宮博物院，1987 年，
　　頁 656。河南巡撫畢沅奏摺奏摺，乾隆五十二年六月初七日。

于 聞	直隸南宮縣人	李坤先之徒	接掌坤卦卦長	
邢金闕	直隸南宮縣人	李坤先之徒		
田恒業	安徽亳州人	田恒實之兄		因復興收元教被捕正法
田恒實（田恒時）	安徽亳州人，遷河南永城縣	田恒業之弟；康惠、賈俊之師父		因貧苦難度，起意倡立儒門教
康 惠	亳州人	田恒實之徒		
賈 俊	永城縣人	田恒實之徒		

資料來源：劉峩奏摺，乾隆四十八年十二月初七日、明興奏摺奏摺，乾隆四十九年正月十三日、畢沅奏摺奏摺，乾隆五十二年六月初七日，收錄於《宮中檔乾隆朝奏摺》v58.578、v59.95、v60.656。

河南永城田恒實傳習儒門教一事，參與人士在籍貫分佈上多為直隸、山東、安徽以及河南等地，其中多南宮縣人、寧晉縣人、冠縣人以及永城縣人。安徽亳州人田恒業、田恒實兩人為兄弟，其兄田恒業因復興收元教被捕正法，弟弟田恒實便遷居河南永城縣，不敢傳教，但後來因貧苦難度，遂起意倡立儒門教，先後收徒康惠與賈俊等人。

直隸蠡縣人董敏，自幼吃齋讀書，家中藏有故祖遺存的經卷，其父親董可亮因為不識字，故從未翻閱過寶卷，亦不知其內容。董敏翻閱後，略知其內容意思，便開始學習諷誦，欲以誦經治病驅邪等方式，向村民斂取錢財，因此開始將其祖遺留的寶卷抄寫成曲，易於歌唱，並且先後收段雲等人為徒，成立白陽會友，一同歌唱佛曲佛經，諷誦寶卷經文。在村中的善男信女隨同入會者，多布施香錢一、二十文不等。直隸蠡縣董敏傳習收元教一案，起因於董敏之徒蠡縣段家莊保長段雲，執持抄書一本，赴衙門首告縣民董敏，編造經曲，散賣歌單，惑眾練錢。後據蠡縣查獲該縣董敏與完縣民人郭林等，有持齋念經等事，並於其家內起出勸善歌單，是同內

邱縣人劉進心買自長子縣田景盛家。乾隆四十五年（1780），柳進心與卜繼源偕赴山西貿易，至田景盛家查詢有無舊存歌單。田景盛因家內一切禁物均經官府起獲，答以無存。

卜繼源起意翻刻漁利，與柳進心回歸，路經潞安府，有開設裱糊鋪之沈國彥，係卜繼源素相熟識，隨出自帶舊有歌單，托令翻刻。沈國彥不知違禁，轉覓刻字匠王金刊刻，留給工錢五百文。卜繼源回家，不久過世，柳進心亦因無事赴晉，未曾往取，沈國彥亦未刷印。至乾隆四十八年（1783）九月間，柳進心赴長子縣赴會貿易，路經潞安府，憶及從前曾令沈國彥刻版，希圖刷印詐錢，找至沈國彥鋪內，沈國彥已於八月過世，遺子幼小，係伊侄沈賓接開舖業。沈賓遂找出尚未刷印之刻版二塊，給與柳進心查看，即係前刻歌單，買紙囑刷。沈賓亦不知違禁，即代刷一百七八十張，柳進心給與工錢二百錢文。再赴長子縣，與田景盛撞遇，告以刻有功善歌單，愈冒伊祖田金臺之名，散賣漁利，並許分錢文。田景盛應允，即懇其資助，柳進心遂先給京錢二十四千，將歌單一百五十餘張交與田景盛收存，聲稱俟有售主再行赴取。

柳進心僅自帶十餘張回家，因無人取信，未經售賣。至五十一年四月，柳進心與完縣人郭林撞遇，郭林自幼吃齋，便與內邱縣人劉進心結爲善友，劉進心告知山西長子縣有田景盛刊刷歌單，以四張爲一副，兩張爲合同，兩張爲靈文，生時諷誦，可以獲福；死後一半燒化，一半放在胸前，即可成爲善人。乾隆五十一年（1786）六月，郭林跟同劉進心一同到山西長子縣，向田景盛買取歌單二十餘副，由郭林先將歌單攜回。在回程途中，郭林與董敏撞遇，彼此談及吃齋念佛等事，

並得知歌單來由。董敏欲將歌單散賣，以圖獲取錢財，因此即拜郭林為師，郭林隨將歌單交給董敏持回，散賣給村民。[50]

表 3-3-4 直隸蠡縣董敏傳習收元教要犯分佈表

姓名	籍貫	關係	職業/身份	備註
董敏	直隸蠡縣人	董可亮之子、郭林之徒	念經消災除病、散賣歌單	自小吃齋
董可亮		董敏之父		
郭林	完縣人	董敏之師父	擺雜貨攤	自小吃齋
劉進心（柳進心）	內邱縣人	劉順之父、卜繼源之徒	赴山西貿易、擺雜貨攤、莊農	
劉順	內邱縣人	劉進心之子		
卜繼源	唐山縣人	劉進心之師父	傳習收元教	
段雲	直隸蠡縣人	董敏之徒	保長	
段拴兒	直隸蠡縣人	段雲之子		
田景盛（宋成）	山西長子縣人	田金臺之義孫		
賈立業	直隸蠡縣人	董敏之徒		因母王氏年老多病，請董敏念經
賈成業	直隸蠡縣人	董敏之徒		
沈國彥	潞安府人		開設裱糊鋪	
王金			刻字匠	

資料來源：和珅等奏搞，乾隆五十二年三月初二日，收錄於《上諭檔》，方本；劉峩錄副奏摺，乾隆五十二年二月二十七日、勒保祿副奏摺、乾隆五十二年二月三十日、劉峩錄副奏摺，乾隆五十二年六月十二日，收錄於《清廷查辦秘密社會案》v9.1240~1242、1244~1245、1253~1254。

---

50 《上諭檔》，方本，臺北：國立故宮博物院，和珅等奏搞，乾隆五十二年三月初二日；劉子揚、張莉編，《清廷查辦秘密社會案》，第 9 冊，頁 1240~1242、1244~1245、1247~1248、1253~1254。劉峩錄副奏摺，乾隆五十二年二月二十七日、勒保祿副奏摺，乾隆五十二年二月三十日、和珅等錄副奏摺，乾隆五十二年三月初二日、劉峩錄副奏摺，乾隆五十二年六月十二日。

直隸蠡縣董敏傳習收元教一案，參與人士在籍貫分佈上多屬直隸、山東等地方，其中多為蠡縣人、完縣人、內邱縣人、唐山縣人以及長子縣人，在教內人物結構上，有直隸蠡縣人董敏，其為此案的核心人物，其故祖留有寶卷，因其自幼讀書，能識字，因此粗知內容文意，便開始代人念經消災除病，以斂取銀錢，另外，有內邱縣人劉進心曾入收元教，拜唐山縣人卜繼源為師。卜繼源給與勸善歌單四紙，稱係山西長子縣教首田金臺刊刻傳流，後與完縣人郭林一同往山西田景盛家中購買散發給村民，因在路途上，與董敏撞遇，即深相投契，並將歌單給與董敏持回，詿賣錢文。此外，隨同董敏唸經的直隸蠡縣人賈立業與賈成業兄弟，則是因為其母親王氏年老多病，便往邀董敏等人念經，送給經錢，並隨同入會。而此案首告人段雲具保長身份，曾拜董敏為師，並向董敏借抄本學習歌唱，一同入會。但因段雲的兒子段拴兒，曾借董敏七十兩，屢討不還，意欲訛賴，又段雲因聞官府查拿邪教甚嚴，便倚恃保長身份，以守告為詞，向董敏恐嚇。後因董敏所給的錢財尚不滿意，欲再向其訛銀，董敏不允，欲以屢次訛詐控告保甲段雲，段雲聞之，因其本係入會，恐日後受累，又有聞得自首免罪的條目，故手執抄本付衙門出首。

乾隆五十八年（1793）六月，湖北房縣查獲一起燒香、念咒、授徒等「邪教」一案。湖北鄖陽府房縣人龍登甫與丁文彩為親戚關係，丁文彩的父親丁士禮向來在鄉行醫為生，乾隆五十六年（1791）九月間，龍登甫患痢疾，往求醫治。丁士禮因年老家貧，故起意騙錢，憶及前一年在均州曾聞邪教舊案，向升、賀廷選等人傳習收元邪教，被獲時供有南無

天元太寶阿彌陀佛等咒語。丁士禮希圖騙錢，即向龍登甫詭
稱其有咒語，每夜在家燒香誦習，即可除病，不必服藥，但
須給其根基錢數百文，並且跟隨學習咒語。又聲稱咒語相當
厲害，即使遇到虎狼水火，亦可以消禦，龍登甫信以為真，
隨即邀引辛端各送給丁士禮根基錢數百文，一同拜師，丁文
彩亦一同學習。其後，丁士禮囑令各人，若遇人便傳習，收
得銀錢分用，乾隆五十七年（1792）三月，丁士禮病故。[51]

表 3-3-5 湖北鄖陽丁士禮傳習收元教要犯分佈表

姓名	籍貫	關係	職業	備註
龍登甫	湖北鄖陽府房縣人	張景、陳士懷、馮雲、季行高、劉起源、胡安谷、胡梅之師父；丁文彩之親戚		
張　景		龍登甫之徒		
陳士懷		龍登甫之徒		
馮　雲		龍登甫之徒		
季行高		龍登甫之徒		
劉起源		龍登甫之徒		
胡安谷		龍登甫之徒		
胡　梅		龍登甫之徒		
丁文彩	湖北鄖陽府房縣人	丁士禮之子、黃作梅之師父、龍登甫之親戚		
丁士禮	湖北鄖陽府房縣人	丁文彩之父；龍登甫、新端之師父	行醫	乾隆五十七年三月病故
黃作梅		丁文彩之徒		
向　升				曾傳習收元教
賀廷選				曾傳習收元教

---

51 劉子揚、張莉編，《清廷查辦秘密社會案》，第 9 冊，頁 1257。畢沅錄
　副奏摺，乾隆五十八年六月二十三日。

辛　端		蘇希成、王起愛、孫得名、徐虎、蘇希仁、楊秉珠之師父	
蘇希成		辛端之徒、丁國才、丁國言之師父	
王起愛		辛端之徒	
孫得名		辛端之徒	
徐　虎		辛端之徒	
蘇希仁		辛端之徒	
楊秉珠		辛端之徒	
丁國言		蘇希成之徒	丁國言強令伊弟丁國有學習，經伊兄丁國棟禁止
丁國才		蘇希成之徒	
丁國有			
丁國棟			

資料來源：畢沅錄副奏摺，乾隆五十八年六月二十三日，收錄於《清廷查辦秘密社會案》v9.1257。

湖北鄖陽丁士禮傳習收元教一事，參與人士，在籍貫分佈上多爲房縣在地人，丁士禮爲此案重要人物，因年老家貧，故起意傳教斂取銀錢使用，從清代官方檔案中看出，民間秘密宗教傳教人物決定開始傳教，多爲貧窮，而鄉里村人又容易受咒語等神秘力量的聲稱所惑，聽信入教。此案中的丁家兄弟，丁國言、丁國才接拜蘇希成爲師，學習咒語，丁國言返家後，便強令其弟丁國有一同學習，經其兄丁國棟發現後即禁止。

　　乾隆朝時期，紅陽教屢遭取締，山西平遙縣人王毓山與王增元同村素來交好，王毓山的父親王永福尚在之時，曾經傳習紅陽教。王增元拜王永福爲師，入紅陽教後，與王毓山一起學習念經。乾隆十一年（1746），因直隸紅陽教被官府破獲，一時之間，官府查禁民間秘密宗教甚嚴，王永福便將

經卷、佛像交給王毓山和王增元分開收藏，不敢再行教念誦。
乾隆十七年（1752），王永福病故，王毓山出門經營生意，
而王增元在鄉務農爲生。乾隆四十四年（1779）冬間，王毓
山因在外買賣生意折本，貧窮難以度日，王增元亦因年老不
能耕作種田。兩人遂商量一同復興紅陽教，以勸人消災求福
爲由，拉引鄉民入教，藉此獲取佈施錢文分用。王毓山與王
增元因擅長針灸治病，因此常爲附近村里居民治病，因此，
來求醫的病患痊癒後，兩人便會勸令病患入教，鄉里間或有
患病者，遂以紅陽教能消災治病而相繼加入紅陽教。[52]

　　王毓山之子王治瓏亦隨同拜佛念經，平遙縣人渠閏甫，
與王增元同村，乾隆四十五年（1780），渠閏甫便拜王增元
爲師，入紅陽教，吃齋念經，有師叔王毓山、閻慶廷等人，
以及師兄郭永都等十餘人，每年七月初四日，開堂做會一次，
供奉飄高老祖。乾隆四十六年（1781），郭全儀等人拜王增
元爲師，入教吃齋念經。同年七月初四日，在王增元家起會，
有段立基等六人，均因針灸病痊，而前往佈施，王增元將段
立基等六人及其妻姓氏列寫會簿，代爲念經保佑。乾隆四十
七年（1782），又有王庭福等人投拜王增元爲師，村民許福
貴等人，亦隨同入教。乾隆四十八年（1783），王訪才等人
拜王增元爲師，亦入紅陽教，七月初四日，做會念經。同年
十月，渠閏甫因欲充南政村外龍天廟住持，恐無經本攜帶，
不能入廟，聞得京城琉璃廠五聖菴有經本出售，便將住房三
間賣給堂兄渠成倉，得銀五十兩，次月初六日起身進京，行

---

52 《軍機處檔・月摺包》，第 2776 箱，150 包，36027 號，山西巡撫農起
　　奏摺錄副，乾隆四十九年三月初七日。

至直隸途中即被保定府拏獲，其後，拏獲紅陽教教首王增元、王毓山等人。[53]

表 3-3-6 山西平遙王毓山等人傳習紅陽教要犯分佈表

姓名	籍貫	關係	職業/身份	備註
王永福	平遙縣人	王毓山之父；王增元、閻慶廷之師父	傳習紅陽教	王毓山因買賣折本，窮難度日，王增元因年老不能力作，故商同復興紅陽教，勸人消災求福，藉此獲取佈施錢文分用
閻慶廷		王永福之徒		
王毓山	平遙縣人	王永福之子	出門經營生、針灸治病	
王增元	平遙縣人	王永福之徒；渠閏甫、郭永都、郭全儀、段立基、王庭福、許福貴、王訪才之師父	務農爲業、針灸治病	
王治瓏	平遙縣人	王毓山之子		
渠閏甫	平遙縣人	王增元之徒	南政村外龍天廟住持	
郭永都		王增元之徒		
郭全儀		王增元之徒		
段立基		王增元之徒		
王庭福		王增元之徒		
許福貴		王增元之徒		
王訪才		王增元之徒		

資料來源：農起奏摺錄副，乾隆四十九年三月初七日，收錄於《軍機處檔‧月摺包》，第 2776 箱，150 包，36027 號、農起奏摺，乾隆四十九年三月初七日，收錄於《宮中檔乾隆朝奏摺》v59.456。

山西平遙王毓山等人傳習紅陽教一事，在整個民間秘密宗教結構中，這起事件的核心人物，亦即起意復興教門的人爲山

西平遙縣人王毓山與王增元兩人，兩人自幼時即為朋友，一同與王毓山的父親王永福學習紅陽教，但因官府查拏甚嚴，因此就暫歇傳習，而王永福死後，兩人各自工作，亦無傳習紅陽教情事，經過一段時間，出外買賣的王毓山因生意虧本而在家耕田的王增元亦因年老而無法工作，但生活上的需要，使得他們想起復興紅陽教來獲取銀錢。兩人皆會使用針灸替人治病，因此紅陽教即在兩人打著針灸治病的名目之下重新復興，故從中可以看出，民間秘密宗教的掌教人物，會因為官府查拏，而銷聲匿跡暫避風頭，但在重新復興之時，通常並非官府查拏出現鬆弛的情形，而是多半出於個人經濟需求上的壓力。而其他入紅陽教的信徒有山西平遙人渠閏甫、郭永都、郭全儀、段立基、王庭福、許福貴以及王訪才等人，不是因身體患病，請求醫治，於療癒後入教，就是以紅陽教能消災，避免生病，保佑健康無災難為原因而入紅陽教。

江西寧都州懷德鄉，地形偏僻隱蔽，山腳下有河樹菴古廟一間，經齋公朱文瑞及其徒弟孫先戀與黃安康等人修葺後居住，吃齋供奉羅祖。乾隆二十六年（1761），齋公朱文瑞身故。乾隆三十年（1765），孫先戀、黃安康各自藉著祈福消災為名，分別收徒傳教。孫先戀傳羅奕祥、謝志會、李維也、王志福，而羅奕祥再傳徒廖廷瞻、曾廷華、王萬傳，廖廷瞻再轉傳張煥彩、羅林秀、沈本源，至於其他人亦各自輾轉收徒傳教；而黃安康傳給劉開蘭、吳蘭生、陳承輝、張式先、詹志清、張利。此外，江西石城縣人詹明空，自幼失怙失恃，長期飄蕩外地，乾隆二十七年（1762），詹明空回籍，皈依羅祖教。因寧都州獅子巖地方幽靜，故居住此地修行，

由於山路難行，詹明空在山下蓋屋居住。乾隆三十年（1765），詹明空的表弟陳必先從石城縣來投靠詹明空，相依種地，並拜詹明空爲師，皈依羅教，一同吃齋念經，其後詹明空陸續傳徒謝雲章等人。詹明空自收徒傳教後，常誇炫得受異傳，以提高聲望地位。朱文瑞的徒弟孫先戀素好經卷，喜談教義，又因其師早故，聞得詹明空議論新奇，傾心佩服，前往拜謁詹明空討論教義，且自願返居弟子之位。孫先戀的在傳弟子沈本源即是沈廣泌，爲福建連城縣人，年三十一歲，亦前往拜謁詹明空，詹明空見其年輕，心思空靈，甚是喜歡，便收其爲徒。[54]

表 3-3-7 福建建寧沈本源傳習羅祖教要犯分佈表

姓名	籍貫	關係	職業/身份	備註
朱文瑞	居江西寧都州懷德鄉	孫先戀、黃安康之師父	齋公	
孫先戀	居江西寧都州懷德鄉	朱文瑞、詹明空之徒；羅奕祥、謝志會、李維也、王志福之師父		
黃安康	居江西寧都州懷德鄉	朱文瑞之徒；劉開蘭、吳蘭生、陳承輝、張式先、詹志清、張利人之師父		
羅奕祥	寧都州人	孫先戀之徒；廖廷瞻、曾廷華、王萬傳之師父		
謝志會		孫先戀之徒		
李維也		孫先戀之徒		
王志福		孫先戀之徒		

---

54 《軍機處檔・月摺包》，第 2705 箱，129 包，30065 號，江西巡撫郝碩奏摺錄副，乾隆四十六年三月二十三日。

廖廷瞻 （廖惠恩）	江西寧都州人	羅奕祥之徒；張煥彩、羅林秀、沈本源之師父	平日行醫生理	
曾廷華		羅奕祥之徒		
王萬傳		羅奕祥之徒		
張翰彩 （張煥彩）	江西寧都州	廖廷瞻之徒		
羅林秀		廖廷瞻之徒		
沈本源 （沈廣泌）	福建連城縣人	廖廷瞻、詹明空之徒	卜卦爲生	
鄒來鵬				因沈本源狂言崇奉羅祖大乘教可以獲福消災，延年益壽，歲拜其爲師
寧瑞雲 （寧魚狗）				
揭榮先				
諶　學			沈本源雇用幫工耕種	
劉開蘭		黃安康之徒		
吳蘭生		黃安康之徒		
陳承輝		黃安康之徒		
張式先		黃安康之徒		
詹志清		黃安康之徒		
張利人		黃安康之徒		
詹明空	江西石城縣人，居寧都州獅子巖	陳必先之表哥兼師父；謝雲章、孫先懋、沈本源之師父	種地、傳教	羅祖教教首
陳必先	江西石城縣人，居寧都州獅子巖	詹明空之表弟兼徒弟	種地	
謝雲章	住盧墓峰下	詹明空之徒		

資料來源：江西巡撫郝碩奏摺錄副，乾隆四十六年三月二十三日，收錄於《軍機處檔・月摺包》，第 2705 箱，129 包，30065 號。富勒渾錄附奏摺，乾隆四十五年十二月初五日，收錄於《清廷查辦秘密社會案》v16.3705~3714。

在這起福建建寧沈本源傳習羅祖教被捕一案中，共有三支不同的羅祖教教徒，分別爲朱文瑞的徒弟孫先懋與黃安康兩

支，以及自幼便失去父母的詹明空，至於參與羅祖教的教徒多分布於江西、福建兩省，其中多連城縣人及石城縣人；在職業及身份類別上有從事齋公、傳教、卜卦爲生、行醫生理、耕種以及幫人傭工等；在教內人物結構上，詹明空善於講教說理，許多信奉羅祖教的教徒皆前往拜會討論教義道理。福建連城縣人沈本源，年三十一歲，平日卜卦爲生，聞得詹明空之事，便心生嚮往，即前往拜見，詹明空見其年少心思空靈，便收其爲徒，沈本源原爲廖廷瞻之徒，廖廷瞻傳自羅奕祥，而羅奕祥爲孫先戀之徒。孫先戀素好經卷，喜談教義，聞得詹明空議論新奇，前往拜謁，且自願返居弟子之位。羅祖教向有自己的經卷教義，到了乾隆時期，議論經卷教義道理在羅祖教教內，爲相當盛行的活動。

康熙年間，有山東館陶縣遊方道士劉姓，其自稱受天花玉皇差遣，來世間普度眾生。因身穿白衣，故其所傳的教門，就被稱爲白陽會。劉姓道士在陝西扶風縣演唱預言故事，有扶風縣民楊添壽等人拜其爲師。劉道士自稱是無相天花，其徒楊添壽則稱爲藍玉寶花。在劉道士身故後，葬於扶風縣東觀村內。楊添壽收李德沛、姚繼業、楊忠三人爲徒。李德沛自稱是勝景龍花、姚繼業自稱是護法，兩人傳續優方各地演唱道情預言，而楊忠因腿有殘疾，不能出外演唱，只向人傳授經卷。楊忠後來又收呂良棟爲徒，李德沛則赴各處雲遊，演唱水火刀兵災厄的預言。乾隆三十六年（1771），有寶雞縣民楊加與李德沛相遇，李德沛告知寶雞地方今年當有兵馬之災，楊加又轉告雷得本，同年十月，適值金川用兵，寶雞縣曾有兵差經過，雷得本遂信其說。乾隆四十二年（1777），

雷得本在寶雞縣境內玉皇山遇見李德沛，相邀到家。李德沛
預言將來尚有大難，念經可以躲避，並告知已故劉道士等人
傳教的原委。教中尊劉道士爲白衣祖，楊添壽爲接法祖，李
德沛自稱是續法祖，其聲稱雷得本手掌中的粗亂碎紋是梅花
井字紋，是天盤梅花，故可以傳經授教，雷得本即拜李德沛
爲師，送錢七百五十文。乾隆四十四年（1779），李德沛身
故。乾隆四十九年（1784），甘肅回亂，雷得本更加相信李
德沛預言靈驗，即至李德沛家取經。李德沛的妻子將家所存
經卷撿出給與雷得本。雷得本攜經回家後，見經內有「無影
山可避災難」等句，於是自稱神仙，設立悄悄會，收侯榮、
馬本、侯受廷、李文、王喜等五人爲徒。雷得本揚言勸人出
錢入會，可以度脫災難。教中輾轉糾邀三百餘人入會，每人
出錢一、二百文至一、二千文不等。其信徒分佈於鳳翔、寶
雞、扶風、汧陽、隴州、岐山等州縣境內。在劉道士墳旁有
三教廟一座，因被雨淋塌，楊忠欲圖另興白陽一會，在三教
廟內聚眾燒香，希圖獲取錢財，欲與雷得本悄悄會並行傳教。
於是假藉修理地方古廟爲名，與呂良棟等分頭募化。自乾隆
五十二年（1787）春間起陸續募得錢二百餘千文，甫將三教
廟宇修好，楊忠等人即被拏獲。乾隆五十三年（1788），雷
得本等男婦大小三百餘名口被捕，起出經卷。[55]

---

55 《宮中檔乾隆朝奏摺》，第 69 輯，頁 182。勒保等奏摺，乾隆五十三年
八月初八日；劉子揚、張莉編，《清廷查辦秘密社會案》，第 16 冊，頁
3661~3665。勒保等奏摺，乾隆五十三年七月初九日。

表 3-3-8 陝西寶雞雷德本傳習悄悄會要犯分佈表

姓名	籍貫	關係	教中身份	備註
韋　茂	陝西鳳翔縣人			恐事發連累先行投首
雷得本	寶雞縣人	李德沛之徒；侯榮、馬本、侯受廷、李女、王喜之師父	天盤梅花；自稱神仙	
侯　榮		雷得本之徒		
馬　本		雷得本之徒		
侯受廷		雷得本之徒		
李　女		雷得本之徒		
王　喜		雷得本之徒		
劉　姓	山東館陶縣人	楊添壽之師父	道士白衣祖；自稱無相天花	已故。康熙年間，身穿白衣，至寶雞縣演唱道情
楊添壽		劉姓道士之徒；李德沛、姚繼業、楊忠之師父	接法祖；自稱籃遇寶花	
李德沛		楊添壽之徒；雷得本之師父	續法祖；自稱勝景龍花	
姚繼業		楊添壽之徒	自稱護法	
楊　忠		楊添壽之徒		有殘疾，不能演唱
楊　加	寶雞縣人			

資料來源：勒保等奏摺，乾隆五十三年七月初九日，收錄於《清廷查辦秘密社會案》v16.3661~3665。

　　陝西寶雞雷德本傳習悄悄會一事，參與人士在籍貫分佈上多為陝西、山東等地，其中多鳳翔縣人、寶雞縣人以及館陶縣人，事發原因為陝西鳳翔縣人韋茂，投首供有雷得本自稱神仙，設立悄悄會名目，誘人出錢入會，可以免災難，因為其從前曾經入會，而今見鳳翔、寶雞等處入會人數眾多，現又官府查拏得緊，因此害怕事發受到連累，而先行前往官府出首。此案中重要人物為寶雞縣人雷得本，同鄉楊加轉告雷得

本聽聞寶雞縣地方當有兵馬。恰值金川用兵，寶雞縣有兵差經過，雷得本遂便信其說，留心尋訪李德沛，後邀至家中，李德沛即妄言將來尚有大難，念經可以避過。並以雷得本手中粗亂碎紋，妄指為梅花井字等紋，可以傳經授教，即將劉道士、楊添壽等是告知雷得本，並指雷得本為天盤梅花。李德沛病故後，又甘陝鹽茶逆回滋事，集兵剿滅後，雷得本憶及李德沛當時曾有將來大遭兵火知語，似有驗證。隨訪李德沛家，將其遺存經卷收受，遂在鄉里間自稱神仙，倡言煽惑，妄立悄悄會名目，收徒侯榮、馬本、侯受廷、李女、王喜等人，而其他出錢入會人約三百餘名口。悄悄會利用民眾對於未來未知事物的好奇與恐懼心理，多加煽惑，從中獲取銀錢。

　　乾隆年間，民間秘密宗教的活動更加活躍，規模上有大有小，名目及教義亦相當多元，不似清前期的民間秘密宗教活動，較常帶有政治色彩，倡教人物亦多以明裔作為號召，或以政治煽惑來驅動教內教徒，雖仍有民間秘密宗教本身即具有變天、末劫思想，而掌教人物又因入教信徒日眾，便以個人私欲夾帶政治色彩，加以與宗教思想上的變天思想結合，最終合謀教眾攻城反清，但此已為少數；反之因社會時局日趨平穩，因此，以治病、保平安健康、避災為由的吃齋唸佛或具養生送死，以及提供其他社會需求等社會照顧之功能的民間秘密宗教日益增多，在此類民間秘密宗教的掌教人物，多懷有社會關懷的思想，對傳統的社會產生正面功能，而在官府查拏辦理「邪教」案件時，若有此類多以收贖結案；此外，關於人性上的欲望與想望，多為民間秘密宗教掌教人物透析與掌握，並以其吸引民眾信仰並參與教門活動，如以

修來世之福或修練成仙等名目，多造成傷民傷財的結果。就
參與民間秘密宗教的人物而言，乾隆朝仍多有違背傳統倫常
的男女關係、教眾狂熱的活動以及日常從事產業的荒廢等，
對傳統的社會產生負面影響。參與民間秘密宗教的信徒對於
其掌教之教主的狂熱信仰，其所造成公然反抗官府的暴動取
代了清前期打著反清復明政治意圖的叛亂，信徒因教主被官
府所查拏，而引起的叛亂攻城活動，在乾隆朝時期有多起案
件發生。

第四章　嘉慶年間民間秘密宗教人物分析

　　嘉慶年間（1796~1820），民間秘密宗教的傳習與活動更加活躍。甚至發生了數起規模較大的民間秘密宗教叛亂事件。有白蓮教系統的五省大動亂、八卦教系統的天理教起事，以及其他教門的傳教與活動，在整個僅有二十五年的嘉慶朝中，充斥著民間秘密宗教教案。清朝朝廷從皇帝、中央官員至各省臣工，無不將民間秘密宗教教案視為重要處理的課題。因此，皆謹慎而密切地注意各地發生的教案，官府每每破獲教案，皆對參於人士錄以口供，故而留下了為數可觀的口供材料，得以進行分析民間秘密宗教人物。為了方便敘述，以及便於釐清嘉慶朝時期參與民間秘密宗教的人物，本章在內容結構上，仍依循著案件，及其附有的口供材料進行分析，以下將以參與白蓮教系統、天理教案、清茶門活動及其他教派的人物作為分析依據，分別分節進行論述。

第一節　白蓮教系統中的人物

　　自乾隆末年，川陝楚豫等省分，民間秘密宗教盛行，以白蓮教系統的混沌教、混元教、三陽教等支派，在這些地區

上，活動日趨興盛，各地教案頻傳。至嘉慶初年，爆發了以白蓮教為通稱的大規模民間秘密宗教叛亂起事，共歷時九年，蔓延四川、陝西、甘肅、湖北、河南等五省，參與在其中的教首與教眾人數相當龐大，且在破獲後，多錄有口供留存下來，這些案件及其供詞，有助於了解民間秘密宗教人物以及分析。

安徽潁州府太和縣人劉之協，素來以棉花買賣為生，並傳習混元教。在乾隆年間時，被官府破獲並查出混元教傳自河南人樊明德，其轉傳王懷玉與王法僧父子，王懷玉收劉松為徒，劉松傳徒劉之協。劉松、王法僧被捕後，於乾隆四十、四十一年（1775、1776）先後發配甘肅，而王懷玉與劉之協在逃期間，仍繼續傳教活動。乾隆四十八年（1783），劉松之子劉四兒來配所，與其父親同居。乾隆五十三年（1788）劉之協來到劉松配所探望，並與劉松謀商復興舊教，但因混元教破案已久，人多不信，必須另立教名，便商同劉松，將混元教改名為三陽教。劉之協又恐不能動眾，復與劉松商量，欲覓一人捏名牛八，湊成朱字，偽稱明朝嫡系子孫，將來必然大貴。又指劉松之子劉四兒為彌勒佛轉世，保輔牛八，並聲稱入其教者，可免一切水火刀兵災厄，並推稱劉松為老教主，希圖哄誘眾人，斂得銀錢。嗣後收徒宋之清等人，宋之清亦輾轉收徒，傳教斂得銀錢，後來其因傳徒日多，不肯將斂得銀錢與劉之協、劉松分用，遂自立一教，另拜河南南陽人李三瞎子為師，稱為真彌勒佛轉世，並以李三瞎子之子名叫卯金刀，又叫卯兒，將來必定大貴，將劉之協教內之人盡行勾去。

劉之協因不能斂取銀錢，隨於乾隆五十七年（1792）三月來至劉松配所，告述前情，並邀同劉四兒前往襄陽，與宋之清理論。宋之清以劉四兒不像彌勒佛，李三瞎子才是真彌勒佛，現在黃沙蓋面，等時運一到，眼目就開，並以劉之協從未將牛八與其看過，斥為虛詞哄騙，反令劉四兒歸入其教。劉四兒不依，亦以未見牛八向劉之協抱怨。劉四兒當即仍回隆德，劉之協亦隨回至安徽，找得王廷章之子王雙喜兒做為牛八。於是年十二月帶領王雙喜兒即牛八與劉松父子看視。其時牛八年十一歲，劉松即將劉之協同牛八留住月餘。次年正月，劉之協即帶領牛八由隆德起身，前赴襄陽，交與宋之清看視，以見實有其人，希冀將教內之人分回。劉之協自帶領牛八去後，總無音信。越明年六月，劉松才知劉之協因與宋之清爭教，現已被官府查拏破案。[1]

表 4-1-1 安徽劉之協傳習三陽教要犯分佈表

姓名	籍貫	關係	行業	備註
劉之協	安徽潁州府太和縣人	劉松之徒、宋之清之師父	棉花買賣	將混元教改名為三陽教老師父
王廷章	太和縣楊家集人	王雙喜之父		
樊明德	河南人	王懷玉、王法僧之師父		
王懷玉	河南鹿邑縣人	樊明德之徒、王法僧之父、劉松之師父		
王法僧	河南鹿邑縣人	樊明德之徒、王懷玉之子		發配甘肅

---

1 劉子揚、張莉編，《清廷查辦秘密社會案》，第 9 冊，北京：線裝書局，2006 年，頁 1300~1302。勒保錄附奏摺，乾隆五十九年十月初六日。

劉　　松	河南鹿邑縣人	劉四兒之父、王懷玉之徒、劉之協之師父	老教主	發配甘肅
劉四兒	河南鹿邑縣人	劉松之子		爲彌勒佛轉世，保輔牛八
牛　八（王雙喜）	太和縣楊家集人	王廷章之子		僞稱明朝嫡系子孫
宋之清	湖北襄陽縣人	劉之協、李三瞎子之徒	貿易	
李三瞎子	河南南陽人	卯金刀之父、宋之清之師父		爲真彌勒佛轉世
卯金刀（卯兒）	河南南陽人	李三瞎子之子		

資料來源：畢沅硃批奏摺，乾隆五十九年九月初九日、勒保錄附奏摺，乾隆五十九年十月初六日，收錄於《清廷查辦秘密社會案》v9.1281~1283、1300~1302。

　　劉之協是三陽教中的老師父，亦爲後來白蓮教大動亂的軍師，在其教內，凡是入教者，劉之協即發給黃綾一塊，黃綾上面書有經咒，教徒們皆相信將黃綾帶在身上，凡有災難皆可避過；而其教內儀式中，每日燒香諷誦經咒，是爲修來世之福。[2]白蓮教系統的混元教或三陽教強調入教免災又可修來世的宗教功能外，其宗教思想中，亦帶有濃厚的政治色彩，即爲變天思想，這種思想若同時碰到官逼民反或者是天災人禍的外力衝擊影響，極易由狂熱的宗教信仰轉而走上宗教叛亂的路徑。

　　在白蓮教動亂後，軍機大臣慶桂等人審擬劉之協時，便即指出劉之協傳習白蓮教，收買王雙喜，託名牛八，指出前

---

2 《剿捕檔》，臺北：國立故宮博物院藏，頁147。劉之協供詞，嘉慶五年八月初七日。

明後代，將劉松之子劉四兒稱爲彌勒佛轉世，輔助牛八，始圖惑眾騙錢，繼逐圖謀不軌。[3]湖北長陽縣人張正謨，是湖北白蓮教重要教首之一。乾隆五十九年（1794）四月，張正謨拜房縣人白培相爲師，入白蓮教。白培相告知山西平陽府樂陽縣王家莊長春觀出了個真主，是戊戌年生的，名叫李犬兒，左右兩手有日月兩字紋，鳳眼龍睛，相貌異於常人，說其爲神將轉世。教中有劉之協，是教內的軍師，而朱九桃則是輔佐他的臣子。李犬兒準備於辰年辰月辰時起事，並令教眾暗地製備刀鎗火藥，便承諾將來事成，定有好處。張正謨隨即拜白培相爲師，白培相説這是白蓮教，同教的人都用白布纏頭做記號，其後，張正謨轉傳堂兄張正榮及曾應懷等人，又叫他們到處轉傳，人數就漸多了。[4]

此外，有張宗文曾拜張正謨爲師，學習白蓮教。四川宜都縣人聶池有個女兒，許配給張宗文的兒子爲妻，聶池爲聶傑人之次子，乾隆六十年（1795）五月，張宗文同其師父張正謨到聶傑人家，告知明年三月是辰年辰月，定起黑風，死人無數。並勸聶傑人入教，以免災禍。聶傑人聽信，就與次子聶池同拜張宗文爲師，每日燒香敬神。聶傑人事後供稱：

> 生有三子，長轟泮、次轟池、三轟渭……七月間又有同教的劉盛才來説，張正謨們傳有歌句是，木易木子真名姓，木易門中見真人，卯字金刀他來到，何時得見太平年。我問他怎樣講解，他說木子姓李，木易姓

3　《剿捕檔》，頁 211。慶桂等奏搞，嘉慶五年八月十四日。
4　《上諭檔》，方本，臺北：國立故宮博物院藏，頁 137。張正謨供詞，嘉慶元年七月二十五日。

楊，卯金刀姓劉，姓李的生在戊戌年，屬犬名叫犬兒，
父親李文盛，母親劉氏，住山西平陽府樂陽縣，係天
神托生，有楊姓、劉姓並我們同教的人保護，將來在
河南立業。張正謨到山西去見過李犬兒，那姓楊姓劉
的不知住在何處、是何名字。還說習教的人各出銀兩
交與掌櫃的收下，轉送李犬兒就在簿內開入名字，日
後成事，查對納銀多少，分別封官。我心想做官，就
出銀一百兩交劉盛才收去。劉盛才說小的銀多可做總
督，並未給有憑據，也不曉得掌櫃是何人，只聽說簿
子就係那姓劉的掌管。[5]

湖北宜都縣人向瑤明，年六十三歲，有三個兒子以及六個孫
子，平日在鄉里的教蒙館，教書度日，與劉盛才素來相識交
好，劉盛才即將其引至白蓮教。其於事後供稱：

有素識之劉盛才到小的館內，勸小的入白蓮教。他
說，山西有個李犬兒，將來同教的人幫助他成事，入
了教的就可免禍。小的一時應允。八月間，劉盛才又
到過小的家內，說他們買辦硝磺制備火藥，還打造刀
槍的話。又說，張正謨是個教師，各處都有他的徒弟，
暗地約會，到辰年辰月辰日起事。[6]

嘉慶元年，張正謨從原籍長陽縣搬到宜都縣，並同其他教首
們商議準備起事一事，在擬定起事日期上，是由各地教首約

---

5 劉子揚、張莉編，《清廷查辦秘密社會案》，第 10 冊，頁 1449~1452。
佚名錄副奏摺並附供單，嘉慶元年三月。

6 劉子揚、張莉編，《清廷查辦秘密社會案》，第 10 冊，頁 1452~1459。
剿捕檔，嘉慶元年三月。

定而成的，據劉之協供稱：

> 我同姚之富、齊王氏，原擬嘉慶元年三月初十日辰
> 時，即是辰年辰月辰日辰時起事，爲的是興旺意思。
> 原想用一色干支，使同教人看得新奇，好信服我。[7]

教首張正謨與聶傑人等人說，劫數將到，凡入教的分爲上下
文武兩班，竹溪、房縣、保康各處爲上頭武仙；枝江、宜都、
宜昌爲下頭文仙。三月劫數一到，武仙來與文仙會齊，殺人
無數，只見頭帶白布號帽，身上帶有黃綾符帖就曉得是同教
的人，可以免難。[8]即訂三月初十日正式起事，但因地方保甲
稽查邪教嚴緊，張正謨等人怕被查拿問罪，因此叫同教的人，
各自私下預備刀槍火藥，如有官人來查拏好拒捕。此時，適
見各處官兵俱往湖南征苗，於是便於正月初八日在湖北長陽
縣邀集數百千人，並將白布旗號、黃綾符帖、刀槍等物攜至
聶傑人家中存放。提前於正月十一日起事，年號「天運」。[9]
在張正謨被拏後稱：

> 正月初七日，聽得宜都縣差人查拿的緊，我就邀同劉
> 洪錦、劉方、萬家相聚了一千多人在聶傑人家起事。
> 那時有李興榜叫我們到江家墻聚會，十二日我們去
> 時，有張宗文、劉盛鳴、劉宏鐸、傅聯璧先在那裡，
> 已經聚有一萬多人，刀槍火藥米糧各人運來，又到附
> 近村莊劫搶擄掠男女上山入夥。後來見江家墻地勢不

7 《清中期五省白蓮教起義資料》，第 5 冊，揚州：江蘇人民出版社，1981
　年，頁 105。劉之協供詞，嘉慶五年六月。
8 劉子揚、張莉編，《清廷查辦秘密社會案》，第 10 冊，頁 1449~1452。
　佚名錄副奏摺並附供單，嘉慶元年三月。
9 《剿捕檔》，頁 51。嘉慶三年三月初九日。

　　甚險要，才搬到灌灣腦住下，沿路紮卡抗拒官兵。[10]
湖北宜都縣人劉宏鐸，父劉盛才，母親爲楊氏，父子兩人都
從曾應懷習教，因地方官查拿邪教嚴緊，故在劉盛鳴家暫爲
藏躲，同著朝安榮、鄧大才、孔傳仁們聚了二三百人，到正
月十一日，一同到江家壋與張宗文合爲一處，陸續擄搶共有
二萬多人，就在山上打造刀槍大炮，張正謨是山上大頭目，
並幫其辦事。[11]教犯向瑤明供出起事經過：

> 從劉盛才學習白蓮教。劉盛才向我説過，山西平陽府
> 樂陽縣的李犬兒是戊戌年生的，應該我們同教的人助
> 他成事。劉盛才曾同長陽縣的張正謨到山西去見過，
> 李犬兒兩手有日月兩字，頭是秃的，眼邊微爛，現在
> 裝做啞子掩人耳目。我聽得如此説，並未見過。劉盛
> 才同張正謨等私買硝磺制造火藥，又打造許多刀槍。
> 那張正謨是個教師，各處都有他的徒弟，已暗地約下
> 到辰年辰月辰日起事，叫我入夥，我應允了。到臘月
> 二十七日，劉盛才並謝應科、楊勝池、周安科、向萬
> 年、王上魁們往南漳、保康、施南、宜昌、郎陽一帶
> 分投約人到枝江來幫助，不料地方官預先聞知差人查
> 拿。今年正月，張正謨從長陽帶了許多人來説，等不
> 到三月裡，只好先動手了。因轟傑人家房屋寬展，大
> 家就到轟傑人家屯住，張正謨又推轟傑人爲首。初十
> 日，縣裡帶人捕拿，張正謨就率眾拒捕，又叫同夥到

---

10 劉子揚、張莉編，《清廷查辦秘密社會案》，第 10 冊，頁 1713~1716。
　　成德等錄副奏摺並附供單，嘉慶元年八月十九日。
11 同上註。

各村莊搶劫糧米，隨後移到江家墻住下。因屢被官兵
剿殺，又搬到灌灣腦的。初起手時原不上二千人，後
來同教的陸續帶人前來，張正謨又常遣人到附近村莊
擄掠男婦們上山逼脅入夥助勢，如今山裡共有男女一
萬多人。每日口糧都是向各村莊搶來的，自二月半
後，官兵把要路截住，不能下山搶劫，那糧只好吃到
三月盡邊了。至張正謨因要在轟傑人家起事，就推他
為首，不過是個虛名，到山上後，一應事情都是張正
謨主張，不同轟傑人商量，就是劉盛鳴也服張正謨管
的。那山里有三百多桿烏槍，其餘都是錨槍，六個果
木炮，近日又做了幾百枝弩箭，箭頭都抹了毒藥，射
得六七十步遠。那進山的道路都埋上火彈地雷，四路
紮了石卡，卡上都有槍炮滾木擂石，地下挖有土坑，
都不好走。張正謨還說，先搶了枝江、宜都縣城，奪
了荊州直到襄陽，再往河南河內縣保扶李犬兒成事。
那裡有一個姓劉的，一個姓楊的，都不知他的名字，
只知姓楊的父親叫楊代章，都是幫助李犬兒的。張正
謨現有一把劍，說是李犬兒給他的。現在山上只有個
楊先生，也不知他名字，是湖南寶慶府人，餘外都是
荊州、宜昌一帶的人，並沒有苗子在內，也從不曾見
苗子那邊有人來。張正謨曾說過湖南的苗子也是將來
輔助李犬兒的，那當陽、保康、來鳳各路的人想都是
劉盛才們約會來的，現在劉盛才都不曾回山。[12]

---

12 劉子揚、張莉編，《清廷查辦秘密社會案》，第 9 冊，頁 1394~1398。
惠齡錄副奏摺並附供單，嘉慶元年三月初四日。

據上引文之供詞，加以湖北巡撫惠齡具摺時亦指出，一切謀逆，均是張正謨所主導，另外有張宗文、張正瑞、劉宏鐸、向瑤明等四人為其心腹管事。[13]而聶傑人等被拏獲後供稱，是因苗匪不法，該犯等約會村里鄉民，聲言防範，繼見鄉民願從者甚多，遂相密商謀，陰圖不軌。乾隆六十年（1795）十一月間，聶傑人與鐵匠朱文秀等人在山洞內打造刀槍等物，分藏於家內，後來因恐鄉民畏縮退卻，便妄稱入教教民們均有白蓮教法書符藏身，可以保護躲避槍箭，刀槍不入，並且又製作飛雲履，穿著即可飛騰於空，不被官兵抓住。聶傑人與張正謨等，互相約會香裡村人內之教徒欲起事叛亂，旋被捕獲。[14]

表 4-1-2 湖北宜都張正謨、聶傑人等要犯一覽表

姓名	籍貫	年齡	關係	行業	備註
聶傑人	荊州府都縣洋鄭畈人	68 歲	聶泮、聶池、聶渭之父；張宗文之徒		
聶　泮	荊州府都縣洋鄭畈人		聶傑人之子、張宗文之徒		
聶　池	荊州府都縣人		聶傑人之次子		
聶　渭	荊州府都縣洋鄭畈人		聶傑人之三子		
張宗文			聶傑人、聶池之師父；張正謨之徒		

---

13 《清中期五省白蓮教起義資料》，第 1 冊，頁 71。湖北巡撫惠齡奏摺，嘉慶元年三月初四日。
14 劉子揚、張莉編，《清廷查辦秘密社會案》，第 9 冊，頁 1351~1355。惠齡錄副奏摺，嘉慶元年正月十五日。

張正謨	湖北長陽縣人	35歲	白培相之徒、張宗文、曾應懷之師父；張正榮之堂弟兼師父	教師	白蓮教頭目
張正榮			張正謨之堂兄兼徒弟		
張正瑞			張正謨之心腹		
曾應懷			張正謨之徒；劉洪鐸、劉盛才之師父		
向瑤明	湖北宜都縣人	63歲	劉盛才之徒	教蒙館業師	
劉之協	安徽太和縣人				軍師
朱九桃					輔佐李犬兒的臣子
白培相	房縣人		張正謨、林之華之師父		
張馴龍					白蓮教掌教
林之華	長陽縣人		白培相之徒弟		
覃加耀	湖北長陽縣人，在椰坪地方居住	26歲			自幼讀書，後又習武，是武童出身。白蓮教頭目
張正朝	湖北長陽縣人，房縣居住	29歲		替張馴龍種田	右軍師
楊　姓	湖南寶慶府人			貿易	
劉盛才	湖北宜都縣人		曾應懷之徒、向瑤明之師父、劉洪鐸之父		
劉洪鐸（劉宏鐸）	湖北宜都縣人	25歲	曾應懷之徒、劉盛才之子		
楊代章					幫助李犬兒

李犬兒	山西平陽府樂陽縣王家莊長春觀人	李文盛、劉氏之子		戊戌年生，左右兩手有日月兩字紋，鳳眼龍睛（眼邊微爛），頭是禿的，相貌異於常人，爲神將轉世，現裝啞子掩人耳目
李文盛	山西平陽府樂陽縣人	李犬兒之父		
劉　氏	山西平陽府樂陽縣人	李犬兒之母		
劉盛鳴	荊州府人			
黃庭柱	荊州府人			
周大用	荊州府人			
劉光光	荊州府人			
朱文秀	荊州府人		鐵匠	在山洞打造刀槍等物，分埋家內
姚之富				白蓮教頭目
齊王氏				白蓮教頭目

資料來源：惠齡錄副奏摺並附供單，嘉慶元年二月二十二日、惠齡錄副奏摺，嘉慶元年正月十五日、惠齡錄副奏摺並附供單，嘉慶元年三月初四日、佚名錄副奏摺並附供單，嘉慶元年三月、剿捕檔，嘉慶元年三月、成德等錄副奏摺並附供單，嘉慶元年八月十九日、剿捕檔，嘉慶元年九月二十五日，收錄於《清廷查辦秘密社會案》v9.1372~1378、1351~1355、1394~1398、v10.1449~1452、1452~1459、1713~1716、1763~1769。

張正謨起事之後，白蓮教分散於各地的其他教首亦先後帶領教眾起事。其中，楊起元、陳得本一股於同年二月初，在當陽縣起事，至三月間，先是張漢潮等人在黃龍壋桃山廟起事，隨後羅其清、冉文儔於方山坪等地起事，到了五月內，齊王氏、姚之富在夾河州、鄧州起事，高二、高三、馬五在高家灣起事，九月間王三槐、冷添祿糾人於蓮池溝起事。[15]

15　劉子揚、張莉編，《清廷查辦秘密社會案》，第 15 冊，頁 3155~3159。審訊張什供詞筆錄，嘉慶六年三月。

表 4-1-3 當陽、東湖等地楊起元、陳德本起事要犯一覽表

姓名	籍貫	年齡	關係	行業/身份	教中從事工作/備註
楊起元				白蓮教教首	白蓮教老教頭、元帥
陳德本	東湖縣宋家嘴人	31歲	陳德科、陳德友之兄弟；何顯明之徒；周萬舒、袁三潮、譚復信之師父		父母俱故。右寨頭目。六月十九日夜，楊起元投出城去，故接做元帥
陳德友			陳德本、陳德科之兄弟；何顯明之徒		
陳德科			陳德本、陳德友之兄弟；何顯明之徒		
何顯明			陳德本、陳德科、陳德友之師父		
王正統					左寨頭目
王正統			馮百川、席雲峰之師父		先鋒副將，王正統被官兵打死後，即接當左寨頭目
馮百川			熊道成之徒	鐵匠營生	父母俱故。二月十五日白蓮教進了縣城，威脅鑄造銅炮
席雲峰	當陽縣人	33歲	熊道成之徒	當陽縣皂頭	白蓮教副頭目。二月十一日熊道成說，東湖、遠安同教的人已造反，要來攻當陽縣城，其於城中接應
楊啓瑞	當陽縣朱家灣人	39歲	呂華之徒		先鋒副將。父母俱故。正月陳德本欲起意謀反，通知同教的人。二月十五日跟陳德本進城
呂　華			楊啓瑞之師父		
王應料			羅傳禮之師父		

羅傳禮	遠安縣清溪鋪人	30歲	王應料之徒		中寨頭目
劉季時（劉秀）	當陽縣雙店人	36歲			前寨頭目
陳志甲			雷成遂之師父		
雷成遂	當陽縣城里人	46歲	陳志甲之徒	當陽縣快頭	父母俱故。白蓮教散頭目
蕭登富			張世彬之師父		先鋒副將，負責守城打仗
張世彬	四川溫江縣人	42歲	蕭登富之徒		白蓮教副頭目，負責守城打仗
馮百川	當陽縣人	54歲			
譚復信	東湖縣人	59歲	陳德本之徒	雙泉寺道士	父母俱故，並沒弟兄妻子。小的從習教。二月十一日陳德本聚集同教的人一路燒搶到當陽，十五日進了縣城，負責指點施放銅炮，拒敵官兵
何先明			楊添祥之師父		
楊添祥	東湖縣人	28歲	何先明之徒		父母俱故，並無弟兄妻室。二月初間，有同教陳德本、障德科來說，宜都聶傑人占聚深冲山。陳德本等也約有四百多人，叫我同他入夥
何士倫			王曰義、王曰禮、王曰禮之師父		
王曰仁	東湖縣人	53歲	王曰義、王曰禮之兄弟；何士倫之徒		父母已故。二月初十日夜，聽從陳德本在宋家嘴放火燒搶
王曰義	東湖縣人	47歲	王曰仁、王曰禮之兄弟；何士倫之徒		
王曰禮	東湖縣人		王曰仁、王曰義之兄弟；何士倫之徒		

袁三潮	東湖縣人	24歲	陳德本之徒		二月初十日夜聽從陳德本在宋家嘴放火燒搶
周萬舒	東湖縣人	30歲	陳德本之徒		
陳節超			劉丙玉之師父		
劉丙玉	東湖縣人	58歲	陳節超之徒		父母已故。二月初十日與陳德本在宋家嘴焚搶
潘文進			張興宇之師父		
張興宇	東湖縣人	35歲	潘文進之徒		父母俱故，沒有弟兄。二月十四日潘文進約到何宗訓那入夥
羅宗明			彭學義之師父		
彭學義	荊門州人	39歲	羅宗明之徒		父母俱故，沒有弟兄，羅宗明約到何宗訓那入夥
劉國鳳			楊起模之師父		
楊起模	興山縣人	32歲	劉國鳳之徒		父母已故。二月十三日劉國鳳約到何宗訓那入夥
熊宏才			朱定谷之師父		
朱定谷	江陵縣人，搬居東湖縣	48歲	熊宏才之徒		父母俱故，沒有弟兄。我從熊宏才入教，二月十四日到何宗訓那里入夥
彭三才			劉相之師父		
劉　相	東湖縣人	36歲	彭三才之徒		父母已故，業無弟兄。二月十五日彭三才約到何宗訓那入夥
周若富			周光國之師父		
周光國	當陽縣人	30歲	周若富之徒		父母早故，沒有弟兄妻室。二月十四日周若富約到何宗訓那入夥
聶士明			陳正舉之師父		
陳正舉	東湖縣人	30歲	聶士明之徒		父母已死。聶士明約到何宗訓那入夥

何宗訓					
劉光丙			楊宗仁之師父		東寨掌管
楊宗仁	東湖縣人	32歲	劉光丙之徒		父母已故，並無弟兄。二月十四日有房縣的韓士孝、東湖的羅宗龍，各帶領一二百人來約說，宜都聶傑人在謀逆被官兵圍住，糾約入夥幫助
楊宗信			傅正綱之師父		
傅正綱	東湖縣人	29歲	楊宗信之徒		二月十四日楊宗信約到韓士孝那入夥
鍾明珍	東湖縣人	37歲	傅有朋之徒		二月十四日是傅有朋約到韓士孝那入夥
胡在添			余文舉之師父		
余文舉	東湖縣人	38歲	胡在添之徒		父故母存。二月十六日胡在添約到韓士孝那入夥
周元龍（周元瓏）			傅蒂章、傅有貴、李義之師父		北寨掌管
周元鳳					東寨掌管
傅蒂章	枝江縣人，搬住東湖	78歲	傅有貴之父、周元龍之徒		二月十五日到韓士孝那入夥
傅有貴	枝江縣人，搬住東湖		傅蒂章之子、周元龍之徒		
謝 梅			劉文華之師父		南寨掌管
劉文華	東湖縣人	40歲	劉文榮之弟、謝梅之徒		父母俱故。二月十四日謝梅約到韓士孝那入夥
劉文榮	東湖縣人	42歲	劉文華之兄、傅有朋之徒		父母俱故，二月十五日傅有朋約到韓士孝那入夥
呂朝文			鄒金榮之師父		東寨掌管
鄒金榮	東湖縣人	17歲	呂朝文之徒		父故母嫁。二月十六日呂朝文約到韓士孝那入夥

劉大光			劉林祥之師父		
劉林祥	東湖縣人	38歲	劉大光之徒		父母俱故。二月十四日劉大光約到韓士孝那入夥
周凡彬			周成相之父、閔正鼎之徒		
周成相	東湖縣人	22歲	周凡彬之子、閔正鼎之徒		副頭目。正月底閔正鼎聽得宜都聶傑人們造反，起意糾眾前往幫助
閔正鼎			周凡青、周成瓏、周成相、周凡彬之師父		
周成瓏		32歲	閔正鼎之徒		二月先在望家山聚眾，後投韓士孝們那入夥
周凡青		30歲	閔正鼎之徒		閔正鼎約往韓士孝那入夥
苗明魁			周在榜之師父		東寨掌管
陳士德					西寨掌管
周在榜	東湖縣人	23歲	苗明魁之徒		二月初七日苗明魁約到韓士孝那入夥
傅有朋			劉蒂光、劉文榮、鍾明珍之師父		副頭目
鍾明周					副頭目
廖輔章					副頭目
余平山					副頭目
劉蒂光	東湖縣人	28歲	傅有朋之徒		父母俱故，並無弟兄。二月十六日傅有朋約到韓士孝那入夥
韓士孝	房縣人				中寨掌管、總頭目
羅宗龍	東湖縣人				中寨掌管、總頭目
李義	東湖縣人	39歲	周元瓏之徒		父母早故，並無弟兄。二月十五日周元瓏糾其到韓士孝那入夥
易國先			王雲受之師父		

王雲受	東湖縣人	21歲	易國先之徒		父母早故，沒有弟兄妻室。易國先約到韓士孝那入夥

資料來源：畢沅等錄副奏摺並附供單，嘉慶元年三月十四日、畢沅等錄副奏摺並附供單，嘉慶元年七月十三日，收錄於《清廷查辦秘密社會案》v10.1419~1429、1657~1661。

東湖縣人周成相，年二十二歲，與父親周凡彬皆從閔正鼎習教。閔正鼎與其父聽得宜都聶傑人們造反後，便起意糾眾前往幫助，隨在望家山邀約各處同教入夥，共邀得六七百人。東湖縣人楊宗仁，年三十二歲，父母已故，並無弟兄，向從劉光丙習教。於嘉慶元年二月十四日有房縣的韓士孝、東湖的羅宗龍，同其徒弟胡在添、傅有朋、呂朝文、榮士昆、劉添復、劉添祿、鍾雲貴、鍾明周，姚秀、鄭金、周雲、謝梅等人，各帶領一二百人來，因同教的宜都縣人聶傑人等，謀逆占據深冲山內被官兵圍住，故要前去營救。閔正鼎從望家山也帶領了六七百人來，隨把各人分為東西南北中五寨，每寨四五百人不等。韓士孝、羅宗龍是中寨掌管；劉光丙、周元鳳、苗明魁、呂朝文是東寨掌管；陳士德是西寨掌管；謝梅是南寨掌管；周元龍是北寨掌管。余平山、廖輔章、傅有朋、鍾明周與其皆為副頭目，韓士孝、羅宗龍是總頭目。東湖縣人張興宇，年三十五歲，父母俱故，沒有弟兄，從潘文進習教。於二月十四日潘文進亦因，同教何宗訓父子約二三百人要到聶傑人那入夥，叫其同去。此外，東湖縣人楊添祥，年二十八歲，父母俱故，並無弟兄妻室。從何先明學習邪教。二月初間，有同教的陳德本、陳德科來說，宜都聶傑人們招有一萬多人，現占據深冲山裏，而陳德本等也約有四百多人，

想從東湖一路前去，奪了渡船過江投附，並邀其入夥。[16]

　　此股中重要核心人物爲東湖縣人陳德本，年三十一歲，父母俱故。於乾隆年間認何顯明做師父習教，並轉傳曾開泰、張開言等人。因襄陽老教頭姚姓寄信來說，三月初十日是辰年辰月辰日，同教的人要收緣了，知會大家謀反，各造兵器。但縣內官府查拿邪教，有遠安縣的老教頭楊起元知會快些動手，先搶當陽縣城，得了一處，再攻一處。故糾約同教的七百多人，各帶家口，沿路燒搶良民房屋糧食銀錢，逼迫跟著助勢，若遇官兵鄉勇，叫良民在前抵敵，如有不從即在後邊趕殺。到了二月初八日從宋家嘴起手，十四日即到當陽城外聚集，隨後遠安縣的羅傳禮也帶了許多人來當陽，城裡同教的熊道成、席雲峰、張世彬等人皆爲楊起元預先知會接應的幫手，十五日午後攻入縣城。十六日各處同教數千人跟了楊起元趕到，把黃知縣殺了。進城後，便查封良民糧食銀錢。楊起元自稱元帥，刻了元戎戳記，分前後左右中五寨，派其做右寨頭目，隨後官兵到了，節次打仗死了幾千人。其中的當陽縣人席雲峰，年三十三歲，在當陽縣衙門內當皂頭，認熊道成做師父習教。於二月十一日時，熊道成告知東湖、遠安同教的人都已造反，要來攻當陽縣城，叫其於城裡做接應。十五日時，便接應陳德本、羅傳禮等人進城。過後楊起元其於左寨頭目王正統名下做副頭目，熊道成做先鋒副將，節次與官兵打仗，後來王正統被官兵用槍打死，熊道成接當左寨

---

16 劉子揚、張莉編，《清廷查辦秘密社會案》，第 10 冊，頁 1419~1429。
　畢沅等錄副奏摺並附供單，嘉慶元年三月十四日。

頭目。[17]

表 4-1-4 黃龍壋桃山廟張漢潮起事要犯一覽表

姓名	籍貫	年齡	關係	行業	備註
張漢潮		73歲	張正瀠之父；劉起榮、阮正瀠、詹世爵、李槐、李潮、張世瀧、張世虎之師父		白蓮教有南北二會。南會會會首。
張正瀠	襄陽鹿門寺人	57歲	張漢潮之子		
詹之林			劉起榮之師父		
劉起榮	襄陽縣黃龍壋人	42歲	劉元盛之父；劉之協之族叔；張漢潮、詹之林之徒；阮學明之師父		
劉元盛	襄陽縣黃龍壋人		劉起榮之子		
張　時（張什）	湖北襄陽府宜城縣人	51歲	阮學明之徒		
阮正瀠			阮學明之子、張漢潮之徒		
詹世爵			張漢潮之徒		
冉學聖（阮學盛）	湖北襄陽府襄陽縣黃龍壋人	34歲		務農	青眼窩冉元帥
阮學明			阮正瀠之父；劉起榮之徒；世世龍、張世虎、張時之師父		
李　槐	湖北襄陽縣黃龍壋人	50歲	張漢潮之徒；邱得朋之師父		
李　潮	湖北襄陽縣人	44歲	張漢潮之徒、陳傑之師父	務農	
張世龍			阮學明之徒		
張世鳳			阮學明之徒		
張世虎			張漢潮之徒		
邱得朋			李槐之徒		

17 劉子揚、張莉編，《清廷查辦秘密社會案》，第10冊，頁10.1657~1661。畢沅等錄副奏摺並附供單，嘉慶元年七月十三日。

高玉春						白蓮教小頭目
陳　傑	湖北襄陽縣人		37 歲	李潮之徒		

資料來源：張正瀧供詞筆錄，嘉慶三年九月、邢彥成等硃批奏摺，嘉慶
　　　　　四年十二月二十九日、王廷詔供詞筆錄，嘉慶六年五月、冉
　　　　　學聖供詞筆錄，嘉慶六年八月，收錄於《清廷查辦秘密社會
　　　　　案》v13.2538~2540；v14.2822；v15.3192~3201、3222~3225。

白蓮教有南北二會。南會是張漢潮傳習劉起榮、張時、阮正
瀧、詹世爵、李槐、李潮、張世瀧、張世虎等人，北會是齊
王氏傳習姚之富、張天倫、張富國、胡宗潮、高成傑、高均
得、樊人傑等人。湖北襄陽縣人張正瀧，年五十七歲，父親
爲張漢潮，因地方官府拿辦白蓮教甚嚴，白蓮教徒們害怕被
拏問罪，於是便計畫起手叛逆。[18]襄陽縣黃龍堵人劉起榮，
年四十二歲，父母妻子俱已亡故。向從詹之林習教，傳過徒
弟阮學明等約有千餘人。嘉慶元年二月間，眾人因地方官查
拿邪教甚嚴，都怕到官問罪，一時起意聚到白龍觀去商量拒
捕。那時有高成傑同李述、王大樹帶了河南五六千人前來入
夥。[19]

又有湖北襄陽府宜城縣人張什，年五十一歲，供稱張漢
潮是老掌櫃，劉啓榮、詹世爵、李潮、李准、冉學勝、阮學
明都是張漢潮徒弟，其與張世龍、張世虎等人爲阮學明徒弟，
阮正瀧是阮學明之子。嘉慶二年三月間，眾人見湖北、河南
都反不成，聽見四川反的人多，故想要過四川去會同教的人，

---

18 劉子揚、張莉編，《清廷查辦秘密社會案》，第 13 冊，頁 2538~2540。
　勒保錄副奏摺附片，嘉慶三年九月。
19 劉子揚、張莉編，《清廷查辦秘密社會案》，第 11 冊，頁 1904~1906。
　惠齡等奏，嘉慶二年二月初八日。

就分起前後由商南、雒南到陝西才過四川去的。其於營中當白號元帥，爲陝西地方王廷詔給掛的帥，王廷紹原是白蓮教老師傅，其起初曾說要保明朝後代，有畫像經劵在身，不輕易給人看見。[20]

表 4-1-5 方山坪等地羅其清、冉文儔起事要犯一覽表

姓名	籍貫	年齡	關係	行業	教中從事工作/備註
羅其清	四川巴州方山坪人	39歲	羅其書之兄、夏達恩之表哥	織機匠、開酒飯店度日	
冉文儔	四川巴州人				
王廷詔	河南開封府西華縣董范村人	57歲		傭工度日，後來賣帶子度活	白蓮教大掌櫃。大元帥
羅其書	四川巴州方山坪人	32歲	羅其清之弟	織機匠	
冉添元	四川保寧府通江縣人，冉家灣居住	36歲			
魏冠儒					白蓮教頭目
夏達恩	四川巴州申家嶺人	30歲	羅其清之表弟		白蓮教大頭領、護帥
苟文宰					白蓮教頭目
苟文相					白蓮教護法
魏冠儒					副元帥
魏中孚					白蓮教頭目
苟斌					白蓮教頭目
白修義					白蓮教頭目
朱思珠					白蓮教頭目
蘇文遠					白蓮教頭目

資料來源：白蓮教徒供詞筆錄，收錄於《清廷查辦秘密社會案》v13.2599~2600、2642~2648；v14.2862~2864。

---

20 劉子揚、張莉編，《清廷查辦秘密社會案》，第15冊，頁3155~3159。審訊張什供詞筆錄，嘉慶六年三月。

四川巴州方山坪人羅其清，年三十九歲，平日燒香敬菩薩，織機匠生理，前因地方乾旱，無人雇織綢布，就在附近長嶺崗開酒飯店度日。開店之日，眾人來賀，點放花爆，有人説其起營房辦會，州裡便來查，並無憑據。隔些時日，又被告官，才聚集六十多人，各自糾約有一千多人，在方山坪扎寨。派了魏冠儒、夏達恩、苟文宰、苟文相、魏中孚、苟斌、白修義、朱思珠、蘇文遠爲大頭目，到頂山等處紮營，到處搶糧。後來，人就越聚越多了，又挪到孫家梁紮營。經官兵追殺，又移到營山縣箕山屯紮。那時手下已有兩三萬人，爲頭目各自招聚的。王廷詔等人都到箕山，背了七代的佛像，王廷詔説這佛像可以避槍炮。[21]

其中，有四川巴州申家嶺人夏達恩，年三十歲，父母妻子都死了，其爲羅其清的表弟，同習白蓮教。羅其清在方山坪起了手，起初男女大小有六七千人，其爲大頭領，後來到鼎山、歷山又收了一千多人，其後又挪到箕山，手下的人越聚越多，約有兩三萬人。[22]

表 4-1-6 夾河州、鄧州等地齊王氏、姚之富起事要犯一覽表

姓名	籍貫	年齡	關係	行業	教中從事工作
齊王氏	湖北襄陽縣人		姚之富、樊人傑、王光祖、張添倫即、戴泗、李樹之師父		

---

21 劉子揚、張莉編，《清廷查辦秘密社會案》，第 13 冊，頁 2642~2648。勒保硃批奏摺，嘉慶四年二月三十日。

22 劉子揚、張莉編，《清廷查辦秘密社會案》，第 13 冊，頁 2599~2600。夏達恩供詞筆錄，嘉慶三年十二月。

齊　林	襄陽縣人		王添萬、劉肇開、陳純祖、佘魁先、余青海、劉名懷之師父		老師傅
姚之富	湖北襄陽縣人		姚興祖之父、齊王氏之徒；王蘭、曾順武之師父		白蓮教教頭
王光祖			齊王氏之徒、武金柱之師父		
武金柱			王光祖之徒		
戴　泗			齊王氏之徒		
李　述（李全）	襄陽人		李孔盛之子、齊王氏之徒、張建侯之師父		
李孔盛	襄陽人，北京城東三十五里阮家灣寄居				攻襄陽城
樊人傑			齊王氏之徒		
姚興祖	湖北襄陽縣人		姚之富之子、曾順武之師父		白蓮教教首
宋麻子					白蓮教教首
張添倫（張二標子）	湖北襄陽縣人		張建國、張建侯之父；齊王氏之徒		約同教的人，在侯家灣起事
張建侯	湖北襄陽縣人		張添倫之子、張建國之兄弟；李述之徒		
張建國	湖北襄陽縣人，在侯家灣居住	21歲	張添倫之子、張建侯之兄弟		
辛　斗	湖北襄陽府宜城縣人	38歲			嘉慶元年五月內，入夥充當戰手。後入張添倫股內。封爲元帥
陳光進					元帥
楊開甲					元帥

李貴誠					白蓮教頭目
蘇啟志					先鋒
徐添德	達州人			達州的衙役	
劉肇開			齊林之徒		總兵、師長
陳純祖			齊林之徒		總兵、師長
佘魁先			齊林之徒		總兵、師長
余青海			齊林之徒		總兵、師長
劉名懷			齊林之徒		總兵、師長
王添萬	蒲圻縣人	28歲	齊林之徒、黃貴遠之師父	木匠	父母已故。自稱都督、應劫大元帥
黃貴遠			王添萬之姊夫		
陳耀田			鐵匠		監造軍器、火藥
曾順武	祖籍湖南，搬在鄖陽府保康縣居住		曾世興之父；姚之富、姚文學之徒		
曾世興	祖籍湖南，搬在鄖陽府保康縣居住	28歲	曾順武之子	販賣柴炭	小的父親曾拜
雷士成			胡立之師父		
胡　盛			胡立之兄		宜都、來鳳傳教
胡　立			胡盛之徒、雷士成之徒、祁中耀之師父		
祁中耀	房縣人	36歲	胡立之徒		
姚文學					白蓮教頭目
王　蘭	谷城縣人，居住於南鄉小岔溝		姚之富之徒		
陳世敬			高名貴之師父		
高名貴	祖籍湖北襄陽縣人，搬至雲陽縣洞溪壩	41歲	陳世敬之徒	務農，並販豬生理	

資料來源：白蓮教徒供詞筆錄，收錄於《清廷查辦秘密社會案》
　　　　　v10.1494~1498、1543~1544；11.2054~2056；v13.2453、
　　　　　2510~2516、2516~2518、2536~2538、2790~2806；
　　　　　v15.3155~3159、3230~3232。

湖北襄陽縣人張建國在侯家灣居住，年二十一歲，與父親張
添倫向入白蓮教中習教，爲同縣人李述的徒弟，李述的父親
是李孔盛，在北京城東三十五里阮家灣寄居。前因各處查拿
邪教甚緊，便約同教，在侯家灣起事。先在附近村莊焚搶，
後來人越多了，就同李述等人進攻襄陽城。經官兵殺敗，逃
在各處搶劫，屢經官方追剿，遂由河南逃往陝西。[23]

　　此外，有湖北襄陽縣人，高名貴搬在雲陽縣洞溪壩居住，
年四十一歲，平日務農，並販猪隻生理。先前因往巫山縣義
父陳國寶家裡探親，遇有陳世敬説，將來怕有災難，要習正
道才好躲避。聽信便拜其爲師。陳世敬說此支白蓮教爲齊林
一支傳下來的。[24]又有湖北襄陽府宜城縣人辛斗，年三十八
歲，嘉慶元年五月內，齊王氏與高均德等人等先後起事，其
隨同入夥當戰手。後入張添倫股內，二年九月內，張添倫封
其爲元帥，有二千六七百人、馬騾二三百匹。[25]

表 4-1-7 高家灣等地高均德、馬朝禮起事要犯一覽表

姓名	籍貫	年齡	關係	教中從事工作
高成傑	湖北省襄陽府襄陽縣人	50歲	高二之父；高均德、高新孔之叔；馬應祥之師父	
高　二	湖北省襄陽府襄陽縣人		高成傑之子、馬應祥之表哥	

---

23 劉子揚、張莉編，《清廷查辦秘密社會案》，第 13 冊，頁 2536~2538。
　　張建國供詞筆錄，嘉慶三年九月。
24 劉子揚、張莉編，《清廷查辦秘密社會案》，第 11 冊，頁 2054~2056。
　　宜綿等錄副奏摺並附供單，嘉慶二年閏六月十五日。
25 劉子揚、張莉編，《清廷查辦秘密社會案》，第 15 冊，頁 3230~3232。
　　額勒登保錄副奏摺，嘉慶六年九月二十四日。

高均德 （高新德、 郝以智、 高三）	湖北省襄陽 府襄陽縣 人，在三合 鎮居住	35歲	高新孔之弟；高成傑 之姪；馬朝禮、王林 高、賈智謨之師父	
馬應祥	湖北襄陽縣 人	49歲	高成傑之徒、高二之 表弟、馬朝禮之堂姪	
馬朝禮 （馬五）			高均德之徒、馬應祥 之堂叔	白蓮教大頭目、總元 帥
王林高 （王臨高）	江南安慶府 宿松縣人	35歲	高均德之徒	黃號元帥
賈智謨			高均德之徒	白號元帥
曹明魁				藍號元帥
高新孔			高均德之兄、高成傑 之姪	
王四誥				
劉楞	安徽太和縣 人			白蓮教教主、老師父
羅士柱				副元帥
楊光弟				先鋒
尤登科				總兵
龍紹周			劉楞之手下	
錢大川			劉楞之手下	
唐大信			劉楞之手下	

資料來源：白蓮教徒供詞筆錄，收錄於《清廷查辦秘密社會案》
　　　　　v13.2790~2806； v14.2830~2833、 3103、 3111~3113；
　　　　　v15.3155~3159。

湖北省襄陽府襄陽縣人高均德本名高新德，又叫做高三，起
事後為躲避官兵追拏改名為郝以智，在三合鎮居住，年三十
五歲。其因地方官府又查辦邪教，恐日後犯案被拏問罪，就
叫馬朝禮邀集同教的王四誥等人，共糾合一千多人，於元年
三月間，在三合鎮豎立白號，起事謀反。五月到棗陽，八月
又到豐樂河，又回襄陽。各處俱與大兵打仗，隨走河南鄧州、

桐柏、泌陽。馬朝禮爲總元帥,賈智謨爲白號元帥,王林高爲黃號元帥,曹明魁爲藍號元帥。另外,有白蓮教教主劉楞,嘉慶三年,劉楞才到四川。至於從前習教,原不過要求福免禍的意思,後來是因縣官查拿邪教,張漢潮鬧起事來,才跟著起事的。[26]

其中有湖北襄陽縣人馬應祥,年四十九歲,父母妻子都已死了,並無兄弟。從前與高成傑習教念經,嘉慶元年二月,張漢潮手下聚有一萬多人,就在襄陽縣起手造反。就跟著於三月二十八日豎起白旗,稱做高家營。五月內,遇見官兵就打了一敗仗,竄到河南,又被官兵打敗,再折回湖北,同戴家營及張漢潮合夥。[27]其中,有江南安慶府宿松縣人王林高,年三十五歲,一向習教,嘉慶二年冬間至陝西鎮安縣葛牌鎮看親戚,到山陽、鎮安一帶遇見馬五,就被拉引進去,在高家營先當矛子手,後來就當了元帥。[28]

表 4-1-8 蓮池溝等地王三槐、冷添祿起事要犯一覽表

姓名	籍貫	年齡	關係	行業	教中從事工作/備註
孫老五			冷俸之師父		
冷　俸			孫老五之徒、王三槐、亢作俸之師父		

---

26 劉子揚、張莉編,《清廷查辦秘密社會案》,第 13 冊,頁 13.2790~2806。高均德供詞筆錄,嘉慶四年十月;同書,第 14 冊,頁 2830~2833。高均德供詞筆錄,嘉慶四年十二月。

27 劉子揚、張莉編,《清廷查辦秘密社會案》,第 14 冊,頁 3111~3113。馬應祥供詞筆錄,嘉慶六年二月十九日。

28 劉子揚、張莉編,《清廷查辦秘密社會案》,第 15 冊,頁 3155~3159。張什供詞筆錄,嘉慶六年三月。

王三槐	四川東鄉縣人	35歲	冷俸之徒、符曰明之師父	巫師	
冷添祿	四川東鄉縣人				
符曰睿			符曰明之兄弟		
符曰明	四川達州東鄉縣人，在萬種溪居住	32歲	符曰睿之兄弟、王三槐之徒		元帥
亢作俸	四川達州東鄉縣劉家灣人	33歲	冷俸之徒		白蓮教頭目
庹向瑤					元帥
庹元			張子聰之師父		
張子聰	東鄉縣人	43歲	庹元之徒		
張榮見			張效元之師父		
張效元	安徽阜陽縣人	27歲	張榮見之徒、王廷詔之表姪	種地，開過染坊	
王廷詔	河南西華縣人		張效元之表叔		
田登貴			田多吉之師父		
田多吉	東鄉縣人	35歲	田登貴之徒	亭子鋪場上石匠生理	父母早故，並無兄弟
張明遠			黃文義之師父		
黃文義	達州亭子鋪人	47歲	黃涌貴之父、張明遠之徒		父母俱故，並無兄弟
黃涌貴	達州亭子鋪人		黃文義之子		
魏容			李寬之師父		

李　寬	沙坨寺人	39歲	魏容之徒	亭子鋪裁縫生理	
王　章	達州古嶺廟人	47歲			
曹仁貴	達州古嶺廟人	26歲			

資料來源：白蓮教徒供詞筆錄，收錄於《清廷查辦秘密社會案》
　　　　　v11.1789~1791、2018~2021；v13.2510~2516、2790~2806；
　　　　　v14.3006~3012、3032~3036。

四川東鄉縣人王三槐，年三十五歲。向來學習巫師與人禳災治病，因本家叔子王元伯與其不睦，說其傳習邪教，告在縣裡。本縣差人鎖拿，便逃到後河地方藏匿。差人將其父母妻子一併拿到縣裡監禁，其因父母被監禁，又無處逃生，就商同冷添祿約會同教在附近地方焚搶，手下有七百多人。便約達州徐添德進攻東鄉縣城，打開監門，其時，父親已經監斃，便將母親妻子搶出，遂同徐添德到金峨寺、香爐坪、重石子等處屯紮。後被官兵屢次剿殺，便各處逃生。[29]

　　此外，四川達州東鄉縣人符曰明，年三十二歲，在萬種溪居住，嘉慶元年七月間從王三槐習教，原不過燒香磕頭、求免災難的意思，不料地方官查拿甚緊，便隨同王三槐、冷添祿商議，立白號謀反。那年九月二十一日，王三槐糾會七八千人，在其住居的蓮池溝起事。其後，王三槐封其為元帥，總管一切。[30]另有四川達州東鄉縣劉家灣人亢作俸，年三十三歲，同王三槐跟隨冷俸學教，那冷俸是孫老五的大徒弟，

29　劉子揚、張莉編，《清廷查辦秘密社會案》，第13冊，頁2510~2516。
　　王三槐供詞筆錄，嘉慶三年七月。
30　劉子揚、張莉編，《清廷查辦秘密社會案》，第13冊，頁2790~2806。
　　高均德供詞筆錄，嘉慶四年十月。

九月間在豐城場造反，派其做頭目，管戰手五百人。[31]其中，安徽阜陽縣人張效元，年二十七歲，河南西華縣人王廷詔是我其表叔。自幼從張榮見學習白蓮教。自嘉慶元年，王廷詔、王三槐起事後，劉貴來到阜陽縣，送信說王廷詔等人在四川動手，便邀其入夥。[32]

　　本節列表所列之白蓮教教徒，分別隸屬湖北、四川、湖南、河南、陝西、安徽等省，其中籍貫為湖北省的教犯人數最多，其次為籍隸四川省的教犯，再其次為籍屬湖南省的教犯，零星的白蓮教教徒來自陝西、河南、安徽、江西、廣東等省份，多屬流動性人口，從事為人傭工、耕田以及商業買賣。

　　其中，表中的白蓮教教徒在年齡分佈上，平均年齡約為三十至四十歲之間；其中，主要戰手的平均年齡為二十至三十歲之間。在從各教犯的職業分佈上來看，因檔案中的資料不完整，故大致得知有務農、傭工為生、鄉間巫師、傳教教師、流動小商販、鐵匠、石匠、木匠、織機匠、染匠、裁縫師、挑夫、開飯店、教蒙館業師、醫生、官府衙役、武生、武童等。除此之外，在參與起事的人物中，除了主要白蓮教傳教家族外，跟隨起事者多有一個特徵，即父母亡故，且在生活上多半不穩定的底層民眾。此外，這些參與白蓮教的教徒在心態上，因為傳教教首多差人到處散播末劫或變天謠言，底層民眾心裡害怕，希圖透過入教免災禍，亦有因貪心，

31　劉子揚、張莉編，《清廷查辦秘密社會案》，第 11 冊，頁 2018~2021。宜綿等錄副奏摺並附供單，嘉慶二年六月初十日。

32　劉子揚、張莉編，《清廷查辦秘密社會案》，第 14 冊，頁 3006~3012。張效元供詞筆錄，嘉慶五年九月。

希冀得到好處或做官的，因此聽從入教的狠多。而在教中所謂的好處，即是指在事成後，給與官職，或按教徒所出的根基錢多寡數額，來分配好處與利益。此外，教內信仰在宣傳上一方面以保佑來生富貴爲號招，加以死後不入地獄，來誘惑教徒跟隨參與教內活動。這些都再再反應出，底層民衆對於現世貧苦生活或不如意的世事感到無奈與無助，以及渴望寄託於來生的美好與富貴，此類感情因素，造成民間秘密宗教，盛行於底層社會。

第二節　八卦教系統中的人物

　　嘉慶初年，長達九年的川陝楚等省份白蓮教大動亂在平定之後，雖然反映清廷對民間秘密宗教的積極嚴拏態度，與貫徹對民間秘密宗教嚴格拏辦的決心，但在地方上，民間秘密宗教並未因此消聲匿跡，反而發展與活動益發活躍。其中，不少教門在歷經清初的傳習與發展後，在此一時期，已經演變成教衆龐大的大教門。八卦教即是一例，其原名爲收元教，是世代以劉氏爲教主的教門，因其教內下再各行分設八卦，每卦皆有掌卦者，故又稱之爲八卦教。天理教亦爲八卦教的一支，末劫與變天思想加以遇時閏八月，八卦教系統中的天理教即在林清等人的號召與宣傳下，發生了民間秘密宗教起事叛變。總而言之，自乾隆末年以來，山東、直隸等省份，八卦教的勢力滋長迅速，並未因官府的查拏與取締而被削弱，其教內人物，將於本節內詳加論述。

　　離卦教在傳教上，以行醫治病爲手段之一，傳習離卦教的教首或頭目，多平日爲人治病，並教人坐功運氣，故而入教者眾多。山東德州恩縣人馮士奇，家中祖傳陰陽拳，藉以護身防家。蔡村每年一至三月，便有廟會活動，相當熱鬧，有不少外地人趕來參加廟會活動，因於馮士奇住家附近，故會將莊上房屋賃與外地趕廟會之人住宿。乾隆四十七年（1782），離卦教教首任萬立曾赴蔡莊趕會，並販賣手帕，亦於馮士奇家賃居房屋。嘉慶二年（1797）廟會期間，任萬立又至馮士奇家賃屋居住，因此與馮士奇交好。馮士奇染患腿疾，任萬立即告知是離卦教之人，倘若拜其爲師，隨其入離卦教，即能將馮士奇的腿疾治療痊癒。馮士奇聽信後，即拜任萬立爲師，入離卦教。[33]

　　另外，山東城武縣人孫懷亮，曾拜劉秉順爲師，入離卦教，亦時常爲人治病。嘉慶元年（1796）三月間，城武縣人劉化安染有時疾，便往邀孫懷亮到其家中醫治，治療痊癒後，孫懷亮便勸令劉化安隨其入教，以求消災除病。劉化安聽信允從，便即拜孫懷亮爲師，學習離卦教，孫懷亮即教劉化安「尊敬長上，孝順父母，敬天地，修今生，知來生事，存心無歹，燒香磕頭，戒酒色財氣，行好免罪。」並教劉化安「向太陽兩手垂下，閉眼運氣」，孫懷亮聲稱功成後，即能替人治病。又口授四句咒語「耳爲東方甲乙木，眼爲南方丙丁火，鼻爲西方庚辛金，口爲北方壬癸水。」後來劉化安亦常爲人治病。嘉慶十六年（1811）五月間，山東菏澤縣人白相雲因

<hr>

33　《宮中檔》，臺北：國立故宮博物院藏，第 2724 箱，88 包，16303 號。吏部尚書署山東巡撫章煦奏摺，嘉慶十九年八月十八日。

母親生病，邀請劉化安到家裡醫治其母，在醫治後，劉化安即勸令白相雲學習離卦教，聲稱可以消災除病。白相雲聽信應允，劉化安即傳其運氣坐功及四句咒語。[34]

離卦教又稱老君門離卦教，又名義和門。直隸青縣人葉富明，平日以種地生理，在其父親葉長青尚在之時，便傳習老君門離卦教，又名義和門，每日在家三次朝太陽燒香磕頭，誦念無字真經歌訣，練習打坐功夫，並替人按摩治病，葉富明平日亦從其父親入教學習。嘉慶九年（1804）十一月，葉長青病故，其子葉富明仍繼續傳習離卦教。季八素與葉富明交好，嘉慶十二年（1807），葉富明便收季八為徒，傳其離卦教，其後，季八又轉傳滄州人湯四九。[35]

表4-2-1 山東任萬立、孫懷亮等人傳習離卦教教眾一覽表

姓名	籍貫	關係	行業/身份	備註
馮士奇	山東德州恩縣人	任萬立之徒	賃房與人住宿	世傳陰陽拳
任萬立		馮士奇之師父	販賣手帕	離卦教教首
孫懷亮	山東城武縣人	劉秉順之徒、劉化安之師父	為人治病	傳習離卦教
劉秉順		孫懷亮之師父		傳習離卦教
劉化安	城武縣人	孫懷亮之徒、白相雲之師父	為人治病	染患時疾，請孫懷亮醫治
白相雲	山東菏澤縣人	劉化安之徒		因母親患病，請劉化醫治
葉長青		葉富明之父	替人按摩治病	傳習老君門離卦教，又名義和門

---

34 《軍機處檔‧月摺包》，臺北：國立故宮博物院藏，第 2751 箱，9 包，48628 號。山東巡撫陳預奏摺錄副，嘉慶二十一年七月二十四日。

35 《宮中檔》，第 2723 箱，97 包，18583 號。直隸總督那彥成章奏摺，嘉慶二十五年五月初七日。

葉富明	直隸青縣人	葉長青之子、季八之師父	平日種地度日	
季 八		葉富明之徒、湯四九之師父		
湯四九	滄州人	季八之徒		

資料來源：吏部尙書署山東巡撫章煦奏摺，嘉慶十九年八月十八日、直隸總督那彥成章奏摺，嘉慶二十五年五月初七日、畢山東巡撫陳預奏摺錄副，嘉慶二十一年七月二十四日，收錄於《宮中檔》，第 2724 箱，88 包，16303 號、第 2723 箱，97 包，18583 號；《軍機處檔·月摺包》，第 2751 箱，9 包，48628 號。

山東任萬立、孫懷亮等人傳習離卦教一事，參與人士在籍貫分佈上多爲直隸與山東，在連繫上多有「醫——病」關係；也因此關係，故在教徒的職業及身份類別上呈現多元樣貌，教中傳教人物如教首任萬立、孫懷亮以及葉長青等人，平日多爲人治病，但其醫治方是不同，如葉長青即是以替人按摩來達到治病的功效。而這些傳教者不一定專門以治病爲生，平日除了爲人治病外，偶以別項行業爲生，如任萬立趕集販賣手帕、葉富明平日種地度日。至於因爲生病而求醫治乃至於皈依離卦教的教徒們，則有馮士奇賃房與人住宿的。此外，亦有因病醫治而皈依教門後，習得醫病之法的，有劉化安因染患時疾，請孫懷亮醫治，其後，亦常爲人治病。

離卦教，又稱爲離卦黃陽教，在河南一帶，多由郜姓傳習。河南商邱縣人郜文生傳給直隸清河縣人劉恭，後來劉恭轉傳鉅鹿縣人吳洛興，吳洛興又輾轉傳徒給河南束鹿縣人劉黑知、孟洛功、苗洛英等人。嘉慶十三年（1808），劉黑知等人亦開始收徒傳習離卦教，以習教可以消災免難等好處，來遞相傳習離卦教，其後轉傳晉州人崔洛泳與無極縣人張洛

孝等人。時常會不定期地在傳教教首的家中聚會，聽講孝順父母，敬重尊長，並傳授閉著口眼從鼻中運氣的功夫。[36]

離卦教，又名無爲救苦教，有直隸清河縣人劉恭，即是劉功，爲離卦教總當家。劉恭傳徒吳二瓦罐，嗣後吳二瓦罐傳徒蕭文登。乾隆五十五年（1790），直隸鉅鹿縣人孟見順經素識的蕭文登即蕭明遠勸令入離卦教，並傳給入教誓言經語及運氣方法，乾隆五十九年（1794），孟見順轉傳同縣的侯岡玉。嘉慶四年（1799），侯岡玉與同教趙其祥至山西平定州傳教，趙其祥的外甥傅濟等人即拜侯岡玉爲師。[37]

直隸廣平府清河縣王官莊人張東瞻曾拜離卦教教首劉恭爲師，爲離卦教中人。常在江蘇銅山縣境內黃家集地方販賣棉花。江蘇銅山縣西北鄉人耿泳昇收藏祖遺地理書一本，其子耿孜元自幼多病，見到書中有教導坐功運氣等治病方法，因此，即照書運氣，果有見效。嘉慶十二年（1807）十月十六日，耿孜元至銅山縣境內黃家集地方時，張東瞻在黃家集販賣棉花，彼此閒聊後便熟識交好。交談中，張東瞻談及「以今生不如人，須修下來生，見了透天眞人，即能躲過輪迴之苦，不遭刀兵之劫」等語。隔年二月間，耿泳昇令耿孜元進京爲其兄耿孜廣捐監，耿孜元便邀同族人耿羊兒一起上路。在進京途中，耿孜元帶著耿羊兒繞道至清河縣尋找張東瞻，要求要見透天眞人。張東瞻即說明自己爲離卦教中人，並告

---

36 《軍機處檔・月摺包》，第 2751 箱，19 包，50753 號。直隸總督方受疇奏摺錄副，嘉慶二十二年二月二十五日；同檔，第 2751 箱，30 包，52463 號。刑部尚書崇祿等奏摺，嘉慶二十二年八月初三日。

37 《軍機處檔・月摺包》，第 2751 箱，13 包，49517 號。直隸總督方受疇奏摺錄副，嘉慶二十一年十月二十二日。

知耿孜元若要見真人，必須先得真傳。於是，耿孜元、耿羊兒隨即拜張東瞻爲師，入離卦教。[38]張東瞻執香三炷，對太陽作揖磕頭，將香焚化爐內，令耿孜元等念誦「離卦透天真人，埋頭修行，今生不好，修來生，超生了死，真如道，天下無比數。第一洩露真法，不過百日身化流血」等歌句。拜完師後，張東瞻取出寶卷，給耿孜元閱看。寶卷開頭述說天地萬物五行生剋的道理，後面是坐功圖像。圖像頭頂，有放出圓光者，也有透出小人者。張東瞻指稱，就是透天真人。張東瞻又將坐功修道的方法，傳授給耿孜元等人。其法爲舌抵上顎，鼻採真氣，閉目存神。並稱行之既久，頭頂上即會透出小人，無所不照，無所不達，就可得透天真人真傳。嘉慶十四年（1809）十月，張東瞻再到黃家集販賣棉花，有耿開化拜張東瞻爲師，張東瞻並教其念誦「太陽出現滿天紅，晝夜行走不住停，走的緊來催人老，走的慢來不從容，收乾曬濕都是俺，倒叫眾生叫小名，有朝一日惱了發個災病他應承」等歌句，相信可以消災獲福。[39]

嘉慶十三年（1808），直隸井陘縣人杜玉、李化功拜元氏縣人張老沖爲師，張老沖即教給採清換濁功夫的運氣。到了嘉慶十五年（1810），張老沖即往離卦教總當家即清河縣人劉功家中，代杜玉、李化功領號。其後，杜玉又學醫，並在鄉里間爲人醫療治病，如果見效，即令病人出錢上供酬神，

38　《軍機處檔・月摺包》，第 2751 箱，17 包，50202 號。張玉庭奏摺錄副，嘉慶二十一年十二月二十三日。

39　《軍機處檔・月摺包》，第 2751 箱，21 包，50922 號。兩江總督百齡奏摺錄副，嘉慶二十一年七月初八日。

並拜其為師，入離卦教。有井陘縣人高大顯、獲鹿縣人劉老南、牟平縣人胡四扳、唐山縣人樊老明、南單縣人孔繼善以及平山縣人劉之彥、頡老毛等人先後送錢拜師入教。[40]孫起洛亦為劉恭之徒，收山東蘭山縣人狄珍，傳習離卦教。嘉慶十四年（1809），蘭山縣人凝旺、凝興等人拜狄珍為師，入離卦教。狄珍傳授盤膝運氣採清換濁的修練功夫。[41]

　　直隸清河縣人尹老須即尹資源，與同縣人韓老吉即韓添相、山東清平縣人蕭茲相熟識。乾隆六十年（1795），尹老須拜直隸南宮縣人田藎忠為師皈依離卦教，經其指點閉目運氣的方法，即將氣從鼻孔收入名為採清；又從鼻內放出名為換濁等修練方法。聲稱時常修練生前可免受災病，死後不致轉生畜類。又傳給「在理」作為暗號。其後，田藎忠見其已修練純熟即帶往直隸清河縣人離卦教總當家劉恭家領法，按照教中規矩領法後即可傳徒。尹老須在領法後，即傳同縣人韓似水。嘉慶十五年（1810），尹老須習教已久，每逢閉目彷彿見得天上人又似聽到樂聲，便稱悟道。劉功聞知後，即喚尹老須至家中詢問，並稱許其功夫深透，可上天至無生老母處辦事。其後尹老須便自稱南陽佛，創黑風劫等名目傳習離卦教。[42]

40　《上諭檔》，頁 269，曹振鏞等奏搞，道光十二年五月二十四日。
41　《上諭檔》，曹振鏞等奏搞，道光十二年十月二十一日。
42　《上諭檔》，曹振鏞等奏搞，道光十二年五月初九日；《奏摺檔》，臺北：國立故宮博物院，據吏部奏，道光十二年七月。收於莊吉發，《真空家鄉 —— 清代民間秘密宗教史研究》，頁 230~231。

表 4-2-2 直隸山東河南等地劉恭傳習離卦教教衆表

姓名	籍貫	關係	行業	備註
郜　姓		崔洛泳之師父		傳習離卦教
崔洛泳	晉州人	郜姓之徒、張洛孝之師父		傳習離卦教
張洛孝	無極縣人	崔洛泳之徒		傳習離卦教
郜文生	河南商邱縣人	劉恭之師父		
劉　恭（劉功）	直隸清河縣人	郜文生之徒、吳洛興、吳二瓦罐、張東瞻之師父		離卦教總當家
吳洛興	直隸鉅鹿縣人	劉恭之徒		
吳二瓦罐		劉恭之徒		
孫起洛		劉恭之徒、狄珍之師父		
狄　珍	山東蘭山縣人	孫起洛之徒；凝旺、凝興之師父		傳習離卦教
凝　旺	山東蘭山縣人	狄珍之徒		
凝　興	山東蘭山縣人	狄珍之徒		
蕭文登（蕭明遠）		吳二瓦罐之徒、孟見順之師父		傳習離卦教，又名無爲救苦教
孟見順	直隸鉅鹿縣人	蕭文登之徒、侯岡玉之師父		
侯岡玉	直隸鉅鹿縣人	孟見順之徒、傅濟之師父		到山西平定州傳教
趙其祥		傅濟之舅舅		
傅　濟	山西平定州人	趙其祥之外甥、侯岡玉之徒		
劉黑知	河南束鹿縣人			離卦教，稱爲離卦黃陽教
孟洛功	河南束鹿縣人			
苗洛英	河南束鹿縣人			
田蕴忠	直隸南宮縣人	尹老須之師父		帶尹老須往直隸清河縣人離卦教總當家劉功家領法
尹老須（尹資源）	直隸清河縣人	田蕴忠之徒、韓似水之師父		自稱南陽佛，創造朝考、黑風劫等名目
韓似水	直隸清河縣人	尹老須之徒		

韓老吉 （韓添相）	直隸清河縣人			
蕭茲	山東清平縣人			
耿泳昇	江蘇銅山縣西北鄉人	耿孜元、耿孜廣之父		
耿孜元	江蘇銅山縣西北鄉人	耿泳昇之子、耿孜廣之弟		
耿孜廣	江蘇銅山縣西北鄉人	耿泳昇之子、耿孜元之兄、張東瞻之徒	捐監	
耿羊兒	江蘇銅山縣西北鄉人	耿孜元之族人、張東瞻之徒		
耿開化	江蘇銅山縣人	張東瞻之徒		
張東瞻	廣平府清河縣城王官莊人	劉恭之徒；耿孜元、耿羊兒、耿開化之師父	在黃家集販賣棉花	
張老沖	元氏縣人	劉恭之徒；杜玉、李化功之師父		
杜　玉	直隸井陘縣人	張老沖之徒；高大顯、劉老南、劉之彥、胡四扳、樊老明、孔繼善、頡老毛之師父	治病	
李化功	直隸井陘縣人	張老沖之徒		
高大顯	井陘縣人	杜玉之徒		
劉老南	鉅鹿縣人	杜玉之徒		
劉之彥	平山縣人	杜玉之徒		
胡四扳	牟平縣人	杜玉之徒		
樊老明	唐山縣人	杜玉之徒		
孔繼善	南單縣人	杜玉之徒		
頡老毛	平山縣人	杜玉之徒		

資料來源：曹振鏞等奏搞，道光十二年五月二十四日；兩江總督百齡奏摺錄副，嘉慶二十一年七月初八日、直隸總督方受疇奏摺錄副，嘉慶二十一年十月二十二日、張玉庭奏摺錄副，嘉慶二十一年十二月二十三日、直隸總督方受疇奏摺錄副，嘉慶二十二年二月二十五日、刑部尚書崇祿等奏摺，嘉慶二十二年八月初三日，收錄於《上諭檔》，頁 269；《軍機處檔‧月摺包》，第 2751 箱，21 包，50922 號、第 2751 箱，13 包，49517 號、第 2751 箱，17 包，50202 號、第 2751 箱，19 包，50753 號、第 2751 箱，30 包，52463 號。

直隸、山東、河南等地劉恭傳習離卦教一事，參與教內人士相當多，在籍貫分佈上有直隸、山東、山西、河南、江蘇等地，其中多無極縣人、蘭山縣人、清平縣人、清河縣人、鉅鹿縣人、束鹿縣人、銅山縣人、平山縣人、唐山縣人、南單縣人、南宮縣人、元氏縣人、井陘縣人、牟平縣人以及商邱縣人；在職業及身份類別上有販賣棉花的商販與為人治病者；在教內結構上，有直隸清河縣人劉恭為離卦教總當家，因其教中規矩，各地教徒若要傳教，須至其家領法，在領法後，即可傳徒。傳習離卦教除了以治病做宣傳外，亦有奇人異士的特殊能力做號召，以令民眾信服，皈依離卦教。直隸清河縣人尹老須在領法以後，即開始收徒傳教，或因修練已久，以致每逢閉目，彷彿見得天上人，又似聽到樂聲，因此自稱南陽佛，創造朝考、黑風劫等名目，傳習離卦教，增添不少神話色彩。

　　離卦教，又稱作八卦離字教，離卦教首郜添麟傳自劉隴士，郜添麟世居河南商邱縣，自其高祖郜雲隴即開始傳習離卦教，自稱透天真人。此後，有郜三等人繼續在河南等地傳教。至郜添麟時，遷居山東聊城縣，並且改名為高道遠，繼續收徒傳習離卦教。其先後收莘縣人靳清和、從中仁為徒。嘉慶十六年（1811），高道遠病故後，由其堂弟高繼遠接任教首，至於其徒靳清和與從中仁兩人則分別傳習離卦教，各傳其子孫，久之遂分為兩派。以靳清和為教首的「靳教」，在新清和被獲正法後，由其堂弟靳中和接續教首之位，並傳其子靳咸宜等人；而以從中仁為教首的「從教」，傳其子從建以及道士吳連如等人。此外，離卦教教首金鄉縣人王普仁，

傳徒張衡、王敬修等人，王敬修又再傳給山東城武縣人劉燕。
直隸長垣縣人崔士俊和劉燕相識，嘉慶九年（1804），崔士
俊即聽從劉燕的勸說，皈依離卦教，其後，崔士俊又收高鶴
鳴等人為徒。[43]

　　震卦教，又稱為東方震卦教，河南信陽州人樊應新，在
幼時曾讀書識字，嘉慶二年（1797），即出外算命卜卦為生，
在此期間，皈依震卦教，嘉慶十年（1805）返家，便勸令其
兄樊應城入震卦教，聲稱死後可以赴龍華會，來世總有好處。
樊應城因希圖求福免災，因此聽從樊應新之言，皈依震卦教
學習。嘉慶十二年（1807）時，樊應城至湖北隨州收徒傳教，
姨甥胡德亦聽從入教。[44]直隸長垣縣陳家莊人徐安幗素習震
卦教並傳徒張一，嘉慶十七年（1812）二月，張一返家後，
即勸令其大舅子山東曹縣人趙得重以及其子趙飛仁、趙飛義
兄弟皈依震卦教，以免災病。[45]同年八月，直隸長垣縣人高
毓藻帶領徐安幗到崔士俊家，並以震卦教勝過離卦教，勸崔
士俊改離卦教皈依震卦教，崔士俊被說服後，即拜徐安幗為
師，徐安幗傳授其每日早、中、晚三次朝禮太陽，兩手抱胸，
合眼趺坐，口念八字真言，稱做抱功，並且聲稱功成即可免
災難。[46]嘉慶十八年（1813）七月，山東金鄉縣人劉大忠勸

---

43 《外紀檔》，臺北：國立故宮博物院藏，山東巡撫鐘祥奏摺抄件，道光
　　十三年九月初七日。
44 《宮中檔》，第 2723 箱，99 包，19308 號。河南巡撫方受疇奏摺，嘉慶
　　二十年七月十一日。
45 《宮中檔》，第 2723 箱，95 包，18146 號。直隸總督那彥成奏摺，嘉慶
　　二十年三月二十三日。
46 《欽定平定教匪紀略》，臺北：國立故宮博物院藏，朱絲欄寫本，卷一，
　　頁 23。山東巡撫同興奏，嘉慶十八年九月十五日。

令其族弟劉西祥拜師入教，劉西祥允從後劉大忠及帶領他到崔士俊家中拜崔士俊爲師，皈依震卦教。[47]

乾隆年間，因年歲荒歉，山東曹縣人胡新淳帶著家人前往河南鹿邑縣楊家莊種地過活，在胡新淳病故後，其子胡二法到孟家莊販賣豆腐腦營生。嘉慶十五年（1810）十二月，胡二法返回曹縣種地營生。次年二月間，胡二法患病，故往拜徐安幗爲師，入震卦教，徐安幗即將胡二法另取名爲胡成德。[48]

表 4-2-3 直隸、山東、河南等地徐安幗傳習震卦教教衆一覽表

姓名	籍貫	關係	教門派別	備註
劉隴士		郜添麟之師	離卦教	離卦教首
郜添麟（高道遠）	河南遷居山東聊城縣	劉隴士之徒；郜雲隴之玄孫、高繼遠之堂哥；靳清和、從中仁之師父	離卦教	離卦教首
高繼遠		高道遠之堂弟	離卦教	高道遠病故後，接離卦教首教首
郜雲隴	河南人	郜添麟之高祖	離卦教	傳習離卦教，自稱透天眞人
郜 三	河南人	郜雲隴之後代	離卦教	繼續在河南傳離卦教
靳清和	莘縣人	高道遠之徒、靳中和之堂哥	離卦教	靳教先以靳清和爲教首
靳中和	莘縣人	靳清和之堂弟、靳咸宜之父	離卦教	接續靳清和充教首
靳咸宜	莘縣人	靳中和之子	離卦教	
從中仁	莘縣人	從建之父、高道遠之徒、吳連如之師父	離卦教	從教以從中仁爲教首

---

47 《外紀檔》，據山東巡撫陳預奏摺，嘉慶二十二年三月初二日。
48 《軍機處檔‧月摺包》，第 2751 箱，25 包，51865 號。山東巡撫陳預奏摺，嘉慶二十二年六月初七日。

從　建	莘縣人	從中仁之子	離卦教	
吳連如		從中仁之徒	離卦教	道士
王普仁	金鄉縣人	張衡、王敬修之師父	離卦教	八卦離字教教首
張衡		王普仁之徒	離卦教	
王敬修		王普仁之徒、劉燕之師父	離卦教	傳習離卦教
高鶴鳴		崔士俊之徒	離卦教	
劉　燕	山東城武縣人	王敬修之徒、崔士俊之師父	離卦教	素習八卦離字教
崔士俊	直隸長垣縣人	劉燕、徐安幗之徒；高鶴鳴之師父（傳離卦教）、劉西祥之師父（傳震卦教）	離卦教，後改信震卦教	曾習離卦教。後徐安幗以震卦教勝過離卦教，勸崔士俊改離歸震
樊應城	河南信陽州人	樊應新之兄弟	震卦教	算命卜卦營生
樊應新	河南信陽州人	樊應城之兄弟、胡德之師父	震卦教	傳習震卦教
胡　德		樊應城之姨甥間徒弟	震卦教	
趙得重	山東曹縣人	趙飛仁、趙飛義之父	震卦教	
趙飛仁	山東曹縣人	趙得重之子、趙飛義之兄弟、張一之姪甥	震卦教	
趙飛義	山東曹縣人	趙得重之子、趙飛仁之兄弟、張一之姪甥	震卦教	
張　一	山東曹縣人	趙飛仁、趙飛義之姑丈、徐安幗之徒	震卦教	
徐安幗	直隸長垣縣陳家莊人	張一、崔士俊、胡成德之師父	震卦教	
高毓藻	直隸長垣縣人		震卦教	
劉西祥	山東金鄉縣人	劉大忠之族弟、崔士俊之徒	震卦教	
劉大忠		劉西祥之族兄	震卦教	
胡新淳				帶著家小往河南鹿邑縣楊家莊種地
胡成德（胡二法）	山東曹縣人	胡新淳之子、徐安幗之徒	震卦教	到孟家莊販賣豆腐腦營生。後返曹縣種地。因病拜徐安幗為師，入震卦教

資料來源：山東巡撫同興奏，嘉慶十八年九月十五日、直隸總督那彥成
　　　　　奏摺，嘉慶二十年三月二十三日、河南巡撫方受疇奏摺，嘉
　　　　　慶二十年七月十一日、山東巡撫陳預奏摺，嘉慶二十二年六
　　　　　月初七日，收錄於《欽定平定教匪紀略》，卷一，頁 23、《宮
　　　　　中檔》第 2723 箱，95 包，18146 號、第 2723 箱，99 包，19308
　　　　　號、《軍機處檔・月摺包》，第 2751 箱，25 包，51865 號。

徐安幗傳習震卦教一事，在籍貫分佈上多直隸、山東以及河
南等地，其中多聊城縣人、城武縣人、長垣縣人、金鄉縣人、
莘縣人以及曹縣人，其之間的連繫多有親屬關係或地緣關
係；在職業及身份類別上有傳教教首、道士、算命卜卦營生、
種地為生以及販賣豆腐腦等，其中直隸長垣縣人崔士俊曾拜
劉燕為師，學習離卦教，並收徒高鶴鳴傳習離卦教，其後又
因徐安幗以震卦教比離卦較好為由，說服成功，改拜其為師
學習震卦教，並收劉西祥為徒，傳習震卦教，此一事件中，
反映出，參與民間秘密宗教之人在信仰上，具較大的彈性，
若有另一教門較好，則會選擇另一教門信仰。

　　山東定陶縣人劉全智、劉全義兄弟，寄居山東曹縣田家
莊地方，嘉慶十八年（1813）四月，劉全義拜震掛教教首袁
興邦為師，皈依震卦教，袁興邦傳授其每日拜三遍太陽，早
上朝向東方，中午則向南方，晚上向西方，並學習運氣功夫，
口授咒語。同年八月，劉全智拜劉允中為師，亦皈依震卦教。
劉允中教其運氣及八字咒語，並用火石尖將劉全智的左手二
指劃傷，用火香將手指烙成月牙痕，作為同教暗號。震掛教
教徒的左手二指上，多有火絡月牙痕記號。[49]

---

49 《軍機處檔・月摺包》，第 2751 箱，9 包，48702 號。山東巡撫陳預奏
　　摺錄副，嘉慶二十一年七月二十九日。

表 4-2-4 山東袁興邦、劉全智傳習震卦教教衆一覽表

姓名	籍貫	關係	教中從事工作/備註
劉全智	山東定陶縣人，寄居曹縣田家莊	劉全義之兄弟、劉允中之徒	
劉全義	山東定陶縣人，寄居曹縣田家莊	劉全智之兄弟、袁興邦之徒	
袁興邦		劉全義之師父	震卦教教首
劉允中		劉全智之師父	傳習震卦教
劉西芳			傳習震卦教

資料來源：山東巡撫陳預奏摺錄副，嘉慶二十一年七月二十九日，收錄於《軍機處檔・月摺包》，第 2751 箱，9 包，48702 號。

山東袁興邦、劉全智傳習震卦教一事，參與人物在籍貫分佈上多為山東地方人士，其之間的連繫亦多有親屬關係或地緣關係；在教內結構上，可以從火絡月牙痕記號看出，參與震卦教的教徒為封閉型隱密性團體，以記號來做為相互辨識的依據。

　　八卦教系統除了上列所舉的離卦教與震卦教外，各地方官府在嘉慶年間，也查獲了一些兌卦教與巽卦教等其他八卦教系統的案件。甘肅西寧縣人劉邦禮自幼時曾到過西藏，並僱給喇嘛服役，學念過幾句西藏咒語，喇嘛們曾給其紙畫護身的佛像一張，以及占卜的番牌九塊，因此，劉邦禮便四處替人誦咒治病，加以占卜糊口。又因其隨舅舅之姓，改姓為王，且能念西藏咒語，故認識他的人，皆稱其為王喇嘛。嘉慶八年（1803），劉邦禮在西寧縣老爺山遇有四川洪雅縣人雷姓道士，並與之交好。雷姓道士告知其為八卦教內的兌卦教中人，劉邦禮便即拜其為師，皈依兌卦教，雷姓道士教劉

邦禮用九枚錢爲人占卦的方法，既可謀生，又可收人入教。
除此之外，雷姓道士所供奉的觀音佛像前有銅圖章八塊，雷
姓道士解釋說如遇貧窮困乏，即將圖章印在手上，若有同教
之人看見，自有資助。而若遇有相鬥之時，見到此印記，亦
可辨識。其後，劉邦禮遇見兌卦同教的甘肅河州人閏升與四
川洪雅縣人向大旺，閏升與向大旺教劉邦禮咒語八句，告知
時常念誦，即可消災延福，且若遇有荒亂之時，還可以保身，
加以每日早夜，焚香跪拜默誦，但不可令人聽聞，可以收徒
傳教，但不可取人錢財。隨後劉邦禮又拜閏升與向大旺二人
爲師，並且先後收徒直隸人陳三以及山西人頡金伏等人。[50]

表 4-2-5 甘肅等地劉邦禮傳習兌卦教教徒一覽表

姓名	籍貫	關係	行業	備註
劉邦禮	甘肅西寧縣人	雷姓道士、閏升、向大旺之徒；陳三、頡金伏之師父	誦咒治病，占卜糊口	因能念西藏咒語，被稱爲王喇嘛
雷　姓	四川洪雅縣人	劉邦禮之師父	道士	
閏　升	甘肅河州人	劉邦禮之師父		
向大旺	四川洪雅縣人	劉邦禮之師父		
陳　三	直隸人	劉邦禮之徒		
頡金伏	山西人	劉邦禮之徒		

資料來源：恩長奏摺，嘉慶十九年十二月十八日，收錄於《宮中檔》，
　　　　　第 2723 箱，92 包，17279 號。

甘肅等地劉邦禮等人傳習兌卦教一事，兌卦教教徒的籍貫多
爲甘肅、四川、山西以及直隸等省籍人士，其中，重要核心
人物劉邦禮英曾爲喇嘛傭雇，因此學會念幾句西藏咒語、又

隨道士學習占卜，平日四處以替人誦咒治病，占卜來糊口。
從兌卦教的教徒中，可以看出，具有相互照顧的性質，又其
教內規矩，念誦咒語不可與人知道，又以圖章為辨識標記，
顯是出兌卦教亦屬封閉型隱蔽性團體，可以收徒傳教，但不
可任意取人錢財，亦反映出，民間秘密宗教教門與傳教人士
並非皆為斂取信眾銀錢為目的。

　　按照時憲書來推算，嘉慶十八年（1813）癸酉應設置閏
八月，但經欽天監奏准後，官方曆書取消了閏八月，改以次
年二月置閏，但民間仍然沿用舊的曆法，閏八月中秋即是相
當於新頒時憲書中的嘉慶十八年九月十五日。民間流傳該年
閏八月對清朝政權不利的歌謠與流言。其中，又以八卦教更
是極力宣傳閏八月為紅陽末劫的思想「天上換盤，即將變天；
清朝政權，即將結束」等流言。對八卦教而言，「八」是相
當具神秘性質的數目，故此，閏八月對八卦教而言，更具特
殊意義。八卦教內極力宣傳閏八月末劫思想，是變天的時機，
八卦教系統的天理教教主林清等人推算天書，算出此閏八月
「紅陽末劫，彌勒降生，白陽教當興」，於是，林清暗中聯
絡各卦教主，準備起事。[51]林清被拏後供稱：

> 我先前入教，原希圖斂錢，後來因我會說話，眾人推
> 我掌卦，又後來出了卦，就總領了八卦。那滑縣的李
> 文成除坎卦外，七卦俱是他領的，七卦內有事李文成
> 須來報我，我又見攏的人多，就起意謀逆。我們推算
> 天書，彌勒佛有青羊、紅羊、白羊三教，此時白羊教。

---

51 莊吉發，《真空家鄉 —— 清代民間秘密宗教史研究》，臺北：文史哲出
　版社，2002 年，頁 240~242。

應與眾人說，我是太白金星下降，又說我該做天王，
有衛輝的馮克善該做地王，李文成該做人王。將來事
成之後，天下是人王的，天王、地王就同孔聖人、張
天師一般。天書上又說八月中秋，中秋八月，黃花滿
地開放。我們想今年該閏八月，這九月十五，正是第
二個中秋，合該應運。所以與李文成約定在九月十五
日起事，彼此聚會。我預先布置，叫陳爽、陳文魁帶
了一百來人，分路先進紫禁城。原想這邊得了手，我
就同河南來的一股，趁回鑾之時，迎上前途鬧事，不
想李文成一路不到，我也沒法了，至我附近一帶，從
教的原只二百來家，我已挑了一百多人進京，剩下的
老弱婦女不能濟事。所以陳爽等之外，實無多餘的
人，豈能再派人在城中藏伏呢？這八卦的人，每卦多
少不等。震、離兩卦人數最多，滑縣頭目于克俊、磁
州頭目趙得一、長垣頭目賈士元、羅文志、衛輝頭目
就是馮克善，手下人各以幾百名，這都是震卦道口鎮
頭目王休志手下人有一二千名，曹縣頭目許安幗德
州、頭目宋躍瀧金鄉頭目崔士俊手下人各有幾百名，
這都是離卦。此二卦頭目我都熟悉的，又巽卦頭目楊
遇三在順德府、乾卦頭目華姓在宣化府、艮卦頭目王
到瀧在歸化城、坤卦頭目魏正中在安慶、兌卦頭目王
忠順在潼關，這五卦頭目我都不熟，記憶不清，這都
是李文成向我告知的。至於傳教的時候喫茶喫藥這都
是我手下的人轉相接引添出來的事，我實不知道。十
五日起事之時，同謀的太監實祇劉得財、劉金、高廣

幅、張泰、閆進喜、王幅祿六人其餘再沒有別的太監
了是實。[52]

直隸宛平縣黃村宋家莊人林清，又名劉興幗，原爲南路廳巡
檢司書吏，退休二十多年。有京南人顧文升，又名顧亮，向
以看病爲業。嘉慶十一年（1806）三月間，林清、劉四等人
向顧亮學習打坐功夫，並尊顧亮爲教首。林清等人時相聚會，
盤膝打坐，並聽顧亮談說經卷符咒，在顧亮坐談之時，向來
不關門窗、不拒人窺探。嘉慶十二年（1807）六月，顧亮身
故。[53]河南滑縣人牛亮臣是天理教中要頭目之一，原爲華縣
庫書，嘉慶十一年（1806）因虧用官項，逃往保定並於唐家
衕衕馬家店內當夥計。同年十二月，林清在其店內住歇，與
牛亮臣相識，談及教內的事，林清告知從前山東曹縣人劉林
是先天祖師，而其爲劉林轉世，是後天祖師，又教派本名爲
三陽教，分青、紅、白三色名目，又名龍華會，因爲其下各
堂分八卦，故而又名八卦會，後來改名爲天理會，教內信眾
每日朝拜太陽，念誦經語，可免刀兵水火之厄，且如遇荒亂，
可圖謀大事。牛亮臣聽信其言，即拜林清爲師。[54]

---

52 《軍機處‧林案供詞檔》，臺北：國立故宮博物院藏，頁 5~8。林清供
　　詞，九月十九日。
53 《宮中檔》，第 2724 箱，72 包，11671 號。直隸總督溫承惠奏摺，嘉慶
　　十三年八月初一日。
54 《上諭檔》，字寄，嘉慶十七年五月十七日。

表 4-2-6 山東等地林清傳習天理教要犯分佈表

姓名	籍貫	年齡	關係	行業	備註
林　清（劉興幗）	直隸宛平縣黃村宋家莊人	44歲	顧文升之徒；牛亮臣、龔恕之師父；董幗太之舅舅	南路廳巡檢司書吏退了二十多年	總教主。自稱是劉林轉世，是後天祖師、坎卦教首、太白金星下降，是天盤，應做天王
王二格（王有印）	通州羊修店人	62歲			
王忠順	潼關人				兌卦頭目
王到瀧	歸化城人				艮卦頭目
王休志	道口鎮人				八卦教頭目
王幅祿				宮內太監	
王　大（王畛）	直隸新城縣蠻子營		張黑兒之小舅子兼徒弟		
于克俊	河南滑縣人				八卦教頭目
牛亮臣（子真道人）	河南滑縣人		林清之徒弟	原華縣庫書，因虧用官項，逃往保定當店內夥計	天理教頭目、仙盤
金　黑	大興縣洪家村人	28歲			
屆　四	通州董村人	36歲			
安　大（安幗泰）	通州董村人	44歲			
田　二		48歲	田馬兒之父		坎卦教頭目
田馬兒	宛平縣宋家莊人	18歲	田二之子		
賀　八					
賀萬金	宛平縣中堡村人	44歲			
李　五（李得點）			張廷太之師父		
李　九	馬駒橋人	46歲			
李　潮	通州張各村人	57歲			
李文成	滑縣人				震卦教首、是人盤，應做人王
李　老	羊修店人	80歲			
李　洪	羊修店人	48歲			

（李士洪）				
李　明	桑垈村人	64歲		
李玉隴	羊修店人	22歲		
李元隴	通州董村人	29歲		
宋躍濬	德州人			八卦教頭目
宋進會			顧文升之遠房表親兼徒弟、宋進耀之弟	
宋進耀			宋進會之兄、顧文升之遠房表親兼徒弟；陳茂林、陳九成之師父	
董幗太			林清之外甥	
董幗旺			熊進才之師父	
龔　恕	桑岱村人	30歲	林清之徒	
盧　喜	遵化州人	27歲		公府當差
崔士俊	金鄉人			八卦教頭目
華　姓	宣化府人			乾卦頭目
高廣幅				宮內太監
高　老	通州馬駒橋人	44歲		
高　五	馬駒橋人	28歲		僱工
曹　綸				武官
賈士元	長垣縣人			八卦教頭目
馮克善	衛輝人			八卦教頭目、是地盤，應做地王
羅文志	長垣縣人			八卦教頭目
劉得財				宮內太監
劉得山	係通州易村人	56歲		
劉　金	滄州人	49歲		宮內太監　在天芎殿當差
劉　二（劉潮棟）	本京人	38歲		開慶隆戲園為生　八卦教頭目
劉三道（劉興禮）		83歲		
劉　三（劉老）	宛平縣宋家莊人	38歲		
劉　四	黃村人		顧文升之徒	
劉　五	黃村人	59歲		

劉　林	山東曹縣人				先天祖師
劉呈祥					坎卦教首
劉景唐	山東定陶縣人				
劉進亭	雄縣城北西柳村人	56歲		做豆腐為生	
顧文升 （顧亮）	京南人		宋進會、宋進耀之遠房表親兼師父、林清、劉四之師父	向以看病為業	天理教教首
陳茂林	直隸宛平縣人		宋進耀之徒		
陳九成	直隸宛平縣人		宋進耀之徒		
陳　爽		37歲		正藍旗豫親王府包衣	八卦教頭目
陳文魁					八卦教頭目
張廷擧	定陶縣人				乾卦教首
張黑兒	直隸新城縣姚家莊人		王大之姊夫兼師父		
張文得	直隸新城縣姚家莊人		楊三之妹夫楊氏知丈夫		
張廷太	直隸新城縣姚家莊人		張劉氏之公公兼師父、楊三之師父、李五之徒		
張景文	城武縣元家店人				離卦教首
張　泰				宮內太監	
張劉氏	直隸新城縣姚家莊人		張廷太之媳婦兼徒弟		
張　老 （張自有）	羊修店人	39歲			
張泳貴 （二禿子）	董村人	36歲			
張泳瑞	董村人	29歲			
楊遇三	順德府人				巽卦頭目
楊　三 （楊勇振）	直隸固安縣王明莊人		張文得之大舅子、楊氏之兄、張廷太之徒	種田度日	
楊　氏	直隸固安縣人		楊三之妹妹、張文得之妻子		
郭泗湖 （郭四鬍）	河南虞城縣郭村人				艮卦教首

解中寬 （謝中寬）	山西人			艮卦教徒
程百岳	城武縣程家莊人			巽卦教首
邱　玉	山西岳陽縣人			坤卦教首
侯幗隴	山西岳陽縣人			兌卦教首
趙得一	磁州人			八卦教頭目
閻進喜			宮內太監	
許安幗	曹縣人			八卦教頭目
魏正中	安慶人			坤卦頭目
熊進才	宛平縣西黃村人	30歲	董幗旺之徒	賣菓子營生
范　采	榮城縣草紙營人	43歲		做紙生理
祝　林	桑垈村人	52歲		
穆　七	河間縣人	37歲		在武王俁衞衞十六宮府當廚役
邊富貴 （邊老）	宛平縣桑垈村人	48歲		

　　資料來源：《上諭檔》、《林案口供檔》、《宮中檔》、《清仁宗睿皇帝實錄》、
　　　　　　　《欽定平定教匪紀略》。

　　天理教林清等人起事一案，在參與人是籍貫分佈上，主要隸籍於直隸、山東、山西、陝西以及河南等省份，其中籍屬直隸的教徒人數最多，其次為籍隸山東與河南的教徒，至於其他省分的參與人士並不多見，由此可知，天理教起事參與人士，在分佈地區相當集中。

　　此外，隨林清起事的教徒在職業與身份類別上有，有具官方色彩的書吏、庫書、武生、武官、公府當差正藍旗豫親王府包衣以及宮內太監，另外又有開慶隆戲園為生、賣菓子營生、做紙生理、做豆腐為生、燒製磚瓦工人、醫卜星相師等、醫生、廚師、僱工以及種田度日等，起事教徒分散於各行各業中。至於這些教徒彼此之間的關係，大多具有地緣關係及親屬關係；在年齡分布上，自二十多歲至八十多歲皆有，

參與教徒平均年齡約爲四十多歲。在天理教案件的教徒隸屬
教門派別亦不盡相同，有分屬榮華會、白陽教、離卦教、震
卦教、坎卦教、兌卦教、乾卦教、坤卦教、巽卦教、艮卦教、
等教派，在系統上雖然大抵上爲八卦教系統，但就其教門中
的咒語、教義等內容而言，已經呈現出多種教門混合的狀態。

除此之外，參與起事的教徒在心態上，多受閏八月流言
以及末劫和變天思想所牽引，加以清朝政府所頒的官方曆法
中，未設置閏八月，與民間流言相對映，正好讓民間秘密宗
教掌教者，有發揮空間，更加積極地散播謠言，使得底層民
眾因希冀得到好處或做官，故此聽從入教參與起事的人很多。

第三節　清茶門教及其他教門中的人物

嘉慶初年的川陝楚白蓮教五省大動亂後，平息不久，又
遇嘉慶十八年（1813）直隸、山東與河南等地方的天理教教
徒起事，其後，又有大小規模不一的教案發生，各省更加雷
厲風行地查緝教犯。清茶門教繼承東大乘教的教義與思想，
在嘉慶十九年（1814）以前，是清茶門教發展的極盛時期，
而在嘉慶二十年（1815）以後，由於直省等地大規模的嚴格
取締，清茶門教遂遭受重大的挫折，使得這支王氏家族所世
代經營的宗教世家，隨著清茶門教的衰微，而土崩瓦解。[55]

清茶門的名稱來由是因教中以清茶供奉神佛而得名，故此

---

55 莊吉發，《真空家鄉 —— 清代民間秘密宗教史研究》，頁 249~256。

又叫清茶會。河南涉縣人劉景寬、李秋元等人，傳習清茶門教，為直隸石佛口王幅、王九息等人至涉縣傳教時，所傳授的。在教中規矩上，入教信眾要先在佛像前面接受三皈五戒。河南附近地方的清茶門教徒，每年於三月初三、七月初十以及臘月初八等日子，皆會前往至李秋元家聚會。在收徒入教或聚會時，懸掛彌勒佛圖像，並以清茶三杯作為供奉，同時念誦寶卷。

　　除此之外，有河南新野縣人張蒲蘭曾拜直隸石佛口王允恭為師，入清茶門教，傳習三皈五戒，茹素念經。在王允恭身故後，其子王時玉又至新野縣等地，仍收張蒲蘭為徒。乾隆五十年（1785），張蒲蘭帶著直隸石佛口人王英到張建謨家中，並和其說王英世習白蓮教，後改為清茶門教，又稱清淨法門，並勸其入教。直隸石佛口王英應為王道森的後裔。王道森原名王森，於明代時創立聞香教。嘉慶十五年九月間，有王老二和王老三即王時玉至張學言、張建謨家中拜訪，聲稱其家族傳教已有九代，而乾隆五十年來傳教的王英是第七輩，人俱呼為相公爺。張建謨隨即又拜王老三為師。王時玉為王允恭的三子，外號王老三，人俱呼為三爺。嘉慶二十一年（1816）五月間，在湖北襄陽縣屬段家坡地方訪獲張建謨等人張建謨等人被捕。[56]

---

56 《上諭檔》，頁 314。王時玉供詞，嘉慶二十年十二月二十五日。

表4-3-1 直隸石佛口王姓傳習清茶門教教眾一覽表

姓名	籍貫	關係	備註
劉景寬	河南涉縣人	王幅、王九息之徒	
李秋元	河南涉縣人	王幅、王九息之徒	
王　幅	直隸石佛口人	劉景寬、李秋元之師父	王道森的後裔
王九息	直隸石佛口人	劉景寬、李秋元之師父	王道森的後裔
張蒲蘭	河南新野縣人	王允恭、王時玉之徒	
王允恭	直隸石佛口人	王英之子輩、王時玉之父、張蒲蘭之師父	王道森的後裔第八代
王時玉（王老三）	直隸石佛口人	王英之孫輩；王允恭之子；王老二之兄弟；張蒲蘭、張建謨之師父	王道森的後裔第九代
王老二	直隸石佛口人	王英之孫輩；王允恭之子；王老三之兄弟；張蒲蘭、張建謨之師父	
王　英（相公爺）	直隸石佛口人	王允恭之父輩；王時玉、王老二之爺輩、張建謨之師父	王道森的後裔第七代
張學言	湖北襄陽縣人		
張建謨	湖北襄陽縣人	王英、王時玉之徒	

資料來源：王時玉供詞，嘉慶二十年十二月二十五日，收錄於《上諭檔》頁314。

直隸石佛口王姓傳習清茶門教教眾一事，傳教者大多爲王森之後裔，參與人士在籍貫分佈上多爲直隸、湖北、河南、江南以及山西等省；以直隸、湖北兩省分傳習人數最多，王氏傳習清茶門教，自明代傳承自清代，皆爲王姓族人代代相傳，收徒傳教，到了嘉慶年間，王姓家族傳教已到了第九代族人，故此，可以將其視作家族事業來看待。

　　牛八教又名揮率教，河南汝陽縣人方手禮曾收其堂弟方手印爲徒，傳習牛八教。其後，方手印亦在河南招徒傳習牛八教，先後有新野縣人廖日洲、王坤、闓太、方元珍等人其

爲師皈依牛八教。乾隆三十三年（1768），方手禮被拏問罪正法後，方手印便不敢在河南汝陽縣附近傳教即轉往湖北收徒傳教。其徒廖日洲亦於湖北襄陽縣傳教收徒，武維金與朱明文先後入牛八教；至於武維金則至湖北棗陽縣人轉傳武金卓、黃起倫以及邵元善等人，其中黃起倫傳徒呂文璜，呂文璜再傳雷鵬奇。凡拜師入教的教徒皆須各出根基錢，其數目數百文至數千文不等，依教徒個人財力狀況而定。此外教中燒香磕頭念誦經咒，牛八教以駭人聽聞的咒語，煽惑信眾。[57]百姓爲希圖避禍求福，故而紛紛皈依牛八教。入教人數漸多後，教內教徒便共推方手印爲牛八教的總教主，並同時爲河南牛八教的掌櫃，而武維金則爲湖北襄陽縣的牛八教掌櫃。嘉慶二十一年（1816）八月，武維金被捕到案。[58]

表 4-3-2 河南等地方手印傳習牛八教教眾一覽表

姓名	籍貫	關係	備註
方手印	河南汝陽縣人	方手禮之堂弟兼徒弟；廖日洲、王坤、闥太、方元珍之師父	總教主，爲河南牛八教掌櫃
方手禮	河南汝陽縣人	方手印之堂兄兼師父	乾隆三十三年（1768）正法

---

57 例如雷鵬奇所供咒語：「道法嚴嚴幾時休，鼠去馬來丑未頭，十字街前分岔道，四路工商修鼓樓，一點萬雲沖北斗，一切圖形眾苦修，大地男女莫驚怕，白骨如山血水流，萬法歸宗顯聖道，靈山伴母說千秋。」以及廖一山所供咒語云：「眼前三災到家，家生瘟兆，天造十口死，內有九家空，北岸生一祖，黃雞出了名牛八，立天下纔是萬古程，少了人莫言個個纔依從。」收錄於《軍機處檔·月摺包》，第 2751 箱，11 包，49151 號。咒語清單，嘉慶二十一年八月二十七日。

58 《軍機處檔·月摺包》，第 2751 箱，19 包，50682 號。河南巡撫文寧奏摺錄副，嘉慶二十二年二月十五日。

廖日洲	河南新野縣人	方手印之徒；武維金、朱明文之師父	
王　坤	河南新野縣人	方手印之徒	
闔　太	河南新野縣人	方手印之徒	
方元珍	河南新野縣人	方手印之徒	
武維金	湖北襄陽縣人	廖日洲之徒；武金卓、黃起倫、邵元善之師父	
朱明文	湖北襄陽縣人	廖日洲之徒	
武金卓	湖北襄陽縣人	武維金之徒	湖北襄陽縣牛八教掌櫃
黃起倫	湖北襄陽縣人	武維金之徒、呂文璜之師父	
邵元善	湖北襄陽縣人	武維金之徒	
呂文璜		黃起倫之徒、雷鵬奇之師父	
雷鵬奇		呂文璜之徒	

資料來源：咒語清單，嘉慶二十一年八月二十七日、河南巡撫文寧奏摺錄副，嘉慶二十二年二月十五日，收錄於《軍機處檔・月摺包》第 2751 箱，11 包，49151 號、第 2751 箱，19 包，50682 號。

河南等地方手印傳習牛八教教一事，參與人士在籍貫分佈上以河南、湖北兩省分爲主，其中汝陽縣人、新野縣人、襄陽縣人以及棗陽縣人。牛八教的名目本身即是一個民間秘密宗教中常會出現並且使用的隱語，且爲「朱」字的拆字隱語，即暗指明代的皇室姓氏，有反清復明的意圖在其中。因此隱語使用已久，便成爲教門名目。在牛八教的宣傳手法上，運用了底層民眾攜徒消災免禍的心理，以大量的咒語歌謠傳唱，引誘民眾參與入教，並從中斂取銀錢。

　　嘉慶年間，三元教以每年正月十五日爲上元，七月十五日爲中元，十月十五日爲下元，每逢三元會期，教內信徒供奉燒香，磕頭念咒，坐功運氣，故此，便以三元命名其教，直隸等地官府取締三元教相當嚴格，拏獲裴景義等人傳習三元教。直隸灤州人裴景義，行醫度日。嘉慶十三年（1808），

裴景義的族叔裴元瑞帶引山東臨清州人陳攻玉到灤州為裴雲
布醫治眼疾，並且將其眼疾治癒。於是，陳攻玉便勸裴景義、
裴元端以及裴雲布等人皈依三元教，並且聲稱若習教日久，
功深後便可以達到長生不老。裴景義等人因希冀能夠透過修
練得道成仙，隨即就拜陳攻玉為師。陳攻玉傳授咒語，並教
其運氣方法。並告知教中誡諭，在進行運氣時，不可以讓人
窺見，除此之外，教中亦講求為人處世道理，教人為善，遇
事須從仁義禮智體貼，且不可為非作惡。並稱上等人學成時，
能夠成仙得道；中等人學成時，能夠卻病延年；下等人學成
時，可以消災免難。嘉慶二十年（1815）十一月初，裴景義
等人被捕，次年正月間，官府亦於灤州地方訪獲傳習三元教
的許聰等人。[59]

表 4-3-3 山東等地陳攻玉傳習三元教教眾一覽表

姓名	籍貫	關係	行業	備註
裴景義	直隸灤州人	裴元瑞之族甥、陳攻玉之徒	行醫度日	
裴元瑞	直隸灤州人	裴景義之族叔、陳攻玉之徒		
裴雲布	直隸灤州人	陳攻玉之徒		經陳攻玉醫眼後病癒
陳攻玉	山東臨清州人	裴景義、裴元端、裴雲布之師父		傳習三元教
許　聰	灤州人			傳習三元教

資料來源：刑部尚書崇錄奏摺，嘉慶二十一年閏六月二十三日，收錄於
　　　　　《軍機處檔‧月摺包》，第 2751 箱，6 包，48194 號。

山東等地陳攻玉傳習三元教一事，參與人士在籍貫分佈上有

---

59 《軍機處檔‧月摺包》，第 2751 箱，6 包，48194 號。刑部尚書崇錄奏
摺，嘉慶二十一年閏六月二十三日。

山東、直隸等地，其之間的連繫多有親屬關係或地緣關係。較為特殊的部分為，直隸灤州人裴景義，本身為醫生，平日行醫生理，但同族裴雲布身患眼疾，卻是由裴景義的族叔裴元瑞帶引山東臨清州人陳攻玉來為其醫治痊癒。或許因為如此，裴景義等人才更為相信陳攻玉，並拜其為師。三元教在吸引民眾參與入教的宣傳上，以聲稱習教後可長生不老，得道成仙，此一訴求向為中國傳統道家思想中，最高的修練境界，此外，參與三元教的教徒在修練上相當隱密，陳攻玉傳授咒語，並教導運氣方法，同時告知在進行運氣時，不可以讓人窺見。除此之外，信眾多信休息三元教者，最好能夠成仙得道，次好可以卻病延年，最差亦可消災免難。故此，相信並參與入教修習者眾多。

儒門聖會又稱做大乘教，嘉慶十五年（1810），直隸添宜人程毓蕙，其為大乘教文卦教首，向到新城縣宋家辛莊傳教活動。有新城縣人王忠，平時耕地生理。新城縣人李榮是新城縣的監生。程毓蕙欲在當地修建一座聖人廟，故四處勸人布施銀錢，好動工建廟。王忠聞知即助錢五百文，而李榮則助錢兩吊錢。其後，程毓蕙便勸令王忠與李榮一同皈依儒門聖會即大乘教，王忠與李榮便拜程毓蕙為師，入教學習。程毓蕙傳授其「眞空家鄉，無生父母」八字眞言，又教令王忠與李榮於每月初一及十五日，燒上一炷香，並坐功運氣，將氣運到鼻內，同時暗念八字眞言，每運九口氣，即念一遍，將此修練稱為內轉圓爐一炷香。[60]程毓蕙又告訴李榮與王忠

---

60 《軍機處檔・月摺包》，第 2751 箱，30 包，52507 號。英和等奏摺，嘉慶二十二年八月初七日。

現在應是釋迦佛在掌教，天上的太陽是紅色的；在將來彌勒佛將會接掌，到時候太陽是白色的，入教修練，將來即會富貴無窮。嘉慶十六年（1811），程毓蕙帶領李榮與王忠等人，至山東鉅鹿縣，拜訪同教的大教首孫維儉，並送銀五十餘兩至其家中。同年八月，教首孫維儉即被保定府官差拏獲破案，並且正法，至於程毓蕙等人則被發遣。其後，李榮、王忠以及陶爾燕三人，成爲大乘教文卦的重要頭目。其時，有山東新城縣人孫申，因其妻子身患疾病，便前往王忠處請其來看病醫治，王忠等人即至孫申家中，對孫申之妻念了一會兒的咒語，其妻之病，就痊癒了。後來，王忠等人即勸令孫申皈依大乘教，孫申遂拜李榮爲師入教。

嘉慶年間，孫申等人因傳習大乘教，而被官府查拏到案，供稱在教中的徒弟功課大的，將來有頭等頂兒；功課小的，則有二等頂兒；功課再小的，亦有三等金頂兒；就算再小的，也有無窮富貴。李榮告知孫申等，儒門聖會，都是坎卦，又稱爲文卦，村子東邊二十五里的離卦頭目趙卓是武卦的人。[61]

表 4-3-4 直隸程毓蕙傳習大乘教教衆一覽表

姓名	籍貫	關係	行業/身份	備註
程毓蕙	直隸添宜人	王忠、李榮之師父		大乘教文卦教首
王　忠	新城縣人	程毓蕙之徒	種地度日、看病	文卦頭目
李　榮	新城縣人	程毓蕙之徒、孫申之師父	監生	文卦頭目

---

61 《軍機處檔・月摺包》，第 2751 箱，30 包，52513 號。左都御史景祿等奏摺，嘉慶二十二年八月初七日。

陶爾燕				文卦頭目
孫維儉	鉅鹿縣人			儒門聖會大教首
孫　申	新城縣人	李榮之徒		因妻患病，請王忠看病
趙　卓				武卦頭目

資料來源：英和等奏摺，嘉慶二十二年八月初七日、左都御史景祿等奏
　　　　　摺，嘉慶二十二年八月初七日，收錄於《軍機處檔·月摺包》，
　　　　　第 2751 箱，30 包，52507 號、第 2751 箱，30 包，52513 號

　　直隸程毓蕙等人傳習大乘教一事，在參與人士的籍貫分佈上
大多爲山東、直隸等地方，其中有新城縣人、鉅鹿縣人等。
其之間的連繫多有地緣關係；在職業及身份類別上有監生、種
田度日以及爲人治病，其中，王忠爲人看病手法爲念咒治病。

　　山東菏澤縣人張東安，自幼茹素吃齋，從未出過家門。
其於乾隆年間，因聞得有同鄉菏澤縣人王有先爲大乘教的教
徒，曾拜曹縣人張魯彥爲師，始學習大乘教。因此，張東安
便拜王有先爲師，向其學習大乘教。不久後，王有先病故，
張東安又前往曹縣拜張魯彥爲師，繼續學習大乘教。嘉慶十
六年（1811），張魯彥亦病故。有山東菏澤縣人季化民，身
染疾病，因久治不痊，因此，趕赴張東安家中，供神焚香，
並且拜張東安爲師，誦經治療疾病。附近鄉里的居民，或因
身患疾病，或因求神許願，多找張東安念經，並傳誦經卷，
以求消災獲福。至嘉慶二十一年（1816）四、五月間內，張東
安與季化民等人，因傳習大乘教，而被地方官府拏獲問罪。[62]

62　《軍機處檔·月摺包》，第 2751 箱，2 包，47500 號。山東巡撫陳預奏
　　摺錄副，嘉慶二十一年五月初十日。

表 4-3-5 山東等地張東安傳習大乘教教眾一覽表

姓名	籍貫	關係	備註
張東安	山東菏澤縣人	張魯彥、王有先之徒；季化民之師父	誦經療病
王有先	菏澤縣人	張魯彥之徒、張東安之師父	
張魯彥	曹縣人	王有先、張東安之師父	
季化民	山東菏澤縣人	張東安之徒	

資料來源：山東巡撫陳預奏摺錄副，嘉慶二十一年五月初十日，收錄於《軍機處檔・月摺包》，第 2751 箱，2 包，47500 號。

山東等地張東安等人傳習大乘教一事，在參與人士的籍貫分佈上，大多為山東、直隸等地方，其中多為菏澤縣人、曹縣人等。在參與此教門中的教徒信眾之間的連繫，大多具有地緣關係。而此案中的核心人物山東菏澤縣人張東安，因自幼即茹素吃齋，其後又相繼拜王有先和張魯彥為師，學習大乘教。故在鄉里間，村里鄉民若遇有身患疾病，或者是求神許願等情況，多會找張東安來念經、傳誦經卷祈福，以求消災，並獲得福報。在治病的部分，張東安的手法為供神焚香，並且誦經以達到治療疾病的效果，如山東菏澤縣人季化民患病，久治不癒，故找張東安醫治。

江西向有大乘教，即三乘教，為羅祖教的一個支派，傳教手法上常以喫齋祈福為由，藉此傳徒斂錢，其中大半以手藝營生。[63]江西清江縣人黃明萬是大乘教教徒，素在江西吉水縣四虛地方開店。嘉慶二年（1797），江西高安縣人徐得賓前赴該處買賣鐵貨與黃明萬相遇，閒聊後彼此熟識。徐得

---

63 《宮中檔》，第 2723 箱，99 包，19238 號。兩江總督奏片，嘉慶二十年七月初五日。

賓向其提及素患吐血病症久醫無效。黃明萬即表明爲大乘教
教徒，法名普籌，在其教中傳有十二步功夫，若入教學習即
可消災延壽。因此，徐得賓即拜黃明萬爲師，法名悟慈，皈
依大乘教。嘉慶十七年（1812）四月，徐得賓往常寧縣販賣
布疋，賃寓於劉添名的家中，並同時收徒傳教，有江西豐城
縣人余魁章拜徐得賓爲師，另外，湖南湘陰縣人彭善海也在
常寧縣貿易，亦拜徐得賓爲師，後來彭善海即在該地勸令常
寧縣人袁有梅入教吃素。嘉慶二十年（1815）正月，彭善海
攜帶經卷前往寧遠縣貿易，並同時傳教收徒，有歐啓昆拜其
爲師，皈依大乘教，入教吃素。[64]

表4-3-6 江西等地黃明萬等人傳習大乘教教衆一覽表

姓名	籍貫	關係	行業	備註
黃明萬（普籌）	江西清江縣人	徐得賓之師父	開店	
徐得賓（悟慈）	江西高安縣人	黃明萬之徒；余魁章、彭善海之師父	買賣鐵貨、販賣布疋	素患吐血病症
劉添名	常寧縣人		賃居房屋	
余魁章	江西豐城縣人	徐得賓之徒		
彭善海	湖南湘陰縣人	徐得賓之徒；袁有梅、歐啓昆之師父	貿易	
袁有梅	常寧縣人	彭善海之徒		
歐啓昆	寧遠縣人	彭善海之徒		

資料來源：巴哈布奏摺錄副，嘉慶二十一年九月二十八日，收錄於《軍
　　　　　機處檔・月摺包》，第2751箱，13包，49494號。

---

64 《軍機處檔・月摺包》，第2751箱，13包，49494號。巴哈布奏摺錄副，
　　嘉慶二十一年九月二十八日。

江西等地黃明萬等人傳習大乘教一事，參與人士在籍貫分佈上有江西、湖南等省份，其中多清江縣人、湘陰縣人、高安縣人、常寧縣人、寧遠縣人、豐城縣人；參與其中的教徒，在職業及身份類別上有賃居房屋、開店營生、買賣鐵貨、販賣布疋等四處貿易為生。其傳習者多以治療疾病為由，引人入教，而教徒皈依後，亦可繼續輾轉收徒傳教，在傳教人物的特色上，和清茶門一類以家族企業經營傳教模式的王氏家族不同，大乘教的傳教者，多半有其他本業維持其自身的溫保，且在職業類型上多為四處移動的貿易買賣為主，因此，其所傳之教徒，在地理分佈上，亦會同於傳教者的移動性質，而呈現零散狀分佈。

　　江西人劉鵬萬曾拜張起坤為師，皈依大乘教。嘉慶三年（1798），盧晉士在鄱陽縣剃頭為生，素患足疾。劉鵬萬即勸令盧晉士皈依大乘教，吃素念經，可保痊癒。因此，盧晉士即拜劉鵬萬為師，傳誦寶卷。其後，盧晉士又拜張起坤為師。嘉慶五年（1800）間，盧晉士攜帶各種經卷到江南儀徵縣開設剃頭店營生，同時勸人入教吃素。湖北黃陂縣人桂自榜、桂自有兄弟平日皆剃頭為生。嘉慶十二年（1807）二月間，桂自榜兄弟倆人，到江南儀徵縣尋覓生意，遇有盧晉士並拜其為師，盧晉士在儀徵縣甘露庵附近開設剃頭鋪，其店鋪內掛有觀音圖像，以消災延壽為誘，收徒傳教。嘉慶十六年（1811）八月間，桂自榜到湖北漢陽縣開設剃頭鋪。嘉慶二十年（1815）二月，盧晉士與江寧人余廷貴等人到漢陽縣，並居於桂自榜家。盧晉士於二月十九日起會，該日為觀音生日，故名為觀音會，邀得杜大有等十人，同到桂自榜寓所。

同年湖北破獲觀音會案件，桂自榜等人先後被拏獲到案。[65]

表 4-3-7 湖北等地盧晉士倡立觀音會信徒一覽表

姓名	籍貫	關係	行業	備註
劉鵬萬	江西人	張起坤之徒、盧晉士之師父		
張起坤		劉鵬萬、盧晉士之師父		
盧晉士	鄱陽縣人	劉鵬萬、張起坤之徒；桂自榜、桂自有之師父	剃頭生理	身患足疾、倡立觀音會
桂自榜	湖北黃陂縣人	盧晉士之徒	剃頭營生	
桂自有	湖北黃陂縣人	盧晉士之徒	剃頭營生	
余廷貴	江寧人			觀音會信徒
杜大有	江寧人			觀音會信徒

資料來源：湖廣總督馬慧裕奏摺錄副，嘉慶二十年七月二十三日，收錄於《軍機處檔·月摺包》，第 2723 箱，99 包，19397 號。

湖北等地盧晉士倡立觀音會一事，參與人士在籍貫分佈上有江西、湖北，其中多鄱陽縣人、黃陂縣人以及江寧縣人；其信眾之間的連繫多有親屬關係或地緣關係以及同業關係；在職業及身份類別上集中於剃頭營生。其傳習者亦多以治療疾病為由，引人皈依入教。

劉李氏與李繼貞在江寧地方倡立圓明教，不忌葷酒。地方傳聞劉李氏曾因患病，因此腹大。其曾向人說腹內有孕，且為彌勒佛投胎，並自稱佛母，常為人持香治病，口稱神佛向她說禍福之事須做道場祈禳，劉李氏遂替人延請僧尼，從中斂取銀錢。劉李氏又以紙布印作佛像蓮花，哄人買來供奉，聲稱可以消災獲福，底層民眾頗信其言。劉李氏曾往茅山進

香，見附近種山棚民甚多，常向人言及棚民都皈依圓明教。[66]
此外，圓明教又稱爲圓明會，其名目來由是因教內經卷中有
「圓明道姥即無生聖母」字樣而得名。上海縣人楊遇爲圓明
教教徒，向來喫素念經，其與江蘇寶山縣人駱敬行平素認識，
駱敬行本名爲駱聘三。於乾隆四十八年（1783）時，楊遇向
駱敬行表明，其曾拜上海縣人姚學周爲師，學習圓明教，喫
素念經，便以入教可邀福消災爲誘，勸令駱敬行皈依圓明教。
於是，駱敬行與上海縣人許登三等人先後拜楊遇爲師，入圓
明教。嘉慶二十一年（1816）六月，江蘇地方官府取締圓明
會，駱敬行等人先後被拏到案。[67]

表 4-3-8 江寧等地劉李氏倡立圓明教信徒一覽表

姓名	籍貫	關係	備註
劉李氏（佛母）	江寧人		倡立圓明教
李繼貞	江寧人		倡立圓明教
駱敬行（駱聘三）	江蘇寶山縣人	楊遇之徒	
楊遇	上海縣人	姚學周之徒；駱敬行、許登三之師父	傳習圓明教
姚學周	上海縣人	楊遇之師父	
許登三	上海縣人	楊遇之徒	

資料來源：百齡奏摺錄副，嘉慶二十一年六月十四日、百齡奏摺錄副，
　　　　　嘉慶二十年八月二十二日，收錄於《軍機處檔·月摺包》，
　　　　　第 2751 箱，5 包，47984 號、《宮中檔》，第 2723 箱，100
　　　　　包，19642 號。

---

66 《宮中檔》，第 2723 箱，100 包，19642 號。兩江總督百齡奏摺，嘉慶
　　二十年八月二十二日。
67 《軍機處檔·月摺包》，第 2751 箱，5 包，47984 號。兩江總督百齡奏
　　摺錄副，嘉慶二十一年六月十四日。

江寧等地劉李氏倡立圓明教一事，其核心人物爲江寧人劉李氏，其善用自己個人形象，以腹大的外貌，哄騙民眾有孕，且爲彌勒佛，塑立出具神性色彩，再以預言未來禍福吉凶之事，誘人做場祈福，並以印有佛像蓮花的紙布賣錢，令人購回在家供奉外，亦使用棚民皆皈依圓明教，來爲其哄抬聲勢，引誘更多人參與入教，藉以獲得更多銀錢。此外，上海等地楊遇傳習圓明教一事，參與人士在籍貫分佈上爲江蘇地方，其中有寶山縣人以及上海縣人參與。在圓明教的傳教上，以入教可邀福消災爲誘因，誘使底層民眾相信，並皈依圓明教。

　　安徽巢縣人方榮升十歲吃齋，曾駕船爲生，嘉慶十三年（1808）拜無爲教教主金悰有即金宗有爲師，皈依無爲教，後金悰有把教名改爲收圓教，居安徽和州朱家，方榮升亦同住一處。教內教徒常閉目運氣不言，稱天神附體，又稱走陰禱聖。嘉慶十六年（1811），安徽等地取締收圓教，金悰有被拏獲，發遣時病故，方榮升則發配靈璧縣。嘉慶十八年（1813）三月到配，隨有朱上忠來看望。同年九月靈璧縣患水災，方榮升即潛回安徽和州，爲使舊日教徒朱上信等人信服，便假說在靈璧縣得夢兆，恍惚上天，天神要其接掌收圓教，朱上信等人信以爲真，把金悰有的徒弟中，不肯開齋的招歸回來。方榮升掌教後，仍在朱家居住，平時靜坐密室，白日不見人，教徒在夜間往來，教中做會拜佛亦選幽僻之所。平日徒弟見方榮升，都向其行磕頭頂禮。方榮升因欲娶朱世枝即朱二姐，便詐死三日，死而復活托言孫大聖、無生老母、金悰有及朱世枝已故的父母，假說朱世枝是九女星，該與其配合乾坤，朱家信其已久，不敢違拗，於嘉慶十九年（1814）

四月將朱世枝配給方榮升。此外，因金悰有生前常自稱彌勒佛下世，故其宣稱金悰有前願未了，故借其體重生。方榮升又造萬祖冊，説天下吃齋者皆佛祖，又造天上星宿十萬八千七百三十一個名目，共黃紙冊三本。同年十月，方榮升因上年看見災旱，便有意謀反。因此，方榮升便宣稱現在世界是五濁惡世，將來彌勒佛治世，要換過萬年時憲書，一年十八個月，一月四十五天，一日十八時，天下皆喫素，爲香騰世界。以天上換盤，要放星宿下凡，人間也是末劫，在李喬林家傳集同教作會。方榮升欲刻印，便畫樣式爲九隻角像九瓣蓮花，內有九條龍，四邊空檔又有四條龍，名爲「九蓮金印」。與李喬林商量後，叫楊松林僱請木匠王泳興刻，至於底下的九角印文，則是另尋羅宗陽刻，刻成後又叫李大悅油漆，以備將來坐朝問道時使用，方榮升亦勸令王泳興、李大悅吃齋入教。次年正月，方榮升與同教嚴士隴密談，聲稱已屆末劫，紫微正附其體，又告訴教中信徒，天上星宿都已發放下凡，附在英雄好漢身上，遂命人造作讖緯之詞以及編造約人帖子，名爲錦囊，各處散布，惑亂人心，等待各處先有變動好從中動手。帖子即是與朱上信等人商量，起了稿子後命李元興等人謄寫，外面用紅紙或黃紙包好，再命嚴士隴等人於二月十六日，到河南、安徽一帶布散。其後，因無動靜，又再令趙泳貴等人再赴河南、江西、湖北、安徽等地散布。其帖子內有許多怪體字，是金悰有尚在時所造，其後方榮升又多仿照數個，假稱此怪體字是天上傳下來的。此外，亦於帖子內傾陷兩江總督百齡之事，方榮升被拏後坦承供稱：

> 所散的河南、湖北帖子，俱是沒有百總督、方大人的

名字，後因楊榮先告知江南總督拿的嚴緊，所以小的情急，就對他們說，墙不倒，柱子不出頭，況百總督辦事精明嚴屬，地方文武都怕他，耳目又長，留他在江南，總礙着了我們的手，從前金恬有犯案，就是他叫拿的，必須後面加一段，寫上總督名字傾陷他，各處拾着的報官奏聞皇上，定把百總督去掉了，我們才好做事。又因方大人平日也是名望重的，他又是本地人，恐怕他耳目也長，訪着我們的事，就會對地方官去說，所以一併添上的。那護國軍師劉伯溫的名字同寫，是要說得恍惚，令人無處揣摸，實是小的該死的見識。那牛八木子之毛姓，本是太祖後裔兩句，是指朱毛俚，要借他哄動人，其實小的並不認識朱毛俚，並朱毛俚如何行爲也全不知道，不過說他是明朝後人，要想搖惑人心。到了八月初，打聽得各處都無動靜，查拿逆帖越發緊了。[68]

嘉慶二十年（1815）八月十九日，方榮升前往姊姊及姊夫方志元家中探望，是日夜間方榮升等人被拏獲到案，並在方榮升密室內起出聖旨及封官書冊，內開三宮六院、大將軍、大學士、丞相、王侯公伯等官名稱、品級、俸米數目等，爲方榮升所造封官制度，準備於舉事成功後發授官職。[69]

---

68 劉子揚、張莉編，《清廷查辦秘密社會案》，第 15 冊，頁 3315~3316。百齡硃批奏摺附片並附清單，嘉慶二十年九月初四日。

69 《宮中檔》，第 2723 箱，100 包，19642 號。兩江總督百齡奏摺，嘉慶二十年八月二十二日；劉子揚、張莉編，《清廷查辦秘密社會案》，第 15 冊，頁 3304~3322。百齡硃批奏摺附片並附清單，嘉慶二十年九月初四日。

表 4-3-9 安徽方榮升傳習收圓教教衆一覽表

姓名	籍貫	年齡	關係	行業/身份	教中工作/備註
金悰有 （金宗有）	安徽巢縣人		嚴士隴、方榮升之師父	曾駕船爲生	
方榮升	安徽巢縣人	35歲	朱世枝之丈夫、方志元之大舅子、李喬林之師父	無爲教教主	將無爲教改爲收圓教
方志元	安徽巢縣人		方榮升之姐夫		
嚴士隴	安徽湖北人		金悰有之徒		散布帖子
朱上忠	安徽和州人				
朱上信	安徽和州人				帖子起稿
朱世枝 （朱二姐）	安徽和州人		方榮升之妻	九女星下世	謄寫帖子
王泳興	安徽和州人			木匠	
王貫群					謄寫帖子
余興德					謄寫帖子
余伯轉 （余伯莊）					謄寫帖子、散布帖子
殷正基					散布帖子
蘇瑞峰					散布帖子
殷榮全					散布帖子
李喬林			方榮升之徒		
李大悅	安徽和州人			油漆匠	
李元興					謄寫帖子
楊松林					散布帖子
楊榮先					散布帖子
楊漢才					散布帖子
趙泳貴					散布帖子
任志然					散布帖子
潘元太 （潘泳太）					散布帖子
羅宗陽	安徽和州人			刻工匠	
袁學仁					散布帖子
賀泳福					散布帖子
呂祥貞					謄寫帖子

| 胡大信 | | | | 謄寫帖子 |
| 張泳青 | | | | 謄寫帖子 |

資料來源：兩江總督百齡奏摺，嘉慶二十年八月二十二日、百齡硃批奏
　　　　　摺附片並附清單，嘉慶二十年九月初四日，收錄於《宮中檔》，
　　　　　第 2723 箱，100 包，19642 號、《清廷查辦秘密社會案》
　　　　　v15.3304~3322。

安徽等地方榮升傳習收圓教並反清一案，其教內信徒多為安
徽一代人士，其教內教徒長以天神附體、走陰禱聖，來傳教
收徒，斂取銀錢。核心人物方榮升擅於煽誘群眾心理，亦以
假死騙親成功；在圖謀起事上，謀策相當縝密，欲坐享漁翁
之利，甚至巧妙誣陷地方官員；此外，私造封官品級、服色
以及月體等，有兩百多人信服其說，皈依收圓教。又因收圓
會內本奉的是彌勒佛，而金悰有傳下的經卷說燃燈佛坐青
蓮，是無極掌青陽教；釋迦佛坐紅蓮，是太極掌紅陽教；彌
勒佛坐白蓮，是皇極掌白陽教等語，其說詭誕卻令教眾信服，
信仰更加堅定。

第五章　道光年間民間秘密宗教人物分析

　　道光年間（1821~1850），民間秘密宗教各教門的傳習與活動承襲了嘉慶年間的發展，活躍程度不減反增。其中，紅陽教系統、青蓮教系統以及八卦教系統在此一時期，為規模較大的教門；除此之外，其他規模較小的教門在傳教及其活動於底層社會中，亦呈現欣欣向榮的樣貌。因此，道光年間亦發生了許多規模大小不一的民間秘密宗教叛亂事件。在本章的敘述及內容結構上，仍以案件為軸，依循案件中所附的口供材料進行分析，以下將以參與紅陽教系統、青蓮教系統、八卦教系統以及其他教門的人物為分析依據，分別分節進行論述。

第一節　紅陽教系統中的人物

　　道光年間，紅陽教系統發展相當活躍，屬於此一系統的民間秘密教門尚有混元教、紅陽大乘會以及淨空教等，皆屬紅陽教系統。此一教門的特徵在於多以治病為導向，進行收徒傳教。而其傳教者與信眾在地理分佈上，多分佈於直隸南皮、文安、永清等縣。

　　有三道嶺真武廟的住持王慶環，為一僧人，其法名為廣慶，是紅陽教教徒，四處遊方傳教。另有直隸人辛存仁移居伯都諾廳屬葦子溝屯居住，嘉慶十七年（1812），王慶環恰遊方至辛存仁家門前，並向其化緣，因當天天色已晚，辛存仁便留宿王慶環。因辛存仁的母親牟氏，時常患病，辛存仁便將其母的情形告知王慶環，並向其請教應如何醫治。王慶環聽聞後，便向辛存仁表明為紅陽教教徒，且告知若供奉飄高老祖，並學習紅陽教，同時用黃紙寫立「無生老父，無生老母」的牌位，虔誠地供奉，日久便能以無中生有，有中消無，混元一氣，牟氏的身體自然便可痊癒。辛存仁聽信其言，隨即便拜王慶環為師，皈依紅陽教。王慶環傳授打坐「三回九轉」的運氣功夫及咒語，另外又傳給「秉教沙門」篆體木印一顆，以及紅陽教經卷數冊，辛存仁便將木印與經卷放置牌位前一同供奉，每月初一、十五等日，便燒香十二炷，誦讚經卷。次年，王慶環又先後傳徒于成功與陳立功等人，是年秋間，因官府嚴查「邪教」，辛存仁害怕便將原寫的牌位撕燬，改供釋迦及如來等佛像，照常燒香誦經。至嘉慶二十年（1815），王慶環病故，辛存仁則繼續傳習紅陽教。有張幅因自幼雙眼失明，所以學習算命，在其學成之後，便將其所學的算命道理改用於替人醫治病症上。嘉慶二十一年（1816），張幅與同樣雙目失明的張甫明兩人合夥，租地搭棚居住，為人治病。其後，因經由張幅與張甫明兩人醫治而得痊癒的病人與日俱增，因此，在當地及附近鄉里的居民遂相傳其搭棚居住的地方為二仙洞。道光元年（1821）六月間，張甫明病故，到了道光四年（1824），張幅恰遇辛存仁，便

拜其為師，皈依紅陽教。辛存仁傳與張幅紅陽教經卷數冊，張幅便將其所傳的經卷燒香誦讀，直至道光六年（1826）十二月裡，辛存仁等人先後被官府拏獲到案。[1]

表 5-1-1 直隸等地王慶環等人傳習紅陽教教眾一覽表

姓名	籍貫	關係	行業/身份	備註
王慶環（廣慶）	三道嶺	辛存仁、于成功、陳立功之師父	真武廟住持僧人	四處遊方傳教
辛存仁	直隸，移居伯都諾廳屬葦子溝屯	牟氏之子、王慶環之徒、張幅之師父		傳習紅陽教
牟　氏	直隸，移居伯都諾廳屬葦子溝屯	辛存仁之母		時常患病
于成功		王慶環之徒		
陳立功		王慶環之徒		
張甫明		與張幅合夥	治病	雙眼失明
張　幅		與張甫明合夥、辛存仁之徒	算命、治病	自幼雙眼失明

資料來源：富俊奏摺錄副，道光七年三月二十五日，收錄於《軍機處檔·月摺包》，第 2747 箱，9 包，55254 號。

直隸等地王慶環、辛存仁傳習紅陽教一事，參與人士在籍貫分佈上多為直隸地方人士；在職業及身份類別上有僧人以及為人治病者；其中此一事件中的傳教核心人物辛存仁，因其母親時常患病，故拜遊方僧人王慶環為師，學習紅陽教，在其學成後，亦收徒傳教，此外，辛存仁習教後，遇有官府查拏民間秘密宗教，因此，便將其所供奉的「無生老父，無生

---

1 《軍機處檔·月摺包》，臺北：國立故宮博物院藏，第 2747 箱，9 包，55254 號。富俊奏摺錄副，道光七年三月二十五日。

老母」牌位改成官方能接受的釋迦及如來等佛像，但在其宗信仰上，仍為紅陽教，並未改變，從中便可看出民間秘密宗教的信徒在信仰上，彈性較大，但並不代表，這些民間秘密宗教的信徒會因其較大的信仰彈性度，而隨官府政策改信其他官方所能接受的宗教。而張幅為瞽目之人，在清代的地方社會上，職業選擇多為學習算命，因在中國傳統民間習慣上，認為盲眼之人或有其他身體上的殘疾或缺陷之人，多能擁有知過去與讀未來的特殊能力，而張幅以其所學習的算命原則與道理，運用在為人醫治病症上，頗為有效，而又遇有傳習紅陽教的辛存仁，因紅陽教有醫治疾病的方法，張幅遂拜其為師，學習紅陽教，並仍用於醫治病患上。

直隸南皮縣人張成位，平日傳習紅陽教，為紅陽教教首，嘉慶三年（1798）同村的李可學，又名李進學，因身患疾病，而拜張成位為師，皈依紅陽教，並且學習焚香治病。教首張成位每年分別於正月與十月兩次往邀門下信徒至其家做會拜佛，供奉飄高老祖，並誦讀紅陽教經卷，唱說好話。凡赴會的信徒，每人各給銀錢一、二百文不等，將此稱為如意錢，作為備辦齋供使用。至嘉慶十五年（1810），因張成位身故，李可學等人便停止做會。到了嘉慶二十四年（1819）時，李可學因其家中住屋出售，而無處棲身，便往霸州等處為人傭工度日。道光三年（1823）正月間，李可學至直隸永清縣，遇有同樣學習紅陽教的直隸永清縣人于三道，兩人講論三皈五戒，相談甚歡，彼此便互稱道友。[2]李可學除為人傭工外，

---

2 《外紀檔》，臺北：國立故宮博物院藏。直隸總督那彥成奏摺抄件，道光五年十二月十九日。

亦時常替人治病，有劉喜的祖母張氏因素患眼疾，便延請李可學一至，李可學以焚香供茶來醫治張氏眼疾。道光五年（1825），李可學等人因傳習紅陽教，被官府拏獲。[3]

表 5-1-2 直隸等地張成位傳習紅陽教教衆一覽表

姓名	籍貫	關係	行業	備註
李可學（李進學）	直隸南皮縣人	張成位之徒弟	治病、傭工	焚香治病
張成位	直隸南皮縣人	李可學之師父	紅陽教教首、治病	
于三道	直隸永清縣人			
劉　喜		張氏之孫		
張　氏		劉喜之祖母		患眼疾

資料來源：寄信上諭，道光五年十一月初三日、那彥成奏摺抄件，道光五年十二月十九日，收錄於《上諭檔》、《外紀檔》。

直隸等地張成位傳習紅陽教一事，參與人士在籍貫分佈上亦多分佈於直隸地方；在職業及身份類別上有為人傭工以及為人治病；在教內教徒上，有教首張成位傳習紅陽教，專門傳授教徒焚香治病，而李可學即是因為生病，拜其為師。在李可學拜師學習紅陽教後，亦習得焚香治病的方法，並以焚香供茶的治病方法，來醫治素患眼疾的張氏。李可學除了為人醫病外，亦四處為人傭工度日，從此可知，收徒傳習紅陽教，並為人醫治疾病，並不足以維持生計，故紅陽教的教徒除了傳教授徒以及為人治病外，仍須從事其他工作來維持生計。

　　紅陽教盛行於直隸玉田、薊州、寶坻等地方。嘉慶年間，直隸玉田縣人董文魁，為紅陽教的教首，平日吃齋茹素，念

3　《上諭檔》，臺北：國立故宮博物院藏。寄信上諭，道光五年十一月初三日。

誦經卷，以求消災邀福，並藉由傳授供茶看香等占病方法，來收徒傳教。在當地的鄉里間，不少鄉民平日以務農爲生，或靠手藝生理，會因爲自身患染疾病，或因其親屬家人生病，而往邀董文魁來進行醫治，有直隸玉田縣人劉起旺等人，因請董文魁來醫治疾病，在其病癒後，遂拜其爲師，皈依紅陽教。董文魁所傳授的「以茶治病」，在方法上，是先燒香，再拿一小撮茶葉放置於桌上供奉，並跪誦咒語「虛空藥王到壇中，童子來下藥，急急落茶中」，在念誦完咒語後，便將茶葉於香上燻燒數轉，便可令病人用薑煎煮服用。董文魁收劉起旺等人爲徒後，便將紅陽教的經卷交由劉起旺收藏，並告知其教內規矩，即是每年於三月初二日做蟠桃會、六月初六日做晾經會以及十一月十五日做收源會，共聚會三次，每次做會時，懸掛飄高老祖的圖像，並供奉素菜，環跪唸經，並伴以敲擊銅磬、木魚等法器。有直隸玉田縣人王進和，因自幼體虛多病，故而喫齋茹素，自從皈依紅陽教後，便以此供茶治病的方法，來爲爲人治病，並收徒傳習紅陽教。道光四年（1824）冬間，王進和憶及其故祖曾往赴奉天開原縣等地方貿易，與當地民人張學孔交好，故前往開原縣找尋張學孔，請其幫覓雇主，爲人傭工。至道光七年（1827）四月，王進和返回玉田縣，並於偶然間在收荒攤上買得醫家集驗成方及畫符治病等書籍。便又開始在直隸玉田縣爲人治病，以獲取銀錢，但因爲無人見信，又遇荒年歲歉，故於道光十二年（1832）十月間，攜帶醫書符咒及紅陽教經卷，前往奉天、直隸等地，先後爲開原、昌圖李黎氏以及趙玉夫婦等人療治疾病。王進和的治病方法，是以讓病人服方藥，或令病人飲

符水，或爲病人看香占禱等方式來爲人治病，或爲人消災邀
福。[4]

表 5-1-3 直隸等地董文魁傳習紅陽教教衆分佈表

姓名	籍貫	關係	行業/身份	備註
董文魁	直隸玉田縣人	劉起旺之師父	紅陽教教首、治病	授茶看香占病
劉起旺	直隸玉田縣人	董文魁之徒		自幼多病喫齋
王進和	直隸玉田縣人		治病、傭工	
張學孔	奉天開原縣人			
李黎氏	奉天開原縣人	找王進和治病		
趙　玉	昌圖廳人	找王進和治病		

資料來源：綺善奏摺，道光十四年七月初九日，收錄於《軍機處檔・月
　　　　　摺包》，第 2743 箱，85 包，68482 號。

直隸等地董文魁傳習紅陽教一事，參與人士在籍貫分佈上，
主要爲直隸、奉天等地人士；其教徒之間的連繫多有地緣關
係或「醫 ── 病」關係；在職業及身份類別上上，有與人治
病以及爲人傭工者。其傳教的核心人物爲教首董文魁，用供
奉茶葉、念誦咒語的方式治病，並在治癒後收徒傳教，且於
每年固定時間作會，希圖達到祈福消災的目地。此外，王進
和本身即體虛多病，因此自幼喫齋，皈依紅陽教後，亦提供
治病，但無法僅以爲人治病營生，故四處替人傭工度日，較
爲特別的部分在於王進和爲人治病的方法上，並不僅以其所
學習紅陽教的治病方法來醫治，亦混雜了在收荒攤上買得的
醫家集驗成方及畫符治病等書籍中的方法。因此，在其治療
疾病的手法上，較爲多元，但其於本籍爲人治病以賺取銀錢

---

4 《軍機處檔・月摺包》，第 2743 箱，85 包，68482 號。綺善奏摺，道光
　十四年七月初九日。

並不順利，因為當地人士多不信其法，故只能轉往他處為人醫治，這亦反映出清代地方社會上，底層民眾對於民間秘密宗教的醫療接受度並不一致。

直隸宛平縣孟家庄人谷老，信奉紅陽教，家中供有飄高老祖的圖像，每年做會兩次，分別於五月十七日及九月十七日兩日，平日收徒傳教。有同村的孟六及其妻楊氏、彭會、康四、龐五以及其妻劉氏皆住居於廣安門外，嘉慶九年（1804），孟六等人先後拜谷老為師，皈依紅陽教。每年做會供佛時，孟六等人及紅陽教信眾各出銀錢一百餘文，送交谷老，做為燒香上供喫齋使用。平日裡，孟六、彭會以及康四都會出外為人治病，其治病的方法為念誦咒語「求佛祖看病下藥」等句，加以使用茶葉、花椒等物給與病患煎煮服用，再令患者供奉飄高老祖，皈依紅陽教。嘉慶十八年（1813），因天理教起事，各地官府在地方上，皆嚴厲查緝民間秘密宗教，為躲避官府查拏，谷老便將紅陽教的經卷大半燒燬，所剩下的經卷，皆被信徒龐五取去，而谷老仍繼續在家中持續供奉飄高老祖的圖像，每年依然做會拜佛兩次。除此之外，紅陽教教徒孟六先後替深州人李張氏以及宛平縣人孟傅氏治療疾病，在其疾病痊癒後，李張氏等人便拜孟六為師，亦皈依紅陽教。至道光九年（1829），谷老患染重病，便將家中所供奉的飄高老祖圖像，交給其徒孟六來繼續供奉，孟六便接呈谷老，在當地繼續傳習紅陽教，並作會拜佛。到了道光十二年（1832）正月，孟六等人被官府查拏到案，交由軍機大臣會同刑部審訊，並依照傳習紅陽教供有飄高老祖及拜師

授徒者發烏魯木齊爲奴例擬結。[5]

表 5-1-4 直隸等地谷老傳習紅陽教教衆分佈表

姓名	籍貫	關係	行業	備註
孟　六	直隸宛平縣人	楊氏之丈夫；谷老之徒；李張氏、孟傳氏之師父	治病	傳習紅陽教
孟楊氏	直隸宛平縣人	孟六之妻、谷老之徒		
彭　會	直隸宛平縣人	谷老之徒	治病	
康　四	直隸宛平縣人	谷老之徒	治病	
龐　五	直隸宛平縣人	劉氏之丈夫、谷老之徒		
龐劉氏	直隸宛平縣人	龐五之妻、谷老之徒		
谷　老	直隸宛平縣孟家庄人	孟六、楊氏、彭會、康四、龐五、劉氏之師父		傳習紅陽教
李張氏	深州人	孟六之徒		
孟傳氏	直隸宛平縣人	孟六之徒		

資料來源：曹振鏞等奏，道光十二年二月，收錄於《奏摺檔》。

直隸等地谷老傳習紅陽教一事，參與人士在籍貫分佈上爲直隸地方人士，集中於宛平縣；其之間的連繫，多有親屬關係或地緣關係以及「醫──病」關係；在職業及身份類別上皈依紅陽教的教衆，多半以爲人治病爲業。除此之外，亦以爲人治病爲媒介，拉引底層民衆入紅陽教。

直隸大興縣人王二樓是紅陽教的教首，有直隸大興縣人周大即周應麒，自幼便隨著王二樓傳習紅陽教，並在廟內念經拜壇，平日裡以種地營生。嘉慶二十三年（1818），教首王二樓病故，便由其徒周應麒接任紅陽教教首之位。有同莊人謝八，平日看管莊中的菩薩廟，曾隨同周應麒入教，其亦

爲紅陽教教徒。周應麒與戴雲隴等教內中人每年於固定日期，皆會在莊中的菩薩廟內聚集唸誦經卷，且於不同日子，念誦不同經卷。每逢正月十四日、十五日以及十六日念誦《源流經》、於二月十九日念誦《菩薩送嬰兒經》、於五月十三日、六月二十四日以及十二月初八日念誦《伏魔經》，爲莊內人家祈求子孫以及祈福驅禍。教中所念的經卷，皆由周應麒交給謝八，收藏放置於菩薩廟內，每年到了念經的日子，李十兒等教內中人便會趕赴菩薩廟內，聚集燒香磕頭。凡赴廟中之教徒，皆繳交銀錢數十文至一、二百文不等，或繳交麥子、高粱等物一斗至數升不等，以作爲廟中的香火以及教中信徒聚集念經的期間，信眾們飯食開支等花費的款項，若有餘剩的錢文，則會做爲購置廟內器具的支出。此外，若遇有莊內人家家中有喪事，周應麒等人便即前往喪家中念經，因此教中稱周應麒等人爲紅陽道人。教內信徒除念經外，周應麒亦囑令教徒蘇太人在廟內後殿，望空向少林十祖師磕頭，並學習少林拳法。另外，紅陽教教徒李國梁平素擅長使用針炎爲人治病，除此之外，亦能畫符，如遇有病人患者，便用香頭在黃紙上畫黑道數行後，拿去燒化於水中，給病人飲服。道光十二年（1832）二月間，周應麒因傳習紅陽教，被拏獲到案，照例問擬發邊遠充軍。[6]

---

6 《上諭檔》，曹振鏞奏稿，道光十二年二月初八日。

表 5-1-5 直隸王二樓等人傳習紅陽教教犯一覽表

姓名	籍貫	關係	行業/身份	備註
周　大 （周應麒）	直隸大興縣人	王二樓之徒	種地度日、紅陽教教首	
王二樓	直隸大興縣人	周大之師父	紅陽教教首	傳習紅陽教
謝　八	直隸大興縣人		看管菩薩廟	
戴雲隴	直隸大興縣人			為人唸經祈福
李十兒	直隸大興縣人			
蘇　太	直隸大興縣人			
李國梁	直隸大興縣人		治病	針炎、畫符治病

資料來源：曹振鏞奏稿，道光十二年二月初八日，收錄於《上諭檔》。

直隸王二樓等人傳習紅陽教一事，參與人士在籍貫分佈上，皆為直隸大興縣人，其之間在連繫上，多具有地緣關係，帶有濃厚的地方色彩。又此一紅陽教在活動上，以村莊內的菩薩廟為中心，向外發展，無論是傳教者或信徒皆為莊內人士，故可以將其看作是在地型的民間秘密宗教團體；而其教內在活動上，除了於固定的日子聚會念誦經卷，為莊內祈福外，凡是莊內人家家中辦有喪事者，教內人士皆會參與其中；除此之外，亦提供莊內患病病患醫療上的服務，在其醫療服務的方式上，多對病患施以針灸加以治療，並且同時亦會搭配使用焚燒符咒與病患者服用的方法；在教內人士的職業及身份類別上，有傳教教首、為人治病者、管理莊內廟宇者，以及耕地種田為生者。另外，因為參與此一紅陽教的信眾，無論是傳教教首，亦或是教內信徒，皆居住於莊內，而傳教者在平日亦以耕地種田為生，與一般莊內的信徒無異。

　　直隸三河縣人張景山，早年即拜劉仲玉為師，皈依混元教，平日茹素喫齋，念誦經卷，並為人治病。嘉慶十七年

（1812）六月，劉仲玉因其年邁，加以張景山已學習有成，便要其接管混元教教內事務，於是，張景山便將混元老祖神像以及混元教的經卷等物領回家裡供奉。混元教教內事務向分人執掌，不同事務，則不同人執掌。道光十二年（1832），官府破獲直隸傳習混元教案，張景山等人先後被捕到案。[7]

表 5-1-6 直隸劉仲玉傳習混元教教犯一覽表

姓名	籍貫	關係	教中職務	行業/身份
張景山	直隸三河縣人	劉仲玉之徒	接管教務	治病
劉仲玉	直隸三河縣人	張景山之師父	教主	傳習混元教
孫文士			領眾	
孫文志			壇主	
楊　俊			經主	
段明楊			管眾	
尹廷樞			調眾	
陳顯旺			供主	
段龐舜			催眾	
蕭　呈			大乘會首	
王國璽			大乘會首	

資料來源：曹振鏞等奏稿，道光十二年六月初六日，收錄於《上諭檔》。

從直隸劉仲玉傳習混元教一案中，可以得知混元教教內的人員執掌的配置，在其教內的人員配置，可以說相當細密。教中孫文士為領眾，負責在做會時帶領眾人行禮；孫文志為壇主，經理上供香燭等相關事務；楊俊為經主，專司陳設經卷相關事宜；段明楊為管眾，主要負責在做會進行中約束眾人；尹廷樞為調眾，主要管教眾人喫齋等情事；陳顯旺為供主，主要掌管買辦祭品等相關事務；段龐舜為催眾，負責催人辦

---

7 《上諭檔》，曹振鏞等奏稿，道光十二年六月初六日。

供等相關事宜。除此之外，另有蕭呈與王國璽二人，其因家計充裕，故每逢教中輪至無力買辦祭品之人上供時，均由蕭、王兩家墊辦，因此，將其二人稱爲大乘會首，取承擔大眾之意。教中組織分工，教內眾人的任務執掌相當分明。

混元教亦多以爲人治病，傳教收徒。直隸深澤縣人陳洛飛，傳習混元教，平日爲人治病。乾隆末年，有同村人雷洛培，因其身患疾病，故找陳洛飛醫治，陳洛飛使用畫茶醫治的方式，將其治療痊癒，陳洛飛即令其入混元教，雷洛培即拜陳洛飛爲師，皈依混元門教。教中固定時間做會，即爲每月初一日。嘉慶年間，晉州人楊盛堂，亦傳習混元教，平日爲人治病。有祁州人李丙辰患病，再經張進忠的介紹後，請楊聖堂醫治，痊癒後即拜晉州人楊盛堂爲師，皈依混元門教，並且學習畫茶，教中固定於每月二十四日做會。楊盛堂後因年老無子，於是便將混元教的經卷交與李丙辰收藏，但李丙辰因識字不多，因此未能誦習，在楊盛堂身故後，由張進忠繼續接傳混元門教。道光十三年、十四年（1833、1834）間，深澤縣人張洛正因患染疾病，而趙大有則爲家人患病，兩人經祁州人張洛德介紹，找張進忠醫治，並拜張進忠爲師，皈依混元教。其後張洛正等人，因久病無法痊癒，於是，張進忠遂令其赴定州拜同教的邊洛勝爲師，亦以畫茶治病的方法爲其醫治。此外，深澤縣人王得玉，素息混元教，其所傳習的混元門教即爲紅陽教。教內教導教徒學習盤坐功夫，並且藉由畫茶治病等方法來收徒傳教，每月固定於十四日做會。在王得玉過世之後，其子王洛增繼續承接管理教內事務，仍然按期做會。教中治病的方法是畫茶治病，所謂的畫茶治病

是令病人跪在佛像前面，由王洛增向北燒香，並以一小撮茶葉供於桌上，用手指招訣，代爲祈禱，口念「病人左首與中間如有涼氣，俱與醫治，右邊若有涼氣，即不與醫治。」等咒語，念畢後即令患者將茶葉煎煮服用。除此之外，混元教中的信徒見面時，皆詢問對方姓名，即告知眞姓，必復問究竟何姓？則會答稱姓「無」，即知是同教中人，無姓即是取無生老母門徒之意。[8]

表 5-1-7 直隸等地張進忠傳習混元教教犯一覽表

姓名	籍貫	關係	行業	備註
陳洛飛	直隸深澤縣人	雷洛培之師父	治病	傳習混元教
雷洛培	直隸深澤縣人	陳洛飛之徒弟		
李丙辰	祁州人	楊盛堂之徒		
楊盛堂	晉州人	李丙辰之師父		
張進忠		張洛正、詔大之師父		傳習混元教
王得玉	直隸深澤縣人	王洛增之父	治病	傳習混元教
王洛增	直隸深澤縣人	王得玉之子	治病	接管教務
張洛正	直隸深澤縣人	張進忠、邊洛勝之徒		患病
趙　大		張進忠之徒		因親屬患病
張洛德	祁州人			傳習混元教
邊洛勝	定州人	張洛正之師父	治病	傳習混元教

資料來源：綺善奏摺，道光十八年正月二十六日，收錄於《宮中檔》，第 2726 箱，7 包，1210 號。

直隸等地傳習的混元教其實就是紅陽教，其教內向來以醫治疾病做爲傳教的媒介。或爲痊癒後拜師入教，或爲拜師入教後給與醫治。上列所舉的混元教傳教者在醫療傳教上的手法

---

8 《宮中檔》，臺北：國立故宮博物院藏，第 2726 箱，7 包，1210 號。綺善奏摺，道光十八年正月二十六日。

皆以畫茶治病爲主，以現代醫學的角度而言，療效相當有限，但對當時的底層民衆而言，除了心理上的強化外，亦有經濟上的開銷考量，畢竟生病找醫生醫治，再加上抓藥，一連串的開銷負擔頗大，與治療方式簡單、花費低廉的畫茶治療相比，經濟不豐裕的底層百姓，多選以後者，此即爲混元教或紅陽教得以迅速收徒傳教的原因，亦可以說是民間秘密宗教在傳教上，掌握了底層百姓的需求。

　　直隸大興縣人張洪山素習紅陽大乘會，嘉慶十八年（1813）天理教案發，各地官府皆嚴厲查拿民間秘密宗教，張洪山爲了避風頭，躲避官府的查拿，便將其教內供奉的紙像給燒化了。在張洪山身故之後，其子張幗治以及張幗安兩人仍繼續收徒傳教，其教門名目稱爲紅陽大乘會，固定於每年正月初六日，聚集信衆燒香上供，稱爲開元會，除此之外，每月十六日，亦燒香上供，並背念經卷，教中信衆皆稱張幗治爲老師父，甚至連其母張常氏都要向其磕頭行禮。張幗治的堂兄張幗祥亦爲直隸大興縣人，住居於廣渠門外波落營地方，聞知此事後。便於道光十八年（1838）二月間，至左營廣渠汛向守備張雲慶呈告，告舉其堂弟張幗治等人傳習「邪教」。而根據張幗祥供稱，其堂叔張洪山在日時，在家中就供有飄高老祖的紙像。[9]

---

9 《奏摺檔》，奕經奏，道光十八年二月。

表 5-1-8 直隸張幗祥傳習紅陽大乘會教犯一覽表

姓名	籍貫	關係	教中身份	備註
張幗祥	直隸大興縣人	張幗治之堂哥、張幗祥之之堂姪		告堂弟張幗治傳習邪教
張幗治	直隸大興縣人	張洪山、張常氏之子;張幗祥之堂弟	老師傅	傳習紅陽大乘會
張幗安	直隸大興縣人	張洪山、張常氏之子		傳習紅陽大乘會
張洪山	直隸大興縣人	張幗治、張幗安之父;張幗祥之堂叔		傳習紅陽大乘會
張常氏		張洪山之妻;張幗治、張幗安之母		

資料來源:奕經奏,道光十八年二月,收錄於《奏摺檔》。

直隸張幗祥傳習紅陽大乘會一案,可以得知教內中,參與民間秘密宗教的人物,在其身份上,與世俗中的倫常輩份有別,不以傳統社會中的倫理輩份論高低,而是以在紅陽大乘會中的身份為高低,故此,在教內的身份為老師父的張幗治,其母張常氏亦要向其磕頭行禮。

除此之外,道光年間有在直隸地方上有敬空會,又被稱為敬空教,其名目來由是因附近村里鄉民信奉已故的僧尼敬空而得名,其在信仰系統上,相當接近紅陽教。[10]直隸朝陽門外有一靜意菴,原立有已故僧尼敬空的銅像,而其墳墓亦於菴後的塔園中,每年一到夏季,居住於附近的村里鄉民,皆會帶著香資、錢文趕赴菴內燒香。有直隸大興縣人李自榮與李成玉皆隨同村的張二學習誦念經卷,而田懷得則學習打法器。嘉慶二十年(1815),官府曾將供奉敬空遺像,並念

---

10 莊吉發,《真空家鄉 —— 清代民間秘密宗教史研究》,臺北:文史哲出版社,2002 年,頁 311。

誦經卷的敬空教教徒趙啓明拏獲，送交刑部。至道光元年
（1821），李自榮等人因村人染患時疫，多有病故者，但無
僧道念經追薦，於是，便與田懷得、李成玉等人商量起立敬
空會，酬錢來製備神像與法器等物，並念誦超渡亡魂的經卷，
協助過世者的家屬進行薦亡，俱不索謝，其後，又於每年正
月十五、二月十九、四月初八、十月十五等日，在張字營村
龍王廟內望空向已故的僧尼敬空禮拜，念誦經卷，爲村人祈
福，村裡鄉民皆稱李自榮等人爲紅陽道人。道光十二年（1832）
正月十五日，有河津營村人楊四，因患病後痊癒，欲以還願，
便與同時廟內道士李玉商量，邀請李自榮等人到廟中念經，
隨後便被官府訪獲。[11]

表 5-1-9 直隸李自榮傳習敬空教教犯一覽表

姓名	籍貫	關係	行業/身份	備註
敬　空	直隸人		尼僧	已故
李自榮	直隸大興縣人	張二之徒	紅陽道人	念經
李成玉	直隸大興縣人	張二之徒	紅陽道人	念經
張　二	直隸大興縣人	李自榮、李成玉、田懷得之師父		傳習敬空教
田懷得	直隸大興縣人	張二之徒	紅陽道人	打法器
楊　四	河津營村人			還願請李自榮念經
李　玉	河津營村人		道士	

資料來源：曹振鏞等奏稿，道光十二年二月二十八日，收錄於《上諭檔》。

直隸李自榮等人信奉敬空教一事，參與人士在籍貫分佈上，
皆爲直隸當地的地方人士，其之間的連繫多具有地緣關係。
在其活動上，以靜意菴爲中心，菴內立有已故僧尼敬空的銅

---

11 《上諭檔》，曹振鏞等奏稿，道光十二年二月二十八日。

像，附近居民皆會於固定時間，及每年夏季，帶著香資、錢文趕赴菴內燒香，其信仰中心爲已故的僧尼敬空，這一類信仰已故的得道僧人，在傳統中國地方上相當常見，其信徒多爲居住附近的村鄰鄉民，故其亦爲一個小型的在地型民間秘密宗教團體；在其教內在活動上，除了有信徒主動性的於固定日子上香外，亦有紅陽道人李自榮、李成玉、張二以及田懷得等人於固定的時間進行禮拜，念誦經卷，爲村人祈福。除此之外，在附近村臨鄉里流行瘟疫、時疫等疾病時，村內人家家中有喪事者，皆會參與其中，爲其喪家提供亡薦，且俱不向喪家索討謝酬。

第二節　青蓮教系統中的人物

　　青蓮教是清代五盤教支派，在道光初年之時，由五盤教教首楊守一所倡立，又名金丹道，或稱金丹大道。在青蓮教或金丹大道的名稱普遍流行以前，曾出現報恩會的名目，到了道光朝末年，青蓮教又分爲兩個支派，一支傳入福建，被稱爲先天教，而另外一支則是傳入四川，稱爲燈花教。[12]

　　四川新都縣人楊守一，平日算命生理，家中藏有道教經卷，平日吃齋茹素，念誦經卷，並學習坐功運氣。道光七年（1827）三月間，楊守一在四川華陽縣新街，向張俊租得一間空屋，開設命理館。街上居民徐繼蘭、蔣玉章以及余青芳

12　濮文起，《中國民間秘密宗教辭典》，成都：四川辭書出版社，1996年，頁226。

等人前往算命，因楊守一推算頗爲靈驗，徐繼蘭等人相當信
服，便與之交好，時常往來。其後，有唐添受等人因身患疾
病，便前往請楊守一算命，楊守一便告知若以坐功運氣，即
可卻病延年。唐添受等人聽信其言，便向楊守一學習打坐運
氣等功夫，並各送楊守一三、四百文錢。有貴州龍里縣人袁
志謙即袁無欺，向來以看風水子平爲生。[13]同年五月，袁無
欺到四川做買賣，看到楊守一的命理館，便進到舖內請楊守
一算命。因楊守一所言多中，袁無欺便常常前往，彼此交好。
其後，袁無欺得知楊守一有喫齋茹素，念誦經卷，便即告知
楊守一，其家中亦藏有經卷，且供奉飄高老祖及無生老母牌
位，燒香念誦，可以消災獲福，袁無欺願教傳與楊守一。楊
守一欣然允從，便即拜袁無欺爲師，袁無欺遂送給楊守一抄
寫的經卷一本後，便返回貴州。不久後，徐繼蘭等人又到楊
守一舖內閒聊，楊守一便起意做會傳徒，來斂取錢文，又因
命理館內空間窄狹，於是，楊守一等人便在徐繼蘭家中做會
念經，並拜楊守一爲師，致送錢一千文。楊守一將家中所藏
及袁無欺所給的經卷分與徐繼蘭等人閱看。但因官府查禁供
奉飄高老祖，遂用黃紙書寫「青華老祖」及「無生老母」牌
位供奉，並取名爲「報恩會」，會中以念誦經卷來報答父母
之恩，無論何人皆可入會，藉報答父母之恩以及祈神保佑以
引人入會。有附近居民陳育盛等人先後前往探問做會之事，
楊守一告以報恩會的宗旨，陳育盛等人便跟隨楊守一行禮求
福，並送香錢一、二百文。另有四川華陽縣人尹正、劉曰瑚

13　《軍機處檔·月摺包》，第 2747 箱，42 包，60783 號。清單，道光八年
　　六月。

等人拜楊守一爲師，學習經卷，其後，尹正又轉收方運泓爲
徒，此外，有鄭子青則拜方存敬爲師，亦傳習青蓮教，道光
八年（1828）鄭子青逃往陝西，跟隨徐繼蘭傳習青蓮教被獲，
審明後依例改發回城，給大小伯克爲奴。同年閏五月間，徐
繼蘭等人因收徒傳教被官府拏獲之事傳回四川，楊守一聞得
風生後，旋即逃逸，不久，亦被拏獲到案。楊守一所倡立的
報恩會，會內供奉青華老祖及無生老母，即爲後來所稱的青
蓮教，楊守一即是青蓮教主，而袁無欺被奉爲青蓮教祖師，
教中稱袁無欺爲無欺子。四川總督戴三錫查閱楊守一所藏的
經書後指出，其所藏之經卷，皆爲道家之言，是原有的經卷，
此外亦有鄙俗常言編成的禳災祈福語句，並無違悖字樣，亦
無荒誕不經咒語。[14]

表 5-2-1 四川等地楊守一倡立報恩會教犯一覽表

姓名	籍貫	關係	行業	備註
楊守一	四川新都縣人	袁無欺之徒弟；徐繼蘭、蔣玉章、余青芳、陳育盛、尹正、劉曰瑚之師父	開設命館算命營生	青蓮教主
張 俊	四川華陽縣新街人		租屋	
徐繼蘭	四川華陽縣新街人	楊守一之徒		
蔣玉章	四川華陽縣新街人	楊守一之徒		
余青芳	四川華陽縣新街人	楊守一之徒		

---

14 《軍機處檔·月摺包》，第 2747 箱，43 包，60885 號。四川總督戴三錫
奏摺錄副，道光七年六月十六日。

唐添受		因患病，請楊守一算命		
袁志謙（袁無欺、無欺子）	貴州龍里縣人	楊守一之師父	看風水爲生	青蓮教祖師
陳育盛	四川華陽縣新街人	楊守一之徒		
尹　正	四川華陽縣人	楊守一之徒、方運泓之師父		傳習青蓮教
劉曰瑚	四川華陽縣人	楊守一之徒		
方運泓		尹正之徒		
方存敬		鄭子青之師父		傳習青蓮教
鄭子青		方存敬之徒、隨從徐繼蘭傳教		傳習青蓮教

資料來源：戴三錫奏摺錄副，道光七年六月十六日、清單，道光八年六月，收錄於《軍機處檔‧月摺包》，第 2747 箱，43 包，60885 號、第 2747 箱，42 包，60783 號。

四川等地楊守一倡立報恩會一事，參與人士在籍貫分佈上有四川、貴州，其中多新都縣人、華陽縣人以及龍里縣人，其之間的連繫多有地緣關係；在職業及身份類別上，傳教收徒者爲算命師、風水師等特殊行業，至於受誘入教者，大多皆爲普通村里鄉民；在教內結構上，以倡立者楊守一爲重要的核心人物，其以四川華楊縣新街上所開設的命理館爲中心，並不四處走動傳教，而是在命理館中等待，這是與其他民間秘密宗教的傳教者以四處行走傳教相比，較爲特殊的部分。又因會走進命理館的民眾，在其本身人格上或人生境遇中即有一些特徵，是較一般民眾更容易「相信」或「需要」民間秘密宗教。在人格特質上，或多好奇心理者，如有被算命師說中應驗，即會深信不疑；或多信鬼神之事者，只要被算命師說到模稜相似之處，亦會深信不疑。或在人生境遇上，或

遇諸事不順者，或身患疾病者，皆容易聽信算命師之言，信以爲真。而提供楊守一立論的經卷，則爲道家之言，一般的道教經卷，或以鄙俗常言編成的禳災祈福語句，其中並爲有宣揚變天思想與末劫色彩。而道教發展至清代，已成爲中國民眾的文化傳統之一，根深於中國民眾文化結構的基礎，楊守一以道教經卷爲其立論與倡教的基礎，亦較容易被民眾所接受。

四川成都人王又名，素習青蓮教，平日吃齋誦經，四處收徒傳教。道光十五年（1835）正月間，來至武岡州，遇有湖南武岡縣人程孔固、程恒忠父子，便即勸令入教，並說青蓮教是金丹大道，如能學習，日久功成，即可成仙成佛。程孔固父子隨即拜王又名爲師，誓食長齋，並於家中設立無生老母牌位，皈依青蓮教，王又名隨即給與經卷數冊及坎卦圖章，程孔固即早晚焚香念經，每逢佛誕日，便做龍華會供佛。[15]同年（1835）六月間，湖南新寧縣人藍沅曠等人，因聽聞武岡縣人程孔固傳習青蓮教，勸人入教喫齋，人多聽信其言，便希圖亦藉傳教收徒爲名，來招收黨夥。爲使眾人信服，藍沅曠便聲稱其於出生之時，其母夢見玉璽懸於天空，其後，藍沅曠之妻夢見雙龍。便將之暗擬爲將來必成大事，富貴無比，藉以哄騙眾人信服。新寧縣圳源岡地方有九隴菴，菴內僧人張和尚即張永祿，及其素好的陳仲潮等結拜弟兄，商議各自糾人幫助，聚集九隴菴，共相謀議大事。同年八月十五日，藍沅曠圖謀率領青蓮教信眾起事，其書寫詔書，製成黃

---

15 《奏摺檔》，湖廣總督訥爾經額奏摺抄件，道光十六年五月。

布令旗，散分給徒眾執持，每旗一面，議定招一百壯丁，每
招一丁，給錢一千文。次年二月間，招足千餘人，即於道光
十六年（1836）二月初五日祭旗起事，共推藍正樽爲教主，
羅才清封帶令大元帥，僧人張和尙封大軍師，信徒陳仲潮人
各別分封爲敬賢司、敬良司等職分。次日卯時，藍沅曠率眾
出陣，至申時抵達武岡州，民眾二、三千人欲攻州城，卻爲
官兵所敗。[16]

表 5-2-2 湖南藍沅曠傳習青蓮教教犯一覽表

姓名	籍貫	關係	行業	備註
藍沅曠	湖南新寧縣人			青蓮教教主
羅才清				帶令大元帥
陳仲潮		張和尙之結拜弟兄		封爲敬賢司
張和尙（張永祿）	新寧縣圳源岡人	陳仲潮之結拜弟兄	九隴菴僧人	大軍師
王又名	四川成都人	程孔固之師父		傳習青蓮教即金丹大道
程孔固	湖南武岡縣人	程恒忠之父、土又名之徒		傳習青蓮教
程恒忠	湖南武岡縣人	程孔固之子		

資料來源：湖廣總督訥爾經額奏摺抄件，道光十六年五月，收錄於《奏
　　　　　摺檔》、《清宣宗成皇帝實錄》卷 279，頁 14。

湖南藍沅曠假借傳習青蓮教計畫反清一事，參與人數達二、
三千餘人，在籍貫分佈上有湖南、四川等地，其中多新寧縣
人與武岡縣人。此案件中的重要核心人物藍沅曠因見武岡縣
人程孔固傳習青蓮教，人多聽信其言入教，便希圖藉由傳教

16　《大清宣宗成皇帝實錄》，（八），卷 279，頁 14~18。論軍機大臣，道
　　光十六年二月。臺北：華文書局，1964 年，頁 4993~4995。

收徒的方式，來快速的集結民眾。因此便假借傳習青蓮教，以收徒傳教的方式糾眾，來達到起事的目地。在其核心成員中，有身份爲僧人的張和尚即張永祿，住居於新寧縣圳源岡地方的九隴菴，此外，有陳仲潮等人，其相互結拜爲異性兄弟，聚集於九隴菴中，一同商議謀反之事。從中亦反映出，在當時的底層社會中，因結拜風氣相當盛行，且又偶與民間秘密宗教兩相糾結在一起，故這亦爲研究清代的秘密社會中，難以將民間秘密教門與秘密會黨徹底畫清楚兩者界線的原因之一。又藍沅曠等人爲使眾人信服，便以神奇玄幻的色彩加諸自己身上，聲稱其母與其妻皆夢有奇異的夢兆，暗示藍沅曠將來必成大事，富貴無比，來使眾人信服、跟隨起事。而在細節事宜上，藍沅曠等人亦不含糊，挑選特殊的八月十五日，此日素爲「專門起事」之日，來圖謀率領青蓮教信眾起事，並製黃布令旗以書寫詔書等事宜，爲籌備時間過短，加以人數太少，且爲烏合之眾，最後難免以失敗被捕收場。

　　雲南地區亦爲盛行傳習金丹道之地，有周燦、譚致富、楊林、廖康、廖通等人在此地收徒傳教。湖南清泉縣人周燦即周健，素習金丹道，平日四處收徒傳教。有湖南常寧縣人廖德即廖舉鼇，其於道光十三年（1833），捐納九品職銜。道光二十三年（1843），周燦與廖德會遇，周燦對廖德談及修習金丹道，能練精歸氣、練氣歸神，日久功深，即可達到祛病延年的功效。廖德聽信其言，隨即拜周燦爲師，皈依金丹道，周燦便即傳授坐功運氣的方法，並教其禮拜無生老母。同年三月內，湖南常寧縣人楊林，年四十四歲，至廖德家中拜訪，廖德便即勸其吃長齋，供奉無生老母，並學習坐功運

氣，可以卻病延年，名爲金丹大道，楊林聽信其言，即拜廖
德爲師，皈依金丹道。楊林入教後，又轉傳同村的廖通、廖
康等人，勸令其拜師入教，廖通、廖康等人應允後，便即拜
楊林爲師，亦皈依金丹道。道光二十四年（1844）三月，楊
林約同廖通、廖康，亦同湊資本，欲前往雲南省城進行貿易。
五月內即抵達雲南，聽聞有周健與譚致富、廖富、廖松林、
唐運書等人於雲南的財神宮中寓住。因素聞周燦道法甚高，
便前往與之見面後拜周燦爲師，並在財神宮亦同居住。[17]周
燦在雲南所傳的金丹道，其時亦爲青蓮教系統中的分支，但
其與另外亦於雲南傳習青蓮教的林依秘等人，彼此不和，相
互爭利，各自爲教。

表 5-2-3 雲南周燦傳習金丹大道教犯一覽表

姓名	籍貫	年齡	關係	行業/身份
廖　德（廖舉鰲）	湖南常寧縣人		周燦之徒、楊林之師父	捐納從九品職銜
周　燦（周健）	湖南清泉縣人，寓居雲南財神宮		廖德、楊林之師父	
廖　富	寓居雲南財神宮			
廖松林	寓居雲南財神宮			
譚致富	寓居雲南財神宮			
唐運書	寓居雲南財神宮			
楊　林	湖南常寧縣人，寓居雲南財神宮	44歲	廖德、周燦之徒；廖通、廖康之師父	往雲南省城貿易
廖　通			楊林之徒	往雲南省城貿易
廖　康			楊林之徒	往雲南省城貿易

資料來源：陸費瑔奏摺，道光二十五年八月初四日，收錄於《宮中檔》，
　　　　　第 2731 箱，45 包，8007 號。

---

17 《宮中檔》，第 2731 箱，45 包，8007 號。湖南巡撫陸費瑔奏摺，道光
　　二十五年八月初四日。

周燦等人於雲南傳習金丹道一事，參與人士在籍貫分佈上以湖南與雲南兩個地方爲主；在其教內人士的職業與身份類別上，有捐納從九品職銜者、傳教教首以及貿易等；教內核心人物爲周燦，其寓居於雲南的財神宮中，可以反映出，民間秘密宗教的傳教人物，在居住場所中，以廟與做爲居住地，爲單身且無家累的傳教者普遍且常見的選擇，亦有助於其傳教工作的進行，此外，這些單身的傳教者亦會與其他單身亦無家累的信徒同住一廟宇中，在對於社會底層中，無處可居或至外地進行貿易或傭工的單身男性，亦爲其參與民間秘密宗教的要素之一，且與累世傳教的傳教家族有所不同。

　　湖南城步縣人呂文炳，素習青蓮教，平日四處收徒傳教，道光十三年（1833）九月，遇有湖南清泉縣人周位掄，呂文炳即勸令周位掄入教，學習坐功運氣，周位掄應允後，隨即拜呂文炳爲師，皈依青蓮教，呂文炳及教其念誦經卷。道光十九年（1839），周位掄欲出外收徒傳教，便任頂航，並自號摘光祖師後，前往江西、湖北以及湖南等處收徒傳教。其爲使人信服，隨他入教，便在各處古廟及荒貨攤上收購各種經卷古籍。有湖南城步縣人楊作錦，其因先年患病，因而固定於朔望茹素吃齋。道光二十一年（1841）九月，楊作錦遇有湖南邵陽人唐本來，唐本來即勸令楊作錦入教喫長齋，楊作錦聽從後隨即拜唐本來爲師，皈依青蓮教，唐本來授與經卷及坐功運氣，稱爲煉丹採藥，又令其默叩無生老母。次年正月間，周位掄之兄周位猷拜楊作錦爲師，傳習青蓮教。道光二十三年（1843）正月，周位掄抵達湖北，收徒傳教以擴充青蓮教勢力，爲使民眾信服，其宣稱在靜坐出神之時，忽

見天空有白光，便得知世人不久將遭逢劫難，其將劫難內容編寫成書，散佈於各地，其後，又再宣稱曾得天書三卷，內容有載明周位掄即是彌勒佛轉世，將來必成大道，於是製造雲履、仙衣、壽帶、黃旗、佛冠及畫有蘭龍虎的字軸，又購買鐵劍，聲稱能鎮邪驅瘟又可除降妖除魔。其後，周位倫在黃雀樓遇有同教的彭超凡與陳汝海，相談論辯起了爭執，周位掄指謫彭超凡與陳汝海等人，雖為青蓮教，但好講符籙，兩相爭論下，不歡而散。在此論道事件發生之後，周位掄便聞知彭超凡等人不許周位掄在漢口等地傳教，周位掄害怕遭彭超凡等人加害，便即前往臥龍岡等地躲避，並將姓名改為張利貞。同年二月內，湖南人劉隆恩即劉吉臨在湘潭縣會遇周位掄，周位掄便勸令其入教，劉隆恩應允，即拜周位掄為師，皈依青蓮教，周位掄教其坐功運氣，念誦經卷，默叩無生老母。不久後，劉隆恩即前往雲南昆明縣等地傳教收徒。道光二十四年（1844）八月，周位猷與其子周榮正至漢中買賣煙葉、木耳等物，此時，周位掄剛由樊城抵達漢中，三人會遇，並同居一觸，周位掄便將與陳汝海等人論道經過告知周位猷等人，並說因恐其師徒加害於己，便將姓明改為張利貞，前往他處躲避，為求安全自保，亦囑令周位猷父子跟著更改姓名，以防陳汝海等人加害，故此，周榮正便改名為張清江，而周位猷則是將「周」字拆寫，改名為固上一。其後，周位掄等人及因傳習民間秘密宗教，而被官府查拿。[18]

---

18 《宮中檔》，第 2731 箱，46 包，8293 號。湖南巡撫陸費瑔奏摺，道光二十五年九月三十日；同檔，第 2731 箱，45 包，8052 號。暫署陝西巡府李星沅奏摺，道光二十五年八月十六日。

表 5-2-4 湖南等地周位掄傳習青蓮教教犯一覽表

姓名	籍貫	關係	備註
呂文炳	湖南城步縣人	周位掄之師父	
周位猷（固上一）	湖南清泉縣人	周位掄之兄、周榮正之父	傳習青蓮教
周位掄（張利貞）	湖南清泉縣人	周位猷之弟；周榮正之叔；呂文炳之徒；劉隆恩之師父；與彭超凡、陳汶海不合	頂航、摘光祖師、彌勒轉世
周榮正（張清江）		周位猷之子、周位掄之姪	
楊作錦	湖南城步縣人	唐本來之徒、周位猷之師父	傳習青蓮教
唐本來	湖南邵陽縣人	楊作錦之師父	
劉隆恩（劉吉臨）	湖南人	周位掄之徒	前往雲南昆明縣傳教收徒
彭超凡		與周位掄不合	
陳汶海		與周位掄不合	

資料來源：李星沅奏摺，道光二十五年八月十六日、陸費瑔奏摺，道光二十五年九月三十日，收錄於《宮中檔》，第 2731 箱，45 包，8052 號、第 2731 箱，46 包，8293 號。

湖南等地周位掄傳習青蓮教一事，在參與人士籍貫的地理分佈上，亦多爲湖南、湖北及雲南等地方的人士爲主。此件案件中的核心人物爲周位掄，其兄與其姪兒亦爲青蓮教教徒，在傳教收徒上，是以經卷爲立論根基，因此，相當重視經卷，並常於各處蒐購經卷，又爲使民眾對其更加信服，故編造一些奇異特殊的情境如宣稱其於靜坐出神時看見天空異相，得知將有劫難降臨等語，利用民眾恐懼災厄的心理，來哄騙民眾，使民眾入教，除此之外，又宣稱得有天書三卷，內容說明周位掄是彌勒佛轉世，使民眾更加堅定跟隨他的信仰，周位掄爲了更加強化信仰，便又製造了一些道具，雲履、仙衣、壽帶、黃旗、佛冠、畫有蘭龍虎的字軸以及一把鐵劍，宣稱

能鎮邪驅瘟又可除降妖除魔等，使得底層民眾信以為真，更加堅定信仰。而即使如此，在傳習青蓮教的教徒中，又有好講符籙的彭超凡與陳汶海，其二人雖與周位倫皆為青蓮教教徒，但其立論根基不同，因此在相遇後互相論道的過程中，產生爭執，並出言恐嚇，這亦反映出清代的民間秘密宗教即使為同一教門中人，仍會有理念不合，互相爭教的情形出現。

　　道光二十二年（1842），楊守一舊案中的李一元在四川地方與陳汶海、彭超凡等人共同商約協議復興青蓮教一事未果。其後，陳汶海又與四川敘州府人林祝官及郭建汶等人會遇，又再次提及復興青蓮教之事，並且聲稱必須開壇扶乩，判出同教信眾的字輩分派，好分別有系統地各自收徒傳教，以斂取銀錢。次年，陳汶海便邀同彭超凡以及林祝官等人，一同前往善化縣的東茅巷地方寓住，一夥人即以算命與行醫等行業為名，繼續進行收徒傳教的工作。有江寧人劉瑛即是劉依道，平日向來在湖南地方做買賣貿易營生。道光二十三年（1843）二月間，劉瑛到長沙地方販賣雜貨，遇有素識的湖南人莫光點，莫光點即對劉瑛談及陳汶海等人商議復興青蓮教之事，並向其告知凡念誦經卷，吃齋茹素，練功運氣，並皈依青蓮教之人，即可避災免劫。劉瑛聽信其言，隨即拜莫光點為師，皈依青蓮教。[19]

　　劉瑛在返回原籍之後，又遇有素識的江寧人阮吉祥、阮元明父子，其父子二人平日向來幫人捆柴度日，二人在劉瑛

19　《軍機處檔・月摺包》，第 2752 箱，129 包，76457 號。刑部尚書阿勒精阿等奏摺，道光二十五年十二月十四日；《宮中檔》，第 2731 箱，41 包，7377 號。兩江總督壁昌奏摺，道光二十五年四月初十日。

的勸令下，亦俱拜劉瑛爲師，皈依青蓮教，且阮吉祥取名阮克悟，而阮元明取名阮性初。又有湖南零陵縣人朱凌雲，即是朱幗玉，曾在貴州龍里縣人袁無欺的勸令下，拜其爲師，皈依青蓮教，並學習坐功運氣以及默叩無生老母，稱爲金丹大道。袁無欺又向其告知，凡入教教信徒，皆有頭銜來區分身份分別，名目各自不同，初入教者頭銜上稱爲眾生，其後有添恩、證恩、保恩、引恩以及頂航等各項名目，皆分別代表教內中的不同身份。其後，袁無欺派朱凌雲爲添恩。同年三月，朱凌雲在衡州地方的草河街與彭超凡會遇，彭超凡令其出外收徒傳教。同年七月間，朱凌雲前往貴縣地方，並勸令任盛先與楊通紳等人皈依青蓮教，任盛先與楊通紳應允後，即拜朱凌雲爲師，先後皈依青蓮教。[20]

同年十月間，安添爵、彭超凡、陳汝海等人再次前往湖北漢陽，剛好遇有林祝官、郭建文等人也至漢陽，而李一元則於道光二十四年（1844）正月間亦至漢陽。眾人於漢陽地方再度商議復興青蓮教的相關事宜，便議定在漢陽府孟家巷向劉王氏賃租空屋來做爲場所，並於空屋內設立乩壇，教中信徒將此稱爲雲城，或稱爲紫微堂，並請畫匠畫出無生老母畫像，懸掛於屋內供教徒供奉，在請畫家畫畫像時，教中信徒爲了避免官府查拿，便將無生老母捏稱爲瑤池金母來告知畫匠。陳汝海等人又假託聖賢佛轉世，聲稱喫齋行善，可以獲福延年，不遭水火劫難等語，作爲乩筆判出，青蓮教以達摩爲初祖，楊守一爲十三祖。此外亦定初教內規矩，善男信

---

20 《宮中檔》，第 2731 箱，46 包，8293 號。湖南巡撫費琼奏摺，道光二十五年九月三十日。

女初次入教，先給經卷，其後供奉香火，入教後隨時捐獻功果錢數千或銀數十兩至數百兩不等，所得銀錢互相接濟。李一元又慮及將來信眾日增，須立一人主壇，即爲教主，使教內眾人不致爭分錢文，又可鞏固同教向心力。郭建文以周位掄曾經得有天書，道法玄妙，將來定成正果，推舉其爲教主。但陳汝海等人都認爲周位掄爲人狡詐，且與郭建文交好，稱他爲摘光祖師，將來斂得錢文，必被周位掄把持，難以分用爲由，與以否決。彭超凡有表弟朱中立，同教之人俱稱其爲八牛兒，陳汝海等人以朱中立爲人老實易於愚弄，又與經卷內「八牛普度」暗合，推舉其爲教主較有號召力，又可招人入教。一干人等，因擔心眾人不信服，便商議設壇請乩，要假託鬼神之意判出朱中立爲教主，使人信服。李一元與陳汝海等人扶鸞禱聖，先書寫無生老母降壇字樣，捏稱未末申初，有水火刀兵瘟疫大劫，當滅六十億萬生靈，朱中立當得成佛普度世人，凡入教者可以邀福免禍等語，藉以煽惑信眾。[21]

　　陳汝海等人決心奉朱中立爲教主，朱中立遂改名爲化無子。但郭建文始終不肯奉朱中立爲教主，並且堅持奉周位掄爲教主，兩方因此分道揚鑣，各自傳教。李一元、陳汝海等人成功復興青蓮教，但爲了避免與周位掄的金丹道教相混，又再次設壇扶乩，依照判語定出「元秘精微道法專眞果成」十個字，以此十字編成道號分派取名，並令各人分往各省開道傳教。其中，彭超凡爲水法子改名彭依法，陳汝海爲火精

21 《軍機處檔‧月摺包》，第 2752 箱，129 包，76470 號。鴻臚寺少卿董灜山摺奏錄，道光二十五年十二月初九日。《宮中檔》，第 2731 箱，46 包，8169 號。陝甘總督惠古奏摺，道光二十五年九月初九日。

子改名陳依精，安添爵爲木成子改名安依成，林祝官爲金秘子改名林依秘，宋潮眞爲土道子改名爲宋依道其五人屬「先天內五行」，並自稱聖賢仙佛轉世，於雲城中掌壇；又李一元改名爲李依微，余克明改名爲余依元，朱清泉改名爲朱依專，范臻改名爲范依果，鄧良玉改名爲鄧依眞，以上五人屬「後天外五行」；夏繼春改名爲夏致溫，謝克畏改名爲謝致良，黃德修改名爲黃致恭，張蔚澤改名爲張致儉，張俊改名爲張致讓，以上五人爲「五德」，「外五行」與「五德」爲「十地大總」，分往各方傳教。[22]

表 5-2-5 李一元、陳汶海等人復興青蓮教教犯一覽表

姓名	籍貫	關係	行業	備註
楊守一				已故。教內十三祖
李一元 （李依微）				
陳汶海 （火精子、 陳依精）			算命、行醫	屬內五行
彭超凡 （水法子、 彭依法）		朱中立之表哥	算命、行醫	屬內五行
朱中立 （八牛兒、 化無子）		彭超凡之表弟		教主
林祝官 （金秘子、 林依秘）	四川敘州府人		算命、行醫	屬內五行
宋潮眞 （土道子、 宋依道）				屬內五行

22 《宮中檔》，第 2731 箱，41 包，7377 號。兩江總督壁昌奏摺，道光二十五年四月初十日。

安添爵 （木成子、 安依成）			屬內五行
郭建汝 （郭建文）	四川敘州府人		
周位掄			摘光祖師
劉　瑛 （劉依道）	江寧人	莫光點之徒	貿易營生	屬外五行
莫光點	湖南人	劉瑛之師父	
阮吉祥 （阮克悟）	江寧人	阮元明之父、 劉瑛之徒	幫人捆柴度日	
鄧良玉 （鄧依眞）			屬外五行
夏繼春 （夏致溫）			屬五德
謝克畏 （謝致良）			屬五德
張　俊 （張致讓）			屬五德
黃德修 （黃致恭）			屬五德
張蔚澤 （張致儉）			屬五德
范　臻 （范依果）			屬外五行
朱清泉 （朱依專）			屬外五行
阮元明 （阮性初）	江寧人	阮吉祥之子、 劉瑛之徒	幫人捆柴度日	
朱凌雲 （朱幗玉）	湖南零陵縣人	袁無欺之徒	
袁無欺	貴州龍里縣人	朱凌雲之師父		添恩
任盛先	貴縣人	朱凌雲之徒	
楊通紳	貴縣人	朱凌雲之徒	
余克明 （余依元）			屬外五行
劉王氏	湖北漢陽府人		賃租房屋

資料來源：壁昌奏摺，道光二十五年四月初十日、陸費瑔奏摺，道光二十五年八月初四日、陸費瑔奏摺，道光二十五年九月三十日、惠古奏摺，道光二十五年九月初九日、陸費瑔奏摺，道光二十五年九月三十日、董灜山摺奏錄，道光二十五年十二月初九日、阿勒精阿等奏摺，道光二十五年十二月十四日，收錄於《宮中檔》，第 2731 箱，41 包，7377 號、第 2731 箱，45 包，8007 號、第 2731 箱，46 包，8293 號、第 2731 箱，46 包，8169 號、第 2731 箱，46 包，8293 號；《軍機處檔・月摺包》，第 2752 箱，129 包，76470 號、第 2752 箱，129 包，76457 號。

李一元、陳汝海等人復興青蓮教並與周位掄爭教一事，參與人士在籍貫分佈上有湖南、湖北、四川、貴州，其中有零陵縣人、龍里縣人、貴縣人；在職業及身份類別上有算命、行醫、貿易以及幫人捆柴等；教中的核心人物為陳汝海、彭超凡以及林祝官等人，以算命與行醫等行業為名，收徒傳教，與其他民間秘密宗教的傳教者相似。因會找算命師算命的民眾，就其本身特質而言，在對於宗教上的傾向上，就偏屬於易於接受的類型；而底層民眾對於疾病的態度而言，某些疾病在其心目中，或屬於天譴型的疾病，或屬於招惹不乾淨的鬼魂所引發，因此，行醫在宗教行為上，向來為底層民眾所依賴的一環，故以行醫傳教，亦為多種不同民間秘密宗教教門的傳教手法。在這群人復興青蓮教的過程中，進行諸多設想，並立下教內規範，此外，又因在斂取銀錢上，需要一個教眾所共同能接受的人物，來進行斂取銀錢後的分配，即為教主之位。

對於教主的奉立上，教內分為兩派人馬，郭建文因與周位掄較為友好，並以其獲有天書為由欲奉周位掄為總教主；而陳汝海等人則欲立老實而較容易操控的朱中立為總教主，

兩方人馬兼持不下，最後陳汶海等人以扶乩的方式，確立了朱中立爲總教主，但郭建文並不因此信服，於是出走教外。從此，郭建文與周位掄傳習金丹道教，而陳汶海等人則傳習青蓮教，各自爭勝，分教傳徒。雖然雙方爭教，但教內所傳的坐功運氣，以及默扣無生老母等，無論是金丹道教或是青蓮教，皆爲相同，並無二術。

　　雲南地方的民俗風情，盛行燒香拜佛之風，寺廟道院座落雲集。因此，民間秘密宗教在此地的發展，亦爲相當活躍。青蓮教系統的民間秘密宗教在雲南地方上的傳習，在歷經陳汶海等人的協議復興，以及與周位掄等人的相互爭教下，主要有青蓮教與金丹道教兩大同教異名的民間秘密宗教，在彼此相互競爭傳教。在雲南等地方傳習青蓮教的傳教者，主要是雲南宜良縣人夏繼春，即是夏連祚，其爲已革給頂生員。此外，尚有蒙化廳人孫可功，其曾與夏繼春一同前往四川進行買賣貿易，並在四川地方與四川敘州人林祝官會遇閒談，其時，林祝官告知二人，若是茹素吃齋，念誦經卷，便可以消災邀福。

　　道光二十四年（1844）正月間，夏繼春與孫可功在雲南地方接獲了林祝官自湖北漢陽寄來的書信，內容極力邀請其二人前往湖北觀看青蓮教復興與扶乩派名字輩等活動，並再次勸另二人拜師，皈依青蓮教。同年四月內，夏繼春與孫可功便相約一同前往湖北，二人抵達湖北漢陽府孟家巷後不久，兩人即拜林祝官爲師，皈依青蓮教。林祝官遂教令其二人供奉無生老母，吃齋茹素，念誦經文，並抄與經卷，令其誦習。夏繼春參與湖北雲城扶乩，乩判賜名夏致溫，認往雲

南傳教。林祝官告知乩語指示，道光二十四年（1844）八月間，有水火刀兵的劫難，凡教內信徒配掛青蓮教的符籙，即可消災免難。是年七月間，夏繼春領取經卷符籙，而孫可功則領取頂航的頭銜，兩人自湖北啟程，返回雲南，便於其後，便各自分頭傳習青蓮教。[23]於是，雲南地方的青蓮教與金丹道教各自收徒傳習，互相競逐爭勝。傳習金丹道教者，宣稱能夠延壽修眞，而嚴厲指謫青蓮教誦念經咒扶鸞是邪魔外道；至於傳習青蓮教者，則揚言可以消災降福，並指謫金丹道教學習坐功運氣爲虛妄空談。雖然金丹道教與青蓮教，雙方都在雲南地方活躍發展，並傳教收徒，且皆同爲青蓮教的系統，但彼此之間的理念不和，雙方互別苗頭，其二者引發衝突的主要是因素，在於教主之位的爭奪，雙方所擁戴的對象不同所致，而其二者皆至雲南地方傳教，則是因爲在雲南地方的風俗民情上，人民素來愛好燒香禮佛，且當地向來屬於多瘴癘且易於發生疾病流傳的地方，因此民間相信茹素可以減少生病，故吃齋的民眾較多，容易傳教收徒，並從中斂取銀錢。道光二十五年（1845）內，先後拏獲的教犯，多達一百二十四名，其中有十九名爲金丹道的教徒，而另外一百零五名皆爲青蓮教教徒。[24]

---

23 《宮中檔》，第 2731 箱，41 包，7414 號。雲南巡撫吳其濬奏摺，道光二十五年四月十九日。
24 《軍機處檔·月摺包》，第 2752 箱，124 包，75496 號。雲南巡撫鄭祖琛奏摺錄副，道光二十五年八月初八日。

表 5-2-6 雲南林祝官傳習青蓮教教犯一覽表

姓名	籍貫	關係	行業/身份	備註
夏繼春（夏連祚、夏致溫）	雲南宜良縣人	林祝官之徒	已革給頂生員，到四川貿易	領取經卷符籙往雲南傳教
孫可功	雲南蒙化廳人	林祝官之徒	到四川貿易	領取頂航頭銜往雲南傳教
林祝官	四川敘州人	夏繼春、孫可功之師父		傳習青蓮教

資料來源：吳其濬奏摺，道光二十五年四月十九、鄭祖琛奏摺錄副，道
　　　　　光二十五年八月初八日，收錄於《宮中檔》，第 2731 箱，41
　　　　　包，7414 號、《軍機處檔・月摺包》，第 2752 箱，124 包，
　　　　　75496 號。

雲南林祝官傳習青蓮教一事，參與士在籍貫分佈上有雲南、
四川等地人士；在職業及身份類別上有已革給頂生員以及貿
易等；在教內信徒上，有在雲南等地方傳習青蓮教的傳教者
夏繼春，是已經被革給頂生員，以及貿易維生的孫可功，二
人是遇到傳習青蓮教的林祝官後，才皈依青蓮教的，並前往
雲南地方傳教。二人皈依青蓮教的原因，是林祝官向其說明
茹素吃齋，並念誦經卷，即可以消災邀福，二人為了消災邀
福，便皈依青蓮教。在其二人皈依青蓮教之時，恰巧遇有青
蓮教的復興，二人也參與其中，並獲有扶乩所得的字輩賜名，
除此之外，乩語尚指示，即將有水火刀兵的劫難降臨，教內
信徒相信只要配掛有青蓮教的符籙，就可以化解災難，即是
傳教者以災難末劫等思想的散播，來令民眾感到恐懼，而入
青蓮教並給與符籙等物，聲稱得以避災邀福，來吸引底層民
眾參與。此事件中，亦可以看出金丹道教與青蓮教兩者在系

統上，雖如出一轍，但雙方的傳教者所重視的部分，一者在於經卷的誦念與坐功運氣與修真之上，而另外一者，則重視誦念經咒扶鸞與符籙之上。而雙方人士的衝突與矛盾點則交集於教主之位的推舉上，最終導致金丹道教與青蓮教分道揚鑣，各自收徒傳教，互別苗頭。

第三節　八卦教系統及其他教門中的人物

　　八卦教原名收元教，是世代以劉氏為教主的教門，因其教內下再各行分設八卦，每卦皆有掌卦者，故又稱之為八卦教。自乾隆末年以來，山東、直隸等省份，八卦教的勢力迅速滋長，至嘉慶朝時，發生了天理教的叛亂事件，天理教即為八卦教的一支。在收元教分設八卦的發展下，各卦在其掌教人的帶領下，分別活動與發展，偶而亦有發生卦間的爭教拉人等事情，而各卦分別發展，即成為八卦教的一大特徵，其教內人物，將於本節內詳加論述。

　　離卦教偶有以白陽教或一字門教等名目，在官方文書中出現。道光年間，山東、直隸以及河南等省份，自乾隆年間以來即盛行離卦教，官府屢有破獲。乾隆年間，直隸清河縣人劉恭即劉功，又名劉大武，有直隸元城縣人馬萬良、直隸南和縣人馮老條、直隸清河縣人吳得榮以及王志德、王志善、孫善恭、張老欽等人，先後拜劉恭為師，傳習白陽教。其後，王志德傳徒王好智，孫善恭傳徒牟士學，牟士學皈依白陽教後，即勸令郭文學拜其為師入教，郭文學入教後即傳徒劉幅

貴，劉幅貴又傳徒王登信，王登信再傳徒夏津縣人郭都成。
嘉慶年間，郭都成遇有平原縣人周添明便勸令其入教，周添
明應允後，便拜郭都成爲師，皈依白陽教。郭都成令周添明
燒香三炷，供茶三鍾，並朝天磕頭立誓後教令坐功運氣的功
夫，即爲鼻內收氣，口內出氣，稱爲採清換濁，郭都成告知
周添明說時常練習運氣功夫，日久清氣上升，濁氣下降，靈
光便能出頂。另外，又接著傳授「耳爲東方甲乙木，眼爲南
方丙丁火，鼻爲西方庚辛金，口爲北方壬癸水，戒了在西南
北處，養中央戊己土」等數句咒語，每日兩手抱胸盤膝打坐
運氣，並默念「眞空家鄉，無生父母」八字，練久功深，自
能免病避難。道光二年（1822）冬間，周添明因貧難度，起
意藉由傳徒來斂取銀錢，因白陽教屢次被官府破獲，故民眾
畏懼官府查拿，隨即更換教門名目，改白陽教爲一字門教，
並以勸人學好，誘人入教。其後，周添明先後收有荊其虎等
人爲徒，荊其虎等人再陸續輾轉收徒傳教。凡入教之信眾，
平日各自在家運氣習咒，遇有立春、立夏、立秋、立冬等特
定日期，便前往荊其虎家中，一同打坐運氣。

　　此外，劉恭之徒馮老條於道光二年（1822）收孫連科爲
徒，傳習坐功運氣，採清換濁的功夫。另外，劉恭之徒馬萬
良亦收徒傳教，先後傳徒孫亮亭、顧老孜等人。其後，有韓
富有因其母親身患疾病，便央求孫亮亭燒香醫治，並拜其爲
師，亦皈依白陽教。山東臨清縣人馬進忠是馬萬良嗣子，曾
拜吳得榮爲師，吳得榮將白陽教改爲八卦教，由馬進忠傳習
乾卦教，馬進忠曾赴天津收張學恕等人爲徒。道光元年
（1821），顧振高與李玉興經由顧老孜引進，先後拜馬進忠

爲師。道光三年（1823）五月，馬進忠等人起意糾眾起事，
教內定於十二月十五日起事，糾人編號，派捐米石，預計先
搶臨清、清河等州縣。但在預定起事前一個月，就已被官府
查拏，先後拏獲教犯三百餘名。[25]

表 5-3-1 山東等地馬進忠傳習乾卦教教犯一覽表

姓名	籍貫	關係	備註
劉　恭 （劉功、 劉大武）	直隸清河縣人	馬萬良、馮老條、吳得榮、 王志德、王志善、孫善恭、 張老欽之師父	
馬萬良	直隸元城縣人	劉恭之徒；孫亮亭、顧老孜 之師父；馬進忠之嗣父	
馬進忠	山東臨清縣人	馬萬良之嗣子；吳得榮之 徒；張學恕、顧振高、李玉 興之師父	傳習乾卦教
張學恕	天津人	馬進忠之徒	
顧振高		馬進忠之徒	
李玉興		馬進忠之徒	
孫亮亭		馬萬良之徒、韓富有之師父	
顧老孜		馬萬良之徒	
馮老條	直隸南和縣人	劉恭之徒、孫連科之師父	
孫連科		馮老條之徒	
韓富有		孫亮亭之徒	因母患病，求孫亮亭醫治
吳得榮	直隸清河縣人	劉恭之徒、馬進忠之師父	將白陽教改爲八卦教
王志德		劉恭之徒、王好智之師父	
王志善		劉恭之徒	
孫善恭		劉恭之徒、牟士學之師父	
張老欽		劉恭之徒	
王好智		王志德之徒	
牟士學		孫善恭之徒、郭文學之師父	
郭文學		牟士學之徒、劉幅貴之師父	

25 《宮中檔》，第 2726 箱，15 包，2363 號。署理直隸總督綺善奏摺，道
光十八年十二月十四日。

劉幅貴		郭文學之徒、王登信之師父	
王登信		劉幅貴之徒、郭都成之師父	
郭都成	夏津縣人	王登信之徒、周添明之師父	
周添明	平原縣人	郭都成之徒、荊其虎之師父	因貧難度，將白陽教改為一字門教，傳徒斂錢
荊其虎		周添明之徒	

資料來源：綺善奏摺，道光十八年十二月十四日，收錄於《宮中檔》，第 2726 箱，15 包，2363 號。

山東等地馬進忠傳習乾卦教一事，參與人士在籍貫分佈上，多為直隸與山東地方人士，其中有臨清縣人、清河縣人、元城縣人、南和縣人、夏津縣人以及平原縣人；此案之中，呈現出民間秘密宗教教門為躲避官府查拏，而將教門名目更改。教內的傳教者，藉由傳習坐功運氣，採清換濁的功夫來誘使民眾入教，多半為了斂取銀錢，其中周添明即是因為生活困苦，因貧難度，故而起意藉由傳徒來斂取銀錢，其又因白陽教屢次被官府查禁，為了順利收徒傳教，加以躲避官府的查拿，便將教門名目更換，改白陽教為一字門教，並以勸人學好，誘人入教；此外，教內亦以提供醫療來吸引底層民眾加入，韓富有因為母親身染疾病，於是便央求孫亮亭幫其母親醫治，孫亮亭應允，便以燒香等方法來為其母醫治，而韓富有亦因孫亮亭幫其母醫治疾病，便拜其為師入教；除此之外，八卦教系統的教門具有變天思想，故在馬進忠等人糾人反清，並計畫起事之時，被官府拏獲。

嘉慶年間，山東蘭山縣人狄珍，素習離卦教，曾拜離卦教的總當家直隸清河縣人劉恭的徒弟孫起洛為師，後於嘉慶

十八年（1813），狄珍被拏後監斃。[26]有山東蘭山縣人狄玢，其為狄珍的堂兄弟，亦素習離卦教，平日收徒傳教，曾勸令李克昌等人習教，李克昌等人即拜狄玢為師，皈依離卦教。至道光三年（1823），狄玢因傳習離卦教被捕後正法。狄玢的徒弟李克昌等人，便先後拜離卦教教首直隸清河縣人尹老須即尹資源為師，繼續傳習離卦教，而狄玢的兒子狄文奎則畏罪潛逃他鄉，不敢返回原籍，並且改從張姓，寄居於江蘇邳州地方，其後，即拜直隸清河縣人解老松為師，學習採清換濁功夫。在解老松身故後，解老松的哥哥解冰祥帶著狄文奎一同前往教首尹老須家中，送錢入教。

道光六年（1826），狄珍的兒子狄漢符拜謝老聞的徒弟清河縣人王得功為師，學習採清換濁等運氣功夫。其後，狄文奎、狄漢符二人分別帶領山東蘭山、釋縣、江蘇邳州等地方的教內信徒，歸入尹老須的離卦教，約共計二千餘人。尹老須因傳教信徒眾多，斂錢致富，於是令其子尹明仁報捐州同職銜，並為尹老須捐請六品封典，此外，又陸續購置田宅，並設立舖業。由於教內傳徒亦多，教務興旺，便附會劉恭遺言中「日後有南陽佛出世倡興離卦教」之說，自稱南陽佛。因尹老須耳朵內長有長毫，於是又添捏手臂上有龍紋，以塑造出其生有異相。其後，又陸續建蓋房屋兩所，共計約一百餘間，西所為住宅，東所做為接待教內信徒之所。為了使教內信徒更加信服，並斂取更多銀錢，故又起意商同謝老聞編造無生老母與先天爺要隨時考察眾人功夫，增添福力等神

---

26 參見本書頁 263~267。

諭；此外，又商令教內蕭滋、田幅榮等人假充明眼，閉目出神，上天問話，聲稱加福，其以出錢多寡，定其加福等次；同時，又由蕭滋編造將有劫數的謠言，再由謝老聞書寫將有黑風劫、有妖獸食人等謠言的傳單，並令韓老吉將傳單轉送各處信眾，使信眾心生恐懼，出錢希圖消災祈福。尹老須又思及教內信徒，散布各地，便恐日久分離，於是便捏稱八卦本是文王所定，其自稱文王轉世，故為離卦教教首，而其長子尹明仁則是武王轉世，教中幫輔傳教年近八旬的韓老吉為姜太公轉世。此外，為令教徒信服，便囑令蕭滋出神上天時，假裝先天言語。至道光十二年（1832），尹老須等人即因傳習離卦教被官府拏獲。[27]

表 5-3-2 直隸等地尹老須傳習離卦教教犯一覽表

姓名	籍貫	關係	職業/身份	備註
狄　珍	山東蘭山縣人	狄漢符之父、狄玢之堂兄弟、孫起洛之徒		素習離卦教
狄漢符		狄珍之子；王得功、尹老須之徒		
劉　恭	直隸清河縣人	孫起洛之師父		離卦教總當家
孫起洛		劉恭之徒、狄珍之師父		傳習離卦教
狄　玢	山東蘭山縣人	狄珍之堂兄弟、狄文奎之父、李克昌之師父		

---

27 《上諭檔》，曹振鏞等奏摺，道光十二年五月初九日；《軍機處檔‧月摺包》，第 2760 箱，56 包，63564 號。文孚等奏摺錄副，道光十三年五月初八日。

狄文奎	山東蘭山縣人，寄居於江蘇邳州	狄玢之子；解老松、尹老須之徒		改從張姓
李克昌		狄玢、尹老須之徒		
尹老須（尹資源）	直隸清河縣人	尹明仁之父、李克昌之師父	捐請六品封典	離卦教教首、自稱南陽佛、自稱文王轉世
尹明仁	直隸清河縣人	尹老須之子	報捐州同職銜	武王轉世
韓老吉				姜太公轉世
解老松	直隸清河縣人	解冰祥之弟、狄文奎之師父		
解冰祥	直隸清河縣人	解老松之兄、尹老須之徒		
蕭 滋				假充明眼，閉目出神，上天問話
謝老聞		王得功之師父		
王得功	清河縣人	謝老聞之徒、狄漢符之師父		
田幅榮				假充明眼，閉目出神，上天問話

資料來源：曹振鏞等奏摺，道光十二年五月初九日、文孚等奏摺錄副，道光十三年五月初八日，收錄於《上諭檔》、《軍機處檔·月摺包》，第 2760 箱，56 包，63564 號。

直隸等地尹老須傳習離卦教一事，參與人士在籍貫分佈上多為直隸、山東等地方，其中有多為蘭山縣人以及清河縣人。教內核心人物為尹老須，其為離卦教教首，平日收徒傳教，並斂取教徒銀錢，因其信從者眾多，故斂錢致富。致富後，其與其子捐官、購置田宅，並設立舖業等等。但其不因此滿足，而心中害怕教徒散去，故而以多種方式，令信徒信服，並且招致更多信徒。其先是自稱南陽佛，並以其身體特徵塑造出與常人不同的形象；其後，又捏稱八卦為文王創造，並

自稱為文王轉世，而其長子尹明仁則是武王轉世，並聲稱教中幫輔傳教年近八旬的韓老吉為姜太公轉世等等，以此令教內信眾對其多家信服。此外，尹老須為了要多斂取銀錢，故命人假裝明眼，能經由閉目出神，上天問話，並以送錢多寡，來分派加福；此外，又令人編造將有黑風劫以及友會食人的妖獸等謠言，使信眾內心恐懼害怕，並且出錢布施，以希圖消災祈福。此外，教內協助傳教的人士，蕭滋、田幅榮等人假稱有超自然的能力，假充明眼，能夠閉目出神，與天上的神明對話，即能從中分得斂來的銀錢。

山東鄆城縣人李芳春，素習離卦教，嘉慶年間，曾拜直隸清河縣人離卦教總當家劉恭為師，傳習離卦教，學習運氣功夫，念誦「真空家鄉，無生父母」等咒語。劉恭傳授李芳春教內修練的方法，為每天早中晚分別向東南西三個方位朝太陽磕頭，並且閉目運氣，舌抵上齒。道光三年（1823）內，劉恭因犯案被捕，其身故後，李芳春即自稱彌勒佛轉世，並託言劉恭遺命，接任離卦教教首，繼續收徒傳教。道光十四年（1834），李芳春收山東鄆城縣人劉亭吉等人為徒，劉亭吉又收同縣的李維寅等人為徒，傳習坐功運氣。教中分為文武二教：文教念咒運氣，聲稱功夫深透，便可看見無生老母；武教則演練拳棒技藝。文武二教中的教徒，輾轉收徒傳教，使得信眾與日俱增，凡入教之信中皆以李芳春為總師傅，致送根基錢。[28]

其後，李芳春見教內信眾益多，於是便編造「細雨紛紛

不見天」等讖語，揚言戊寅年間，將會有劫數降臨，凡是掛
名上供的善男信女，就可以避劫免災等語，並令劉亭吉等人
輾轉宣傳。道光十六年（1836）間，李芳春即因傳習離卦教，
被官府拏獲。[29]

表 5-3-3 山東等地李芳春傳習離卦教教犯一覽表

姓名	籍貫	關係	備註
劉　恭	直隸清河縣人	李芳春之師父	離卦教總當家
李芳春	山東鄆城縣人	劉恭之徒、劉亭吉之師父	自稱彌勒佛轉世、離卦教教首、總師父
劉亭吉	山東鄆城縣人	李芳春之徒、李維寅之師父	
李維寅	山東鄆城縣人	劉亭吉之徒	

資料來源：經額布奏摺，道光十七年六月初二日、經額布奏摺抄件，道
光十七年十二月十二日，收錄於《宮中檔》，第 2727 箱，5
包，1044 號、《外紀檔》。

山東等地李芳春傳習離卦教一事，參與人士在籍貫分佈上，
多為山東與直隸地方人士。教內核心人物為李芳春，其曾拜
劉恭為師，在劉恭案發後，便接任教首之位，為了使教內信
眾信服，故其自稱為彌勒佛轉世，並假借劉恭遺言來強化其
自身在接任教首時的具神格性與正當性。又因見到教內信眾
增加，故希圖藉機斂取更多銀錢，於是便編造讖語，散發末
劫思想，揚言將會有劫數降臨，來誘發教內信眾的恐懼，並
提供避劫免災的保護，即是凡教內信眾掛名上供便可躲避過
劫難，並且獲得福報。

根化教因為了躲避官府的查拿，故改名為艮卦教，亦屬
於八卦教系統。山東即墨人魯文燦、郭安林以及郭廷臻等人

---

29 《外紀檔》，山東巡撫經額布奏摺抄件，道光十七年十二月十二日。

於道光二年至五年間（1822~1825）先後拜夏均、徐洪彩、郭曰從為師，皈依並傳習根化教。其後，魯文燦勸令魯明容皈依根化教，並收其為徒。道光八年（1828），郭廷臻等人因為傳習民間秘密宗教，而被官府拏獲，並在審訊後，擬徒發配，限滿釋回，而魯文燦與郭安林等人則在逃未獲。至道光十二年（1832）秋間，魯文燦與郭安林等人聞得風聲，得知郭廷臻傳習根化教案已經結案，於是便從外地潛回原籍，欲重新進行傳教工作，其宣稱習教可以修福，不過又因根化教已經破案，教內恐遭人指告官府，故而將根化教改名為艮卦教。教內信眾凡入教，即拜郭安林為師，根化教雖已改名為艮卦教，但郭安林等人傳徒習教仍照先前根化教的舊規，每逢朔望早午晚三個時間向太陽焚香磕頭，並且默念「幸生中國，得遇真傳」等咒語，此外，教內信徒於每年九月，各出京錢四、五十文，送交郭安林，由其赴高密縣夏莊黿神廟燒香。道光十三年（1833）春間，郭安林病故後，由魯文燦來接管教務。至道光十七年（1837）五月內，魯文燦等人被官府訪獲。[30]

表 5-3-4 山東等地魯文燦傳習艮卦教教犯一覽表

姓名	籍貫	關　　　　　係
魯文燦	山東即墨人	夏均、徐洪彩、郭曰從之徒；魯明容之師父
郭安林	山東即墨人	夏均、徐洪彩、郭曰從之徒
郭廷臻	山東即墨人	夏均、徐洪彩、郭曰從之徒
夏　均		魯文燦、郭安林、郭廷臻之師父
徐洪彩		魯文燦、郭安林、郭廷臻之師父
郭曰從		魯文燦、郭安林、郭廷臻之師父
魯明容		魯文燦之徒弟

---

30 《宮中檔》，第 2727 箱，5 包，1044 號。山東巡撫經額布奏摺，道光十七年六月初二日。

資料來源：經額布奏摺，道光十七年六月初二日，收錄於《宮中檔》，
　　　　　第 2727 箱，5 包，1044 號。

山東等地魯文燦傳習艮卦教一事，參與人士在籍貫分佈上，
多爲山東即墨人。民間秘密宗教教門名目繁多，常見有同教
異名的現象，多是因爲躲避官府查拏，而將教門名目更改，
此案呈現出根化教改名爲艮卦教的過程。郭廷臻傳習根化教
被破案，於是魯文燦與郭安林等人逃跑外地，在得知案結後，
便返回原籍欲再次傳教，但由於根化教已被破案，若再已根
化教爲名傳教，一來因根化教曾被官府破獲，民眾多半不信；
一來根化教已列官府查辦教門，容易被人舉報官府，故郭安
林等人便商議將教名改爲與根化教具有雙關諧音的艮卦教。
此外，郭安林等人在重新傳教的宣傳手法上，以揚言習教可
以修福等語，來吸引民眾皈依信教。另外，在教內的儀式上，
仍沿襲根化教舊有的儀式與咒語。除此之外，郭安林又以每
年九月份赴高密縣夏莊雹的神廟燒香爲由，從中斂取信徒銀
錢；反顧教內信眾，亦藉由每年九月份時，給與銀錢請郭安
林代爲奔赴高密縣夏莊雹神廟燒香，以獲得心靈層面的滿
足。從中即反映出，民間秘密教門中，傳教者與信教者之間
的雙向互利關係。傳教者藉由信教者得到物質上的滿足，而
信教者則由傳教者得到精神上的慰藉。

　　山東濰縣與安丘縣等地盛行坎卦教，添柱教是坎卦教的
同名異教。道光六年（1826），馬俊素習坎卦教，有安丘縣
人劉杰拜馬俊爲師入教。道光十五年（1835），劉杰返鄉，
時值縣境流行瘟疫，便起意傳習坎卦教斂取銀錢，有山東濰
縣人劉日墩等人先後拜劉杰爲師入教。同年八月，劉日墩勸

馬剛拜師入教，馬剛聽信劉日塽，即拜劉日塽為師，致送栽
根錢，皈依坎卦教。劉日塽傳授馬剛咒語數句，不同咒語，
在不同時候念誦。每日念誦「眞空家鄉，無生父母」等咒語；
吃飯喝水時念誦「供飯全桌，叩請聖眾」等咒語。道光十六
年（1836）五月，劉杰以馬剛口齒伶俐，頗有口才，收馬剛
為義子，並將坎卦教教務交馬剛掌管，於是教中便推馬剛為
坎卦教總教頭。其後，馬剛以坎卦教容易被官府查拏，且因
自乾隆年間以來，坎卦教多有被官府破獲，底層民眾多半不
信，於是便將坎卦教改名添柱教，凡入教信徒給與栽根錢，
男人入教給錢七十二文，女人入教則是給錢四十八文，春秋
兩季上供，教內信徒每人一、二百文不等。除此之外，教中
以劉杰之女劉金妮為女教頭，又捏稱劉金妮是織女星下凡，
而馬剛則是白虎星下凡，並稱其見過無生老母，又稱上年瘟
疫盛行，將來收成更壞，劫運即將降臨，凡信從入教者，即
可免災。同年十一月，劉金妮揚言馬剛相貌體面，又屢有夢
兆，將來必定富貴。故而馬剛起意邀約劉杰等人聚眾起事。
訂於次年二月間起事。但道光十七年（1837）正月，馬剛被
拏獲，劉杰提前起事，進城戕官，謀佔縣城後失敗被捕。[31]

表 5-3-5 山東等地劉杰傳習坎卦教教犯一覽表

姓名	籍貫	關係	備註
馬　俊		劉杰之師父	傳習坎卦教
劉　杰	山東安丘縣人	劉金妮之父、馬俊之徒、劉日塽之師父、馬剛之義父	坎卦教教首

---

31 《外紀檔》，山東巡撫經額布奏摺，道光十七年二月初四日。

劉金妮	山東安丘縣人	劉杰之女	織女星下凡、坎卦教女教頭
劉日堭	山東濰縣人	劉杰之徒、馬剛之師父	
馬　剛		劉杰之義子、劉日堭之徒	白虎星下凡、掌管坎卦教教務、坎卦教總教頭、將坎卦教改名爲添柱教

資料來源：經額布奏摺，道光十七年二月初四日，收錄於《外紀檔》。

山東等地劉杰傳習坎卦教一事，參與人士在籍貫分佈上以山東地方爲主，其中多安丘縣人以及濰縣人。教內核心人物爲劉杰，因爲看見瘟疫盛行，故藉機傳習坎卦教，其生有一女，即爲劉金妮，劉金妮亦隨父親於坎卦教中，因其父親爲教首，故其在教內的身份相當崇高，爲坎卦教的女教頭，爲了更加鞏固其於教內的地位，便捏稱爲織女星下凡。此外，教內尚有馬剛，其因頗有口才，故劉杰收其爲義子，劉杰又讓其掌管坎卦教內教務，因此，其於教內地位亦相當高，即爲坎卦教總教頭，爲了鞏固其於教內的地位，便稱其爲白虎星下凡，其後，馬剛爲了躲避官府查緝，以及方便傳教，便將坎卦教改名爲添柱教。而劉金妮與馬剛兩人皆使用自身神格化的方式，令教內信徒信服，亦爲民間秘密宗教教門內掌教者，常使用的手法。

嘉慶年間，有李春治素習黃天道教，平時四處收徒傳教。有山西天鎮縣人羅若升、閻存富以及王珍即王畛等人先後拜其爲師，皈依黃天道教。其後，李春治遇有直隸萬全縣人任時花、任時幅即任時貴兄弟二人，便勸令任時花兄弟一同拜師入教，吃齋唸經，任時花兄弟兩人即聽從李春治之言，遂拜李春治爲師，皈依黃天道教。任時花平日爲人治病，謝資各聽人便。其後，嘉慶十八年（1813）間，李春治因傳習黃

天道教被官府拿獲，審訊後李春治被發遣，而任時花、任時
幅以及羅若升等人，均行杖責，此後，任時花便不再習教。
到了嘉慶二十四年（1819）十月間，羅若升前往任時花家中，
與任時花商議共謀黃天道教復興之事，任時花應允幫助復興
黃天道教。次年，任時花與羅若升、王畛等人便開始復傳黃
天道教，在山西天鎮縣地方先後哄誘於開科等人及婦女丁王
氏等人皈依黃天道教，做會騙錢。此外，任時花亦以醫療治
病的方法傳教收徒，有任瑞、胡育因身患疾病，央求任時花
醫治，並隨同磕頭念經。同年十二月間，羅若升到任氏兄弟
家中做會。道光元年（1821）正月間，任時幅等人前往羅若
升家中做會時，旋即被官府拿獲到案。[32]

表 5-3-6 山西等地羅若升傳習黃天道教教犯一覽表

姓名	籍貫	關係	行業
李春治		羅若升、任時花、任時幅、閻存富、王珍之師父	
羅若升	山西天鎮縣人	李春治之徒	
任時花	直隸萬全縣人	之兄、李春治之徒	為人治病
任時幅（任時貴）	直隸萬全縣人	任時花之弟、李春治之徒	
閻存富	山西天鎮縣人	李春治之徒	
王　珍（王畛）	山西天鎮縣人	李春治之徒	
任　瑞		請任時花治病	
胡　育		請任時花治病	
於開科	山西天鎮縣人		
丁王氏	山西天鎮縣人		

---

32 劉子揚、張莉編，《清廷查辦秘密社會案》，第 6 冊，北京：線裝書局，2006 年，頁 327~328。方受疇錄副奏摺附片，道光元年三月初六日；同書同冊，頁 329~330。成格錄副奏摺附片，道光元年三月初七日。

資料來源：方受疇錄副奏摺附片，道光元年三月初六日、成格錄副奏摺
　　　　　附片，道光元年三月初七日，收錄於《清廷查辦秘密社會案》，
　　　　　v6.327~328、329~330。

山西等地羅若升傳習黃天道教一事，參與人士在籍貫分佈上
有直隸與山西兩個地方，其中多為天鎮縣人、萬全縣人。其
中，羅若升等人拜李春治為師，皈依黃天道教，在案發後，
受到杖責，但沒多久的時間，又赴舊時習教的任時花、任時
幅兩兄弟家中，共同商議復教之事，任時花、任時幅兩兄弟
亦同為嘉慶年間李春治案內之教徒，與羅若升等人在案內受
到杖責。即便如此，李春治舊徒仍計畫復教，並於山西境內，
收徒傳教，以斂取銀錢。此間反映出，清代民間秘密宗教中
的人物，無論是傳教者亦或是信教者，雖曾被官府拿獲，且
受到嚴厲的懲處，但在事過境遷後，仍依舊繼續傳習舊教或
皈依其他教門。

　　山東平原縣人孫之枚，向來傳習大乘教，孫之枚勸令趙
法拜師入教，趙法應允，遂拜孫之枚為師，皈依大乘教，其
教中信奉的是閻王，故四處勸人供奉閻王，並聲稱念經拜懺，
即可以獲得福報。孫之枚藏有經卷一箱，年老時即傳給其子
孫世懦與孫沂勳兩兄弟。孫沂勳傳與其子孫烺，孫烺再轉傳
孫立修，其後，孫立修收孫文治等人為徒。道光二年（1822）
內，孫文治與趙世明等人商同立會傳教，因教中信奉閻王，
而且一般寺廟之中，多有塑造十殿閻王的泥像，便取十殿之
名，因而取名為十王會，議定由孫士坡與孫嘉謨等二十人，
輪流擔任會首，每月擇日念經拜懺一次。附近居民願意參加
做會，或家中有疾病喪事欲延請懺悔追荐時，則酌收香資錢

數百文。其後有孫天均等人，或因父母親戚亡故，或因妻子兒女患染疾病，先後延請孫文治等人至家中念經拜懺。孫文治等人所念經卷，皆為一般普通僧道常念的經卷。[33]此外，有直隸鉅鹿縣人孟老藏即孟桂與宋連捷等人，因傳習「邪教」，而被官府查獲逮捕，其後，在遇大赦釋回，又於道光九年（1829）另外再拜盧思文為師，皈依大乘教。盧思文傳授孟老藏與宋連捷等人坐功運氣的方法，同時並教其念誦阿彌陀佛，相信可以因此卻病消災。道光十二年（1832），官府取締大乘教，孟老藏等人又再次被拏獲。[34]

表 5-3-7 山東等地孫之枚傳習大乘教教犯一覽表

姓名	籍貫	關係	備註
孫之枚	山東平原縣人	孫世懦、孫沂勳之父；趙法之師父	
孫烺		孫沂勳之子兼徒弟孫立修之屍父	
孫世懦	山東平原縣人	孫之枚之子、孫沂勳之兄弟、孫烺之父兼師父	
孫立修		孫烺之徒	
孫文治		孫立修之徒、孫文治之師父	立十王會
孫沂勳	山東平原縣人	孫之枚之子、孫世懦之兄弟	
趙世明			立十王會
趙　法		孫之枚之徒	
孫士坡			輪流充當會首
孫嘉謨			輪流充當會首
孫天均		延請孫文治念經拜懺	
孟老藏（孟桂）	直隸鉅鹿縣人	盧思文之徒	
宋連捷	直隸鉅鹿縣人	盧思文之徒	
盧思文		孟老藏、宋連捷之師父	傳習大乘教

33　《外紀檔》，署理山東巡撫綺善奏摺，道光三年十一月二十四日。
34　《上諭檔》，曹振鏞等奏稿，道光十二年六月初六日。

資料來源：綺善奏摺，道光三年十一月二十四日、曹振鏞等奏稿，道光
　　　　十二年六月初六日，收錄於《外紀檔》、《上諭檔》。

山東等地孫之枚傳習大乘教一事，參與人士在籍貫分佈上有
直隸、山東地方的人士，其中多為平原縣人以及鉅鹿縣人。
教內信徒供奉閻王，閻王為掌管陰間之神，與死亡多有關係，
教內聲稱念經拜懺，即可以獲得福報，此中的福報所指為死
去親人或未來死亡之時減輕痛苦。其中，孫文治與趙世明等
人商同立十王會，來進行傳教，而十王會的會首，則是議定
由孫士坡與孫嘉謨等二十人，輪流擔任，每個月皆會有一次
念經拜懺的活動進行。會中教徒所收銀錢，是由附近居民樂
意參加做會；或村里鄉民家中有喪事須請其亡薦；或有妻子
兒女患有疾病等情形，皆延請十王會念誦經卷，十王會則聽
其家屬酌給銀錢，多少不一，民間秘密宗教中，大乘教的教
義中含有些許社會關懷，其教內教徒所提供村里鄉民與信徒
的服務多具有社會功能。

　　直隸獻縣人孫榮，與同縣人臧登法平素熟識，時相往來，
臧登法有堂叔臧紹是孫榮的妻兄。嘉慶四年（1799）內，孫
榮、臧登法以及趙萬有等人先後拜臧紹為師，學習白陽教。
其後，孫榮又轉傳獻縣人趙炳，趙炳轉收同縣的戴潮鳳為徒。
在臧紹身故之後，孫榮等人繼續傳習白陽教。至嘉慶十八年
（1813），天理教起事之後，官府嚴厲查禁「邪教」，孫榮
等人因畏懼被官府查拏，因此改悔出教。道光三年（1823）
十月內，獻縣發生水災，孫榮因為生活困難，貧苦難度，於
是便起意傳教，來斂取銀錢，孫榮為了躲避官府的查拏，便
將白陽教改為未來教，倡言過去為青陽教，主佛是燃燈佛；

現在爲紅陽教，主佛爲釋迦佛；未來爲白陽教，主佛則是彌勒佛。因未來爲白陽教，所以將白陽教改稱未來教。教內勸人學好修行，揚言凡入教者，今生可以消災獲福，來世亦可做官發財。此外，教中教信徒念誦「無生老母，先天老爺，未來菩薩」等咒語；每逢朔望之時，便向空焚香，叩頭禮拜，孫榮一家三子，皆一同習教。至道光七年（1827）十二月間，村里鄉民見孫榮家裡來往人多，不習教的村人便稱，孫榮將來必要鬧事，會連累好人。孫榮聽聞村內氣氛，遂與其子孫庭基以及臧登法等人商議，與其被人告發拿獲，不如乘勢起事，於是，便打造鐵鎗武器等物。又造作誓語「老天在上父母得知弟子某人願歸白陽教保輔我主孫榮執掌江山，如有三心二意，天打雷轟」等句，要求教內信徒發誓，因村內鄉民害怕，故多有搬家者，因而傳出風聲。於道光八年（1828）正月間，官府即拏獲孫榮等人，共八十八名教徒。[35]

表 5-3-8 直隸等地孫榮傳習未來教教犯一覽表

姓名	籍貫	關係	備註
孫　榮	直隸獻縣人	孫庭基之父、臧紹之大舅子、臧紹之徒、趙炳之師父	將白陽教改爲未來教
孫庭基	直隸獻縣人	孫榮之子	
趙　炳	直隸獻縣人	孫榮之徒、戴潮鳳之師父	
戴潮鳳	直隸獻縣人	趙炳之徒	
臧登法	直隸獻縣人	臧紹之堂堂姪、臧紹之徒	
趙萬有		臧紹之徒	
臧　紹	直隸獻縣人	臧登法之堂叔；孫榮之妻兄；孫榮、臧登法、趙萬有之師父	傳習白陽教

35 《軍機處檔‧月摺包》，第 2747 箱，32 包，59205 號。護理直隸總督屠之申奏摺錄副，道光八年二月二十三日。

資料來源：屠之申奏摺錄副，道光八年二月二十三日，收錄於《軍機處
　　　　　檔・月摺包》，第 2747 箱，32 包，59205 號。

直隸等地孫榮傳習未來教一事，參與人數達八十八人，在籍
貫分佈上有直隸地方人士參與，且其中多為獻縣人；其之間
的連繫，多有親屬關係或地緣關係。教內核心人物為孫榮，
其原習白陽教，因遇嘉慶年間的天理教亂，官府對於民間秘
密宗教的查拏相當嚴厲，因此孫榮便不敢習教。其後，因發
生水災，孫榮家計出現困難，便想起可以透過傳教來斂取銀
錢，遂復興白陽教，但因為害怕官府捉拿，所以便以白陽代
表的未來為教名，把白陽教改稱為未來教。從此可知，孫榮
再度起教的原因為經濟考量。傳教可以獲得的經濟利益，亦
為民間秘密宗教發起者常見的傳教原因。孫榮為了吸引底層
民眾入教，因此以消災獲福，以及來世可做官發財等底層民
眾內心的渴望為誘因，使民眾入教。因孫榮家中，常有入教
的人走動，在傳統的鄉村裡，相當明顯，因此不習教的居民，
便害怕搬家，孫榮則乾脆乘機起事，因村內搬離者多，故使
官府聞得風聲，便將其拿獲。

　　鄉里村民常會供奉已故的僧人或僧尼，並為其雕塑塑
像，供奉上香，在民間信仰中相當常見。直隸昌平州屯店村
外六十里處地方有一座華塔山，山中建有一座寺廟，名為和
平寺，寺廟內供有已故的僧人收源和尚的塑像，村里居民常
會前往上香，久之，則以收源和尚之名，形成一教。村民張
二為收源教教首，其曾邀徐萬蒼等人前往燒香，並念誦經卷，
因其供奉收源和尚的塑像，故將之稱為收源會。嘉慶十八年
（1813）內，發生天理教起事案件，官府查辦民間秘密宗教

嚴緊，因此，張二等人為躲避官府拿辦，而暫時中止傳教與
燒香等活動。至嘉慶二十一年（1816）時，張二又開始復邀
教內信徒前往燒香。道光六年（1826），張二病故後，便由
徐萬蒼接任收源教首，先後有同村的村民楊寬等人皈依收源
教。徐萬蒼將張二遺留的經卷交給村內地藏寺中的僧人福興
和尚，福興和尚便將經卷收藏於地藏寺中，楊寬等人便常隨
同福興和尚及其徒雲峰一同習念經卷。在村莊中，若遇有村
人家內舉辦喪事，皆會向徐萬蒼告知，徐萬蒼即會轉邀楊寬
等人同往念經。道光十二年（1832）二月間，有縣民傅添栦
等人，赴步軍統領衙門指控楊寬等人在村莊內傳習「邪教」，
於是，官府便將楊寬等人拏獲到案。[36]

表 5-3-9 直隸昌平徐萬蒼傳習收源教教犯一覽表

姓名	籍貫	關係	行業/身份	備註
收　源	直隸昌平州華塔山		和平寺僧人	已故
張　二	直隸昌平州屯店村人		收源教教首	
徐萬蒼	直隸昌平州屯店村人		收源教教首	
楊　寬	直隸昌平州屯店村人			
福　興	直隸昌平州屯店村人	雲峰之師父	地藏寺僧人	
雲　峰		福興之徒弟		
傅添栦	直隸昌平州人			指控楊寬等人傳習邪教

資料來源：曹振鏞等奏稿，道光十二年二月十二日，收錄於《上諭檔》。

直隸等地徐萬蒼傳習收源教一事，參與人士在籍貫分佈上，
皆為直隸當地的地方人士，其之間的連繫多具有地緣關係。
在其活動上，有兩大中心，一為村外華塔山中的和平寺；另

---

36 《上諭檔》，曹振鏞等奏稿，道光十二年二月十二日。

一則爲村內地藏寺。收源教以已故的收源和尙爲供奉對象，並立有塑像，其信徒多爲居住附近的村里鄉民，因此，可以將收源教看做爲一個小型的在地型民間秘密宗教團體；在其教內在活動上，曾一度因天理教教亂，而中止所有的活動，三年過後，才又開始繼續活動。教中的核心人物爲教首張二，其專門負責邀約村裡教內的信徒前往燒香，在張二過世之後，便由徐萬蒼接任收源教首的位置。教中誦讀經卷，收藏於村內地藏寺中，由管理地藏寺的福興和尙收藏，平時亦會約人念誦經卷，多半爲自己或村莊內的人們祈福。此外，在附近的村莊鄉里內，若有人家家中舉辦喪事者，便會告知徐萬蒼，徐萬蒼即會轉邀楊寬等人同往念經，爲其喪家提供亡薦。整體而言，收源教在地方社會上與地藏寺結合，並提供民眾喪事的相關服務，教中即具社會關懷的色彩與社會功能。

一炷香教的傳習由來已久，自明末清初以來，即在山東以及直隸一代輾轉流傳，不僅支派不一，其教內各支脈的名目，更是繁多，添地會即爲一炷香教的支脈。[37]順治年間，有山東商河縣人董吉升，即董四海，又作董士海，其生於明末，住居於董家林村地方。董四海於順治年間倡立一炷香教，分別傳徒李秀眞、劉緒武、張錫玉、黃小業、楊念齊、劉新還、石瀧池以及馬開山等八人，分別分爲八支，各支輾轉流傳，支派不一。其教中舊規爲每逢三月初三、六月初六、九月初九等日，教內信徒便會聚集，一同念經做會，每飯必須兩手上拱。清河縣人戴洛占，是屬第三支張錫玉的傳派，稱

---

37 莊吉發，《真空家鄉——清代民間秘密宗教史研究》，頁 297。

爲如意門教；南宮縣人楊姓亦屬張錫玉的傳派，但教門名目不同，稱爲一炷香五葷教；交河縣人劉盛和是屬第七支石瀧池的傳派，傳習一炷香教；故城縣人張路安，亦同屬爲第七支石瀧池的傳派，其所傳的教門名稱爲添門教，即是老天門教。[38]除了此八支之外，董四海的子孫，亦續傳其教，有董四海的五世孫董志道，即是於乾隆五十二年（1787），因傳習一炷香教，而被官府拿辦，至董四海的七世孫董壇，又作董坦，又叫做董平心，亦皆續傳習一炷香教，一炷香教自明末傳至到光年間，已歷時兩百餘年，而董四海的墳墓在商河縣董家村附近，附近村民皆稱其墳爲「神仙墳」，每逢三月、八月時，便會爭相前往焚香禮拜。除了董四海的子孫世是代代傳習一炷香教外，董四海所傳之徒弟，各姓支派亦繁衍不一，其中直隸永年縣宋得保、南和縣劉東住、雞澤縣李際沅以及邯鄲縣張桂淋等人，平日或從事耕地種田生理，或爲人傭工度日，同時又傳習一炷香教。

　　嘉慶年間，因官府查拏民間秘密宗教教門相當嚴緊，宋得保爲了躲避官府的查禁，因此，將家中所藏的經卷圖像燒煅，只用黃紙書寫「天地三界十方萬靈眞宰」的牌位，放置於家中供奉，宋得保亦使用醫療服務，來收徒傳教。宋得保在爲病患治病時，即令病人在牌位前燒香磕頭，宋得保則於一旁，口念「敬天地全憑一炷香，勸人行好敬上蒼，能了諸般雜病疾，不用良醫外邊方」等咒語，並收受香錢，自數文至數十文不等，等病患的病情痊癒之後，尚須至宋得保家中，

38　《軍機處檔・月摺包》，第 2743 箱，86 包，70059 號。直隸總督綺善奏片錄副，道光十六年二月十八日。

上供還願，並藉此引人拜師入教。[39]道光年間，直隸永年縣人宋玉庭、劉志順、郭榮安等仍然繼續傳習。宋得保之子宋玉庭自幼跟隨其父傳習添地會，會中依照董四海留下的一炷香教舊規，每逢三月初三日、六月初六日、九月初九日，即會聚集教中信徒，念經做會，來參與念經做會的教內信徒，各送給宋得保京錢一、二百文不等，或送素蔬麵饌等物，各隨人便。在宋得保病故之後，便由其子宋玉庭，繼續接任添地會會首。自嘉慶年間至道光年間，先後有永年縣人劉其以及南和縣人韓藏等，因自其自身或家中親戚染有疾病，爲求醫治痊癒，便先後至宋玉庭家中，請求宋玉庭爲其禱祝治病，宋玉庭勸其入教學習，劉其與韓藏等人應允，並拜宋玉庭爲師入教，做會治病。道光十六年（1836）正月間，南和、雞澤、永年等縣拏獲宋得保之子宋庭玉、董四海七世孫董壇，共計十九人。[40]

表 5-3-10 直隸等地宋庭玉傳習添地會教犯一覽表

姓名	籍貫	關係	行業	備註
董四海 （董吉升、董士海）	山東商河縣董家林村人	李秀眞、劉緒武、張錫玉、黃小業、楊念齊、劉新還、石瀧池、馬開山之師父；董志道、董坦之祖先		傳習一炷香教
李秀眞		董四海之徒		

---

39 《軍機處檔・月摺包》，第 2743 箱，93 包，69743 號。直隸總督綺善奏片錄副，道光十六年正月十九日。

40 《外紀檔》，直隸總督綺善奏摺抄件，道光十六年正月十二日。

劉緒武		董四海之徒		
張錫玉		董四海之徒		
黃小業		董四海之徒		
楊念齊		董四海之徒		
劉新還		董四海之徒		
石瀧池		董四海之徒		
馬開山		董四海之徒		
宋得保	直隸永年縣人	宋庭玉之父	或從事農耕，或傭趁度日	傳習一炷香教
宋庭玉	直隸永年縣人	宋得保之子	或從事農耕，或傭趁度日	傳習添地會
戴洛占	清河縣人	張錫玉傳派		傳習如意門教
楊　姓	南宮縣人	張錫玉傳派		傳習一炷香五葷教
劉盛和	交河縣人	石瀧池傳派		傳習一炷香教
張路安	故城縣人	石瀧池傳派		傳習添門教即老天門教
董志道	山東商河縣董家林村人	董四海之五世孫		傳習一炷香教
董　壇（董坦、董平心）	山東商河縣董家林村人	董四海之七世孫		傳習一炷香教
張桂淋	邯鄲縣人		或從事農耕，或傭趁度日	傳習一炷香教
李際沅	雞澤縣人		或從事農耕，或傭趁度日	傳習一炷香教
劉東住	南和縣人		或從事農耕，或傭趁度日	傳習一炷香教
劉志順	直隸永年縣人			
郭榮安	直隸永年縣人			
劉　其	直隸永年縣人			因自身有病
韓　藏	南和縣人			因親人染病

資料來源：綺善奏摺抄件，道光十六年正月十二日、綺善奏片錄副，道光十六年正月十九日、綺善奏片錄副，道光十六年二月十八日，收錄於《外紀檔》、《軍機處檔‧月摺包》，第2743箱，93包，69743號、第2743箱，86包，70059號。

直隸等地宋庭玉傳習添地會一事，參與人士在籍貫分佈上為直隸與山東等地，其中有商河縣人、永年縣人、清河縣人、南宮縣人、交河縣人、故城縣人、邯鄲縣人以及雞澤縣人；其之間的連繫或多有親屬關係，或多有地緣關係，或多有「醫——病」；在職業及身份類別上或有從事農耕，或有傭趁度日等。一炷香教內的傳教人物共分為兩種，一種為董四海的子孫，為董姓傳教者；另一種則為董四海所傳的徒弟及其再傳弟子，為外姓傳教者。

　　嘉慶年間，有直隸南宮縣人王金玉素習一炷香教，四處傳教收徒，其子王紅眼亦隨同學習一炷香教，至道光年間時，被官府取締。一炷香教教中有固定時間焚香，即為每月的朔望之日，便會焚香一炷，並且口誦「敬天地，孝父母，尊敬長上，和睦鄉里，吃屈忍耐，戒去殺禍」等咒語，祈求消災，並且獲得福報。王金玉收直隸南宮縣人張建明、直隸獻縣人于三以及臧三等人為徒。其後，于三又轉傳苑洛廣；臧三則轉傳給直隸獻縣人王景敘，交河縣人張太昌等人。凡教中信徒，皆於固定日期前往王金玉家中，焚香禮拜，並且稱王金玉為「當家」。在王金玉身故之後，同教教徒又奉王金玉之子王紅眼為「當家」。除此之外，有直隸灤州人闞希令，流寓吉林地方，其胞兄闞希孟則在黑龍江居住，並經營生理。

　　道光七年（1827），闞希令因身患疾病，四處求醫，洽遇有其親戚熊庭雲前往探望，熊庭雲曾拜南宮縣人陳恭為師，素習一炷香如意教，見了闞希令患病，便向其表白自身為一炷香如意教中之人，並告訴闞希令，倘若拜師入教，所生疾病，即可痊癒。闞希令應允後，遂拜熊庭雲為師，皈依

一炷香如意教，學習點香叩頭，以及口念「南方離卦透天眞人郜老爺」以及「替眞人傳道，勸人學好」等咒語，熊庭雲令其抄寫咒語記誦，又教給運氣的方法，闞希令的病，遂漸痊癒。其後，熊庭雲又傳寧遠州人徐凡等人爲徒，闞希令亦收徒傳教，收撫寧人崔惠民、臨榆縣人李俊傑以及旗人董成有等人爲徒，傳習坐功運氣的方法，並且於每年三月初三、七月十五、九月初九、十月十五等日固定做會，燒香念咒。道光十三年（1833）四月間，闞希令等人被官府拏獲，官府起出符鎮書、抄單咒語數十紙。同年五月間，陳恭亦於遼陽州臥子屯內李國發的家中被官人拏獲。陳恭原名陳恭玉供出曾於嘉慶元年（1796），拜房山縣觀音堂道士高彥眞爲師，並四處收徒，其時，陳恭所傳習的是三元教。其後，便將三元教改稱爲一炷香教，又叫做一炷香如意教，並且平日以念八仙咒，給人治病，時常往來於廣平、房山、灤州、山東、奉天以及遼陽等地方。[41]

表 5-3-11 直隸等地王金玉傳習一炷香教教犯一覽表

姓名	籍貫	關係	行業	備註
王金玉	直隸南宮縣人	王紅眼之父；張建明、于三、臧三之師父		一炷香教教首
王紅眼	直隸南宮縣人	王金玉之子		一炷香教教首
張建明	直隸南宮縣人	王金玉之徒		
于　三	直隸獻縣人	王金玉之徒；苑洛廣之師父		
苑洛廣		于三之徒		

---

41 《軍機處檔‧月摺包》，第 2760 箱，61 包，64403 號。寶興奏摺錄副，道光十三年七月初八日。

臧　三	直隸獻縣人	王金玉之徒；王景敘、張太昌之師父		
王景敘	直隸獻縣人	臧三之徒		
張太昌	直隸交河縣人	臧三之徒		
闞希令	直隸灤州人，流寓吉林	闞希孟之弟；熊庭雲之親戚兼徒弟；崔惠民、李俊傑、董成有之師父		
李國發	遼陽州臥子屯人			
闞希孟	直隸灤州人，流寓黑龍江	闞希令之兄、熊庭雲之親戚	經營生理	
熊庭雲		闞希令之親戚兼師父、陳恭之徒、徐凡之師父		
陳　恭（陳恭玉）	直隸南宮縣人	熊庭雲之師父、高彥眞之徒	治病	傳習一炷香如意教
高彥眞	房山縣人	陳恭之師父	觀音堂道士	
徐　凡	寧遠州人	熊庭雲之徒		
崔惠民	撫寧人	闞希令之徒		
李俊傑	臨榆縣人	闞希令之徒		
董成有		闞希令之徒	旗人	

資料來源：寶興奏摺錄副，道光十三年七月初八日，收錄於《軍機處檔・月摺包》，第 2760 箱，61 包，64403 號。

直隸等地王金玉傳習一炷香教一事，參與人士在籍貫分佈上以直隸地方爲主，其中有獻縣人、交河縣人以及南宮縣人，其之間的連繫多有親屬關係或地緣關係。其教中核心人物爲教首王金玉，教內信眾皆以當家來將其稱呼，教內主要活動以祈求消災，並且獲得福報爲主，另外，教中尙有固定的日期焚香禮拜，教中信徒即會於日期內前往教首王金玉家中進行。除此之外，又有傳習一炷香教的陳恭，曾拜觀音堂的道士高彥眞爲師，在那個時候，陳恭傳習的是三元教，其後，陳恭便將三元教改爲一炷香教。陳恭平日給人治病，治病的

手法為默念八仙咒，其無定所，時常往來於各處，為人治病，並收徒傳教。熊庭雲則為陳恭之徒，前往探望親戚闞希令，其時，闞希令患病求醫，熊庭雲便收其為徒，教其學習點香叩頭、口念咒語以及坐功運氣功夫，闞希令所生的病，便逐漸痊癒。

　　郭連中素習一炷香教，四處收徒傳教，山東高唐州人吳興旺等人，先後拜郭連中為師，皈依一炷香教。另外，有山東東河縣人張成義平日素習一炷香教，並收其子張明夫為徒，一同學習一炷香教，跪誦歌詞，希望消災療病。[42]此外，山東新城縣人史傳通的族叔史復廣於嘉慶年間便開始傳習一炷香教，每日燒短香一炷，並朝北方磕頭求福。在史復廣身故後，家中便無人傳習。至道光十一年（1831）九月內，其族姪史傳通，因已年老多病，希圖邀福消災，於是便再次踵習前教，並編造「雙膝跪下一蒲團」等歌詞，先後收有史傳緝等人為徒，其後，史傳緝又轉收郭成得等人為徒。除此之外，有何立功等人，因身患疾病，為了治療痊癒，便入教燒香磕頭，以期邀福消災，去病延年。另外，道光十六年（1836）四月間，有王禮與劉復保平素相識，一日王禮見劉復保家中藏有經卷，經卷中寫有飄高老祖的名號，查問劉復保經卷來源，劉復保便告知其父曾任泰山廟中的道士，因而家中收藏有經卷。王禮遂借回家中閱看，並將經卷收藏己有。至道光十七年（1837）二月間，王禮等人於村中的觀音廟內設壇念誦經卷，希圖斂取銀錢使用，而其所念誦的經卷，即是從劉

42　《外紀檔》，山東巡撫鍾祥奏摺抄件，道光十六年正月十八日。

復保家中所取得。有村民劉得林，因其子身患疾病，於是劉得林便往邀王禮至家中念經禳災，並供給飯食。另外，王禮等人在觀音廟內亦有燒香磕頭，念誦經文歌詞，並且祈求邀福以及禳災等相關活動，藉由村里鄉民自由參與，並隨收銀錢。[43]

表 5-3-12 山東等地郭連中傳習一炷香教教犯一覽表

姓名	籍貫	關係	備註
吳興旺	山東高唐州人	郭連中之徒	
郭連中		吳興旺之師父	傳習一炷香教
張明夫	山東東河縣人	張成義之子兼徒弟	
張成義	山東東河縣人	張明夫之父兼師父	傳習一炷香教
史傳通	山東新城縣人	史復廣之族姪、史傳繒之師父	
史復廣	山東新城縣人	史傳通之族叔	
史傳繒		史傳通之徒、郭成得之師父	
郭成得		史傳繒之徒	
何立功			因患病入教
王　禮			
劉復保			其父爲泰山廟道士
劉得林		因子患病，邀王禮念經禳災	

資料來源：鍾祥奏摺抄件，道光十六年正月十八日、經額布奏摺抄件，道光十七二月十二日，收錄於《外紀檔》。

山東等地素來盛行一炷香教，參與教中的信徒，人數眾多，在籍貫分佈上，有東河縣人以及新城縣人，其之間的連繫，或多具有親屬關係；或多爲地緣關係；爲多以「醫─病」關係。教內信徒多有因身患疾病，或其親人患染疾病，或因年老多病等原因，而拜師入教，或傳習一炷香教。教中人物何

---

43 《外紀檔》，山東巡撫經額布奏摺抄件，道光十七年十二月十二日。

立功入教原因，則是因為身患疾病，為了將身上所患疾病醫治痊癒，便入教燒香磕頭。一炷香教內亦以邀福消災，去病延年為誘因，誘使民眾參與入教。此外，教中人物劉復保，銀其父親曾擔任過泰山廟的道士，故其父親留有一些經卷，藏於家中，因民間秘密宗教與佛教及道教之間多有關連，因此，劉復保對於民間秘密宗教的接受度較高。另外，傳習民間秘密宗教，多半有經濟利益可圖，因此，王禮見劉復保家中藏有經卷，便借回家中自己留藏，其後便在村中的觀音廟內，設壇念誦劉復保的經卷，藉此斂取銀錢。又於傳統中國社會中，時常會將患染疾病與天譴或災厄連劫在一起，故劉得林在其子患病時，即邀王禮至家中念經禳災。

　　道光年間，楊三宰素習天竹教，四處收徒傳教，曾於道光八年（1828）內，遇有河南南陽府唐縣人戴義，楊三宰即勸令戴義學習天竹教，戴義應允後，隨即拜楊三宰為師，皈依天竹教，並學習念咒，習成之後，便為人治病，輾轉傳徒。到了道光十二年（1832）冬間，有王元亨偶患手足麻木不仁的疾病，便央求戴義為其醫治，經戴義醫治痊癒後，王元亨隨即拜戴義為師，皈依天竹教。王元亨入教後，便在家中點燃香燭，並擺設素供，稱之為「正心堂」。在天竹教中，以卦做為分號，同教之間彼此互稱為「在情」；若有教內信徒出教，則稱為「死門」。戴義為天竹教的老師父，其又為天竹教總頭目，在天竹教中身份尊貴，因此，教中信徒皆尊稱其為師長，每當教內信眾前往謁見戴義之時，必須三叩首，以盡教中規矩，至於教中信徒接見戴義的妻子，則必須尊稱其為主母，以盡教內禮法。教中常於黑夜論法講道，並誦習

經卷。此外，信徒在聽從講道之時，一律跪地，因在教內規矩上，教徒非跪地而不傳。道光十三年（1833）十二月內，有河南南陽府曹縣的貢生李上林等人，得知戴義、王元亨等人傳習天竹教，便入京呈控，天竹教因此遭官府查禁。[44]

表 5-3-13 河南境內戴義傳習天竹教教犯一覽表

姓名	籍貫	關係	行業	備註
戴　　義	河南南陽府唐縣人	楊三宰之徒、王元亨之師父	念咒治病	天竹教老師父總頭目
戴　　氏	河南南陽府唐縣人	戴義之妻		天竹教主母
楊三宰		戴義之師父		
王元亨		戴義之徒		
李上林	河南南陽府曹縣人		貢生	入京控王元亨習教

資料來源：寄信上諭，道光十三年十二月戊申，收錄於《大清宣宗成皇帝實錄》，卷 246，頁 15。

河南境內戴義傳習天竹教一事，參與人士在籍貫分佈上，多為河南地方人士，教內以醫療傳教，故教中信徒多具有「醫—病」的關係。天竹教內的核心人物為戴義，其即是藉由提供為患病者醫療疾病的服務，來達到收徒傳教的目地，至於其治療疾病的方法，則為念咒治療。天竹教內對於信徒定有相當嚴格的規矩，一般的教內信徒在遇見戴義以及其妻的時候，皆須行以相當的禮數。此外，在傳教者論法講道的時候，教內信徒皆必須跪於地上，非跪地不傳，皆呈現出天竹教內嚴格的規矩。

---

44 《大清宣宗成皇帝實錄》，（七），卷 246，頁 13~16。步軍統領衙門奏，道光十三年十二月。臺北：華文書局，1964 年，頁 4381~4382。

　　浙江金華縣人劉正字，於道光十三年（1833）四月內，前往河南地方探望分發的河南候補知縣廖漢章，因見到廖漢章的胞侄慶禧，以及祥符縣的生員王雋等人，俱傳習毛里教。廖漢章勸令劉正字亦皈依毛理教，於是劉正字於同年十一月間，親見慶禧高坐說法論道，其時，恰有年長的教徒秋發在聽講之時，做出有違弟子之舉動，慶禧大爲震怒，於是肆行毆打，竟然將秋發的髮辮給揪落。次年四月間，劉正字遂入京赴耆英衙門，呈控河南慶禧等人傳習毛里教。在劉正字的狀詞之中指出，凡入毛里教的教徒，在其教內不分男女長幼之別，聚眾燒香，稱爲「點臘」；男女互相淫媟，稱爲「碰緣」；毛裡教內的教首，稱爲「佛祖」；每年一到除夕，便即用紅紙大書「值日功曹免見，諸神免參」等字樣，稱爲「示優」。凡是教中信徒，若能夠勸令十人入教者，則可晉陞一級，並且給有檀木印信，表示其教中身份。教內信徒相見之禮，是以先入教者爲尊，即使爲在倫常上的親長，亦甘侍立。毛里教多盛行於閩浙之間，在河南地方僅有慶禧與王雋等數人互相唱和招引，廖漢章等人崇信毛里教，相信入教修習，即可闔家成佛，因此，廖漢章亦勸誘劉正字入教。[45]

45　《軍機處檔‧月摺包》，第 2752 箱，113 包，73417 號。富呢揚阿奏摺錄副，道光二十五年三月初九日。

表 5-3-14 河南境內慶禧傳習毛里教教犯一覽表

姓名	籍貫	關係	行業/身份	備註
劉正字	浙江金華縣人			入京呈控慶禧等人傳習毛里教
廖漢章		慶禧之叔	河南候補知縣	
慶　禧		廖漢章之侄		
王　雋	祥符縣人		生員	傳習毛里教
秋　發	河南人			

資料來源：富呢揚阿奏摺錄副，道光二十五年三月初九日，收錄於《軍機處檔‧月摺包》，第 2752 箱，113 包，73417 號。

河南境內慶禧傳習毛里教一事，參與人士在籍貫分佈上有河南地方人士參與，從劉正字的指控中，可以得知毛里教主要是盛行於閩浙一帶，河南地方的毛理教，僅慶禧、廖漢章等人傳習，其之間的連繫多有親屬關係或地緣關係；在職業及身份類別上有河南候補知縣以及生員，此為教特別的一點，因官府向來查禁民間秘密宗教嚴厲，而候補知縣廖漢章以及生員王雋等身份極具官方色彩，但其行徑卻與官方政策背向而行。而毛里教內的教徒不以倫常中的男女長幼來做分別尊卑，而是以入教先後來分別尊卑，即使是在倫常上的親戚長輩，亦甘侍立。而毛里教以入教修習，即可闔家成佛為誘因，誘使民眾入教。

第六章　清代後期民間秘密宗教人物分析

　　清代後期，民間秘密宗教的活動仍舊相當活躍，在地方上，由於清政府對地方的控制能力，越來越薄弱，因此，民間秘密宗教的發展益加不可收拾。再加上此一時期的民間秘密宗教與西方基督教系統之間的接觸，越來越頻繁。西方傳教士自明代即在中國活動，但至清代歷經了「禁教」，到了清末，因為中國與西方國家的條約簽訂，賦予傳教士在中國活動的合法地位，但此時的中國與西方國家屢有戰爭及條約的簽訂，令底層民眾感到不滿，遷怒於西方傳教士，故發生多起焚毀教堂與殺害傳教士的案件；又或傳教士在中國傳教，面對在底層社會發展活躍的民間秘密宗教，因知其為清政府官方所禁止的，故而私下報官，民間秘密宗教中的信徒得知後憤而焚毀教堂與殺害傳教士。本章將再依照口供檔案與官方文書等相關記載，來對此時期參與民間秘密宗教人物進行分析。為了書寫上的方便與敘述上的清析條理，對於清代末年民間秘密宗教發展過程的斷限劃分為咸豐年間（1851~1861）、同治年間（1862~1874），以及光緒宣統時期（1875~1911）。以下將以此劃分斷限為依據，分為此三個階段，分別分節進行論述。

第一節　咸豐年間的民間秘密宗教人物

　　咸豐年間（1851~1861）的民間秘密宗教活動，現今存有的官方記載，比起先前的數個時期的官方記載，在數量上，明顯較少。以下將透過《大清文宗顯皇帝實錄》、《明清檔案》、《軍機處檔》、《宮中檔》、《清廷查辦秘密社會案》等史料之中所載的民間秘密宗教案件，於下表羅列出清末咸豐年間的民間秘密宗教活動及教案取締，並藉由這些案件中所附供詞及其他資訊，對參與民間秘密宗教人物進行分析與討論。

表 6-1-1 咸豐年間秘密教門案件一覽表

教門	案件時間	分佈位置	備註
紅簿教	咸豐元年七月	湖南長沙	
大乘還願教	咸豐元年十一月	直隸獲鹿	表 6-1-2
了茶教	咸豐元年十一月	直隸獲鹿	
齋教	咸豐四年八月	貴州桐梓	表 6-1-3
	咸豐五年三月	四川永寧	
燈花教	咸豐五年十一月	貴州銅仁	
	咸豐六年八月	貴州玉屏	
	咸豐六年十一月	貴州等地	
	咸豐六年十二月	貴州等地	表 6-1-4
	咸豐七年正月	貴州銅仁	
	咸豐七年六月	貴州銅仁	
	咸豐八年二月	貴州等地	
青蓮教	咸豐五年十二月	貴州等地	表 6-1-5

資料來源：《大清文宗顯皇帝實錄》、《明清檔案》、《軍機處檔》、《宮中檔》、《清廷查辦秘密社會案》。

由上列簡表可知在咸豐年間，官府所查出的民間秘密宗教在地理位置分布上有直隸、湖南、貴州以及四川等地，至於教門名目，則是共計六種：紅簿教、了茶教、大乘還願教、齋教、燈花教、青蓮教。

　　大乘教因其教中有還願、報恩等項經卷，因此又以經卷命名，故稱爲大乘還願教。直隸獲鹿縣人王進中，其曾祖王大，於康熙年間拜同村人李志佺爲師，傳習大乘還願教。教內崇奉無生老母，並聲稱習教者，生前可免疾病，死後不入輪回。李志佺故後無嗣，王大即將所遺經卷、圖像皆攜帶回家中，與其子王清幅及其孫王志誠一同點燈供茶，吃齋茹素，跪拜誦經。凡收徒便先令其長跪經前，傳教之人指點三皈、五戒，並教誦報恩語句。並於正月初五、三月初一、四月二十三、六月初六、十月二十四等日上供，稱爲擺會。同教之人或送麵食、或送銀錢，並無確數。王大歷年久遠，所傳徒黨無從根究，至於王清幅生前，則曾傳過同縣人董有潰，已故的鄭洛升腔、武二瞎貨，以及在逃未到案的張吳氏，並現獲的獲鹿縣人牛存禮、部學義、張海成、吳秋來、董保住、張慶連，及現獲之井陘縣人萬培沅等。王進中的故祖、故父共收徒十四人。王志誠在日亦傳過現獲之獲鹿縣人聶懷山等人。王清幅曾得有護道榜文一張，同經卷一併供奉，希圖掩飾傳習「邪教」。王清幅等故後，王進中接傳大乘還願教，並學習針灸，開方爲人治病。牛存禮、牛存智復拜王進中爲師，現獲的武狗、萬培沅等人，先拜牛存禮爲師，後經牛存禮引進，便轉拜王進中爲師。其餘獲案的董保住、吳秋來等人，或因祖父習教、或因延請治病，先後亦拜王進中爲師。

王進中希冀徒眾信服，復令跪在經前發願設誓，謂之受戒；又有天榜卦號、地府除名等語句，用黃紙書寫姓名後焚化，謂之升單；並授坐功運氣之法，聲稱受戒、升單之後，可得好處，籍行煽惑。牛存禮、牛存智、郭學義、蒿培沅先後聽從受戒、學習。武狗定於咸豐元年（1851）七月間受戒、升單，尚未及期，即被獲案。其餘各犯，僅止茹素誦經，並未受戒。另外，現獲之武何保，因父武進富患病，延王進中至家擺食醫治，武進富求病速愈，願拜王進中為師，武何保則是未曾入教，武進富旋因事發畏累自盡。而大乘教與了茶教之間的關係則是起於王進忠向楊汶全借經卷翻抄開始。直隸獲鹿縣人楊汶全、楊汶祥，素習了茶教，是趙敬故父趙汶隴的徒弟。道光四年，趙敬被永年縣訪獲審辦，其時，楊汶全故兄楊汶信畏懼，便將家中所存經卷燒毀，楊汶全私將部份經卷收藏。迨後仍復茹素供本，但並未傳徒。道光末年，經李汶煥瞥見，便轉向王進中告知，王進忠便將經卷借去，由蒿培沅、張海成、張慶連、張全成、梅占春以及另邀並未習教之王白毛、張七鈔寫。王進中抄完經卷後，遂送還楊汶全。楊汶祥則復赴王進中家擺會一次，但並未拜師。[1]

表 6-1-2 直隸等地王進中傳習大乘還願教教犯一覽表

姓名	籍貫	關係	行業	備註
李志佺	直隸獲鹿縣人	王大之師父		傳習大乘還願教
王　大	直隸獲鹿縣人	王清幅之父、王志誠之祖父、王進中之曾祖、李志佺之徒		已故

---

[1] 劉子揚、張莉編，《清廷查辦秘密社會案》，第 16 冊，北京：線裝書局，2006 年，頁 3813~3815。訥爾經額奏摺，咸豐元年十一月二十二日。

王清幅	直隸獲鹿縣人	王大之子；王志誠之父；王進中之祖父；董有潰、鄭洛升腔、武二瞎貨、張吳氏、牛存禮、部學義、張海成、吳秋來、保住、張慶連、蒿培沅之師父		已故
王志誠	直隸獲鹿縣人	王清幅之子、王大之孫、王進中之父、聶懷山之師父		已故
王進中	直隸獲鹿縣人	王大之曾孫；王志誠之子；王清幅之孫；牛存禮、牛存智、蒿培沅、武狗、吳秋來、董保住、武進富之、張全成、梅占春師父	針灸，開方爲人治病	
董有潰	直隸獲鹿縣人	王清幅之徒		
鄭洛升腔		王清幅之徒		已故
武二瞎貨		王清幅之徒		已故
武　狗		牛存禮、王進中之徒		
張吳氏		王清幅之徒		
牛存禮	直隸獲鹿縣人	王清幅、王進中之徒；蒿培沅、武狗之師父		
牛存智		王進中之徒		
郢學義	直隸獲鹿縣人	王清幅之徒		
張海成	直隸獲鹿縣人	王清幅之徒		
吳秋來	直隸獲鹿縣人	王清幅、王進中之徒		因延請治病
董保住	直隸獲鹿縣人	王清幅、王進中之徒		
張慶連	直隸獲鹿縣人	王清幅之徒		
張全成		王進中之徒		
梅占春		王進中之徒		
蒿培沅	井陘縣人	王清幅、牛存禮、王進中之徒		
聶懷山	直隸獲鹿縣人	王志誠之徒		
武何保		武進富之子		因父患病，延王進中至家醫治
武進富		武何保之父、王進中之徒		因事發畏累自盡
楊汶信	直隸獲鹿縣人	楊汶全之兄		

楊汝全	直隸獲鹿縣人	楊汝信之弟、趙汝隴之徒		素習了茶教
楊汝祥	直隸獲鹿縣人	趙汝隴之徒		素習了茶教
趙　敬		趙汝隴之子		
趙汝隴		趙敬之父；楊汝全、楊汝祥之師父		
李汝煥				向王進中告知楊汝全藏有經卷

資料來源：訥爾經額奏摺，咸豐元年十一月二十二日，收錄於《清廷查辦秘密社會案》v16.3813~3815。

直隸等地王進中傳習大乘還願教一事，參與人士在籍貫分佈上，主要以直隸地方人士參與為主，其中多為獲鹿縣人以及井陘縣人；其之間的連繫多有親屬關係，或地緣關係，或有「醫──病」關係。教中核心家族為王姓家族，自王進忠的曾祖王大以來，即素習大乘還願教，傳至王進忠之時，已傳有四代傳承之久，王大的子孫俱傳習大乘還願教，而教中信徒亦皆拜王姓傳教者為師。在王進忠之父王清幅身故之後，王進忠便接續傳習大乘還願教，其學習針灸與開方，平日為人治病，其以提供醫療治病等服務，來借機收徒傳教，附近的鄉里村民若有身患疾病者，即會延請王進忠來為其醫治，王進忠為病患醫治及病，便勸令病患入教，病患因而拜王進忠為師，皈依大乘還願教。有教中人物，武進富因為身患疾病，因而延請王進中至家擺食醫治，其為求迅速痊癒，便拜王進中為師，治療疾病，其後，王進忠等人傳習大乘還願教案發，武進富即因事發畏罪而自盡身亡。此外，大乘還願教內，在吸引民眾入教上，亦以入教的信徒，生前可免疾病災厄，死後亦不入輪回為誘因，誘使民眾參與入教。另外，王進忠為了鞏固信徒的信仰，便令入教的信徒跪在經卷之前，

發願設誓。除此之外，凡入教的信徒，王進忠亦會傳授坐功運氣的方法，並爲信徒升單，以祈求獲得福報。

　　貴州仁懷廳人吳三省，年三十八歲，平日卜卦算命生理。咸豐四年（1854）正月間，在貴州桐梓縣九壩地方，遇有楊隆喜，楊隆喜邀吳三省至家中，並告訴吳三省有湖廣人舒明達，自幼生有奇相，夜間睡宿牛棚，紅光照滿，定是真主。並說其家中相當富足，手下可招集一千多人，足以舉辦大事。當下便叫吳三省替舒明達推算八字。吳三省就說舒明達八字極貴，必有九五之尊。於是，楊隆喜又把自己的年庚與生辰叫吳三省推算。吳三省亦稱其八字是獨虎占天門，必定是大元帥之命，若肯保主起事，將來定有承相位分。吳三省又爲其卦卜吉兇，占卜結果爲起事吉利。於是，楊隆喜就留吳三省在家中，一同商定八月內起事的相關事宜，一切主意都聽吳三省籌劃決定。當時情形雲貴總督臣羅繞典具摺指出：

> 維時城鄉居民以該逆聚眾造反之言，互相傳播，紛紛遷徙，楊鳳遂乘人心搖動之時，猝然竊發，率領千餘人，直撲縣城。進踞婁山關，阻塞遵義進兵之路，詭稱授有湖北書信，稱爲江漢元年，豎立旗幟，張貼僞示，封有將軍、元帥等名目。分遣黨類，勾結各七寨民人，獻糧者免焚掠，入夥者給官職。並捏稱，遵義五屬告糧、欠糧民人，官兵一到全行剿洗，以故匪徒四處響應，勾結日多。該匪等乘兵練征調未齊，裏脅附和，西踞仁懷，東窺綏陽，分布遵義府成附近地方，其大股聚於雷臺山中，統計不下兩萬餘人，此該逆起事之實在情形。清軍隨於十三日卯刻分兵三路進攻。

> 俱約於豐樂橋會合。城中聞炮聲，亦即開門出隊。餘
> 匪竄往桃源洞、雷臺山潛匿。十八日，有賊兩千餘人，
> 分三股攻撲清營。二十日，賊匪於卯刻聚集萬餘，及
> 戰船數具，圍攻遵義，後逃向雷臺山死守。[2]

咸豐四年（1854）八月初二日，楊隆喜糾約五百多人，吳三
省商令先據縣威，搶得倉庫軍器，做為起事根本，並叫楊隆
喜帶領徒眾，改變裝束，先後混入城內。初六日時，襲破桐
梓縣，楊隆喜叫其兄弟楊隆興接守縣城，並封吳三省為護國
軍師，大小頭目官職等，都聽吳三省節制調遣，並給吳三省
大帕一方，上綴英雄結子，又給圓領大袖青袍一件，吳三省
即謝恩受領，遂蓄留長髮，辦理軍務。吳三省遣人四出，糾
約各處土匪前來入夥。至九月間，聚得人馬越多，吳三省便
勸令楊隆喜帶領人馬駐紮雷臺山。其時營盤內，有陳小霸王
一人，又有四十八位將軍，以唐、狼、寶、字、訓五字為號。
楊隆喜是唐字、陳小霸王是狼字、吃齋的寶公是寶字、邀來
另股土匪王三扎巴是字字、楊金是訓字，共計六萬餘人。吳
三省分遣楊金率領人馬四千，去破仁懷縣佔據城池。另外，
吳三省又一面與楊隆喜指揮眾人輪流攻撲遵義府城，圍攻兩
月不能得手，後被官兵追剿，把雷臺山營盤打破燒毀。其後，
吳三省與楊隆喜們由安底場、三重堰等處，沿途又挾持了一
萬多人，皆是村里鄉民，一路到黔西州地方分紮營盤十一座，
沒多久又被官兵攻破八座。於是，吳三省帶人又逃到大定府
屬白馬山安家硐居住。楊隆喜因屢被官兵擊敗，與吳三省商

---

2 劉子揚、張莉編，《清廷查辦秘密社會案》，第 33 冊，頁 9704~9705。
  羅繞典等錄副奏摺，咸豐四年十月初三日。

量計策。吳三省便說貴州省城存兵不多，大可用計襲取，一得貴州省兵糧富足，就可長驅進據雲南省城，收取府縣，扼守險要，暫圖割據，徐謀進取。川省邊界富戶眾多，亦先派兵入川。掠取各富戶銀米，以備資糧。楊隆喜依允後，吳三省遂遣將軍駱丙、馬長帶領五百多人馬，到川省永寧縣江底地處，抵達後即被那裡團練兵民截殺二十多人，並把駱丙、馬長殺死。眾人逃回報信，吳三省就與將軍李大忠、王大華以及都尉陳其原帶領夥黨七百多人，前去報仇，分作四路起程，約到小白照地方會齊。咸豐五年（1855）正月二十七日，走到永寧縣文家岩山梁時，便被各路官兵趕到，各處兵勇趕來，三路圍攻，吳三省等人旋即被官兵擒獲。[3]

表 6-1-3 雲貴等地楊鳳傳習齋教反清之教眾一覽表

姓名	籍貫	年齡	關係	行業/身份	教中身份
楊鳳（楊隆喜）	桐梓縣人		楊隆興之兄弟		大元帥
楊隆興			楊隆喜之兄弟		
陳良謨	桐梓縣人				
陳泮謨	桐梓縣人				
吳三省	貴州仁懷廳人	38歲		平日卜卦算命生	護國軍師
舒明達	湖廣人				真主
陳小霸王					將軍
寶公				齋公	將軍
王三扎巴				土匪	將軍
楊金					將軍

---

3 劉子揚、張莉編，《清廷查辦秘密社會案》，第 33 冊，頁 9703~9704、9706~9708。蔣霨遠錄副奏摺，咸豐四年八月二十一日、樂斌錄副奏摺，咸豐五年三月二十七日。

駱　丙				將軍
馬　長				將軍
李大忠				將軍
王大華				將軍
陳其原				都尉

資料來源：蔣爵遠錄副奏摺，咸豐四年八月二十一日、羅繞典等錄副奏
　　　　　摺，咸豐四年十月初三日、樂斌錄副奏摺，咸豐五年三月二
　　　　　十七日，收錄於《清廷查辦秘密社會案》v33.9703~9704、
　　　　　9704~9705、9706~9708。

　　雲貴等地楊鳳傳習齋教反清一事，參與人士在籍貫分佈上有
雲南、貴州以及湖廣等地方人士參與其中，其中多為桐梓縣
人。在教中核心人物上，有吳三省與楊鳳等人，吳三省為中
壯年人士，平日以卜卦算命為生，楊鳳因見吳三省會算命，
便邀其至家中，告知湖廣有舒明達，生有奇相與常人不同，
且其夜間所睡的牛棚紅光照滿，家中又相當富裕，便請吳三
省替舒明達推算八字，吳三省推算舒明達八字相當尊貴，必
有九五之尊。楊鳳亦請吳三省推算其自身年庚與生辰，吳三
省並算其八字是獨虎占天門，是大元帥之命，接著，吳三省
又為其卦卜吉兇，占卜結果為起事吉利，於是，楊鳳便留吳
三省一同商議起事之事。楊鳳等人預定於八月內起事，招集
人馬，並以江漢為年號，分封護國軍師以及各種官職，而吳三
省亦蓄留長髮，辦理軍務。在參與起事的人物之中，除了有大
批齋教的信徒以外，尚有各股土匪加入其中參與反清。

　　咸豐五年（1855）三月，舉人徐廷傑、梅濟鼎請乩畫符，
傳布謠言，又邀約各鄉糧戶，說銅仁府收糧過重，議定上穀
不上米。到十月初間，用船裝穀，內藏兵器，前赴銅仁府請
收。該府因為見到是穀子而不是米，故不肯收納，又見來繳

之人，數量眾多，便把城門關閉。徐廷傑等人見關閉城門，
便即打進城去，在混亂中，不知何人把葛知府給殺害了。其
時，劉世美在江口擄搶當鋪，而田宗達、吳燦奎即吳孝祖等
人俱在印江縣的黑神廟內扶鸞請乩。田宗達之子田瑞隆跟從
徐廷傑入城，徐廷傑將其明改為趙子隆，其後，又招引劉世
美、田宗達、吳燦奎等人一併入夥，與陳幅林、蔣新豐都稱
為軍師。此外，有毛大先之子，即是毛位元，其為徐廷傑、
梅濟鼎二人之師，乩封為釋迦佛，又命其弟毛士幅自稱為白
鶴仙。同年二月毛大先、毛士幅俱被官兵拿獲正法。於是，
毛位元遂與劉世美等人合夥。吳大刀即吳壽安與楊宗保即楊
桂芳皆於四月入夥。先前三月內，有一朱先生即是朱元兆，
不知何處人士，帶一十三歲的矮胖幼童，名叫吳三童，又名
肥它它，在三角莊法華處居住，因吳三童眼長耳大，因此，
朱元兆就煽惑鄉愚，說吳三童是真主，遂封劉世美為正元帥，
趙子隆為副元帥，刊有「統領六令中外兵馬大元帥」木印一
顆，另外，嚴占敖、楊宗保、吳大刀俱稱將軍，毛位元則稱
騎都尉，田宗達稱太傅，吳燦奎稱軍師先生。七月初九日祭
旗，在三角莊建設木城宮殿。到九月以後，楚兵進剿，劉世
美等人抵敵不住。十一月初三、初九等日，劉世美、吳大刀、
楊宗保、田宗達、吳燦奎等人逃至石阡府屬地方被官兵拿獲，
毛位元藏躲山洞亦被石阡府官兵拿住，徐廷傑過河淹死，朱
元兆、肥它它等人則先後被官兵拿獲。[4]

4　劉子揚、張莉編，《清廷查辦秘密社會案》，第 33 冊，頁 9629~9630。
　　蔣霨遠錄副奏摺，咸豐七年正月二十六日。

表 6-1-4 貴州境內劉世美傳習燈花教教犯一覽表

姓名	籍貫	年齡	關係	行業/身份	教中身份
劉世美					教首、正元帥
徐廷傑			毛位元之徒	舉人	
梅濟鼎			毛位元之徒	舉人	
田宗達	印江縣人		田瑞隆之父		黑神廟請乩、太傅
田瑞隆（趙子隆）	印江縣人		田宗達之子		副元帥
吳燦奎（吳孝祖）	印江縣人				黑神廟請乩、軍師先生
陳幅林					軍師
蔣新豐					軍師
毛位元			毛大先之子；毛士幅之兄；徐廷傑、梅濟鼎之師父		乩封釋迦佛、騎都尉
毛士幅			毛位元之弟		稱白鶴仙
毛大先			毛位元之父		
嚴占敖					將軍
吳大刀（吳壽安）					將軍
楊宗保（楊桂芳）					將軍
朱元兆	居三角莊法華處				
吳三童（肥它它）	居三角莊法華處	13歲			真主

資料來源：蔣霨遠錄副奏摺，咸豐七年正月二十六日，收錄於《清廷查辦秘密社會案》v33.9629~9630。

貴州境內劉世美傳習燈花教反清一事，參與人士在籍貫分佈上主要以貴州地方人士為主，其之間的連繫多有親屬關係或地緣關係；在職業及身份類別上有舉人參與其中。此事的導火線為舉人徐廷傑、梅濟鼎認為銅仁府收糧過重，於是商約銅仁府內各鄉糧戶，議定上穀不上米，便於十月間運穀前赴

銅仁府請收，銅仁府因見是穀不是米，故而不肯收，又因來
繳人數眾多，便關閉城門。其時，徐廷傑等人見關閉城門，
便將藏有武器拿出，打進城中，葛知府即於混亂中被殺害。
其時，劉世美在江口擄搶當鋪，而田宗達、吳燦奎即吳孝祖
等人俱在印江縣的黑神廟內扶鸞請乩。其後，又招引劉世美、
田宗達、吳燦奎等人一併入夥。其中反映出，此股參與反清
之人，皆好扶鸞請乩畫符等超自然能力，便以此能力做為號
召教內信徒的元素，此外，有毛位元為徐廷傑、梅濟鼎二人
之師，為鞏固其勢力與地位，便透過起乩，封為釋迦佛，又
命其弟毛士幅自稱為白鶴仙，以將自身及其弟俱神格化。其
中吳三童，年僅十三歲，因其眼長耳大，生有異相，朱元兆
就煽惑鄉愚，說其為真主，又分封劉世美為正元帥，趙子隆
為副元帥，又另封教內眾人為軍師、太傅、將軍、騎都尉等
官職，起事反清。

　　有青蓮教教首劉起得，即劉四先生，自湖北糾夥傳教。
咸豐五年（1855）九月二十日，遵義府正安州捕獲楊貴五，
其為劉起得之徒弟，聽從糾約起事。至二十三日，有鄉里村
民男婦多人，身帶槍炮等武器，由貴州桐梓一路而來。正安
知州帶領練勇馳往，其後，捕獲鄒新抖等十名教犯，起獲槍
炮武器多件，鄒新抖等人供稱聽從劉起得等人，協助謀逆，
並供出劉起得預定於二十四日，糾同吳大刀、焦應華等人，
在綏陽縣屬丁木坳地方搶場起事。二十八日，官府派人至丁
木坳地方查拿，遇有教徒數百人出來迎敵，練團進擊，即生
擒教犯焦太華一名，餘眾潰散。官兵繼續跟蹤，追擊復擒獲
首犯劉起得等人五名教犯。次日，又帶練勇追至關渡水地方

擊斃數十人。另外，有大元帥吳大刀帶領數千人前來救援，
官兵追至九嶺崗地方，將「賊巢」燒毀。[5]

表 6-1-5 貴州境內劉得起傳習青蓮教教犯一覽表

姓名	關係	教中身份	教內從事工作
劉起得 （劉四先生）	楊貴五之師父	青蓮教教首	
吳大刀		大元帥	在綏陽縣屬丁木坳地方搶場起事
焦應華			在綏陽縣屬丁木坳地方搶場起事
楊貴五	劉起得之徒		
鄒新抖			聽從劉起得謀逆

資料來源：蔣霨遠錄副奏摺，咸豐五年十二月二十八日，收錄於《清廷
　　　　　查辦秘密社會案》v33.9624~9625。

貴州境內劉得起傳習青蓮教反清一事，劉起得自湖北糾夥，
傳習青蓮教，因傳習人數眾多，故而起意起事，在與官兵對
戰之下，青蓮教又與燈花教合股。有貴州境內劉世美所傳習
的燈花教內大元帥吳大刀，帶領數千人前來協助救援，但仍
不敵官兵。

第二節　同治年間的民間秘密宗教人物

同治年間（1862~1874）的民間秘密宗教發展情形延伸
自咸豐朝，在僅十二餘年的同治朝中，民間秘密宗教的動亂

---

5 劉子揚、張莉編，《清廷查辦秘密社會案》，第 33 冊，頁 9624~9625。
　蔣霨遠錄副奏摺，咸豐五年十二月二十八日。

四起。底層社會的群眾,打著民間秘密宗教的名目,糾人入
夥,反抗政府的情形日益嚴重。以下將透過《大清穆宗毅皇
帝實錄》、《軍機處檔》、《宮中檔》、《清廷查辦秘密社
會案》等史料之中所載的民間秘密宗教案件,於下表羅列出
清末同治年間的民間秘密宗教活動及教案取締,並藉由這些
案件中所附供詞及其他資訊,對參與民間秘密宗教人物進行
分析與討論。

表 6-2-1 同治年間秘密教門案件一覽表

教門	案件時間	分佈位置	備註
一字教	同治四年八月	江西等地	表 6-2-2
齋　教	同治五年二月	福建崇安	
	同治五年三月	福建等地	
	同治五年十月	福建等地	
	同治五年十二月	湖北境內	表 6-2-3
	同治六年十二月	浙江遂安	表 6-2-4
	同治七年十一月	浙江慶元	
	同治八年三月	廣東連州	
	同治十年十一月	福建境內	
兩杯茶教	同治四年三月	江蘇通州	表 6-2-5
白號教	同治五年七月	湖南等地	
	同治五年八月	湖北等地	
	同治六年七月	湖北等地	
紅燈教	同治五年八月	雲南永善	表 6-2-6
	同治七年十一月	湖北等地	表 6-2-7
中央聖道離卦教	同治五年十月	直隸吳橋	表 6-2-8
乾卦教	同治七年閏四月	湖北等地	
清茶門教	同治八年七月	山西絳州	表 6-2-9

資料來源:《軍機處檔》、《宮中檔》、《清廷查辦秘密社會案》。

由上列簡表可知同治年間,官府所查出的民間秘密宗教在地

理位置分布上有直隸、湖南、湖北、雲南、江西、浙江、江蘇、廣東、福建等地;至於教門名目,則是共計八種:一字教、齋教、兩杯茶教、白號教、紅燈教、中央聖道離卦教、乾卦教、清茶門教等。

江西等地羅組教相當盛行,爲躲避官府查拏,羅組教分化出許多相異名目,一字教亦屬於羅教系統。同治年間,崇仁縣拿獲汪碌保、周碌保、鄔高元以及張崇發等人,並起獲金丹秘訣以及萬法歸宗等官方違禁書籍;又於臨川縣拿獲陳祥仔;以及於豐城縣拿獲陳和三、徐啓二與徐添順等人。有江西崇仁縣人汪碌保,向來習慣吃長齋,先前曾於太平軍動亂時被太平軍擄去,並於其後逃出。在那之後遇有江西南豐縣人易新桂,易新桂素習一字教,因此勸令汪碌保入教,聲稱可免災劫,又可修下世的福報。汪碌保聽信其言,便應允拜易新桂爲師,皈依一字教。其後,汪碌保又先後勸令臨川人陳祥仔、崇仁縣人鄔高元以及周碌保等人皈依一字教,並收其爲徒。同治四年(1865)三月內,汪碌保在堂城縣桃山墟遇見同教的安福縣人陳先明。陳先明告知汪碌保有朱明月在貴州思南府起事稱王,並有湖南人袁滿先爲總元帥,因朱明月欲自鳳山起兵,打算由湖南來江西,因此袁滿先便令其至江西傳教並糾人招兵。能者入教招兵,無能者入教免難,陳先明是袁滿先的副手,其在教內的職分與丞相相等,身上帶有詔書、印信、令旗。陳先明即邀汪碌保入夥,並承諾在事成之後封汪碌保爲江西八百真人之一,於是汪碌保便應允入夥。陳先明又勸令汪碌保往邀陳祥仔及鄔高元二人一同入夥,並許諾各封其二人爲副帥,陳祥仔與鄔高元得知後應允

入夥，於是，陳先明便囑咐陳祥仔等人前往四處招兵糾人，以備起事後做接應，並各給印旗。其後，陳先明便往廣信、建昌一帶。至同年六月間，陳先明又到前往汪碌保家中，並封汪碌保爲轉燈，是教中大職，可以中座掌教。此外，陳先明並說宜春、萬裁、永新、贛縣、南城以及豐城等地方均有多人入教，又於湖南洪江地方，有一大道場，是教內人士往來遞信之所，平日皆有教中人士裝扮賣帶子、筷子之人，四處打聽信息等語。陳先明在臨去前說要往福建九龍寨總頭目林萬青處交存尖角旗一面，並囑令汪碌保轉交宜黃縣人黃有鱗，後因黃有鱗未來，汪碌保即將旗子燒毀，但汪碌保等人於同年八月間被官府拿獲。[6]

表 6-2-2 江西等地汪碌保傳習一字教教犯一覽表

姓名	籍貫	關係	教中身份
汪碌保	崇仁縣人	易新桂之徒；周碌保、鄔高元、陳祥仔之師父	封爲轉燈，中座掌教
周碌保	崇仁縣人	汪碌保之徒	
易新桂	南豐縣人	汪碌保之師父	傳習一字教
鄔高元	崇仁縣人	汪碌保之徒	副帥
張崇發	崇仁縣人		
陳祥仔	臨川縣人	汪碌保之徒、徐啓二之師父	副帥
陳和三	豐城縣人		
徐啓二	豐城縣人	陳祥仔之徒	
徐添順	豐城縣人		
陳先明	安福縣人	袁滿先之副手	丞相，帶有詔書、印信、令旗，邀人入夥
朱明月	貴州思南府人		稱王起事
袁滿先	湖南人		總元帥

---

6 劉子揚、張莉編，《清廷查辦秘密社會案》，第 33 冊，頁 9717~9718。孫長紱錄副奏摺附片，同治四年八月十三日。

林萬青	福建九龍寨人		
黃有鱗	宜黃縣人		

資料來源：孫長紱錄副奏摺附片，同治四年八月十三日，收錄於《清廷
查辦秘密社會案》v33.9717~9718。

江西等地汪碌保傳習一字教一事，參與人數士在籍貫分佈上
有江西、貴州、湖南以及福建等省份的人士參與，其中多崇
仁縣人、南豐縣人、臨川縣人、豐城縣人、安福縣人以及宜
黃縣人。其中，教內的核心人物爲江西崇仁縣人汪碌保，汪
碌保於平素之時即有吃長齋的習慣，而在其生命經驗中，有
相當特殊的經歷，其曾於太平天國亂事中，遭太平軍擄去，
被紋面刺字後逃出，在那之後，遇有素習一字教的易新桂，
汪碌保即在易新桂的勸令之下，皈依一字教。

　　一字教所提出吸引汪碌保的誘因在於入教既可免災劫，
又可以修下世。免災劫與修來生一向爲底層民眾所渴望希求
的，尤其是在清末動亂頻仍的時代中，災劫隨時有可能降臨；
而今世人生既遇亂世之時，若能不遇有災劫便已是萬幸，生
活上不可能過得舒適安穩，因此即便今生是無奈的，底層民
眾亦可以透過皈依一字教，將希望寄託於來世。故此，汪碌
保在皈依一字教後，亦以相同的誘因來傳收徒弟。同治年間，
汪碌保遇見了同爲一字教教徒的陳先明，陳先明和汪碌保說
了朱明月在貴州地方起事稱王之事，亦說明了因朱明月打算
自鳳山起兵，經由湖南打至江西，於是總元帥袁滿先便令陳
先明到江西一帶傳教招兵。而陳先明在說明完後即邀汪碌保
入夥，並以承諾於事成後封汪碌保爲江西八百真人之一爲
誘，故汪碌保應允入夥，其後，又封汪碌保爲轉燈，轉燈是

職位頭銜，爲教中大職，可以中座掌教，陳先明欲以授予汪碌保教內的高位來鞏固堅定其對教內出力的心意。而陳先明亦爲一字教中的重要人物，其於教中的身份爲總元帥袁滿先的副手，在職分的分量上與丞相相等，其受命至江西一帶招人入夥，並帶有詔書、印信以及令旗等物。此次傳教以招兵爲目的，其次，因加入的人越多，起事成功的機會就越大，因此便以「能者入教招兵，無能者入教免難」爲號召，來令底層民眾加入，其中多半有強迫意味。即有能力打仗的人加入當兵員，而無法參與打仗的民眾加入，就不會成爲到時候一字教教眾攻擊襲略的目標，底層民眾爲了避免受到波及便會加入。

教內之人因準備起事而私授官職外，亦有一些教眾平日裡打扮成賣帶子、筷子之人，四處打聽信息等，教內人物分工精細，透過授予教內的高位或私授官職等方式來鞏固參與教眾反抗政府以及勇敢與官兵作戰的決心。

湖北安陸府鐘祥縣人仇光耀，於咸豐十一年（1861）二月間，聚眾多人，設立齋教，私刻印信，在各處代人稅契，又私刻黃榜諭貼，招聚多人，並斂錢造刻度仙真經。凡是入會信徒，皆於每夜在家焚香吃齋，並念誦度仙真經，參與信眾個個無不痴迷傾家。其中，凡入會者，俱以手足骨肉相稱；如若不入會者，便將其視爲教外仇家。因教內所讀經卷爲度仙真經，故此會即以經卷命名，稱爲聚仙會。會中信眾四處逼人入會，如有不從，便百般謀害。有湖北安陸府鐘祥縣武生袁鳳彩，年三十五歲，在城南紗耕集居住，種地度日，居仇光耀的鄰村。同治五年（1866）間，仇光耀與齋教教徒們

邀袁鳳彩入教，袁鳳彩未允從，因此齋教聚仙會的信眾即將
袁鳳彩視為教外仇家，屢要謀害。袁鳳彩便赴官府呈控仇光
耀等人設立齋教聚仙會，聚眾斂錢。後經地保王國友以及民
人王桑茂稟明縣主，立即將仇光耀拿獲。[7]

表 6-2-3 湖北等地仇光耀傳習齋教聚仙會教犯一覽表

姓名	籍貫	年齡	行業/身份	備註
袁鳳彩	湖北安陸府鐘祥縣人，在城南紗耕集居住	35歲	武生，種地度日	呈控仇光耀等人設立齋教聚仙會斂錢
王桑茂	湖北安陸府鐘祥縣人			
仇光耀	湖北安陸府鐘祥縣人			設立齋教
王國友	湖北安陸府鐘祥縣人		地保	

資料來源：存誠錄副奏摺，同治五年十二月十七日，收錄於《清廷查辦
秘密社會案》v33.9724。

湖北等地仇光耀傳習齋教聚仙會一事，參與人士在籍貫分佈
上多為湖北安陸府鐘祥縣人的在地人。在此案之中，呈現出
另一種特質的民眾。在民間秘密宗教的傳播手法上，多以人
性的渴望為考量點出發，因此，基本上各種人士皆有可能因
為不同的欲望，而被吸引加入參與其中。仇光耀等人設立齋
教聚仙會斂錢，在朝入入教的手法上，以歸屬感做為出發，
凡是入會信徒，俱以手足骨肉相稱；反之，若不入會者，便
會被教內信重視為教外仇家，即會遭到惡意的傷害和報復。
而會中的信眾為了擴充教內人數，斂得銀錢分用，因此四處
威逼村里鄉民入會，如有不願入教，又害怕遭到報復者，便

---

7 劉子揚、張莉編，《清廷查辦秘密社會案》，第 33 冊，頁 9724。存誠錄
副奏摺，同治五年十二月十七日。

會舉家遷居他處,但在地方上,多屬無力搬遷者,故多只能
服從入教。而袁鳳彩爲湖北安陸府鐘祥縣人,在城南紗耕集
地方居住,恰居於仇光耀的鄰村,年三十五歲,是名武生,
平日以耕種田地度日爲生,仇光耀等教中人士邀袁鳳彩入
教,但袁鳳彩並未允從,因此即被齋教聚仙會的信眾視爲教
外仇家,屢要謀害,袁鳳彩便前赴官府呈控仇光耀等人設立
齋教聚仙會,聚眾斂錢。

同治年間,有遂安縣人童正元,其先於遂安縣境內的普
化山上搭蓋草棚,設立乩壇,妖言眩惑鄉里鄰人。另有楊青
元、嚴祖喜等人亦各供奉神像,扶乩治病,並且彼此聯爲一
氣,互相傳播。附近的鄉里村民,紛紛往赴上山祈禱,在村
內的信眾多隨捐銀錢、米糧等物,多寡不等,參與人數亦不
等,每有燒香拜會,皆旋聚旋散。其時,有江西人熊明魁即
周興舉,在嚴祖喜等人所設壇內寄住。熊明魁本是一個游手
好閒的無賴之徒,嚴祖喜等人因看其來自外省,本地人皆不
識熊明魁,於是,便即代爲更名胡普香,托言爲羅漢轉世,
便開始傳教,如有村里鄉民願入教者,得其一言,即可授有
官職,而童正元與楊青元等人亦借胡普香之名,自封官職。
另外,有遂安縣的方朝儒,亦復爲其教內編造歌謠傳唱,並
且假稱受乩壇神佛的指示,蠱惑村里鄉民捐予銀錢,童正元、
楊青元以及方朝儒等人,在起初之意,計在謀得財富。但在
其後,因陷溺日深,加以群聚信眾日益增多,故漸萌異志,
兼有周秋興、嚴祥茂以及嚴青祖等人亦爲之隨聲附和,以致於
童正元等人輒敢於糾約斂錢聚眾,散步謠言,約定日期起事。

同治六年(1867)七月間,嚴祖喜等人有約期七月十六

日夜晚，欲攻撲衢州府城之信，因此先遣周秋興等人，在衢州府城外開張飯鋪，以便於密糾黨夥，教中信徒約定用以黃布扎頭爲同夥記號，乘機舉事；而童正元等人，亦約期於七月十七日，分撲遂安縣城。其後因風聲走漏，金衢嚴道遂派官兵馳往逮捕，立時便將周秋興等人拿獲到案，並起獲黃洋布兩匹、食米十餘石、抄錄歌謠一紙。另外，遂安縣亦密約紳團，一同前往普華山中搜捕，童正元以及楊青元等人便率領鄉民出村抗拒，經各團勇將楊青元及余祥洪等人拿獲到案，訊明後即就地正法，教內餘眾相繼解散。其後，又續獲有方朝儒等人，而開化縣的嚴祖喜等人，因時至約定之期，正欲潛赴衢州府城時，猝聞周秋興等人被獲之消息，因畏懼而終止行動。周秋興知事已敗露，一夥人難以幸免，當即將嚴祖高以及嚴祖旺自行殺斃後，投保赴縣自首，而後開化縣將嚴祖喜等人先後拿獲。隨將訊有確供周秋興、嚴祥茂、嚴清祖等七名，先行正法。而平時往來普化山上燒香祈福之人，僅只餽送銀錢、米糧等物，不知起事等情。[8]

表 6-2-4 浙江等地童正元傳習齋教教犯一覽表

姓名	籍貫	備註
童正元	遂安縣人	設立乩壇
楊青元	遂安縣人	供奉神像，扶乩治病
余祥洪	遂安縣人	
嚴祖高	開化縣人	
嚴祖旺	開化縣人	
嚴祖喜	開化縣人	供奉神像，扶乩治病

8 劉子揚、張莉編，《清廷查辦秘密社會案》，第 33 冊，頁 9725~9727。馬新貽錄副奏摺附片，同治六年十二月二十七日。

嚴祥茂	開化縣人	
嚴清祖	開化縣人	
周秋興	遂安縣人	在城外開張飯鋪，密糾黨夥
熊明魁 （周興舉、 胡普香）	江西人	托言羅漢轉世
方朝儒	遂安縣人	編造歌謠，假稱乩壇神佛指示蠱惑斂財

資料來源：馬新貽錄副奏摺附片，同治六年十二月二十七日，收錄於《清
　　　　　廷查辦秘密社會案》v33.9725~9727。

浙江等地童正元傳習齋教反清一事，參與人士在籍貫分佈上
以浙江、江西等地方為主，其中多遂安縣人以及開化縣人參
與其中。教中的傳教者多設立乩壇，供奉神像，扶乩治病等
手段傳教。其中，教內核心人物童正元在普化山上搭蓋草棚，
設立乩壇，被村里鄉民占卜吉凶，揚言禍福，居住在附近的
鄉里村民們，紛紛上山祈禱，便成信眾，教內信眾每有祈禱
便會隨捐銀錢、米糧等物，多寡不等，隨人意願，上山祈禱
的人數亦不等，每有燒香拜會，皆旋聚旋散，童正元即是依
靠乩壇為村里鄉民占卜吉凶斂取銀錢米糧。而另有楊青元以
及嚴祖喜等人亦各供奉神像，專門為村里鄉民扶乩占卜禍福
以及為人治病，因彼此所圖近似，故而聯為一氣，互相傳播，
斂取銀錢。此外，有江西人熊明魁浪居於嚴祖喜所設的壇內
寄住，熊明魁本是一個游手好閒的浪人，但因是自外省來的，
在本地是屬生面孔，人多不識熊明魁，於是，嚴祖喜等人便
將其改名為胡普香，並托言其為羅漢轉世，開始傳教，若有
村里鄉民入教，便私授官職。另外，尚有方朝儒為其編造歌
謠傳唱，並且假稱受乩壇神佛的指示，蠱惑村里鄉民捐予銀
錢，童正元、楊青元、嚴祖喜以及方朝儒等人，是屬複合型

的詐騙集團，本身各自有個別的乩壇，但彼此間，又有勾結夥同，起初的用意在於斂取銀錢。但由於群聚信眾日多，又有夥同者隨聲附和，以致使童正元等人，從斂取錢財變成糾約起事。

江蘇通州人黃萬榮即黃國榮，以及黃萬芳即黃國芳兩人為兄弟，平日以務農為業，另有江蘇通州人沈慶揚在黃朝陽家中，教黃朝陽的孫子黃國才讀書。同治元年（1862），黃萬榮兄弟在路上會遇有素來相識的陸國棟，陸國棟私下告訴黃萬榮兄弟，有盛廣大等人結盟設教，教名為龍華會，又稱為兩杯茶教。會首盛廣大有法術，甚為厲害，能夠移山倒海，又能灑豆成兵，另外有江南常熟首領為錢姓，竭其勾謀，欲取江蘇通州等地，便令陸國棟在江蘇通州作為內應，並承諾於事成之後，便封其爵位。陸國棟於是邀約黃萬榮兄弟隨從謀逆。黃萬榮等人允從。陸國棟便告知，錢姓即封黃萬榮等人偏職，並發給木劍印信。沈慶陽因在黃朝陽家中，而聞知陸國棟與黃萬榮兄弟等人之謀情，但沈慶陽害怕泄露被害，因此不敢出首官府。不久，即聽聞常熟亂事已被克復，而盛廣大不敢南渡，至於黃萬榮等人亦未過江，一眾人即被通州官府先後拿獲，復核無異便依叛逆律定擬，不分首從皆斬。[9]

表 6-2-5 江蘇等地盛廣大傳習兩杯茶教教犯一覽表

姓名	籍貫	關係	行業/身份	備註
陸國棟				在江蘇通州作為內應
錢　姓	江南常熟人		龍華會首領	

9 劉子揚、張莉編，《清廷查辦秘密社會案》，第 33 冊，頁 9666。吳棠錄副奏摺，同治四年三月二十九日。

盛廣大			龍華會會首	成立龍華會，又名兩杯茶
黃萬榮（黃國榮）	江蘇通州人	黃萬芳之兄弟	務農爲業	
黃萬芳（黃國芳）	江蘇通州人	黃萬榮之兄弟	務農爲業	
沈慶揚	江蘇通州人	黃國才之業師	教書營生	
黃朝陽		黃國才之祖父		
黃國才		黃朝陽之孫、沈慶揚之學生		

資料來源：吳棠錄副奏摺，同治四年三月二十九日，收錄於《清廷查辦秘密社會案》v33.9666。

　　江蘇等地盛廣大傳習兩杯茶教一事，參與人士在籍貫分佈上以江蘇地方的人士參與爲主，其之間的連繫多有親屬關係或地緣關係；在職業及身份類別上有種地營生以及教書業師等。教中核心人物爲盛廣大，盛廣大等人結盟設立龍華會，又叫做兩杯茶教，盛廣大爲教主，生稱具有特殊的法術，相當厲害，能夠移山倒海，又能灑豆成兵。另外，在江南常熟地方的教首爲錢姓，欲與乘廣大謀取江蘇通州等地方。因此便令教中的教徒陸國棟，前往江蘇通州作爲起事時的內應，並承諾事後封其爵位。陸國棟便前去江蘇通州，遇到黃萬榮與黃萬芳兄弟兩人，其二人平日俱以種田營生，陸國棟便邀約黃萬榮兄弟一同謀逆參與起事，並承諾授與官職。從此案中反映出，當民間秘密宗教在動員組織教內信徒，欲起事做亂之時，常會以私授官職等利益做爲承諾，以此令教中信徒堅定信仰，並且勇敢打仗，對抗官兵。

　　同治五年（1866）春間，有雲南昭通府永善縣副官村人喻光明與喻光舉兩人爲兄弟在地方上傳教，其教內中有吞

符、燃燈、念誦經卷，並言人禍福吉凶等活動，地方上的鄉
里村民皆稱其為紅燈教。地方官府聞得風聲，便差人前往查
拿喻光明與喻光舉兄弟，喻光明聽聞官府差人查拿，便糾眾
揚旗，自稱元帥，於三月二十六日，攻撲板栗坪等地方的村
寨，其後再經由板栗坪至水星壩、那哈坪一帶，沿途連連殺
害無辜鄉民數人。又喻光明等人因與水星壩地方的土棍姚大
順、王道靈等人皆同為紅燈教教徒，因此喻光明等人隨即投
入姚大順的堡內，姚大順自稱天元太寶，合夥眾人抵擋清軍。
清軍添募鄉勇前往討剿，至同年六月底，紅燈教教首姚大順
等人即被擊斃，王道靈率領餘黨敗退。[10]

表 6-2-6 雲南等地喻光明傳習紅燈教教犯一覽表

姓名	籍貫	關係	行業/身份	備註
喻光明	雲南昭通府永善縣副官村人	喻光舉之兄弟		自稱元帥
喻光舉	雲南昭通府永善縣副官村人	喻光明之兄弟		
姚大順	雲南水星壩人		土棍	紅燈教教首、自稱天元太寶
王道靈	雲南水星壩人		土棍	

資料來源：勞崇光錄副奏摺，同治五年八月十三日，收錄於《清廷查辦
　　　　　秘密社會案》v39.11901。

雲南等地喻光明、喻光舉兄弟傳習紅燈教一事，參與人士在
籍貫分佈上主要以雲南地方人士為主。教中核心人物為喻光
明與喻光舉兩兄弟，其二人於雲南地方上傳教，教中的傳習
活動有吞符、燃燈以及念誦經卷，除此之外，教內亦提供為

---

10 劉子揚、張莉編，《清廷查辦秘密社會案》，第 39 冊，頁 11901。勞崇
　　光錄副奏摺，同治五年八月十三日。

人占卜禍福吉凶等服務。因未來尚未發生的事情，是大部份的人們皆會好奇的，無論貧窮與富貴皆是如此，因而算命、占卜未來吉凶禍福等事，一向為人們所歡迎。但由於占卜、算命與讖緯之術皆有機會被有心人士利用成起事之途，而這類活動又常出現於民間秘密宗教之中，因此民間秘密宗教在清代各朝，皆被官方所禁止。又因為喻光明與喻光舉兄弟兩人在雲南傳習的紅燈教，在地方上的活動相當活躍，故官府得知風聲後，便前往捉拿到案，而喻光明聽聞官府將要差人查拿，索性便糾眾揚旗，自稱元帥，帶領教眾起事，又與沿途的土棍姚大順、王道靈等人結合，而姚大順以及王道靈等人亦皆為紅燈教教徒，合夥眾人抵擋清軍。但在其所到的沿途之處，皆連連殺害無辜的村里鄉民。因此，清軍亦添募鄉勇前往討剿。

　　同治七年（1868）九月間，有湖北蘄水縣楊樹坂人馮和義即劉和義與陳三木匠即陳耀金等人結盟，一同吃齋，並拜習紅燈教，並於湖北蘄水縣楊樹坂地方的山中私下製造印信、龍袍、旗幟以及器械等物，準備蓄意謀反。因聞艇軍遭到遣撤，因此便思及或有游勇可以相互勾結，於是便即乘機在外散佈謠言，並張貼告示，欲煽惑並威逼脅迫村里鄉民入夥。於同年九月十五日夜晚，陳耀金等人便聚眾，焚香點燭祭旗，同時立馮和義為王，號開真；並封朱得順為主將；又封陳三木匠為元帥；至於王合先與夏三相兩人則被封為丞相；而王炳元擔任先鋒。各人分封完畢後，便各給印信。右派吳四強盜、李和發、陳正舉以及李金魁等人，分成四路，邀約糾人入夥，而畢衍庭等人則分管帳目並散貼告示等事

宜。馮和義等人欲至蘄州天垣寨地方爲巢。[11]

表 6-2-7 湖北等地馮和義傳習紅燈教教犯一覽表

姓名	籍貫	行業	備註
馮和義（劉和義）	湖北蘄水縣楊樹坂人		稱王
陳三（陳耀金）		木匠	元帥
朱得順			主將
王合先			丞相
夏三相			丞相
王炳元			先鋒
吳　四		強盜	四處糾人
李和發			四處糾人
陳正舉			四處糾人
李金魁			四處糾人
畢衍庭			分管帳目、散貼告示

資料來源：郭柏蔭等錄副奏摺，同治七年十一月二十八日，收錄於《清廷查辦秘密社會案》v39.11902。

　　湖北等地馮和義傳習紅燈教反清一事，參與人士在籍貫分佈上主要以湖北人士參與其間。其中教內核心人物馮和義與人結盟，吃齋拜習紅燈教，並在湖北地方的山中私下製造印信、龍袍、旗幟以及器械等物，準備謀反。誘因聽聞艇軍遭遣，因此便想與游勇勾結，故乘機在外散佈謠言、張貼告示，並煽惑、威逼脅迫村里鄉民入夥。陳耀金與馮和義等人便私授官職與教中之人，各給印信，以增加其勇氣與官兵迎戰。

　　山東德州城南有趙熙元是吳橋縣人，在梨園莊居住，當任山東德州催頭。其因爲覺得世界不正，因此才自行編訂三才書以及八卦群星經等經卷，編寫完成後，便叫其侄子李奎

---

11 劉子揚、張莉編，《清廷查辦秘密社會案》，第 39 冊，頁 11902。郭柏蔭等錄副奏摺，同治七年十一月二十八日。

文以及其向來素識的朱林兩人來抄寫多份，並定於每年的三月初三日以及九月初九日兩天做爲會期，會名爲「中央戊己土聖道會」。每年遇逢會期，教中信徒則須上供，上供時是依次叩頭，趙熙元本身是第一個，有第四個叩頭之人，名叫王寨，黑旗上之字即是王寨所寫，而友其他經卷則是朱林所給。刻有「三聖第一家」的木印一塊以及刻有「象字」的木印一塊，都是趙熙元等人於三月初三日、九月初九日以及其他各節氣時焚表所用，至於石印一塊，則是趙熙元之記此是步軍統領街門奏護號。官府至趙熙元家中又搜出糧食十數囤以及制錢三四百吊，都是其陸續積存。而趙熙元等人所傳習的聖道會是傳賢不傳子。因此其看孫女趙大姐可傳，便思量給趙大姐擇婿，如可傳再行傳給其婿。趙大姐，因父母俱故，因此與其妹趙二姐以及趙三姐常在李自賢莊中其母舅李發城家居住。其祖父趙熙元家在每月初一、十五日以及三月初三、九月初九等日，趙大姐皆與其祖父一同燒香，向北叩頭。在燒香時，所供的是黑藍白顏色的旗子三杆。另外，其祖父畫符念咒皆是從王好那所學來。王好又教人練把式，因趙大姐力弱未學，其教名又稱爲「中央離卦教」，每次會期皆須念誦經卷以及咒語。而教中所念的咒語皆是王好教教內眾人念誦。每年九月初九日的會期一到，教內中所有的信徒都會到趙熙元家中，除朱林、王好、周萬春以及楊文穆外，尚有多人。此外，趙二姐被拏後供稱，其祖父在家燒香，用升盛著高梁，裡面插著白、綠、紅、黑旗子，並有經卷等物，有四五十人會隨同燒香，練習槍刀，燒香完後，便各自散去，因爲其祖父家中燒香，故莊內人皆叫趙熙元爲神仙，並說其燒

香之人，俱是白蓮教。而審訊趙三姐時，趙三姐則供稱其祖
父趙熙元等人所習知會名爲黃山教。

除此之外，另有趙祁氏是趙熙元之妻，供稱其所傳習的
教名爲中央聖道離卦教。其丈夫夫趙熙元曾自編經卷，並叫
李奎文、朱林書寫。每會上供，用木印在黃白紙上印好，同
黑旗供著，黑旗上字是王寨所寫。所供內容與趙熙遠同。而
趙祁氏又供凡入教之人如若泄漏教中天機，必受五雷轟頂，
化爲膿血，下世不得人身。同治五年（1866）九月有故城縣
人孫颯樓，因走至梨園莊，遇見王榮，王榮向孫颯樓說趙熙
元家內行善，孫颯樓因聽說趙熙元是在家中燒香念經，便跟
隨王榮到趙熙元家內借宿，趙熙元便勸孫颯樓行善，是夜便
給孫颯樓字貼二張，而孫颯樓就在趙熙元屋內住宿，見有刀
槍寶劍器械數件，是晚見有教中之人來往，在他家耍刀槍、
燒香念咒，即於是夜，有官人將趙熙元捉拿。[12]

表 6-2-8 直隸趙熙元傳習中央聖道離卦教教犯一覽表

姓名	籍貫	關係	行業/身份	備份
趙熙元	直隸吳橋縣人	趙祁氏之夫；李奎文之叔；趙大姐、趙二姐、趙三姐之祖父	山東德州催頭	編寫經書
趙祁氏		趙熙元之妻		
李奎文		趙熙元之姪		抄寫經書
朱　林				抄寫經書
王　寨	王溝莊居住			書寫黑旗上之字
趙大姐		趙熙元之孫女；		

---

12 劉子揚、張莉編，《清廷查辦秘密社會案》，第 19 冊，頁 4700~4704。
　存誠奏摺，同治五年十月初四日。

		趙二姐、趙三姊之姐妹；李發城之姪女		
趙二姐		趙熙元之孫女；趙大姐、趙三姊之姐妹；李發城之姪女		
趙三姐		趙熙元之孫女；趙大姐、趙二姊之姐妹；李發城之姪女		
李自賢				
李發城		趙大姐、趙二姐、趙三姊之母舅		
李長春（南李）	連鎮人			
王　好	王溝莊居住			教趙熙元畫符念咒
周萬春				
楊文穆				
孫瀰樓	故城縣人			

資料來源：存誠奏摺，同治五年十月初四日，收錄於《清廷查辦秘密社會案》v19.4700~4704。

直隸等地趙熙元傳習中央聖道離卦教一事，參與人士在籍貫分佈上以吳橋縣人以及故城縣人為主，其之間的連繫多有親屬關係或地緣關係。在此案中的核心人物是趙熙元，其當任山東德州催頭，在趙熙元所處的情境與社會氛圍之下，使其覺得世界不正，要做一些事情來改變這樣的狀態，因此便自行編訂經卷，編寫完成後，又叫李奎文以及朱林兩人抄寫多份。而趙熙元約定教內信徒於每年的三月初三日以及九月初九日兩天，要聚集至其家中燒香、進行活動，故其附近的莊內人家皆叫趙熙元為神仙，而趙熙元等人所傳習的聖道會是

傳賢不傳子。因此，趙熙元看孫女趙大姐可傳，便想給趙大
姐擇婿，如可傳即再行傳給其婿。另外，教中人物有王好，
會教人畫符念咒，又會教人練把式，每逢會期所念誦的經卷，
以及咒語皆爲王好所教的。除此之外，有孫渢樓因走至梨園
莊遇見王榮，王榮便告知孫渢樓說趙熙元家內有在行善，又
孫渢樓因聽說趙熙元是在家中燒香念經，便跟隨王榮到趙熙
元家內，趙熙元便勸孫渢樓行善，而孫渢樓即在趙熙元屋內
住宿，當日夜裡，便見有刀槍、寶劍、器械數件，又見有教
中之人來往，在趙熙元家中耍刀槍、燒香念咒，稍晚夜裡，
便有官人來捉拿。

　　垣曲縣人張端魁曾在河東道的衙門中當任貼書一職，其
後，因誤公而遭到革退，在革退之後，便與垣曲縣人王銀定
等人在莊中耕種田地度日爲生。有河南濟原縣人趙庭芳以及
其子趙宜富。趙庭芳父子平素吃齋茹素，四處傳教。除此之
外，又製造有登雲鞋、布表文執照，並在黑緞布上畫一頭小
牛，捏稱爲「黑緞牛」，聲稱若在生前供奉，即可以避邪；
至於「登雲鞋」等物，則是在過世之後裝殮，便可以成佛。
附近村里鄉民被惑人眾，均各信奉。趙庭芳又在家中設立教
堂，教堂中供奉有石佛像，每月凡逢朔望二日，便會邀集居
住於近村的教中信徒，來其家中，並同在石佛像前，叩頭禱
告聽誦經文，凡至趙庭芳家中拜佛聽經的教內信眾，皆會各
送香資，並且供獻清茶三鐘，因其教內以清茶獻佛，故此教
名則被稱爲清茶教。張端魁與垣曲縣人高華汶與趙庭芳父子
相識，且多有往來。同治二年（1863）七月間，張端魁與高
華汶兩人先後赴趙庭芳家中拜佛聽經，見傳教可以騙錢，遂

各備禮物，先後拜趙庭芳爲師，吃齋茹素，念經拜佛。清茶
教內所誦經卷，均是舊有的勸善之書，並非趙庭芳等人自撰。
趙庭芳所傳清茶教教規中規定，凡是拜師一年期滿，習會經
卷，便准往別處傳教。次年八月間，趙庭芳病故，其子趙宜
富照舊傳習清水教，而張端魁與高華汝亦逢教限已滿，便領
出經卷以及石佛像等物，各自在家中供奉，彼此仍互通往來。
此後，每逢朔望二日，張端魁等人便各照樣，邀約居於近村
的教內信徒前來拜佛聽經，而教內信徒亦依約前來送錢聽
經，並獻清茶拜佛，而張端魁等人亦照樣製造登雲鞋等物，
哄騙村民購買回家供奉。而每至聽經日期，或二三十人，或
五六十人，日聚夜散，不記姓名、人數以及居址，至於所得
錢文，亦無確數。同治八年（1869）八月間，有垣曲縣人高
幅仔、高項仔、趙德潰、趙柳氏、王銀定以及馬石頭等人，
各因身患疾病，向張端魁以及高華汝傾訴，並詢問治病之法。
而張端魁等人希圖騙取銀錢花用，便即聲稱入教可以除疾邀
福。高幅仔等人信以爲真，便各自準備禮物拜師，皈依清茶
教。高幅仔、高項仔以及趙德潰等人拜高華汝爲師；而趙柳
氏、王銀定以及馬石頭等人均拜張端魁爲師，其各自吃齋茹
素，並於張端魁、高華汝家中拜佛聽經，加之學習教內的經卷。
高幅仔等人因未滿清茶教中所規定可傳教之年限，故均未另行
傳教。其後，又因求福去疾並無實際成效，便仍各自開葷。除
此之外，另有王平泰以及趙心仔兩人，均在張端魁家中傭工，
但其二人因生活貧窮困苦，而無力拜師，因此並未入教。[13]

---

13 劉子揚、張莉編，《清廷查辦秘密社會案》，第 16 冊，頁 3656~3658。
　　李宗羲奏摺，同治八年七月二十六日。

表 6-2-9 山西等地趙庭芳傳習清茶教教犯一覽表

姓名	籍貫	關係	行業/身份	備註
張端魁	垣曲縣人	趙庭芳之徒；趙柳氏、王銀定、馬石頭之師父	在河東道街門充當貼書，革退後莊農度日	
高華汝	垣曲縣人	趙庭芳之徒；高幅仔、高項仔、趙德潰均之師父		
趙德潰	垣曲縣人	高華汝之徒		
馬石頭	垣曲縣人	張端魁之徒		
高項仔	垣曲縣人	高華汝之徒		
王銀定	垣曲縣人	張端魁之徒		
高幅仔	垣曲縣人	高華汝之徒		已故
趙柳氏	垣曲縣人	張端魁之徒		已故
趙宜富	河南濟原縣人	趙庭芳之子		
趙庭芳	河南濟原縣人	趙宜富之父；張端魁、高華汝之師父		
王平泰			爲人傭工	
趙心仔			爲人傭工	

資料來源：李宗羲奏摺，同治八年七月二十六日，收錄於《清廷查辦秘密社會案》v16.3656~3658。

山西等地趙庭芳傳習清茶教一案中，參與人士在籍貫分佈上有河南與江西兩省份，其中多集中於垣曲縣地方人士，其之間的連繫多半有親屬關係或具地緣關係。此案中的重要核心人物有趙庭芳以及其子趙宜富，趙庭芳父子兩人平素吃齋茹素，除了四處傳教外，亦製造登雲鞋、布表文執照以及黑緞牛等相關「周邊商品」來斂取銀錢。這些商品常見附屬於民間秘密宗教之中，且多半附有超自然的神奇力量，其中的「黑緞牛」其實就僅是在黑緞布面上畫一頭小牛，看似並無特別之處，但其所被賦予的力量則在於生前供奉，即可以驅邪避

災，抵擋化解各種不吉利的事物；另外，尚有「登雲鞋」，其超自然的力量使用對象上，並非爲在世的活人，而是專門爲過世之人準備使用的物品，用法上則是在人過世之後，裝殮時一同放置進去，並相信可以使過世之人順利成佛。這類民間秘密宗教相關的「周邊產品」多半可以分爲兩種不同類型，一種爲照顧在世活人，而另一種則爲照顧過世之人及其家屬。此外，趙庭芳又在家中設立教堂，並供奉石佛像，每個月的朔望二日，便邀近村的信徒至家中，拜佛、聽誦經文，以斂取香資，而在趙庭芳病故之後，其子趙宜富繼續傳習清茶教。

另外，入教並傳習清茶教教徒有張端魁，其曾在河東道的衙門中當任貼書一職，其後因誤公而遭到革退，因其被革退後無工作可做，便返回家中耕種田地度日。因張端魁與趙庭芳父子相識往來，又曾赴趙庭芳家中拜佛，見傳教可以斂取銀錢，便準備禮物，拜趙庭芳爲師，開始吃齋茹素，念經拜佛。根據清茶教教規中規定，凡拜師一年期滿，便可以自立門戶，前往別處傳習清水教，因此，在張端魁學習期滿後，便將經卷以及石佛像等物領出，開始在自己家中供奉，並依照朔望二日邀約居於近村的信徒，前來家中拜佛聽經，並從中斂取銀錢。此外，張端魁亦照樣製造登雲鞋、布表文執照以及黑緞牛等相關「周邊商品」，並依樣哄騙附近村民購買回家供奉。除此之外，清茶教中有高華汶，其自皈依清茶教至傳習清茶教收徒斂錢等方式，皆與張端魁相同。而在垣曲縣地方上有高幅仔、高項仔、趙德潰、趙柳氏、王銀定以及馬石頭等人，因爲身染疾病，又久經不治，於是便向張端魁

以及高華汝傾訴，並詢問有無治病之法。而張端魁等人因希
圖藉由治病傳教，從中騙取銀錢來花用，因此，便聲稱入教
就可以除疾邀福。高幅仔等人便信其言，吃齋茹素，拜師皈
依清茶教。而高幅仔等人並未傳徒任何人，因清水教教規中，
有須入教滿一年才可傳教之規定，其後，高幅仔等人又因為
所希記的求福去疾，並無真實的成效應驗，因此便各自開葷。
除此之外，並非所有民眾皆可以入教修習，底層群眾如若希
望入教消災祈福，拜佛聽經，在經濟上，尚需要達到一定能
力一些，方可拜師入教，如在張端魁家中傭工的王平泰以及
趙心仔二人，其二人以為人傭工度日，在經濟上困難，而無
力準備禮物拜師入教。

第三節　光緒宣統時期的民間
秘密宗教人物

　　光緒宣統時期（1875~1911），此時的清政權，已逐漸
走至尾聲，在整個時代動盪不穩的社會氛圍之下，有部分的
底層民眾，冀望藉由民間秘密宗教，來尋找心理的慰藉與依
靠；而另一部分的底層群眾，則是希圖藉由民間秘密宗教的
團結凝聚力，將底層民眾組織起來，以便進行暴力反抗政府
的活動。因此，活動於清代末年的民間秘密宗教團體，即在
底層群眾心中不同的需求下，傳教活動依舊相當頻繁，不減
其活躍度，以下以《軍機處檔》、《清廷查辦秘密社會案》
內的史料為主，將之中所載的民間秘密宗教案件，於下表羅

列出清末光緒宣統年間的民間秘密宗教活動及教案取締，並藉由這些案件中所附供詞及其他資訊，對參與民間秘密宗教人物進行分析與討論。

表 6-3-1 光緒宣統年間秘密教門案件一覽表

教門	案件時間	分佈位置	備註
齋　　教	光緒二年十一月	江南、江西等地	
	光緒四年十一月	廣西懷遠	表 6-3-2
	光緒五年十月	浙江境內	
	光緒十八年三月	廣西境內	
	光緒二十一年九月	福建古田	表 6-3-3
紅陽教	光緒六年	直隸等地	表 6-3-4
末後一著教	光緒九年三月	山東清河	表 6-3-5
	光緒九年八月	江蘇等地	
	光緒九年十一月	江蘇等地	
	光緒十年八月	江蘇等地	
	光緒十年十一月	河南等地	
花燈教	光緒九年三月	湖北武昌	表 6-3-6
	光緒九年五月	湖北武昌	
	光緒九年五月	湖北等地	
	光緒九年六月	江蘇武進	
清水教	光緒九年九月	貴州等地	表 6-3-7
	光緒十一年二月	貴州等地	
	光緒十一年十月	雲南等地	
榮華會	光緒九年十月	湖北黃梅	
	光緒二十七年十月	河南江蘇等地	
	光緒三十三年十二月	河南新野	
白陽教	光緒九年十月	山東境內	
	光緒九年十一月	山東等地	
白陽九宮道教	光緒八年六月	直隸境內	表 6-3-8
	光緒九年十月	山東平陰	
金丹教	光緒十七年十月	遼寧朝陽	
	光緒十七年十一月	遼寧朝陽	
	光緒十七年十二月	遼寧朝陽	

彌陀教	光緒二十八年五月	河南等地	表6-3-9
	光緒三十二年九月	安徽等地	
	光緒三十四年四月	河南等地	
紅燈教	光緒三十年十一月	雲南永善	
	光緒三十二年四月	貴州遵義	
	光緒三十二年四月	四川境內	
	光緒三十三年五月	四川境內	
	光緒三十三年六月	四川境內	
安清道友－青幫	宣統元年五月	安徽境內	
	宣統元年八月	安徽蒙城	
洪江會	宣統元年七月	江西境內	

資料來源：《軍機處檔》、《清廷查辦秘密社會案》。

由上列簡表可知光緒、宣統時期，官府所查出的民間秘密宗教在地理位置分布上有直隸、遼寧、山東、湖北、河南、安徽、貴州、雲南、四川、浙江、江蘇、江南、江西、廣西以及福建等地，至於教門名目，則是共計十三種：齋教、紅陽教、紅燈教、末後一著教、花燈教、清水教、榮華會、白陽教、白陽九宮道教、金丹教、彌陀教、安清道友 ── 青幫、洪江會等。

　　有廣西柳州府屬懷遠縣地方人士伍開先，素習齋教，平日四處收徒傳教，為齋教教主。光緒四年（1878）七、八月間，開始潛糾夥黨，並誘脅苗民，豎立旗子準備起事。至九月十五日，官府即於在瑤山地方，將伍開先等人拿獲到案。據伍開先供稱：

　　　　拜從梁振綱為師，吃齋誦經。因聞梁振綱說，本年七
　　　　月間當有大亂，隨起意商同覃富明、潘志丙、覃雲陽
　　　　等，潛糾夥黨，誘脅民苗，豎旗起事，四出擄掠。經

官兵團練擊敗逃散。[14]

其後，又將齋教教犯梁振綱等人捉拿到案後，經由審訊，據梁振綱供稱，平日向來吃齋，並念誦經文。四處收徒傳教，有傳授伍開先爲徒，並揚言本年七月間將有大亂等語。[15]

表 6-3-2 廣西等地伍開先傳習齋教教犯一覽表

姓名	籍貫	關係	備註
伍開先	廣西柳州府懷遠縣人	梁振綱之徒	齋教教首
梁振綱		伍開先之師父	
覃富明	廣西柳州府懷遠縣人		
潘志丙	廣西柳州府懷遠縣人		
覃雲陽	廣西柳州府懷遠縣人		

資料來源：楊重雅錄副奏摺，光緒四年十一月初二日，收錄於《清廷查辦秘密社會案》v33.9733。

廣西等地伍開先傳習齋教一事，參與人士在籍貫分佈上主要爲廣西人士參與，其中多集中於懷遠縣地方，在此案中的齋教傳播範圍上極具地緣關係的色彩。其中，教內的核心人物爲梁振綱，其素習齋教，四處收徒傳教，因人數中多，便揚言本年七月間當有大亂。其徒伍爲開先，是齋教教主，因聽其師聲稱將有大亂，因此便開始糾約同教中人覃富明、潘志丙以及覃雲陽等人，一同準備起事，除了糾約同教中人外，伍開先等人亦誘脅居住於附近的苗民加入。此則反映出民間秘密宗教的傳教人物以末劫、變天思想來糾約、推動教內信徒群起起事。

---

14 劉子揚、張莉編，《清廷查辦秘密社會案》，第 33 冊，頁 9733。楊重雅錄副奏摺，光緒四年十一月初二日。

15 同上註。

　　江西人劉祥興，素習齋教，四處收徒傳教，光緒初年，劉祥興至福建古田縣地方，以釘秤營生，並順便收徒傳習齋教，在當地與古田縣已被革職的縣差張濤交好。因此，劉祥興便勸令張濤皈依齋教，張濤應允便隨即入教，入教之後，即與劉祥興兩人共同經理齋教教中的事務。其時，福建古田縣地方的煙館四處林立，而齋教又以吃齋戒煙等語做為號召，勸令民眾入教吃齋戒煙。因此，齋教在福建地方上，深得民心，使得入教者人數大增。

　　光緒二十一年（1895）二月，齋教教徒在城關五保後河街處念誦經文超度亡靈，地方知縣聞知消息便即誣稱齋教教徒聚眾滋事，並差人逮走四人，嚴刑詰訊。齋教首領劉祥興與齋教教徒們聞知消息後，隨即率領齋教教徒百餘人，一同衝進縣衙門內要人，在劉祥興等人與知縣經過一番交涉之後，知縣便將四人釋放。其後，該知縣便伺機挾怨報復齋教教徒，但又顧慮到城牆尚不牢固，因此便擬於城工竣工後，再開始捕禁齋教。但此事被劉祥興等人察覺之後，便張貼告示，號召民眾群起抗捐。就在此時，地方上的天主教徒趁機散布齋教準備要進攻城裡的謠言，同時，又將此謠言由傳教士處轉告給英美各國領事知曉。在四月中，知縣換任並且布告準備嚴令齋教教徒開齋，並且禁止齋教教徒傳教及其他一切活動。有齋教頭目鄭淮即鄭九九，自福州而來，與劉祥興等人謀劃反抗，決定要發動大規模的抗稅活動，乘機攻城，並劫取縣府庫銀，再攻安章村等地，並沿途逼迫富家大戶出錢充餉，然後正式舉事。此事又經由天主教徒報告給官府知曉，於是，官府便至古田縣各處訪查。齋教教徒在得知官方

准備採取行動後，同時又探悉是天主教會密告官府，於是，便立刻改變部署方向，前赴教會抱怨。六月十一日夜晚，有一百餘名齋教教徒，從巾山等地方出發，突然襲擊傳教士所駐之地，華山村地方，並放火燒毀傳教士的住所兩處，並殺死十一名傳教士及其家屬。官府在聞知消息後，便立即派兵前往討剿，齋教教首劉祥興與齋教教徒，則於事後，並不組織抵禦，當清軍一到，齋教教徒便即從後山逃散，其中多有齋教教徒被鄉團抓獲，其後，官兵又四處搜捕，齋教教首劉祥興等人無一幸免，先後被拿到案。[16]

表 6-3-3 福建等地劉祥興傳習齋教教犯一覽表

姓名	籍貫	行業/身份	備註
劉祥興	江西人	以釘秤營生	齋教教首
張　濤	福建古田縣人	革職縣差	經理齋教教務
鄭　淮（鄭九九）	福州人		齋教頭目

資料來源：邊寶泉錄副奏摺，光緒二十一年九月二十二日，收錄於《清廷查辦秘密社會案》v33.9737~9739。

福建等地劉祥興傳習齋教一事，參與人士在籍貫分佈上有江西以及福建等省份，其中集中於福建古田縣地方，其入教之人之間的連繫多有地緣關係。教內核心人物為齋教教主劉祥興，其素習齋教，平日以釘秤營生，除了生意以外，亦於各處收徒，傳習齋教，光緒年間，劉祥興至福建古田縣地方做生意，並與當地被革職的縣差張濤交好，並拉其入教，一同

---

16 劉子揚、張莉編，《清廷查辦秘密社會案》，第 33 冊，頁 9737~9739。邊寶泉錄副奏摺，光緒二十一年九月二十二日。

處理教務。在此時的福建古田縣地方，煙館四處林立，齋教教主劉祥興便以齋教勸人吃齋戒煙做為號召，因此其於地方上的聲勢大增，並且深得民心，當地入教者人數增加快速。齋教除了勸人吃齋戒煙以外，亦有他項社會功能，如念誦經文超度亡靈等相關事宜，因此在當地地方上深受民眾喜愛。而官府對於齋教受到人民喜愛，感受到威脅與不安，長久以來，地方上的齋教與地方官府之間的猜忌與矛盾擴大；此外，天主教教徒與民間秘密宗教教徒，基本上在傳教關係上，屬於相互競爭的關係，再加上齋教於地方上，相當受到民眾歡迎，因此天主教徒，便從中看出齋教與官府之間的矛盾，便從中進行挑播，齋教教主劉祥興知道事情之後，便帶領教徒對天主教進行報復，但其後，官府得知消息便派兵前往討剿時，劉祥興等齋教教徒卻不組織抵擋，反而一哄而散，從中亦可反映出劉祥興等齋教教徒對於官府的態度，以及其與天主教教徒之間的關係。

　　光緒初年，直隸祁州與涿州等地方盛行紅陽教。有直隸祁州人邢文炳，又名邢洛木，素來傳習紅陽教，家中供有飄高老祖，平日念誦經卷，並盤腿修練坐功與運氣，聲稱修習紅陽教可以養性卻病，多增壽數。邢文炳之孫邢洛位，又稱為邢攀桂自幼跟隨其祖父學習紅陽教，其與邢洛紀，又叫做邢紹祖，兩人為同宗關係。邢文炳曾勸令邢洛紀拜師入教，邢洛紀聽從後，便即拜邢文炳為師，皈依弘陽教，其後，邢文炳將紅陽教中的經卷抄錄給邢洛紀學習。在邢文炳病故之後，其孫邢洛位便搬至淶水縣尋覓工作，為人傭工度日。光緒六年（1880）春間，邢絡紀勸令房山縣人呂五以及良山縣

人譚祥入教，譚祥與呂五允從後，隨即拜師，皈依弘陽教，於是，邢絡紀便將所抄紅陽教中經卷交給呂五，呂五即拜邢洛紀爲師。邢洛紀與邢洛位等人便將紅陽教分立爲四會：譚祥爲東會會首、邢洛紀爲南會會首、呂五爲西會會首、邢洛位則爲北會會首，其會會首各懸掛飄高老祖的神像，按春夏秋冬四個季節做交節集會，聚集教中信徒，吃齋茹素，燒香拜佛，並誦念紅陽教中經卷。[17]

表 6-3-4 直隸等地邢文炳傳習紅陽教教犯一覽表

姓名	籍貫	關係	行業/身份	備註
邢洛紀 （邢紹祖）	直隸祁州人	與邢洛位同宗、邢文炳之徒、呂五之父		南會會首
邢洛位 （邢攀桂）	直隸祁州人	與邢洛紀同宗、邢文炳之孫	傭工度日	北會會首
邢文炳 （邢洛木）	直隸祁州人	邢洛位之祖父、邢洛紀之師父		傳習紅陽教
呂　五	房山縣人	邢洛紀之徒		西會會首
譚　祥	良山縣人			東會會首

資料來源：李鴻章奏摺錄副，光緒七年十月二十六日，收錄於《軍機處檔·月摺包》，第 2735 箱，2 包，119244 號。

直隸等地邢文炳傳習紅陽教一事，參與人士在籍貫分佈上集中於直隸地方，其中房山縣人以及良山縣人，其之間的連繫多有親屬關係或有地緣關係。教內中有邢文炳，平素傳習紅陽教，亦於家中供奉飄高老祖，念誦經卷，並且盤腿修練坐功與運氣，並對人聲稱修習紅陽教可以養性卻病，延年益壽，對身體極有好處。其後，又傳習紅陽教給其孫邢洛位與同宗

17 《軍機處檔·月摺包》，臺北：國立故宮博物院藏，第 2735 箱，2 包，119244 號。光緒七年十月二十六日，直隸總督李鴻章奏摺錄副。

的邢紹祖。在邢文炳去世之後，邢洛紀與邢洛位亦繼續傳習紅陽教，並傳給呂五以及譚祥，此外，邢洛紀與邢洛位等人便將紅陽教分立爲四會，按照春夏秋冬四個季節做集會，擴大收徒，吃齋茹素，燒香拜佛，並誦念紅陽教中經卷。

光緒九年（1883）二月間，山東海州沭陽、安東以及桃源一帶，陸續有末後一著教教徒潛入境內，傳教收徒，教徒煽惑民眾聚集多人，村里鄉心生惶恐，害怕末後一著教的教徒聚眾鬧事，因此紛紛移家搬至外地，先行避難。因舉家遷移數多，官府聞知風聲，便派遣海州文武密速掩捕末後一著教教徒，以安定民心。其後，即於清河縣捕獲道士晏儒棟，即是晏圓光，又在沭陽縣拿獲崔華以及華景沂，此三人爲末後一著教教徒，先後被捕，訊供據稱，有山東人總教首王覺一，又名王養造，又被教內中人稱爲王古佛。其自稱是古佛降生，手掌中有古佛字紋，於不久前，至山東海州沭陽、安東、桃源等地方的鄉村倡立「邪教」，名爲末後一著教，並且刊有經書，四處邀人入教。王古佛現在又前赴金陵、漢江、別州等處，邀約徒黨，並擇期於同年三月初八日，一同起事。其後，官府有陸續補獲末後一著教的頭目李保中，以及教眾顏錫俊、潘如和以及高錫懷等人。[18]

---

18 劉子揚、張莉編，《清廷查辦秘密社會案》，第 33 冊，頁 9681。左宗棠錄副奏摺，光緒九年三月二十五日。

表 6-3-5 山東等地晏儒棟傳習末後一著教教犯一覽表

姓名	籍貫	行業	備註
晏儒棟 （晏圓光）	山東清河縣人	道士	
崔華	山東海州沭陽縣人		
華景沂	山東海州沭陽縣人		
王覺一 （王養造、 王古佛）	山東人		末後一著教總教首
李保中	山東人		末後一著教頭目
顏錫俊	山東人		
潘如和	山東人		
高錫懷	山東人		

資料來源：左宗棠錄副奏摺，光緒九年三月二十五日，收錄於《清廷查
　　　　　辦秘密社會案》v33.9681。

山東等地晏儒棟傳習末後一著教反清一事，參與人士在籍貫
分佈上主要為山東人為主，其中有清河縣人以及沭陽縣人參
與其中，其教內參與人士之間的連繫多半具有地緣關係。其
中，教內的晏儒棟，為一名道士，素習末後一著教，是教內
教徒，平日傳習末後一著教，拉引人入教，在光緒年間，聽
從教主王覺一之命，前往山東海州各地，邀人入教，並伺機
起事。而此案中的重要教內核心人物為王覺一，即是王養造，
又被教內中人稱為王古佛。其為末後一著教的教主，光緒年
間，前往山東海州沭陽、安東以及桃源一帶，倡立末後一著
教，刊刻經書，並四處收徒傳教。其後，又前赴金陵、漢江、
別州等處，邀約徒黨，糾人入夥，並欲擇期起事。王覺一在
教中的地位為總教主，為了鞏固其教內地位、使教內信徒更
加信服以及拉引底層群眾入教，便將自身型塑神格化，以手掌
中有古佛的字紋，自稱是古佛降生，來增加其神性。

　　光緒九年（1883）三月間，湖北地方官府探知有花燈教教徒王大啓等人，潛匿於紅墻巷棧房內，一同商議準備圖謀起事之情事。於是，遂派遣官兵於夜晚馳往該地方進行圍捕。花燈教教徒王大啓等人，見到官府派人前來捉拿，便帶領教眾手持武械，抗拒官府逮捕，有一些教匪縱身爬上屋頂，並從屋頂上邊擲瓦片邊四處逃逸。其後，官兵跟蹤逃跑的花燈教教徒，進行追捕，即擒獲花燈教教主王大啓以及教眾，共計二十九名花燈教教徒。並從教徒身上起獲有刀械、火油、符咒、書摺並五色號帽以及令旗等物件。不久之後，官府又陸續盤獲胡得沅等人，共計十八名花燈教教徒，遂一併發交與武昌府。經由審訊，據王大啓以及花燈教教徒供認，此股花燈教教徒之中，其籍貫分隸黃陂縣、孝感縣之人，並聽從教中的鄧老五，又稱鄧五閻王以及鄧老三，又名鄧玉亭兩人的指示，在湖北各地傳習花燈教，收徒傳教，聚眾拜盟，並伺機起事。於是便相約，陸續暗藏刀械武器於身上，逐一混入湖北的省城之中，而教中預定起事有詳密的計劃，先是花燈教教內之人，相互預定於三月二十八日的夜晚於子時開始動手起事，教內傳稱以放火爲信號，再劫出湖北省城各監獄中的囚犯，並沿路拉引囚犯、民眾加入，繼而前赴搶火蔡、軍裝兩局。除此之外，在漢口等地，亦有爲數不少的花燈教教徒，並且相互約定，於同一時間動手，另外，爲了辨明身份關係，花燈教教內以「口吃」二字爲暗號。地方官府隨將花燈教拿獲之三十七名教徒一併即行正法。[19]

---

19 劉子揚、張莉編，《清廷查辦秘密社會案》，第 33 冊，頁 9681。涂宗瀛錄附奏摺，光緒九年三月三十日。

表 6-3-6 湖北等地王大啓傳習花燈教教犯一覽表

姓名	籍貫	備註
王大啓	湖北黃陂縣人	傳習花燈教
胡得沅	湖北孝感縣人	傳習花燈教
鄧老五 （鄧五閻王）	湖北人	
鄧老三 （鄧玉亭）	湖北人	

資料來源：涂宗瀛錄附奏摺，光緒九年三月三十日，收錄於《清廷查辦
　　　　　秘密社會案》v33.9681。

湖北等地王大啓傳習花燈教計畫反清一事，被獲人數達三十
七人，在籍貫分佈集中於湖北人士，其中多分隸黃陂縣、孝
感縣的花燈教教徒，其之間的連繫多有地緣關係。其中的重
要核心人物是教中的王大啓，其為花燈教教主，亦為此次計
畫反清的主要帶領者。

　　清末的教門反清事件多有一項特點，即為同一教門欲起
事反清，其教徒多半散落於不同地點，故採各地頭目帶領，
分股於預定時間到時，由不同地方在約定時間一起動手起
事。而此案中的王大啓僅為花燈教其中一股的頭目，其所帶
領其股內花燈教教徒進行反清行動下，尚需聽從教中的鄧老五
即鄧五閻王以及鄧老三即鄧玉亭兩人的指示，王大啓在花燈
教的領導地位上，主要為負責湖北各地區的傳教活動，以擴
大其教內人數；此外，亦包含與地方上其他的團體相互拜盟，
以擴大花燈教地方上的勢力。在光緒朝年間，花燈教計畫起
事反清，王大啓便相約其他各地方同教之人，並帶領其股內
教眾，在每人身上暗藏刀械武器，逐一地混入湖北的省城之
中，潛匿於紅墻巷棧房內，一同商議準備圖謀起事之情事。

但其活動被官府探知，於晚間即被官府圍捕，花燈教教主王大啓與其股教眾先後官府捕捉到案。

光緒九年（1883）三月內，貴州官府訪聞州屬葫蘆冲地方有清水教教首胡黃狗即是胡添岡，又名叫朱潮品，在地方上倡立清水教，以畫符治病來收徒傳教，並聚集教眾，準備謀逆等情事。隨即差令兵役人等馳往該處查拿胡黃狗及其教內信眾。胡黃狗等人因聽聞官府欲派人捉捕之風聲，故業已聞風逃逸不知去向。兵役人等抵達該處後，勘得該處是屬偏僻的山區，荒郊野領並無人煙，僅有胡黃狗所著之處所搭蓋的草房二間，除此之外，並無其他人戶，亦無塘汛墩鋪等。兵役人等又於胡黃狗的草屋內，搜索起獲胡黃狗所遺之符畫以及令牌等物各件。不久之後，貴定縣知縣彭德清協同該署州萬良修等人將胡黃狗拿獲到案。經貴陽府知府樊葆書審訊，據胡黃狗供稱：

> 年三十九歲，鎮寧州人，父母早故，並無弟兄妻子，向係木匠營生。本年二月間，在破廟內撿得殘塊符畫一本，起意畫符治病，騙錢使用。並在家中供設清水一碗，早晚禮拜，取名清水教，招得弟子童念青即童沅虎、熊得芳、陸占標、郅飛虎、楊中杰、萬湖甫、朱逢山、朱老二、吳海山、劉剛潮、溫提濱、張任青十二人，一同禮拜。伊因人皆信從，向童念青等捏稱，上年遇有廣東趙道人，教伊畫符念咒，能避刀槍。趙道人言，伊係白花星下凡，前明朱姓轉劫，改名朱潮品，將來必成大事。童念青等信以為真。伊令童念青等各招弟子十二人，招齊以後，仍照十二人之數輾轉

相招，以期人數眾多，制旗起事。即將童念青封為大
將軍，童念青並雲，雲南昭通、貴州威寧邊界有同黨
王科，可以糾集多人，兩處大舉。伊即令其前往約會，
不料人未招集，業已訪聞查拿，逃出躲避，今被兵役
拿獲，解省審問。至童念青去後未有消息。[20]

在拿獲胡黃狗到案後，突聽聞有土匪王科，煽集黨夥與在州
屬江半坡豎旗作亂之事。廣省緊速滇境，迅率舟兵、練軍，
移會昭通鎮協力嚴拿。旋據該州稟報，已由將首匪王科及從
犯楊茂亭擒獲，證之胡黃狗前供，王科等人起事做亂均為胡
黃狗所遣童念青等人前至煽結，王科等人響應所致，並將王
科等人提解到省訊明再行懲辦。[21]

表 6-3-7 貴州等地胡黃狗倡立清水教教犯一覽表

姓名	籍貫	年齡	關係	行業	備註
胡黃狗（胡添岡、朱潮品）	鎮寧州人，居住於葫蘆沖	39歲	童念青、熊得芳、陸占標、郅飛虎、楊中杰、萬湖甫、朱逢山、朱老二、吳海山、劉剛潮、溫提濱、張任青之師父	木匠營生	清水教教首、白花星下凡
童念青（童沅虎）			胡黃狗之徒		封為大將軍
熊得芳			胡黃狗之徒		
陸占標			胡黃狗之徒		
郅飛虎			胡黃狗之徒		
楊中杰			胡黃狗之徒		

20 劉子揚、張莉編，《清廷查辦秘密社會案》，第 39 冊，頁 11903~11905。
　林肇元錄副奏摺，光緒九年九月初九日。
21 同上註。

萬湖甫		胡黃狗之徒		
朱逢山		胡黃狗之徒		
朱老二		胡黃狗之徒		
吳海山		胡黃狗之徒		
劉剛潮		胡黃狗之徒		
溫提濱		胡黃狗之徒		
張任青		胡黃狗之徒		
趙道人	廣東人		道士	
王　科	居雲南昭通、貴州威寧邊界		土匪	會首
楊茂亭	居雲南昭通、貴州威寧邊界		土匪	

資料來源：林肇元錄副奏摺，光緒九年九月初九日，收錄於《清廷查辦秘密社會案》v39.11903~11905。

貴州等地胡黃狗倡立清水教一事，在籍貫分佈上集中於貴州地方，其之間的關係多為地緣關係；在職業及身份類別上有道士、木匠以及土匪等。此案中的清水教與山東、直隸地區盛行的清水教不同，此僅是在雲南、貴州地方的一個小教門，由胡黃狗所倡立。胡黃狗是鎮寧州人，年三十九歲，父母早故，並無弟兄妻子，孑然一身，其生活上向以木匠營生。光緒年間，因無意間，在破廟內撿得殘塊符畫一本，於是，胡黃狗就起意要以為村里鄉民畫符治病，以騙錢使用。為了增加可信度，使村里鄉民信服，便起意並在家裡供奉清水，並且早晚禮拜，倡立教門，取名為清水教。其後胡黃狗便招得徒弟十二人。為了增加其教中教主地位與使門下的弟子對其景仰信服，胡黃狗又托言曾經遇有廣東來的趙姓道士，教其畫符念咒，且學會了躲避刀槍之術。此外亦托言趙姓道士稱胡黃狗是天上的白花星下凡入人界，而前明的朱姓將要轉

劫，於是胡黃狗便改名爲朱潮品，準備帶領教內信徒反清。
爲了使成功率增加，胡黃狗除了派門下十二名弟子分別以十
二爲數，再轉傳弟子，欲拉引多人入教，並封教內中人官職；
另外，亦派遣門下弟子，前往雲南、貴州等地方的土匪結爲
同盟，糾集多人，一同起事。

　　直隸冀州蕭城人張恩峻，平日素習白陽九宮道教，並四
處惑人入教，其於光緒年間，在山東平陰縣屬黃起元莊內的
住戶有守正家中設立白陽九宮道教。山東平陰縣人有守正父
女兩人皆爲白陽九宮道教中人，有守正是白陽九宮道教中的
管營元勳，而有守正的女兒有氏，據稱管太陽，在白陽九宮
道教教內主掌迷魂陣。另外，有肥城縣人李金浩等人，則是
相當善用法術，並且惑人入教。白陽九宮道教教中又有分營
盤共八十一盤，各有不同的盤名，凡入白陽九宮道教，教中
之人便會發給每人合同一張，做爲辨認爲同教的標記。除此
之外，教內中之信徒並有對答口號十六句，見面時一問一答
便可知同教中人，而教內中人平日亦習練功夫咒語。至光緒
八年（1882）六月內，有山東平陰縣人孫大廷，前往官府呈
控直隸冀州蕭城人張恩峻等人，設立白陽九宮道教傳教或眾
一事，其後，張恩峻等人遂先後被官府拿獲到案。[22]

22　《軍機處檔·月摺包》，第 2735 箱，17 包，123694 號。宗室麟書等奏
　　摺，光緒八年六月十五日。

表 6-3-8 直隸張恩峻傳習白陽九宮道教教犯一覽表

姓名	籍貫	關係	備註
孫大廷	山東平陰縣人		呈控直隸冀州蕭城人張恩峻等人設立白陽九宮道教
張恩峻	直隸冀州蕭城人		設立白陽九宮道教
黃起元	山東平陰縣人		
有守正	山東平陰縣人	有氏之父	教中管營元勳
有　氏	山東平陰縣人	有守正之女	管太陽，掌迷魂陣
李金浩	肥城縣人		善用法術

資料來源：宗室麟書等奏摺，光緒八年六月十五日，收錄於《軍機處檔·月摺包》，第 2735 箱，17 包，123694 號。

直隸等地張恩峻傳習白陽九宮道教一事，參與人士在籍貫分佈上有山東以及直隸等地方，其中有平陰縣人以及肥城縣人，其教徒之間的連繫多有親屬關係或地緣關係。其中，教內核心人物為張恩峻，其於光緒年間，在山東平陰縣有守正家中設立白陽九宮道教。而有守正父女兩人皆屬白陽九宮道教中人，有守正在白陽九宮道教中的身份位置為管營元勳；另外，有守正的女兒有氏管太陽，其於白陽九宮道教教內，主要掌有迷魂陣。除此之外，肥城縣人李金浩等人，亦為白陽九宮道教中人，其善用法術，惑人入教。白陽九宮道教教中的傳教人物，擅長使用拖言於掌教之人具有超自然力量，來使底層民眾信服，並入教修習。

　　光緒二十七年（1901）十月十二日，徐州等地有官府陸續拿獲彌陀教教徒與大刀會。有張妙松倡立彌陀教，為彌陀教教主，張妙松等人在鹿邑一帶，成群結夥，逼近開封。官府前往查拏，並拿獲大刀會會中人士韓明義以及李文釭二名，並從其身上搜出一貫真傳書以及票布等物件，並有約定

日期起事的信函。審訊後據韓明義供稱，其又名韓丙義，是
山東城武縣人，曾習大刀會、金鐘罩，並拜認已獲正法的劉
士端為師。光緒二十二年（1896）隨同大刀會四處燒毀天主
教教堂。上年間撞遇張貫一即張妙松，其傳授會元堂，韓明
義復拜其為師，並領受天恩執照、各種教書、手印以及龍華
口號，往來東、豫一帶收徒散票。張妙松因各處多有教堂，
訛罰錢文，人心怨忿，因此便商議藉鬧擾教堂為名，糾黨煽
惑群眾，並約定於三月初二日，一同起事。其後，韓明義又
接到張妙松的來信，改為「木龍九九日」，即是四月初二日。
韓明義聽聞暗號書信趕來，並約人接應，途中遇有李文鈺其
亦是大刀會中人，到處傳徒習藝，其後又有入彌陀教，韓明
義便給李文鈺天恩執照，告知會元堂約會鬧教日期等事。[23]

表 6-3-9 河南等地張妙松傳習彌陀教教犯一覽表

姓名	籍貫	關係	備註
張妙松（張貫一）		韓明義之師父	倡立彌陀教
劉士端		韓明義之師父	
韓明義（韓丙義）	山東城武縣人	劉士端張妙松之徒	大刀會中人，又入彌陀教
李文鈺			大刀會中人，又入彌陀教

資料來源：錫良硃批奏摺，光緒二十八年五月十九日，收錄於《清廷查
　　　　　辦秘密社會案》v33.9669~9670。

河南等地韓明義傳習彌陀教一事，相當特殊的地方在於，教
門中人與會黨人士相互結合，但會黨與教門的相互結合，在

---

23 劉子揚、張莉編，《清廷查辦秘密社會案》，第 33 冊，頁 9669~9670。
　　錫良硃批奏摺，光緒二十八年五月十九日。

清代末年地方上的秘密社會中已逐漸成爲特徵。其中，張貫
一即張妙松，其遇有韓明義即韓丙義，曾入大刀會，學習金
鐘罩等功夫，並常隨同大刀會四處燒毀天主教教堂。張松妙
即收韓明義爲徒，其後，又相約同教人士約會鬧教。韓明義
在途中遇有李文鈺，其亦爲大刀會中人，到處傳徒習藝，其
後又入彌陀教。韓明義與李文鈺等人，在身份上因爲大刀會
中人，故具有會黨身份；此外，因又拜師入彌陀教，因此又
具有教門的身份，在其身份屬性上，具有雙重身份的色彩。

第七章　結　論

　　本書在分析民間秘密宗教人物，研究基礎立於案件口供，因此本書是以民間秘密宗教案件為軸心，透過口供資料進行解讀，並透視分析民間秘密宗教內的人物。然則，不同的民間秘密宗教屬性不同，故參與在教內人物的性質與取向亦不盡相同，為避免混淆與錯誤解讀，在分析與歸納上，仍保留其教派名稱，並將同一時期，相似性質的教門排列在一起。

　　有清一代，民間秘密宗教盛行於底層社會。雖然清代官方政府因民間秘密宗教團體在教內活動上，多具有隱密的特性，以及容易以宗教思想上的變天、末劫等思潮做為號召，煽動底層民眾進行反抗政府的活動，又加以民間秘密宗教團體在地方上或斂取民眾錢財；或強迫地方民眾入教；或教眾狂熱的活動以及日常從事產業的荒廢等，對傳統社會產生負面的影響，因此清代官方常以嚴厲的態度取締民間秘密宗教的活動。但除了民間秘密宗教在清代地方社會上的衝突面外，不可否認的是民間秘密宗教在清代的地方社會上，亦有不少的正面影響，如社會整合的功能、倫理教化的功能、養生送死的功能、慈善救濟的功能、行為規範的功能、心理調節的功能以及民俗醫療的功能等。總之，民間秘密宗教在地方上造橋鋪路、扶持地方上的弱勢族群或無依民眾以及提供生

老病死的相關服務，使得民間秘密宗教深受底層民眾的歡迎。

滿洲入關前後盛行的教派，主要是明代後期民間秘密宗教的延展。清朝初年以來，各地的民間秘密宗教活動更加頻繁，教派案件層出不窮，新興教派如雨後春筍，屢禁不絕，且教門名目繁多。崇德順治年間（1636~1661）檔案中所載的民間秘密宗教人物在籍貫或居住地的地理分佈上分別分佈於遼寧、直隸、山西、陝西、四川、江蘇、浙江、廣東等地；至於教門名目則有東大乘教、白蓮教、聞香教、混元教、無爲教、弘陽教、大成教、三寶大教、大乘教以及天圓教等；在此一時期參與民間秘密宗教的人物職業或身份類別上有生員、僧人、算命師、快手、工房書手以及馬夫等；在年齡分布上有三十至六十歲不等。此一時期民間秘密宗教人物的活動，從官府取締的教門案件來看，雖不頻繁，規模亦不大，但往往帶有政治色彩。在民間秘密宗教的末劫思想並與政治的變天思想結合，且以明裔作爲號召，因而令清朝政府對此多加留意。除此之外，亦有少部分的民間秘密宗教，因明末清初世局混亂，而以祈福保平安爲由的吃齋唸佛，或以養生送死等社會照顧之功能，來吸引百姓參與民間秘密宗教活動，但由於民間秘密宗教多有將民眾聚集的特性，因此使得剛建立的清朝政權感到不安，對此更加注意。

康熙年間（1662~1722）的民間秘密宗教人物在籍貫或居住地的地理分佈上分別分佈於直隸、奉天、山西、山東、河南、浙江、江蘇、廣東等地；至於教門名目則有五葷道收元教、弘陽道、黃天道、羅祖教、聖人教、弘陽教、源洞教、天圓教、黃天教、收元教、大乘教、八卦教、神捶教、白蓮

教等。其中，黃天道、弘陽教、羅祖教、大乘教、白蓮教以及天圓教等教門，都是自明末甚或更早之前即有的教門，為流傳較久且信徒較多的較大教門；另外，有聖人教以及源洞教等教門，則為信徒較少的小教門；在此一時期官方查禁取締的民間秘密宗教人物活動已不限於華北地區，中國東南部的省份如江南與廣東等地方亦受到政府關注。此外，在此一時期參與民間秘密宗教的人物職業或身份類別上有道士、僧人、生員、貢生、監生、候選教諭、捐納選授山西榮河縣知縣、正紅旗家奴、太監、商業買賣、為人傭工以及其他不固定之服務業等。此時期為清代政權進入穩定統治的時期，社會日趨平穩，經濟逐漸發展繁榮，這些條件都有利於民間秘密宗教的發展。康熙皇帝在其文化政策上，傾向認為民間秘密宗教妖言惑眾，斂財傷民，情罪可惡，自應依律處治，故康熙年間地方官府所查獲的教案，名目較多。而透過官方檔案記載，在此一時期，民間秘密宗教人物的活動，已明顯較前朝頻繁，在規模上，大小不一，但不全然帶有政治色彩。雖尚有白蓮教等教門在宗教思想上具變天、末劫思想，並以此思想合謀教眾，以反清朝政府外，亦有五葷道收元教、弘陽教、羅祖教等，以修來世之福，或以提供其他社會需求，來吸引民眾信仰的教門，在此一時期亦不少見。但清朝政府一方面留意教門叛亂造反，另一方面認為左道惑眾，或為防範民間秘密宗教以各種名目斂財傷民等因素，對民間秘密宗教，不管其性質為何，仍多加注意與查拏。

　　雍正年間（1723~1735）官府所查出的民間秘密宗教在地理位置分布上有直隸、山東、山西、湖北、河南、雲南、

江西、江南、浙江、江蘇、廣東以及福建等地，官府注意民間秘密宗教人物活動的範圍更加擴大；至於教門名目則有白蓮教、一炷香教、空子教、大成教、無爲教、羅祖教、順天教、道心教、混元教、橋梁教、哈哈教、悟真教、龍華會、長生教、三元會、渾沌教、一字教、大乘教、儒理教（又稱摸摸教）、衣法教、收元教、三皇聖祖教（又名圓頓大乘教）、朝天一炷香教（又名愚門弟子教）、三乘會（又名糍粑教）、清淨無爲教、老君會、羅爺會、朝陽會、皇天教等；參與民間秘密宗教的人物在職業或身份類別上有生員、貢生、監生、武舉、通判、千總、管家、廚子、和尙、道士、齋公、算命師、算掛師、看風水子平、爲人治病有燒香占病以及念經治病、販售丹藥、在鄉教書、訓蒙度日、莊農、漕運水手、裁縫師、剃頭師、釘碗師、氈匠、竊賊、買賣生意有賣針以及賣氈帽，在這些參與民間秘密宗教的人士中除了民人外，尙有旗人參與其中。在此時期由於雍正皇帝積極整頓地方財政及吏治，使得社會經濟更加繁榮穩定，更有利民間秘密宗教發展。而在此一時期的民間秘密宗教活動，呈現出兩種型態，一種是舊有教門的復興，另一種是新興教門的出現，種類及名目繁多。在雍正年間，民間秘密宗教人士的活動範圍主要盛行於直隸、山東、山西、河南等省份，而江蘇、安徽、浙江、江西、湖廣、閩粵等地亦有不少民間秘密宗教人士進行活動。因此，可以將雍正年間官方所取締民間秘密宗教活動視爲已遍及中國南北各省。就參與民間秘密宗教的人物而言，其中的男女關係、教眾狂熱的活動以及日常從事產業的荒廢等，對傳統社會產生負面的作用。然而在這些參與民間

秘密宗教的人物上，無論是居於教內上位的教首或參與教門的廣大教眾，在其心態上，皆透過民間秘密宗教的參與，獲得了一定程度的滿足，亦是民間秘密宗教所提供的正面功能，故吸引眾多底層民眾參與。而朝廷採取慎重且不擾民的措施，對於被惑民眾盡行不究。故清初民間秘密宗教未因官府查禁，產生大規模的叛亂。

　　乾隆年間（1736~1795），民間秘密宗教的活動經過清初以來的發展，益發活躍。在此時期官府所查出的民間秘密宗教在地理位置分布上有直隸、奉天、山東、山西、陝西、甘肅、四川、貴州、河南、湖北、安徽、湖南、雲南、湖廣、浙江、江西、江蘇、廣東、福建等地；至於教門則有一字教、一炷香如意教、八卦教、三元會、三佛會、三益教、三陽教、四正香教、山西老會、大乘教、大乘無為教、太陽經教、天圓教、天一門教、未來教、未來真教、元頓教、西天大乘教、西來教、燃燈教、無極教、收元教、收元榮華會、收源教（又名源洞教）、收緣會、收源教（源洞教）、混元教（清淨佛門教）、混元紅陽教、紅陽教、白蓮教、白陽教、白陽會、青陽教、黃天教、長生教、長生道（子孫教）、羅祖教、羅祖三乘教、老官齋教、橋梁會、無為教、清淨無為教、榮華會、龍華會、喫素教、拜祖教、祖師教、龍天道、彌勒教、金童教、清水教、離卦教、乾卦教、震卦教、坎卦教、沒劫教、義和拳門、空字教、儒門教、泰山香教、消災求福會、念佛會、悄悄會、邱祖龍門教、無無教等；其中參與之人在職業及身份類別上，分別為貢生、武生、保長、鑲紅旗包衣壯丁、正白旗包衣打牲戶、僧人、尼僧、寺廟住持、道士、

齋公、女巫、卜卦師、爲人過陰、打法器、廟裡教學、教武藝、木匠、石匠、畫匠、刻字匠、莊農、爲人剃頭、夥計、傭工、開煙鋪、開飯店、開設裱糊鋪、擺雜貨攤、賣針、賣藥、行醫生理的有燒香占病、念咒治病、茶葉治病等；在年齡層分佈的部分自十多歲至七十多歲，其中大多爲三、四十歲者。在整個長達六十年的乾隆朝裡，民間秘密宗教的活動益發頻仍。除了從明代延續傳承的教門外，尚有清初所創立的教門，再加以此一時期出現的新興教門，乾隆年間教案疊起，層出不窮。又因清代特有的公文書制度，因此官方在對這些案件的經過、紀錄以及處理過程，大多被妥善保存下來。而在乾隆年間，民間秘密宗教的活動更加活躍，規模上有大有小，在教門的名目及其教義亦呈現相當多元的面貌，不似清前期的民間秘密宗教活動，官府所取締的民間秘密宗教教門常帶有政治色彩，倡教人物亦多以明裔作爲號召，或以政治煽惑來驅動教內教徒。雖在此一時期，仍有民間秘密宗教本身因具有變天、末劫思想，而掌教人物又因入教信徒日衆，便以個人私欲夾帶政治色彩，加以與宗教思想上的變天思想結合，最終合謀教衆攻城反清，但此已爲少數；反之，因社會時局日趨平穩，因此，以治病、保平安健康、驅邪避災爲由的吃齋唸佛，或具養生送死，以及提供其他社會需求等社會照顧之功能的民間秘密宗教日益增多，在此類民間秘密宗教的掌教人物，多懷有社會關懷的思想，對傳統的社會產生正面功能，而在官府查拏辦理「邪教」案件時，若有此類多以收贖結案。此外，關於人性上的欲望與想望，多爲民間秘密宗教掌教人物透析與掌握，並以其吸引民衆信仰，並參與

教門活動，如以修來世之福或修練成仙等名目，多造成傷民傷財的結果。就參與民間秘密宗教的人物而言，乾隆朝仍多有違背傳統倫常的男女關係、教眾狂熱的活動以及日常從事產業的荒廢等，對傳統的社會產生負面影響。參與民間秘密宗教的信徒對於其掌教之教主的狂熱信仰，其所造成公然反抗官府的暴動取代了清前期打著反清復明政治意圖的叛亂，信徒因教主被官府所查拏，而引起叛亂攻城活動，在乾隆朝時期有多起案件發生。

　　嘉慶年間（1796~1820），民間秘密宗教的傳習與活動更加活躍。甚至發生了數起規模較大的民間秘密宗教叛亂事件。有白蓮教系統的五省大動亂、八卦教系統的天理教起事，以及其他教門的傳教與活動，在整個僅有二十五年的嘉慶朝中，充斥著民間秘密宗教教案。清朝朝廷從皇帝、中央官員至各省臣工，無不將民間秘密宗教教案視為重要處理的課題。因此，皆謹慎而密切地注意各地發生的教案，官府每每破獲教案，皆對參於教門的人士錄以口供，故而留下了為數可觀的口供材料。自乾隆末年，川陝楚豫等省分，民間秘密宗教盛行，以白蓮教系統的混沌教、混元教、三陽教等支派，在這些地區上，活動日趨興盛，各地教案頻傳。至嘉慶初年，爆發了以白蓮教為通稱的大規模民間秘密宗教叛亂起事，共歷時九年，蔓延四川、陝西、甘肅、湖北、河南等省份，參與在其中的教首與教眾人數相當龐大，在籍貫及居住地的分佈上分別來自湖北、四川、湖南、河南、陝西、安徽、江西、廣東等省份，其中籍貫為湖北省的教犯人數最多，其次為籍隸四川省的教犯，再其次為籍屬湖南省的教犯，零星的白蓮

教教徒來自陝西、河南、安徽、江西、廣東等省份，多屬流動性人口，從事爲人傭工、耕田以及商業買賣爲主。年齡分佈上，其平均年齡約爲三十至四十歲之間，其中，主要戰手的平均年齡爲二十至三十歲之間。而各教犯的職業分佈上來看，因檔案中的資料不完整，故大致得知有務農、傭工爲生、鄉間巫師、傳教教師、流動小商販、鐵匠、石匠、木匠、織機匠、染匠、裁縫師、挑夫、開飯店、教蒙館業師、醫生、官府衙役、武生、武童等。除此之外，在參與起事的人物中，除了主要白蓮教傳教家族外，跟隨起事者多有一個特徵，即父母亡故，且在生活上多半不穩定的底層民眾。此外，這些參與白蓮教的教徒在心態上，因爲傳教教首多差人到處散播末劫或變天謠言，底層民眾心裡害怕，希圖透過入教免災禍，亦有因貪心，希冀得到好處或做官的，因此聽從入教的很多。而在教中所謂的好處，即是指在事成後，給與官職，或按教徒所出的根基錢多寡數額，來分配好處與利益。另外，教內信仰在宣傳上一方面以保佑來生富貴爲號招，加以死後不入地獄，來誘惑教徒跟隨參與教內活動。這些都再再反映出，底層民眾對於現世貧苦的生活或不如意的世事，感到無奈與無助，以及渴望寄託於來生的美好與富貴，此類的感情因素，造成民間秘密宗教，盛行於底層社會。

　　白蓮教的動亂在官府的嚴厲應對態度下，逐漸沉寂下來，此後，清廷對民間秘密宗教的態度更加積極嚴格拏辦，但在地方上，民間秘密宗教並未因此消聲匿跡，反而發展得更加活躍。不少教門在歷經清初的發展與吸收教徒後，到了嘉慶年間，已經演變成教眾龐大的大教門。八卦教原名爲收

元教，是世代以劉氏為教主的教門，因其教內下再各行分設八卦，每卦皆有掌卦者，故又稱之為八卦教。天理教亦為八卦教的一支，末劫與變天思想加以遇時閏八月，八卦教系統中的天理教即在林清等人的號召與宣傳下，發生了民間秘密宗教起事叛變。參與天理教動亂的教中人士在籍貫分佈上主要隸籍於直隸、山東、山西、陝西以及河南等省份，其中籍屬直隸的教徒人數最多，其次為籍隸山東與河南的教徒，地理分佈較為集中，除上列省分外，其他省分參與人士並不多見；隨林清起事的教眾在職業與身份類別上有具官方色彩的書吏、庫書、武生、武官、公府當差正藍旗豫親王府包衣以及宮內太監，另外又有開慶隆戲園為生、賣菓子營生、做紙生理、做豆腐為生、燒製磚瓦工人、醫卜星相師等、醫生、廚師、僱工以及種田度日等，起事教徒分散於各行各業中。至於這些教徒彼此之間的關係，大多具有地緣關係及親屬關係；而參與天理教起事的教眾在年齡分布上，自二十多歲至八十多歲皆有，參與教徒平均年齡約為四十多歲。在天理教案件的教徒隸屬教門派別亦不盡相同，有分屬榮華會、白陽教、離卦教、震卦教、坎卦教、兌卦教、乾卦教、坤卦教、巽卦教、艮卦教、等教派，在系統上雖然大抵上為八卦教系統，但就其教門中的咒語、教義等內容而言，已經呈現出多種教門混合的狀態。除此之外，在參與起事的教眾心態上，多受民間閏八月流言以及末劫和變天思想所牽引，加以清朝政府所頒的官方曆法中，未因天文推算設置閏八月，該有的閏八月並未如預期出現於政府頒發的官方曆法中，與民間流言相互發酵，正好使民間秘密宗教的掌教者有發揮空間，更

加積極地散播謠言，使得底層民眾因希冀得到好處或做官，故此聽從入教參與起事的人很多。

嘉慶年間在川陝楚白蓮教五省大動亂平息不久後，又遇有嘉慶十八年（1813）直隸、山東與河南等地方的天理教教徒起事。其中與其後在各地亦有大小規模不一的教案發生，各省更加雷厲風行地查緝教犯。官府在此時期查獲有牛八教、三元教、大乘教、觀音會、圓明教以及收圓教等民間秘密宗教，在其參與人士的籍貫與居住地分佈上以直隸、山東、安徽、湖北、湖南、河南、江西、江蘇等省份，其中多新城縣人、鉅鹿縣人、汝陽縣人、新野縣人、襄陽縣人、棗陽縣、菏澤縣人、清江縣人、湘陰縣人、高安縣人、常寧縣人、江寧縣人、寧遠縣人、豐城縣人、曹縣人、鄱陽縣人、黃陂縣人、寶山縣人以及上海縣人等參與其中；在職業及身份類別上，則有監生、莊農、為人治病、剃頭、賃居房屋、開店營生、買賣鐵貨、販賣布疋等四處貿易為生。

此外，清茶門教亦為相當盛行的教門，其名稱來由是因教中以清茶供奉神佛而得名，故此又叫清茶會，為王氏家族所世代經營的教門，其繼承東大乘教的教義與思想。傳教者大多為王森之後裔，參與人士在籍貫分佈上多為直隸、湖北、河南、江南以及山西等省；以直隸、湖北兩省分傳習人數最多，王氏傳習清茶門教，自明代傳承至清代，皆為王姓族人代代相傳，收徒傳教，到了嘉慶年間，王姓家族傳教已到了第九代族人，故此，可以將其視作家族事業來看待。在嘉慶十九年（1814）以前，是清茶門教發展的極盛時期，而嘉慶二十年（1815）以後，由於直省大規模的嚴格取締，清茶門

教遂遭受重大的挫折，使得這支王氏家族所世代經營清茶門教逐漸的衰微。

　　道光年間（1821~1850），民間秘密宗教各教門的傳習與活動承襲了嘉慶年間的發展，活躍程度不減反增。其中，紅陽教系統、青蓮教系統以及八卦教系統在此一時期，爲規模較大的教門；除此之外，其他規模較小的教門在傳教及其活動於底層社會中，亦呈現欣欣向榮的樣貌。因此，道光年間亦發生了許多規模大小不一的民間秘密宗教叛亂事件。紅陽教系統在道光年間發展相當活躍，屬於此一系統的民間秘密教門尚有混元教、紅陽大乘會以及淨空教等，皆屬紅陽教系統。此一教門的特徵在於多以治病爲導向，進行收徒傳教。而其傳教者與信眾在地理分佈上，多分佈於直隸南皮、文安、永清等縣。另外，青蓮教是清代五盤教支派，在道光初年之時，由五盤教教首楊守一所倡立，又名金丹道，或稱金丹大道。在青蓮教或金丹大道的名稱普遍流行以前，曾出現報恩會的名目，到了道光朝末年，青蓮教又分爲兩個支派，一支傳入福建，被稱爲先天教，而另外一支則是傳入四川，稱爲燈花教。其內的參與人士在籍貫分佈上有湖南、湖北、四川、貴州、雲南等省份；在職業及身份類別上有算命、行醫、貿易以及幫人捆柴等；教中的核心人物多以算命與行醫等行業爲名，收徒傳教。因會找算命師算命的民眾，就其本身特質而言，在對於宗教的傾向上，就偏屬於易於接受的類型；而底層民眾對於疾病的態度而言，某些疾病在其心目中，或屬於天譴型的疾病，或屬於招惹不乾淨的鬼魂所引發，因此，行醫在宗教行爲上，向來爲底層民眾所依賴的一環，故以行

醫傳教，亦為多種不同民間秘密宗教教門的傳教手法。而在此一時期尚有八卦教，原名收元教，是世代以劉氏為教主的教門，因其教內下再各行分設八卦，每卦皆有掌卦者，故又稱之為八卦教。自乾隆末年以來，山東、直隸等省份，八卦教的勢力迅速滋長，至嘉慶年間時，發生了天理教的叛亂事件，天理教即為八卦教的一支。在收元教分設八卦的發展下，各卦在其掌教人的帶領下，分別活動與發展，偶而亦有發生卦間的爭教拉人等事情，而各卦分別發展，即成為八卦教的一大特徵。

　　清代後期，民間秘密宗教的活動仍舊相當活躍，在地方上，由於清政府對地方的控制能力，越來越薄弱，因此，民間秘密宗教的發展益加不可收拾。再加上此一時期的民間秘密宗教與西方基督教系統之間的接觸，越來越頻繁。西方傳教士自明代即在中國活動，但至清代歷經了「禁教」，到了清末，因為中國與西方國家的條約簽訂，賦予傳教士在中國活動的合法地位，但此時的中國與西方國家屢有戰爭及條約的簽訂，令底層民眾感到不滿，遷怒於西方傳教士，故發生多起焚毀教堂與殺害傳教士的案件；又或傳教士在中國傳教，面對在底層社會發展活躍的民間秘密宗教，因知其為清政府官方所禁止的，故而私下報官，民間秘密宗教中的信徒得知後憤而焚毀教堂與殺害傳教士等事件，相當頻繁。

　　咸豐年間（1851~1861）的民間秘密宗教活動，現今存有的官方記載，比起先前的數個時期的官方記載，在數量上，明顯較少。現存官府所查出的民間秘密宗教在地理位置分布上有直隸、湖南、貴州以及四川等地，至於教門名目有紅簿

教、了茶教、大乘還願教、齋教、燈花教、青蓮教。至同治
年間（1862~1874）官府所查出的民間秘密宗教在地理位置
分布上則爲直隸、湖南、湖北、雲南、江西、浙江、江蘇、
廣東、福建等地；至於教門名目有一字教、齋教、兩杯茶教、
白號教、紅燈教、中央聖道離卦教、乾卦教、清茶門教等。
此一時期的民間秘密宗教發展情形延伸自咸豐朝，在僅十二
餘年的同治朝中，民間秘密宗教的動亂四起。底層社會的群
眾，打著民間秘密宗教的名目，糾人入夥，反抗政府的情形
日益嚴重。到了光緒宣統時期（1875~1911），官府所查出
的民間秘密宗教在地理位置分布上有直隸、遼寧、山東、湖
北、河南、安徽、貴州、雲南、四川、浙江、江蘇、江南、
江西、廣西以及福建等地，至於教門名目有齋教、紅陽教、
紅燈教、末後一著教、花燈教、清水教、榮華會、白陽教、
白陽九宮道教、金丹教、彌陀教、安清道友─青幫、洪江會
等。在此時的清政權，已逐漸走至尾聲，在整個時代動盪不
穩的社會氛圍之下，有部分的底層民眾，冀望藉由民間秘密
宗教，來尋找心理的慰藉與依靠；而另一部分的底層群眾，
則是希圖藉由民間秘密宗教的團結凝聚力，將底層民眾組織
起來，以便進行暴力反抗政府的活動。因此，活動於清代末
年的民間秘密宗教團體，即在底層群眾心中不同的需求下，
傳教活動依舊相當頻繁，不減其活躍度。清末年的民間秘密
宗教在性質上，與清初的情行似有雷同，民眾信仰加入民間
秘密宗教一方面因社會政局不穩，參與民間秘密宗教以求免
災祈福；另一方面民間秘密宗教扮演凝聚底層社會民眾的角
色，以衝突的方式，和官方政府進行對抗；加以西力東漸的

特殊情境之下，底層民眾以民間秘密宗教做為號召，以其自有的方式回應西力的介入與西方天主教的傳入。

有清一代，民間秘密宗教盛行於底層社會。民間秘密宗教非自清代出現的特有現象，在地方社會上所盛行的民間秘密宗教教門或有自明代以前即輾轉流傳至清代者；亦有於明代創立並流傳自清代者；還有在清代不同時期所創立並活動者。民間秘密宗教本身雖為宗教團體，但因民間秘密宗教團體在教內的活動上，多半具有隱密的特性，以及容易以宗教思想上的變天、末劫等思潮做為號召，煽動底層民眾進行反抗政府的活動，又加以民間秘密宗教團體在地方上或斂取民眾錢財；或強迫民眾入教；或教眾狂熱的活動以及日常從事產業的荒廢等，對傳統社會產生負面的影響，使得明清時期，官方政府多立有明文規定來規範取締民間秘密宗教的活動。此外，除了上述所提民間秘密宗教在清代地方社會上的衝突面外，不可否認的，民間秘密宗教在清代的地方社會上，亦有不少的正面影響，如社會整合的功能、倫理教化的功能、養生送死的功能、慈善救濟的功能、行為規範的功能、心理調節的功能以及民俗醫療的功能等；總之，民間秘密宗教在地方上造橋鋪路、扶持地方上的弱勢族群或無依民眾以及提供生老病死的相關服務，深受底層民眾的歡迎。

清代民間秘密宗教若以人物而言，可就其教內結構，分為創教者、傳教者即教首以及入教者即教徒或稱信眾，此三個部分所組成。而清代民間秘密宗教之所以能夠在廣大的底層社會中廣泛傳播，原因在於民間秘密宗教教內教義的誘惑力，以及傳教者個人的利益，再加以入教信眾的希圖好處心

理。使得傳立教門者與信眾之間，各自爲滿足所需，而互相
依存的結果。

　　從創教者教義的誘惑力而言，中國傳統社會或政治上的
治亂交替，或遇有災荒年月，或時逢社會變亂，底層民眾將
這些社會現象，歸結於劫運所致，加以生命無常，從而使消
災祈福成爲廣大底層民眾普遍共同渴望的訴求，這也是入教
避劫觀念具有誘惑的心理因素；再從傳教者個人的利益而
言，清代各教門的傳教者，大多是職業教首，其以傳教爲生，
而且藉由傳教而致富，在教徒參與人數越多之下，有些傳教
者進而帶領教內教徒在地方上製造動亂，謀求滿足個人的政
治野心；至於入教教徒與信眾因希圖好處的心理，或爲了祈
求免災難、保平安，或是由於其自覺所處的環境或時代有危
難感，而非個人力量能夠抵抗時，即產生強烈謀求保護的心
理需求。底層民眾透過皈依民間秘密宗教，並參與教門內的
活動，如吃齋念經、早晚祈禱、定期集會、祈禱神靈保佑以
及救度亡魂等，在精神上得到慰藉；此外，亦有教徒爲求獲
得利益而入教，而在利益的部分或有祈求健體強身，因此教
內長以學練坐功運氣、舞拳弄棒爲號召。另外，亦有教徒入
教是因自己或家人患染疾病，爲了請求傳教者爲其治療而入
教，還有部分教徒或因爲相信和傳教者買扎、皈依教門即可
以得到官職，或分得土地以及財產等好處入教，亦有教徒相
信皈依教門，習教便可以獲得長生不死，或者是修得來世的
福報等好處。

　　民間秘密宗教盛行於底層社會有其因素，而底層民眾入
教的原因亦多元且複雜。透過觀察民間秘密宗教教內人物的

結構與其之間的交互作用，便可看出傳立教門者與信眾之間，各自為滿足所需，而互相依存，即是形成民間秘密宗教盛行於底層社會的結果。而本書在分析民間秘密宗教人物上，不僅將焦點集中於教首，更擴大焦點於參與民間秘密宗教的廣大信眾。從中得知大部分容易被民間秘密宗教吸引的群眾多具有一些特質，或久病纏身，或生活窮苦，或在地方上無所事事之人。但就案例而言，亦有部分民眾，在家境上不算極為富有，但生活無虞亦算小有財富，且身體上亦無病痛纏身，其生活中也沒有不順遂的事情，但仍被民間秘密宗教所吸引。這反映出，民間秘密宗教在吸引社會群眾上，是呈現相當多面性的。不同處境與不同境遇下的民眾，在需求與欲望上不同，而民間秘密宗教亦以不同的方式來滿足不同需求的民眾。因此，或可說在清代社會上，會參與民間秘密宗教的人士，並無特定特徵或類別，即是只要人性上的欲望與滿足對得起來，一謀而合，那麼任何人都有可能參與民間秘密宗教。但由於本書主要的取樣為官府所錄的口供材料，這類的材料在性質上，所提供數據資料多為參與民間秘密宗教的人物，因此，在取樣上其他拒絕參與民間秘密宗教的民眾案例不足，但可從部分口供中看到仍有部分地方上的民眾，因不堪其擾，而赴官府檢舉，此類亦值得探究。

附錄：
近十年海峽兩岸明清時期民間
秘密宗教研究之回顧與展望
（2003~2013）

一、研究回顧

　　近幾年來，在兩岸學術界上，學者對於明清時期的秘密社會研究有著深厚的興趣，反映在教門以及會黨的相關研究上，呈現出蓬勃發展、欣欣向榮的狀態，研究成果十分豐碩。就民間秘密宗教的議題而言，兩岸研究的成果隨著時間逐漸成長茁壯，下文擬以 2003~2013 年（民 92~102）兩岸對於民間秘密宗教的相關研究，作一整體性的回顧。

　　本文蒐羅兩岸專書著作 12 種、臺灣地區學位論文 18 篇、兩岸期刊論文合計 88 篇，分別為臺灣地區的單篇論文研究 36 篇以及大陸地區單篇期刊研究 52 篇。為求整體連貫與系統性，下文將分為「研究回顧與專書評介」、「民間秘密宗教綜述」、「民間秘密宗教教派專述」、「教派起事與官方查禁」、「經卷、小說與思想信仰」以及「民間秘密宗教各

類專門主題研究」其中包含民俗宗教醫療研究、女性研究與教派人物與傳教家族研究等。

（一）研究回顧與專書評介

1.研究回顧

明清時期的民間秘密宗教研究因時來已久，故每隔一段時間，即有研究回顧性質的專刊論文產生，下表羅列出臺灣地區的單篇論文研究 4 篇及大陸地區單篇期刊研究 3 篇。

表一：明清時期民間秘密宗教相關研究：研究回顧

作者	書名/篇名	出處資訊	出版日期	備註
邱麗娟	〈近二十年海峽兩岸明清民間秘密宗教研究之回顧與展望（1979~1999）〉	《史耘》6	2000年9月	頁 49~92
李世偉	〈戰後臺灣有關民間宗教研究的回顧與評介（1950~2000）〉	《臺灣宗教研究通訊》5	2003年6月	頁 11~71
曾雨萍	〈近十年來兩岸明清民間秘密宗教研究之回顧（1993~2003）〉	《臺灣師大歷史學報》32	2004年6月	頁 169~190
王健＊	〈近年來民間信仰問題研究的回顧與思考:社會史角度的考察〉	《史學月刊》1	2005年	頁 123~128
鄧君＊、周武慶＊	〈近年來中國明清民間宗教研究〉	《文教資料》33	2006年	頁 183~184
莊吉發	〈清代秘密社會史的研究與出版〉	《清史論集》，第十九集，臺北：文史哲出版社	2008年	頁 185~220
艾晶＊、譚曉靜＊	〈「妖書」「妖言」研究現狀述評〉	《群文天地》3	2011年	頁 107~108

表格說明：作者欄中打「＊」記號者，表示中國大陸學者，本節以下表格皆同。

研究回顧的書寫與整理介紹，對於新進入此一領域的後繼學人幫助頗多，從 2000 年以來迄今，兩岸學者皆持續進行研究回顧的書寫工作，從此可知兩岸學者對於明清時期民間秘密宗教的研究，皆抱持高度的興趣。其中，相當具有貢獻的是臺灣地區的學者莊吉發的〈清代秘密社會史的研究與出版〉（《清史論集》，第十九集，臺北：文史哲出版社，2008 年）、邱麗娟的〈近二十年海峽兩岸明清民間秘密宗教研究之回顧與展望（1979~1999）〉（《史耘》6，2000 年 9 月）、李世偉的〈戰後臺灣有關民間宗教研究的回顧與評介（1950~2000）〉（《臺灣宗教研究通訊》5，2003 年 6 月）以及曾雨萍的〈近十年來兩岸明清民間秘密宗教研究之回顧（1993~2003）〉（《臺灣師大歷史學報》32，2004 年 6 月）這些研究回顧整理了 1950~2003 年間半個世紀中，兩岸學術界在明清時期民間密宗教研究成果，對於後進的研究者提供了入門的途徑。

2.專書評介

由於兩岸學者對於明清時期民間秘密宗教抱持著濃厚興趣，因此，在專書著作的書寫上，不遺餘力，配合著海峽兩岸政治情勢的穩定，彼此的著作流通，兩岸學者得以透過專書著作的評介進行交流，下表羅列出臺灣地區的單篇文章 6 篇及大陸地區單篇文章 1 篇。

表二：明清時期民間秘密宗教相關研究：專書評介

作者	書名/篇名	出處資訊	出版日期	備註
莊吉發	〈評介路遙著《山東民間秘密教門》〉	《清史論集》，第十一集，臺北：文史哲出版社	2003 年	頁 335~355
莊吉發	〈評介金澤著《中國民間信仰》〉	《清史論集》，第十三集，臺北：文史哲出版社	2004 年	頁 265~288
莊吉發	〈評介秦寶琦著《中國地下社會》〉	《清史論集》，第十四集，臺北：文史哲出版社	2004 年	頁 303~329
莊吉發	〈評介烏丙安著《中國民間信仰》〉	《清史論集》，第十七集，臺北：文史哲出版社	2006 年	頁 339~357
莊吉發	〈評介于本源著《清王朝》的宗教政策〉	《清史論集》，第十八集，臺北：文史哲出版社	2008 年	頁 293~310
莊吉發	〈評介馬西沙・韓秉方著《中國民間宗教》〉	《清史論集》，第二十集，臺北：文史哲出版社	2010 年	頁 334~366
倪鐘之＊	〈論李世瑜先生的寶卷研究〉	《民俗研究》2	2011 年	頁 105~113

臺灣地區學者莊吉發多年來致力於明清時期民間秘密宗教的相關研究，除了本身原創性的研究著作外，對於大陸地區的專書評界亦不留餘力，造福臺灣地區的學子。透過專書評介的撰寫，有著於兩岸地區研究相關議題的後進，得以互通有無，進行交流。

（二）民間秘密宗教綜述

在明清時期民間秘密宗教綜述類別中，於下表羅列出兩岸專書著作 7 種、臺灣地區學位論文 1 篇、兩岸期刊論文合

計 27 篇，分別為臺灣地區的單篇論文研究 11 篇以及大陸地區單篇期刊研究 16 篇。其中不乏介紹民間秘密宗教整體與全面性的研究、教派的特殊性與共同性之研究、新史料與檔案介紹與利用、教派的歷史源流與發展、各教派的活動與現象以及其與地方社會之間的關係之研究。

表三：明清時期民間秘密宗教相關研究：民間秘密宗教綜述

作者	書名/篇名	出處資訊	出版日期	備註
莊吉發	〈故宮檔案與清代社會史研究〉	《清史論集》，第十一集，臺北：文史哲出版社	2003 年	頁 143~174
梁景之 *	〈清代民間宗教的民俗性與鄉土性〉	《歷史檔案》4	2003 年	頁 62~67
陸勇 *	〈晚清秘密教門與近代社會變遷〉	《雲南社會科學》4	2003 年	頁 83~87
馬繼武 *、于云瀚 *	〈中國古代城市中的民間秘密結社〉	《社會科學輯刊》5	2003 年	頁 91~95
劉平 *	〈明清邪教組織的幾種類型〉	《江蘇教育學院學報》6	2003 年	頁 56~59
莊吉發	〈正統與異端：盛清時期活躍於民間的宗教信仰〉	《清史論集》，第十三集，臺北：文史哲出版社	2004 年	頁 7~84
莊吉發	〈四海之內皆兄弟：歷代的秘密社會〉	《清史論集》，第十四集，臺北：文史哲出版社	2004 年	頁 7~50
馬西沙 *、韓秉方 *	《中國民間宗教史》	北京：中國社會科學出版社	2004 年	
秦寶琦 *	《清末民初秘密社會的蛻變》	北京：中國人民大學出版社	2004 年	
梁景之 *	《清代民間宗教與鄉土社會》	北京：社會科學文獻出版社	2004 年	
黃建江 *	〈晚清秘密教派與社會變遷〉	《綏化師專學報》2	2004 年	頁 93~95
周輝湘 *	〈論近代民間宗教的政治變遷〉	《甘肅社會科學》3	2004 年	頁 66~69

潮龍起＊	〈秘密社會研究的理論視角〉	《煙臺大學學報》（哲學社會科學版）3	2004 年	頁 324~327
劉平＊	〈文化變異—明清「邪教」教義的形成與內涵〉	《江蘇行政學院學報》4	2004 年	頁 24~29
劉平＊	〈剖析明清「邪教」〉	《江蘇教育學院學報》（社會科學版）6	2004 年	頁 63~66
秦寶琦＊	《中國地下社會》	北京：學苑出版社	2005 年	
莊吉發	〈世治聽人，世亂聽神 —— 清代臺灣民變與民間信仰〉	《清史論集》，第十五集，臺北：文史哲出版社	2005 年	頁 299~324
劉平＊	〈明清「邪教」傳教手段剖析〉	《山東大學學報》（哲學社會科學版）6	2005 年	頁 67~75
邱麗娟	〈清代民間秘密宗教活動中「男女雜處」現象的探討〉	《臺灣師大歷史學報》35	2006 年 6 月	頁 141~175
莊吉發	〈從故宮現藏檔案談清代民間秘密宗教盛行的原因〉	《清史論集》，第十六集，臺北：文史哲出版社	2006 年	頁 261~286
莊吉發	〈隱語暗號 —— 清代秘密社會通俗文化的特色〉	《清史論集》，第十六集，臺北：文史哲出版社	2006 年	頁 325~358
林仔芹	〈明代的妖言惑眾 —— 帝制時代異端現象的歷史考察與剖析〉	中國文化大學史學系碩士論文	2007 年	
屠燕治	〈清秘密會社「天運乙丑」銀牌〉	《中國錢幣》1	2007 年	頁 21-25+79
蔣瀟鋒＊、張婷＊	〈中國秘密教門的淵源、現狀、特征及對策研究〉	《江西公安專科學校學報》2	2007 年	頁 86~93
張佐良＊	〈18 世紀中國秘密社會與社會變遷〉	《菏澤學院學報》6	2007 年	頁 82~85
秦寶琦＊、孟超＊	《秘密結社與清代社會》	天津：天津古籍出版社	2008 年	
孟超＊	《明清秘密教門滋蔓研究》	福州：福建人民出版社	2009 年	

劉健*	〈中國民間信仰研究述論〉	《才智》28	2009 年	頁 188~190
莊吉發	〈師巫邪術 —— 清代術士的活動〉	《清史論集》，第二十集，臺北：文史哲出版社	2010 年	頁 291~312
楊杰*	〈苦難中寄托前行中異化 —— 中國民間秘密宗教試析〉	《肇慶學院學報》3	2010 年	頁 39~41
劉平*	《中國秘密宗教史研究》	北京：北京大學出版社	2010 年	
王一樵	〈清朝乾嘉時期庶民社會的邪教恐懼與秩序危機〉	《政大史粹》20	2011 年 6 月	頁 95~139
邱麗娟	〈從口供內容看清代前中期民間秘密宗教的活動（1723~1850）〉	《興大歷史學報》23	2011 年 6 月	頁 41~74
莊吉發	〈政治與宗教 —— 清代嘉慶年間民間秘密宗教的活動〉	《清史論集》，第二十一集，臺北：文史哲出版社	2011 年	頁 283~348
孟超*、狄鴻旭*	〈中國民眾意識與明清秘密教門的滋生和發展〉	《貴州師范大學學報》（社會科學版）5	2011 年	頁 90~97

關於民間秘密宗教的研究，從中國大陸地區的學者在專書著作上，可以看出已有不少作品正進行全盤性整合研究的成果展現，有秦寶琦的《中國地下社會》（北京：學苑出版社，2005）及劉平的《中國秘密宗教史研究》（北京：北京大學出版社，2010），書中對於秘密社會與宗教、巫術、民俗等文化現象的研究寫入深刻，這些作品提供了民間秘密宗教整體輪廓的參考。在提及明清時期民間秘密宗教教派的歷史源流與發展的相關研究上，大陸地區學者孟超的《明清秘密教門滋蔓研究》（福州：福建人民出版社，2009）一書中從社

會史的角度看待歷史上的秘密教門和歷代政權的治理政策，進而探討了秘密教門在歷史上屢禁不止的原因。而在民間秘密宗教與地方社會之間的關係研究取向上，有大陸地區學者梁景之的《清代民間宗教與鄉土社會》（北京：社會科學文獻出版社，2004）書中從新的角度關注清代民間宗教，力圖在信仰體系構成、宗教群體構成、宗教修行和體驗、民間宗教與鄉土社會關係四方面，勾勒出清代民間宗教實況。此外，潮龍起的〈秘密社會研究的理論視角〉（《煙臺大學學報》，2004）一文中，提及爲克服以往秘密社會研究中存在的弊端，認爲在方法上更新，應採用視角的多維性和整體性以及層次的多樣性研究方法，以期提高秘密社會研究的客觀性和科學性，爲研究民間秘密宗教提供了新的理論架構與研究視角。

　　臺灣地區的學者莊吉發亦致力於此一題材上深耘多年，特別是其在新史料與檔案的介紹與利用上更是不遺餘力，如〈故宮檔案與清代社會史研究〉（《清史論集》，第十一集，臺北：文史哲出版社，2003）和〈從故宮現藏檔案談清代民間秘密宗教盛行的原因〉（《清史論集》，第十六集，臺北：文史哲出版社，2006）等作品，提供史料運用的典範。另外，透過檔案與口供史料的運用有王一樵的〈清朝乾嘉時期庶民社會的邪教恐懼與秩序危機：以檔案中的民間秘密宗教案件爲中心〉（《政大史粹》20，2011）及邱麗娟的〈從口供內容看清代前中期民間秘密宗教的活動（1723~1850）〉（《興大歷史學報》23，2011），將清代的民間秘密宗教深層寫入當時社會，刻劃深入。至於在各教派活動與文化現象的相關研究，亦呈現出多元的寫作取向，莊吉發的〈師巫邪術 —— 清

代術士的活動〉（《清史論集》，第二十集，臺北：文史哲出版社，2010）及〈隱語暗號 —— 清代秘密社會通俗文化的特色〉（《清史論集》，第十六集，臺北：文史哲出版社，2006）指出民間秘密宗教的活動中，通俗文化扮演重要角色，故探討清代秘密社會的發展，不能忽視通俗文化在下層社會中所產生的作用，全文深入探討民間秘密宗教在社會上的功能及其隱文化的特殊性；邱麗娟的〈清代民間秘密宗教活動中「男女雜處」現象的探討〉（《臺灣師大歷史學報》35，2006）深入探討在清代底層社會中盛行的民間秘密宗教在活動上與強調男女嚴防的傳統禮教有別，及官方面對此現象的應對方式。臺灣地區的學位論文亦關注於民間秘密宗教的妖言惑眾之現象，林伃芹的〈明代的妖言惑眾 —— 帝制時代異端現象的歷史考察與剖析〉（文化大學史學系碩士論文，2007）從明代法制、政治、宗教、社會、文化等方面，來探究明代妖言惑眾現象的表現。

（三）民間秘密宗教教派專述

在明清時期民間秘密宗教的研究上，個別教派的探討與論述之相關研究亦是作品豐富，於下表羅列出臺灣地區學位論文 1 篇、兩岸期刊論文合計 12 篇，分別爲臺灣地區的單篇論文研究 3 篇以及大陸地區單篇期刊研究 9 篇。

表四：明清時期民間秘密宗教相關研究：民間秘密宗教教派專述

作者	書名/篇名	出處資訊	出版日期	備註
邱麗娟	〈清乾嘉道時期紅陽教的醫療傳教〉	《臺南師院學報》37：1	2003 年	頁 17~35
趙志＊	〈試論清后期金丹道教與幫會組織的融合〉	《陰山學刊》3	2003 年	頁 66~70
吳昕朔	〈中國明清時期的黃天道：宗教與政治層面的考察〉	國立政治大學宗教研究所碩士論文	2004 年	
邱麗娟	〈清代民間秘密宗教中的道士 —— 以紅陽教與一炷香教為例〉	《南大學報人文與社會類》38:2	2004 年 10 月	頁 1~21
徐小躍＊	〈論中國民間宗教及其與佛教的關係 —— 以白蓮教、羅教為例〉	《新世紀宗教研究》2：3	2004 年	頁 36~60
江田祥＊	〈客民、地方社會與白蓮教空間擴散—以清乾嘉之際鄂西南來鳳縣為中心〉	《江漢論壇》6	2007 年	頁 106~110
莊吉發	〈清代清茶門教的傳佈及其思想信仰〉	《清史論集》，第十八集，臺北：文史哲出版社	2008 年	頁 257~284
孫立新＊朱光涌＊	〈義和團運動的社會與宗教起源 —— 一個綜合解說嘗試〉	《中國海洋大學學報》（社會科學版）1	2008 年	頁 74~80
張榮明＊	,〈從南無教看秘密宗教信仰的特點〉	《管子學刊》1	2008 年	頁 50~54
江田祥＊	〈清乾嘉之際白蓮教「襄陽教團」的地理分布與空間結構〉	宗教學研究》3	2008 年	頁 154~163
秦寶琦＊	〈太平天國的「小天堂」——「人間天堂」宗教理想的中國實踐〉	《清史研究》4	2010 年	頁 70~77
郭緒印＊	〈評清幫的發源和演變 —— 在泛長三角地區的轉化〉	《上海師范大學學報》（哲學社會科學版）4	2010 年	頁 76~84
濮文起＊	〈天地門教抉原〉	《宗教學研究》1	2011 年	頁 178~190

在個別教派的專述上，2003~2013 年之間兩岸的研究成果在作品數量上，比起前一個十年（1993~2003 年）有減少的趨勢。[1]雖然在數量上呈現減少趨勢，但在內容上則出現多元化且精緻化的現象。

大陸地區的學者除了繼續深耕規模較大的白蓮教與羅教外，如徐小躍的〈論中國民間宗教及其與佛教的關係 —— 以白蓮教、羅教爲例〉（《新世紀宗教研究》2：3，2004）和江田祥的〈清乾嘉之際白蓮教「襄陽教團」的地理分布與空間結構〉（《宗教學研究》3，2008），亦將將研究觸角延伸至探討金丹道教，如趙志的〈試論清后期金丹道教與幫會組織的融合〉（《陰山學刊》3，2003）及南無教的研究，如張榮明的〈從南無教看秘密宗教信仰的特點〉（《管子學刊》1，2008）等研究成果仍稱豐碩。

臺灣地區的研究方向，則是走出白蓮教、羅教等規模較大的教派，而紛紛走向清茶門教、弘陽教以及一炷香教等其他教門的研究，且多帶有主題性的探討，如莊吉發的〈清代清茶門教的傳佈及其思想信仰〉（《清史論集》，第十八集，臺北：文史哲出版社，2008）以及邱麗娟的〈清代民間秘密宗教中的道士 —— 以紅陽教與一炷香教爲例〉（《南大學報人文與社會類》38:2，2004）、〈清乾嘉道時期紅陽教的醫療傳教〉（《臺南師院學報》37：1，2003）等作品，主題鮮明且較爲精緻。

此外，特別值得一提的是在臺灣學位論文上的突破，有吳昕朔的〈中國明清時期的黃天道：宗教與政治層面的考察〉

---

1 參見曾雨萍，〈近十年來兩岸明清民間秘密宗教研究之回顧（1993~2003）〉，《臺灣師大歷史學報》，第 32 期，2004 年 6 月，頁 176~180。

（國立政治大學宗教研究所碩士論文，2004），該篇論文透過與黃天道相關的歷史文獻與寶卷，討論黃天道在明清時期的整體發展與表現，並從社群、經濟、文化、醫療四個面向，透析黃天道的宗教性表現實與當時社會密切相關，是中國大傳統中的地方小傳統。

（四）教派起事與官方查禁

　　談論明清時期民間秘密宗教，必然會提及教派起事與官方查禁，而在官方查禁上，又可討論至明清時期的律例對於民間秘密宗教的規範與制裁。因此在此一議題上，兩岸在近十年來皆有研究成果展現，又因探討取向的歧異，以下分為三個部分進行回顧，分別為教派起事、官方查禁與社會控制以及教派起事與官方查禁，蒐羅兩岸專書著作 1 種、臺灣地區學位論文 3 篇、兩岸期刊論文合計 12 篇，分別為臺灣地區的單篇論文研究 2 篇以及大陸地區單篇期刊研究 10 篇。

1.教派起事

　　明清時期民間秘密宗教教案層出不窮，於下表羅列出臺灣地區學位論文 2 篇及大陸地區單篇期刊研究 2 篇。

表五：明清時期民間秘密宗教相關研究：教派起事

作者	書名/篇名	出處資訊	出版日期	備註
廖小菁	〈在救世與造反之間：清代天理教反叛事件中的信仰與詮釋〉	國立臺灣大學政治學系碩士論文	2003 年	
黃立儀	〈嘉慶初年川陝楚白蓮教之役（1796-1804）：以天時、地利、人和為中心的再檢討〉	國立臺灣師範大學歷史學系碩士論文	2005 年	

萬晴川*	〈《三遂平妖傳》與歷史上的王則彌勒教起義〉	《明清小說研究》2	2005年	頁136~145
江田祥*	〈爪牙與叛逆：胥吏與清中期白蓮教起義 —— 以乾嘉之際白蓮教"當陽教團"為中心〉	《歷史教學問題》3	2007年	頁45~49

在大陸地區的研究上，有萬晴川的〈《三遂平妖傳》與歷史上的王則彌勒教起義〉（《明清小說研究》2，2005），該篇文章剖析《三遂平妖傳》是以歷史上的王則彌勒教起義為原型而創作的，時間點雖為北宋慶曆年間，但其為中國古代第一部長篇的神魔小說，對後世特別是明清時期的小說創作產生了巨大的影響。此外，江田祥的〈爪牙與叛逆：胥吏與清中期白蓮教起義 —— 以乾嘉之際白蓮教「當陽教團」為中心〉（《歷史教學問題》3，2007），文中指出清乾嘉之際白蓮教「當陽教團」中，一些胥吏成為起義首領，而胥吏與城鄉各階層廣泛的社會關係網絡，亦為其傳播與擴散白蓮教的宗教網絡，該篇研究深入分析白蓮教的擴散方式與組織結構。

至於臺灣地區的學位論文上，亦展現出研究成果，廖小菁的〈在救世與造反之間：清代天理教反叛事件中的信仰與詮釋〉（國立臺灣大學政治學系碩士論文，2003），該篇論文指出中國的宗教文化與政治文化在處理天人關係上所分享的共同典範 —— 天命觀，由於宗教與政治領域皆有正當性的需求，故當政治與宗教領域中的權力須依賴神聖的天啟力量來證明時，即賦予兩個領域強化的機會，每一次的叛亂事件都是一場民間異端與國家正統權威競逐詮釋權的戰爭；另外有黃立儀的〈嘉慶初年川陝楚白蓮教之役（1796~1804）：

以天時、地利、人和爲中心的再檢討〉（國立臺灣師範大學歷史學系碩士論文，2005），該篇論文主要在探討自然環境的特徵對戰爭所造成的影響，以及重新檢視清軍進剿教徒時的策略運用，該論文中使用大量的檔案資料，並以清晰的論點重新檢討川陝楚白蓮教之役的得失利弊。

2.官方查禁與社會控制

統治者對於盛行於明清時期的民間秘密宗教，其態度與應對呈現在律例法典上，而在此議題的探討亦是相當活絡，於下表羅列出兩岸專書著作 1 種、臺灣地區學位論文 2 篇、兩岸期刊論文合計 7 篇，分別爲臺灣地區的單篇論文研究 2 篇以及大陸地區單篇期刊研究 5 篇。

表六：明清時期民間秘密宗教相關研究：官方查禁與社會控制

作者	書名/篇名	出處資訊	出版日期	備註
董至善	〈清朝社會控制之研究 — 以秘密社會判例爲中心〉	國立臺灣師範大學歷史學系碩士論文	2003 年	
楊惠宇	〈清初順康雍三朝之政教關係 — 以民間秘密宗教的策略運用爲例（1644~1735）〉	《研究與動態》9	2003 年	頁 179~194
鄭永華＊	《清代秘密教門治理》	福州：福建人民出版社	2003 年	
田東奎＊	〈明清律典中的巫術犯罪〉	《唐都學刊》，第 21 卷，第 1 期	2005 年	
柏樺＊、劉更光＊	〈宗教與邪教—明清時期刑罰政治觀〉	《西南大學學報》（人文社會科學版）1	2007 年	頁 56~63
鄭永華＊	〈清代推行教化與治理民間教門之關系試探〉	《北京歷史文化研究》2	2007 年	頁 100~114
邱麗娟	〈清代官方對民間秘	《興大歷史學	2009 年 2 月	頁 39~69

	密宗教醫療傳教活動的審理—以乾嘉道時期爲例〉	報》21		
劉平＊、唐雁超＊	〈清末民初秘密教門向會道門的轉變—以政府法令爲視角的探討〉	《甘肅社會科學》2	2009 年	頁 1~5
閻瑞雪＊	〈中國歷史上的「邪教」概念特徵及處置〉	《科學與無神論》6	2010 年	頁 60~62
陳啓鐘	〈清代閩北的客民與社會秩序〉	國立臺灣師範大學歷史學系博士論文	2011 年	

大陸地區的學者鄭永華的《清代秘密教門治理》（福州：福建人民出版社，2003）一書中，從社會控制的角度探討清代民間秘密宗教問題，探究秘密教門的流傳、造反和統治階級的治理與打擊等互動關係。另外，在單篇文章研究上有田東奎的〈明清律典中的巫術犯罪〉（《唐都學刊》21：1，2005）與柏樺、劉更光合著的〈宗教與邪教 —— 明清時期刑罰政治觀〉（《西南大學學報》（人文社會科學版）1，2007）等研究，皆從律例的層面進行探討統治者與民間秘密宗教之間的互動。

　　臺灣地區的學位論文有董至善的〈清朝社會控制之研究 —— 以秘密社會判例爲中心〉（國立臺灣師範大學歷史學系碩士論文，2003），該篇論文透過判例進行研究，考察秘密社會的演變以及清朝社會控制。另外，陳啓鐘的〈清代閩北的客民與社會秩序〉（國立臺灣師範大學歷史學系博士論文，2011），該篇論文討論「客民」所指之定義爲「戶籍不在閩北，並主動到閩北從事農、公、商、傭、服務等業的一般民

眾」，其中探討地方上的民間秘密教門與社會秩序占一小篇幅。除此之外，單篇論文有楊惠宇的〈清初順康雍三朝之政教關係 —— 以民間秘密宗教的策略運用爲例（1644-1735）〉（《研究與動態》9、2003）以及邱麗娟的〈清代官方對民間秘密宗教醫療傳教活動的審理 —— 以乾嘉道時期爲例〉（《興大歷史學報》21、2009）等研究，皆是針對統治者面對民間秘密宗教的政策以及其活動的審理，透過這些研究，便可協助釐清明清時期官方面對民間秘密宗教的態度與應對策略。

3.教派起事與官方查禁

在明清時期民間秘密宗教的起事與官方之間的互動上，共蒐羅 4 篇大陸地區單篇期刊。

表七：明清時期民間秘密宗教相關研究：教派起事與官方查禁

作者	書名/篇名	出處資訊	出版日期	備註
梁景之 *	〈從「邪教」案看清代國家權力與基層社會的關系〉	《清史研究》3	2003 年	頁 53~61
張佐良 *	〈從河州事變看乾隆朝民變的政府對策〉	《學術研究》11	2007 年	頁 110~115
張益剛 * 武傳忠 *	〈「叫魂」背後的思考：精神控制的危機與應對 —— 從《叫魂》看清政府的社會控制〉	《長春工業大學學報》（社會科學版）2	2009 年	頁 84~86

梁景之的〈從「邪教」案看清代國家權力與基層社會的關系〉（清史研究》3，2003）、張佐良的〈從河州事變看乾隆朝民變的政府對策〉（學術研究》11，2007）以及張益剛與武傳忠的〈「叫魂」背後的思考：精神控制的危機與應對 —— 從《叫魂》看清政府的社會控制〉（《長春工業大學學報》（社會科學版）2，2009）皆從民間秘密宗教教案爲切入點，深入

探討明清時期民間秘密宗教與官方之間的互動。

（五）經卷、小說與思想信仰

寶卷、小說以及思想信仰亦是探討明清時期民間秘密宗教相當獨特且重要的一環。因此在此議題上，兩岸在近十年來的研究成果相當豐碩，根據探討的取向，以下分為三個部分進行回顧，分別為經卷研究、小說研究以及思想與信仰研究，蒐羅兩岸專書著作 1 種、臺灣地區學位論文 6 篇、兩岸期刊論文合計 10 篇，分別為臺灣地區的單篇論文研究 4 篇以及大陸地區單篇期刊研究 6 篇。

1.經卷研究

民間秘密宗教中的寶卷研究，向來是熱門議題，於下表羅列出臺灣地區學位論文 4 篇、兩岸期刊論文合計 4 篇，分別為臺灣地區的單篇論文研究 3 篇以及大陸地區單篇期刊研究 1 篇。

表八明清時期民間秘密宗教相關研究：經卷研究

作者	書名/篇名	出處資訊	出版日期	備註
陳兆南	〈後期寶卷呈現的女性困境 ── 以《白玉樓寶卷》為例〉	《第四屆通俗文學與雅正文學全國學術研討會論文》，臺北：新文豐出版社	2003 年 12 月	頁 587~603
鄭如卿	〈清代寶卷中的婦女修行故事研究〉	國立花蓮教育大學民間文學研究所碩士論文	2005 年	
陳桂香	〈婦女修行故事寶卷研究〉	國立中正大學中國文學系碩士論文	2006 年	
莊吉發	〈傳承與創新 ── 從民間宗教寶卷的流傳分析通俗文化的社會適應〉	《清史論集》，第十七集，臺北：文史哲出版社	2006 年	頁 7~40

濮文起 *	〈《如意寶卷》解析 ── 清代天地門教經卷的重要發現〉	《文史哲》1	2006 年	頁 47~52
張仙武	〈清代陰騭文化研究 ── 以《文昌帝君陰騭文》相關文獻為討論中心〉	國立臺灣師範大學歷史學系博士論文	2009 年	
張秀娟	〈寶卷中的四大民間故事研究〉	國立東華大學民間文學研究所博士論文	2009 年	
李淑如	〈河陽寶卷研究〉	國立成功大學中國文學系博士論文	2010 年	
李淑如	〈《河陽寶卷》中的民間秘密宗教〉	《雲漢學刊》23	2011 年 8 月	頁 196~214

　　大陸地區學者濮文起的〈《如意寶卷》解析 ── 清代天地門教經卷的重要發現〉（《文史哲》1，2006），一文中探究清代天地門教在以往由於史料的限制，而難以進窺全貌，因此，作者深入民間，採用人類學的田野調查方法，取得了新材料，並將其中的《如意寶卷》進行解析，該文章對於新材料的發掘極具貢獻。

　　再觀臺灣地區的相關研究上，有陳兆南的〈後期寶卷呈現的女性困境 ── 以《白玉樓寶卷》為例〉（《第四屆通俗文學與雅正文學全國學術研討會論文》，臺北：新文豐出版社，2003），從寶卷中探討女性議題，另外，莊吉發的〈傳承與創新 ── 從民間宗教寶卷的流傳分析通俗文化的社會適應〉（《清史論集》，第十七集，臺北：文史哲出版社，2006），文中以寶卷研究分析通俗文化在底層社會上的適應與變遷。

　　除此之外，對於寶卷研究所呈現出濃厚的興趣，亦反映在學位論文的題目上，鄭如卿的〈清代寶卷中的婦女修行故

事研究〉（國立花蓮教育大學民間文學研究所碩士論文，2005）、陳桂香的〈婦女修行故事寶卷研究〉（國立中正大學中國文學系碩士論文，2006）年，皆透過寶卷研究，進行女性議題的探討；李淑如的〈河陽寶卷研究〉（國立成功大學中國文學系博士論文，2010）該篇論文指出河陽寶卷融合了大量的民間文學與演唱藝術，透過對河陽寶卷的研究，可從中探究民間文學與文化。另外，張秀娟的〈寶卷中的四大民間故事研究〉（國立東華大學民間文學研究所博士論文，2009）論文中指出孟姜女、梁山伯與祝英台、白蛇傳和牛郎織女是人民熟知的四大民間故事，進入寶卷的形式後，無論在人物的塑造、故事的佈局或結局的安排上，都呈現出與傳統民間故事不同的趣味，且因其具備通俗的文學特質，使故事反映了真實的社會風貌，更接近群眾的心理。

2.小說研究

　　除了寶卷研究以外，小說研究也在近年來加入民間秘密宗教的研究議題中，開闢了新的研究方向，在此一新研究中，以大陸地區學者萬晴川的研究為主，有〈明清小說與民間秘密宗教及幫會之關系論綱〉（《江西師範大學學報》（哲學社會科學版）5，2005）、《中國古代小說與民間宗教及幫會之關係研究》（北京：人民文學出版社，2010）以及其與趙玫合著的〈西游故事在明清秘密宗教中的解讀〉（《淮陰師范學院學報》（哲學社會科學版）3，2006），這些研究成果為民間秘密宗教研究增添不少色彩。

表九：明清時期民間秘密宗教相關研究：小說研究

作者	書名/篇名	出處資訊	出版日期	備註
萬晴川＊	〈明清小說與民間秘密宗教及幫會之關系論綱〉	《江西師范大學學報》（哲學社會科學版）5	2005年	頁71~76
萬晴川＊趙玫＊	〈西游故事在明清秘密宗教中的解讀〉	《淮陰師范學院學報》（哲學社會科學版）3	2006年	頁327-331+398、419
萬晴川＊	《中國古代小說與民間宗教及幫會之關係研究》	北京：人民文學出版社	2010年	

3 思想與信仰研究

　　民間秘密宗教因為其本身所具的宗教性質，因此在思想與信仰的議題上，相當豐富，而不同教派間的差異，也產生出歧異性，反映在研究成果上，亦呈現出多元樣貌，於下表羅列出臺灣地區學位論文2篇、兩岸期刊論文合計4篇，分別為臺灣地區的單篇論文研究1篇以及大陸地區單篇期刊研究3篇。

表十：明清時期民間秘密宗教相關研究：思想與信仰研究

作者	書名/篇名	出處資訊	出版日期	備註
林榮澤	〈持齋戒殺：清代民間宗教的齋戒信仰研究〉	國立臺灣師範大學歷史學系博士論文	2003年	
曹新宇＊	〈傳統中國社會的「災難信仰制度」與秘密教門的「災難神話」〉	《清史研究》2	2003年	頁80~88
莊吉發	〈三教應劫：清代彌勒信仰與劫變思想的盛行〉	《清史論集》，第十四集，臺北：文史哲出版社	2004年	頁147~166

梅莉＊	〈清代真武大帝信仰之流變〉	《湖北大學學報》（哲學社會科學版）5	2005 年	頁 607~611
劉耀仁	〈清代民間秘密宗教末劫思想之研究〉	國立臺灣師範大學歷史學系碩士論文	2005 年	
丁希勤＊	〈從地藏信仰的興起看明清時期傳統文化的發展與變遷〉	《池州師專學報》2	2006 年	頁 55~57

　　在此議題的研究上，中國大陸曹新宇的〈傳統中國社會的「災難信仰制度」與秘密教門的「災難神話」〉（《清史研究》2，2003）從民眾的恐懼著手，說明民眾恐懼災難，因此加入民間秘密宗教以求趨吉避凶的現象。另外，梅莉的〈清代真武大帝信仰之流變〉（《湖北大學學報》（哲學社會科學版）5，2005）以及丁希勤的〈從地藏信仰的興起看明清時期傳統文化的發展與變遷〉（《池州師專學報》2，2006）分別從真武大帝和地藏信仰來探討民間秘密宗教。

　　臺灣地區學者莊吉發的〈三教應劫：清代彌勒信仰與劫變思想的盛行〉（《清史論集》，第十四集，臺北：文史哲出版社，2004），一文中探討彌勒信仰與劫變思想在民間秘密宗教的思想體系中所扮演的角色。

　　此外，臺灣地區的學位論文林榮澤的〈持齋戒殺：清代民間宗教的齋戒信仰研究〉（國立臺灣師範大學歷史學系博士論文，2003）和劉耀仁的〈清代民間秘密宗教末劫思想之研究〉（國立臺灣師範大學歷史學系碩士論文，2005），分別對齋戒信仰和末劫思想進行研究，對於此議題的研究具貢獻。

（六）民間秘密宗教各類專門主題研究

　　明清時期民間秘密宗教的研究時來已久，隨時間增長逐漸發展出各種專門主題研究，下表羅列出兩岸專書著作3種、臺灣地區學位論文6篇、兩岸期刊論文合計13篇，分別為臺灣地區的單篇論文研究6篇以及大陸地區單篇期刊研究7篇。

1.民俗宗教醫療研究

　　在明清時期民間秘密宗教的各種專門主題研究中，宗教活動所延衍生出的民俗醫療是相當重要的一塊，關於此議題的研究於下表羅列出兩岸專書著作3種、臺灣地區學位論文2篇、臺灣地區的單篇論文研究6篇。

表十一：明清時期民間秘密宗教相關研究：民俗宗教醫療研究

作者	書名/篇名	出處資訊	出版日期	備註
鄭志明	《宗教與民俗醫療》	臺北：大元出版社	2004年	
鄭志明	《宗教的醫療觀與生命教育》	臺北：大元出版社	2004年	
邱麗娟	〈以茶治病 ── 清代中期紅陽教的茶療法〉	《南大學報》39：2	2005年	頁67~86
邱麗娟	〈清代民間秘密宗教的誦經療法〉	《人文研究學報》40:1	2006年4月	頁63~83
邱麗娟	〈畫符念咒：清代民間秘密宗教的符咒療法〉	《人文研究學報》40:2	2006年10月	頁27~49
陳羿芬	〈清代民間秘密宗教之民俗醫療研究〉	國立臺灣師範大學歷史學系碩士論文	2006年	
邱麗娟	〈清乾隆至道光年間民間秘密宗教醫者的研究〉	《臺灣師大歷史學報》37	2007年6月	頁85~118
邱麗娟	〈清代民間秘密宗教的氣功療法與教派傳佈〉	《人文研究學報》41:2	2007年10月	頁79~98

邱麗娟	〈清代民間秘密宗教的醫療活動：以病患求醫、入教爲中心〉	《臺灣師大歷史學報》38	2007 年 12 月	頁 153~188
邱麗娟	《清乾嘉道時期民間秘密宗教醫療傳教活動之研究》	臺北：新文豐出版社	2011 年	

關於明清時期民間秘密宗教，在傳教活動中所衍生出的醫療行爲之相關研究以臺灣地區的研究爲主。在專書著作上，有鄭志明的《宗教與民俗醫療》（臺北：大元出版社，2004）、《宗教的醫療觀與生命教育》（臺北：大元出版社，2004）書中指出民俗醫療與宗教醫療是古老文明傳承下的文化現象，緊扣著養生送死而來的生命教養，除了追求強身健體外，更致力於個體的精神寄託與意義安頓，是人們集體智慧下創造與發明一系列對抗疾病與衰老的獨特理論與方法。

另外，邱麗娟的《清乾嘉道時期民間秘密宗教醫療傳教活動之研究》（臺北：新文豐出版社，2011）書中透過清代官方檔案、文集、教派寶卷等資料，討論清代民間秘密宗教盛行於底層社會，與其以治病爲傳教手段有密切關連，由於其醫療活動具療程簡易、費用省簡、尚具療效等益處，故吸引許多民眾向其求醫、進而拜師習教，對教派擴展頗具影響。

至於臺灣地區的學位論文有陳羿芬的〈清代民間秘密宗教之民俗醫療研究〉（國立臺灣師範大學歷史學系碩士論文，2006）論文中探討下層社會民眾因受限經濟條件與社會資源缺乏，在遭遇疾病、貧困、年老、死亡、殘疾時，只好尋求收費低廉的就醫方法，才不至於造成生計上的額外負擔，遊走鄉里間的民俗醫療者便是他們求助對象，而成功結合醫療

手段的傳教派系，教首以民俗醫療者的身分遊走四方，使清朝官府的查緝更加困難。另外，在單篇文章的研究上以邱麗娟爲主，有〈以茶治病 —— 清代中期紅陽教的茶療法〉（《南大學報》39：2，2005）、〈清代民間秘密宗教的誦經療法〉（《人文研究學報》40:1，2006）、〈畫符念咒：清代民間秘密宗教的符咒療法〉（《人文研究學報》40:2，2006、〈清乾隆至道光年間民間秘密宗教醫者的研究〉（《臺灣師大歷史學報》37，2007）、〈清代民間秘密宗教的氣功療法與教派傳佈〉（《人文研究學報》41:2，2007）作品豐碩，研究成果卓越。

2.女性研究

此外，由於女性議題的相關研究，在近幾年來相當盛行，因此在明清時期民間秘密宗教的各種專門主題研究中，女性研究的方向，儼然成爲新領域，關於此議題的研究於下表列出臺灣地區學位論文 3 篇、大陸地區單篇期刊論文研究 2 篇。

表十二：明清時期民間秘密宗教相關研究：女性研究

作者	書名/篇名	出處資訊	出版日期	備註
曾雨萍	〈清朝民間秘密宗教女宗教師研究〉	國立臺灣師範大學歷史學系碩士論文	2005 年	
李媛＊	〈16 至 18 世紀中國社會下層女性宗教活動探析〉	《求是學刊》2	2006 年	頁 132~137
濮文起＊	〈女性價值的張揚 —— 明清時期民間宗教中的婦女〉	《理論與現代化》5	2006 年	頁 111~115
邱靜惠	〈論宗教對女性形象的影響 —— 以明末白話短篇小說爲例〉	靜宜大學中國文學系碩士論文	2009 年	

吳旻怡	〈女英雄的旅程：《女仙外史》、《歸蓮夢》主角形象研究〉	國立清華大學中國文學系碩士論文	2010 年	

在大陸地區的學者關注民間秘密宗教中的婦女活動，在相關著作上有李媛的〈16 至 18 世紀中國社會下層女性宗教活動探析〉（《求是學刊》2，2006）和濮文起的〈女性價值的張揚 —— 明清時期民間宗教中的婦女〉（《理論與現代化》5，2006）文章中都深入探討了中國下層社會中的婦女在民間秘密宗教中所扮演的角色。

在臺灣地區，對於女性議題的探討成果展現在學論文的研究上，曾雨萍的〈清朝民間秘密宗教女宗教師研究〉（國立臺灣師範大學歷史學系碩士論文，2005）與邱靜惠的〈論宗教對女性形象的影響 —— 以明末白話短篇小說為例〉（靜宜大學中國文學系碩士論文，2009）以及吳旻怡的〈女英雄的旅程：《女仙外史》、《歸蓮夢》主角形象研究〉（國立清華大學中國文學系碩士論文，2010）皆從女性議題為視角，探討女性在民間秘密宗教上的功能、意象與角色。

3.教派人物與傳教家族研究

在明清時期民間秘密宗教的各種專門主題研究中，人物的研究雖占少數，但仍可自成一類。在此一方面的相關研究，大多關注在創教人物或是教首等，這類領導教門的人物身上，進行個案分析；另一種形式則是傳教家族的研究，但仍不脫離教首這類教派領導的身分。此外，亦有研究民間秘密宗教中的傳說人物，關於此議題的研究於下表羅列出臺灣地區學位論文 1 篇、大陸地區的單篇期刊論文研究 5 篇。

表十三：明清時期民間秘密宗教相關研究：教派人物與傳教家族研究

作者	書名/篇名	出處資訊	出版日期	備註
濮文起＊	〈王森論〉	《貴州大學學報》（社會科學版）4	2006年	頁55~58
濮文起＊	〈神聖家族：明清時代民間宗教世界的傳教世家〉	《求索》7	2006年	頁139~141
陳逸芳	〈陳靖姑傳說與文學研究〉	逢甲大學中國文學系碩士論文	2007年	
韓志遠	〈王覺一與末后一著教新探〉	《近代史研究》4	2007年	頁1-28+160
孔慶茂＊	〈民間宗教的創世女神—無生老母〉	《文史知識》3	2008年	頁93~98
袁燦興＊	〈論聞香教王氏家族〉	《河北科技師范學院學報》（社會科學版）3	2010年	頁46-49+59

　　大陸地區期刊對於此議題關注的有濮文起，〈王森論〉（《貴州大學學報》（社會科學版）4，2006），一文中探討王森是明末著名的民間宗教家之一，開創東大乘教，而東大乘教對封建專制制度的叛逆思想與行為活動，亦對當時與后世的民間宗教產生了巨大而深遠的影響。他的另一篇著作〈神聖家族：明清時代民間宗教世界的傳教世家〉（《求索》7，2006），一文指出在明清時期的民間秘密宗教世界中，出現了許多以傳教為職業的宗教世家。其中，聲勢較大者在傳教斂財的同時又自我神化，相繼建立起「神聖家族」，進而策動反抗政權，在明清史上留下了深深的印記。另外，袁燦興的〈論聞香教王氏家族〉（《河北科技師范學院學報》（社會科學版）3，2010）一文中探討聞香教的傳教上，教首世代傳承的現象、孔慶茂的〈民間宗教的創世女神 — 無生老母〉（《文史知識》3，2008）一文中則是探討民間秘密宗教中的傳說人物無

生老母。

在臺灣的學位論文有陳逸芳的〈陳靖姑傳說與文學研究〉（逢甲大學中國文學系碩士論文，2007）在論文中指出陳靖姑的傳說故事蘊含了儒道佛三教的思想，陳靖姑是文武兼備的多功能女神，其神格的形成，會因應社會需要而有所變動，陳靖姑的傳說發揚了「濟世救人」的偉大情操，論文中將民間秘密宗教的傳說人物加以解析，反映出下層社會人民內心的需求。

總結上述研究回顧，明清時期民間秘密宗教的相關研究已極具相當的成熟性，在近十年來的作品中，更可看出其呈現多元化，在主題上的撰寫上，亦展現精緻化。本書欲接續前人研究基礎，往人物研究發展，透過對參與民間秘密宗教的各色人物進行分析與探究，藉以瞭解民間秘密宗教人物在清代社會中的面貌，以及其所扮演的角色，並且歸納出其所具有的特質，建構出其所反映出的整個清代庶民社會與文化，以期能在清代社會史的研究上有些微貢獻。

徵引書目

一、文獻檔案與史料

（一）檔案資料

1.未刊本

《上諭檔》，臺北：國立故宮博物院藏。

《月摺檔》，臺北：國立故宮博物院藏。

《外紀檔》，臺北：國立故宮博物院藏。

《廷寄檔》，臺北：國立故宮博物院藏。

《林案供詞檔》，臺北：國立故宮博物院藏。

《東案口供檔》，臺北：國立故宮博物院藏。

《東案檔》，臺北：國立故宮博物院藏。

《奏摺檔》，臺北：國立故宮博物院藏。

《宮中檔》，臺北：國立故宮博物院藏。

《寄信檔》，臺北：國立故宮博物院藏。

《硃批奏摺》，北京：中國第一歷史檔案館藏。

《剿捕檔》，臺北：國立故宮博物院藏。

《剿辦教匪檔》，臺北：國立故宮博物院藏。

《勦辦南山教匪清檔》，臺北：國立故宮博物院藏。

《議覆檔》，臺北：國立故宮博物院藏。

《軍機處檔・月摺包》，臺北：國立故宮博物院藏。

《軍機處錄副奏摺》，北京：中國第一歷史檔案館藏。

《宮中檔康熙朝奏摺》，v.1~v.9，臺北：國立故宮博物院藏，
　　1976~1977 年。

《宮中檔雍正朝奏摺》，v.1~v.32，臺北：國立故宮博物院
　　藏，1977~1980 年。

《宮中檔乾隆朝奏摺》，v.1~v.75，臺北：國立故宮博物院
　　藏，1982~1988 年。

《宮中檔嘉慶朝奏摺》，臺北：國立故宮博物院藏。

《宮中檔道光朝奏摺》，臺北：國立故宮博物院藏。

《宮中檔咸豐朝奏摺》，臺北：國立故宮博物院藏。

《宮中檔同治朝奏摺》，臺北：國立故宮博物院藏。

《宮中檔光緒朝奏摺》，臺北：國立故宮博物院藏。

《宮中檔遺補》，臺北：國立故宮博物院藏影印本。

2.已刊本

中國第一歷史檔案館，《辛亥革命前十年民變檔案史料》北
　　京：中華書局，1985 年。

《文獻叢編》（上）（下），臺北：國風出版社，1964 年。

《史料旬刊》，臺北：國風出版社，1963 年。

《光緒宣統兩朝上諭檔》，桂林：廣西師範大學出版社，1996
　　年。

《光緒朝硃批諭旨》，北京：中華書局，1996 年。

《光緒朝硃批奏摺・秘密結社》，北京：中華書局，1996 年。

《辛亥革命前十年民變檔案史料》，北京：中華書局，1985

年。

劉子揚、張莉編，《清廷查辦秘密社會案》，v.1~v.40，北京：線裝書局，2006 年。

《明清史料》，臺北：國立中央研究院歷史語言研究所，1972 年。

張偉仁編，《明清檔案》，臺北：聯經出版社，1986 年。

《皇朝道咸同光奏議》，臺北：文海出版社，1969 年。

《皇清奏議》，臺北：文海出版社，1967 年。

《咸豐同治兩朝上諭檔》，桂林：廣西師範大學出版社，1998 年。

《教務教案檔》，臺北：國立中央研究院近代史研究所，1974 年。

《乾隆朝上諭檔》，v.1~v.18，北京：檔案出版社，1991 年。

《康熙朝漢文硃批奏摺彙編》，北京：檔案出版社，1984~1985 年。

《康熙朝滿文硃批奏摺全譯》，北京：中國社會科學出版社，1996 年。

《清中期五省白蓮教起義資料》v.1~v.5，揚州：江蘇人民出版社，1981 年。

《道咸同光四朝奏議》，臺北：臺灣商務印書館，1970 年。

《雍正硃批諭旨》，臺北：文源出版社，1965 年。

《雍正朝漢文硃批奏摺彙編》，上海：江蘇古籍出版社，1991 年。

《雍正朝漢文諭旨匯編》，桂林：廣西師範大學出版社，1999 年。

《雍正朝滿文奏摺全譯》，合肥：黃山書社，1998年。

《嘉慶道光兩朝上諭檔》，桂林：廣西師範大學出版社，2000年。

黎青主編，《清代秘密結社檔案輯印》v.1~v.10，北京：言實出版社，1999年。

蕭一山編，《近代秘密社會史料》，臺北：文海出版社，1972年。

瞿宣穎，《中國社會史料叢鈔》，臺北：臺灣商務印書館，1965年。

（二）官書典籍

1.未刊本

《大清太宗文皇帝實錄》，初纂本，臺北：國立故宮博物院藏。

《邱莘教匪紀略》，臺北：國立故宮博物院藏。

《起居注冊》，康熙朝，臺北：國立故宮博物院藏。

《起居注冊》，雍正朝，臺北：國立故宮博物院藏。

《起居注冊》，乾隆朝，臺北：國立故宮博物院藏。

《起居注冊》，嘉慶朝，臺北：國立故宮博物院藏。

《欽定平定教匪紀略》，清嘉慶間內府朱絲欄寫本，臺北：國立故宮博物院藏。

《欽定剿平三省邪匪方略》，嘉慶年間內府朱絲欄寫本，臺北：國立故宮博物院藏。

《欽定剿捕臨清逆匪紀略》，清嘉慶間內府朱絲欄寫本，臺北：國立故宮博物院藏。

清仁宗撰，〈邪教說〉，《御製文初集》，卷十，清嘉慶二
　　十年武英殿刊本，臺北：
國立故宮博物院藏。
清仁宗撰，〈弭邪教說〉，《御製文餘集》，卷下，清道光
　　間武英殿刊，臺北：國立
故宮博物院本藏。
清宣宗撰，〈善教得民心〉，《御製文初集》，卷一，清道
　　光十年武英殿刊本，臺北：
國立故宮博物院藏。
《聖訓》（滿文本），臺北：國立故宮博物院藏。

2.已刊本

《十二朝東華錄》，臺北：大東出版社，1968 年。
《大清太宗文皇帝實錄》，乾隆四年重修本，臺北：華文書
　　局，1964 年。
《大清世祖章皇帝實錄》，北京：中華書局，1985 年。
《大清聖祖仁皇帝實錄》，臺北：華文書局，1964 年。
《大清世宗憲皇帝實錄》，臺北：華文書局，1964 年。
《大清高宗純皇帝實錄》，臺北：華文書局，1964 年。
《大清仁宗睿皇帝實錄》，臺北：華文書局，1964 年。
《大清宣宗成皇帝實錄》，臺北：華文書局，1964 年。
《大清文宗顯皇帝實錄》，臺北：華文書局，1964 年。
《大清穆宗毅皇帝實錄》，臺北：華文書局，1964 年。
《大清德宗景皇帝實錄》，臺北：華文書局，1964 年。
《大清十朝聖訓》，臺北：文海出版社，1965 年。
《大清會典》（康熙朝），臺北：文海出版社，1995 年。

《大清會典》（雍正朝），臺北：文海出版社，1995 年。

《欽定大清會典則例》（乾隆朝），《文淵閣四庫全書》，
　　臺北：臺灣商務，1986 年。

《欽定大清會典事例》（嘉慶朝），臺北：文海出版社，1992
　　年。

《欽定大清會典事例》（光緒朝），臺北：臺灣中文書局，
　　1963 年。

王見川、林萬傳編，《明清民間宗教經卷文獻》，臺北：新
　　文豐出版社，1999 年。

李世瑜，《寶卷綜錄》，上海：中華書局，1961 年。

李東陽等纂，申時行等重修，《大明會典》。臺北：新文豐
　　出版社，1976 年。

車錫倫，《中國寶卷總目》，北京：燕山出版社，2000 年。

段平纂集：《河西寶卷選》，臺北：新文豐出版社，1992 年。

段平纂集，《河西寶卷續選》，臺北：新文豐出版社，1994
　　年。

《明清民間宗教經卷文獻》v.1~v.12，臺北：新文豐出版社，
　　1999 年。

《明清民間宗教經卷文獻》續編 v.1~v.12，臺北：新文豐出
　　版社，2004 年。

俞蛟，《臨清寇略》，收錄於《筆記小說大觀》，第十編，
　　臺北：新興書局，1975 年。

《清代起居注冊》，光緒朝，臺北：聯經出版社，1987 年。

《清代起居注冊》，同治朝，臺北：聯經出版社，1983 年。

《清代起居注冊》，咸豐朝，臺北：聯經出版社，1983 年。

《清代起居注冊》，道光朝，臺北：聯經出版社，1985 年。

《康熙起居注冊》，北京：中華書局，1984 年。

《雍正起居注冊》，北京：中華書局，1993 年。

《清史稿校註》，臺北：臺灣商務印書館，1999 年。

《清代史料筆記叢刊》，北京：中華書局，1979 年。

清‧祝慶祺編，鮑書芸參定，《刑案匯覽》，臺北：成文出版社，1968 年。

清‧徐珂，《清稗類鈔》，臺北：臺灣商務印書館，1966 年。

清‧田文鏡，〈嚴禁迎神賽會以正風俗事〉，收入徐棟輯《牧令書》，卷 16，教化，頁 20。

清‧沈夢蘭，〈溝洫之設旱澇有備利〉，收入徐棟輯《牧令書》，卷 9 農桑上，頁 12。

清‧張杰，〈論差徭書〉，收入徐棟輯《牧令書》，卷 11，賦役，頁 57。

清‧柳堂，〈宰惠紀略〉，卷 5，頁 3。

清‧許三禮，〈答陳齊永問〉，收入徐棟輯《牧令書》，卷 9，農桑上，頁 2。

清‧黃六鴻，〈嚴邪教〉，《福惠全書》，卷 26，敎養部二，頁 10~11。

張希舜等編，《寶卷初集》v.1~v.40，山西：山西人民出版社，1994 年。

《欽定大清會典事例》，臺北：中文書局（據光緒 25 年刻本），1963 年。

黃靜嘉，《讀例存疑重刊本》，臺北：成文出版社，1970 年。

黃育楩，《破邪詳辯》，《清史資料》，第三冊，北京：中

華書局，1982 年。

《聖諭廣訓》，收於《文淵閣四庫全書》，臺北：臺灣商務印書館，1986 年。

二、專書著作

王見川、蔣竹山，《明清以來民間宗教的探索》，臺北：商鼎出版社，1996 年。

王熙遠，《桂西民間秘密宗教》，桂林：廣西師範大學出版社，1994 年。

平山周《中國秘密社會史》，臺北：古亭出版社，1975 年。

李尙英，《中國清代宗教史》，北京：人民出版社，1994 年。

李亦園，《宗教與神話》，桂林：廣西師範大學出版社，2004 年。

李素平，《女神・女丹・女道》，北京：宗教文化出版社，2004 年。

李建民，《方術、醫學、歷史》，臺北：南天出版社，2000 年。

曲彥斌，《中國民間隱語行話》，北京：新華出版社，1991 年。

邱麗娟，《清乾嘉道時期民間秘密宗教醫療傳教活動之研究》，臺北：新文豐，2011。

呂實強，《中國官紳反教的原因（1860~1874）》，臺北：中研院近史所，1985 年。

宋軍，《清代弘陽教研究》，北京，社會科學文獻出版社，

2002 年。

宋兆麟，《巫與巫術》，成都：四川民族出版社，1989 年。

宋錦秀，《傀儡、除煞與象徵》，臺北：稻鄉出版社，1994年。

孟超，《明清秘密教門滋蔓研究》，福州：福建人民出版社，2009 年。

車錫倫，《中國寶卷研究論集》，臺北：學海出版社，1997年。

車錫倫，《信仰、教化、娛樂—中國寶卷研究及其他》，臺北：學生書局，2002 年。

吳文璋，《巫術傳統和儒家的深層結構》，高雄：復文出版社，2001 年。

沈寂、董長卿、甘振虎著，《中國秘密社會》，上海：上海書店出版社，1993 年。

邵雍，《中國會道門》，上海：上海人民出版社，1997 年。

金澤，《中國民間信仰》，杭州：浙江教育出版社，1995 年。

南炳文，《佛道秘密宗教與社會》，天津：天津古籍出版社，2002 年。

胡新生，《中國古代巫術》，濟南：山東人民出版社，1998年。

侯杰、范麗珠，《世俗與神聖 —— 中國民眾宗教意識》，天津：天津人民，2001 年。

馬西沙，《清代八卦教》，北京：中國人民大學出版社，1989年。

馬西沙、韓秉方，《中國民間宗教史》，上海：上海人民出

版社，1992 年。

高國藩，《中國巫術史》，上海：上海三聯書局，1999 年。

秦寶琦，《中國地下社會第一卷》，北京：學苑出版社，1994
　　年。

秦寶琦，《中國地下社會第二卷》，北京：學苑出版社，2005
　　年。

秦寶琦，《清末民初秘密社會的蛻變》，北京：中國人民大
　　學出版社，2004 年。

秦寶琦、孟超，《秘密結社與清代社會》，天津：天津古籍
　　出版社，2008 年。

秦寶琦、譚松林，《中國秘密社會》，福州：福建人民出版
　　社，2002 年。

連立昌，《福建秘密社會》，福州：福建人民出版社，1993
　　年。

莊吉發，《真空家鄉 —— 清代民間秘密宗教史研究》，臺北：
　　文史哲出版社，2002 年。

梁景之，《清代民間宗教與鄉土社會》，北京：社會科學文
　　獻出版社，2004 年。

張珣，《疾病與文化》，臺北：稻鄉出版社，1994 年。

馮佐哲、李富華，《中國民間宗教史》，臺北：文津出版社，
　　1994 年。

喻松青，《明清白蓮教研究》，成都，四川人民出版社，1987
　　年。

喻松青，《民間秘密宗教經卷研究》，臺北：聯經出版社，
　　1994 年。

路遙，《山東民間秘密教門》，北京，當代中國出版社，2000年。

葉高樹，《清代前期的文化政策》，臺北：稻鄉出版社，2002年。

萬晴川，《中國古代小說與民間宗教及幫會之關係研究》，北京：人民文學，2010。

劉平，《中國秘密宗教史研究》，北京：北京大學出版社，2010年。

鄭志明，《無生老母信仰溯源》，臺北：文史哲出版社，1985年。

鄭志明，《明代三一教主研究》，臺北：學生書局，1988年。

鄭志明，《中國善書與宗教》，臺北：學生書局，1988年。

鄭志明，《宗教與文化》，臺北：學生書局，1990年。

鄭志明，《宗教與民俗醫療》，臺北：大元出版社，2004年。

鄭志明，《宗教的醫療觀與生命教育》，臺北：大元出版社，2004年。

鄭永華，《清代秘密教門治理》，福州：福建人民出版社，2003年。

劉平，《文化與叛亂》，北京：商務印書館，2002年。

趙世瑜，《狂歡與日常 —— 明清以來的廟會與民間社會》，北京：三聯書店，2002年。

歐陽恩良、潮龍起，《中國秘密社會》，福州：福建人民出版社，2002年。

蔡少卿，《中國秘密社會概觀》，江蘇：人民出版社，1988年。

蔡少卿，《中國秘密社會》，臺北：南天出版社，1996年。

蔡少卿，《秘密教門：中國民間秘密宗教溯源》，南京：蘇
　　州人民出版社，2000年。

戴玄之，《中國秘密宗教與秘密會社》，上下兩冊，臺北：
　　臺灣商務，1990年。

濮文起，《民間宗教與結社》，臺北：幼獅出版社，1995年。

濮文起，《中國民間秘密宗教》，臺北：南天出版社，1996
　　年。

濮文起，《秘密教門：中國民間秘密宗教溯源》，南京：江
　　蘇人民出版社，2000年。

譚松林，《中國秘密社會》，福州：福建人民出版社，2002
　　年。

三、學位論文

王信貴，〈清代後期官方對民間秘密宗教之政策〉，國立臺
　　灣師範大學歷史學系碩士論文，1997年。

李昭賓，〈清代中期川陝楚地區流動人口與川陝楚教亂
　　（1736~1820）〉，國立臺灣師範大學歷史學系碩士論
　　文，1999年。

李淑如，〈河陽寶卷研究〉，國立成功大學中國文學系博士
　　論文，2010年。

邱麗娟，〈設教斂財：清乾嘉道時期民間秘密宗教經費之研
　　究〉，國立臺灣師範大學歷史學系博士論文1999年。

邱靜惠，〈論宗教對女性形象的影響 —— 以明末白話短篇小

說爲例〉，靜宜大學中國文學系碩士論文，2009 年。

吳昕朔，〈中國明清時期的黃天道：宗教與政治層面的考察〉，國立政治大學宗教研究所碩士論文，2004 年。

吳旻怡，〈女英雄的旅程：《女仙外史》、《歸蓮夢》主角形象研究〉，國立清華大學中國文學系碩士論文，2010 年。

林仔芹，〈明代的妖言惑眾 ── 帝制時代異端現象的歷史考察與剖析〉，中國文化大學史學系碩士論文，2007 年。

林榮澤，〈持齋戒殺：清代民間宗教的齋戒信仰研究〉，國立臺灣師範大學歷史學系博士論文，2003 年。

洪美華，〈清代民間秘密宗教中的婦女〉，國立臺灣師範大學歷史學系碩士論文，1991 年。

陳羿芬，〈清代民間秘密宗教之民俗醫療研究〉，國立臺灣師範大學歷史學系碩士論文，2006 年。

陳桂香，〈婦女修行故事寶卷研究〉，國立中正大學中國文學系碩士論文，2006 年。

陳逸芳，〈陳靖姑傳說與文學研究〉，逢甲大學中國文學系碩士論文，2007 年。

陳啓鐘，〈清代閩北的客民與社會秩序〉，國立臺灣師範大學歷史學系博士論文，2011 年。

張仙武，〈清代陰騭文化研究 ── 以《文昌帝君陰騭文》相關文獻爲討論中心〉，國立臺灣師範大學歷史學系博士論文，2009 年。

張秀娟，〈寶卷中的四大民間故事研究〉，國立東華大學民間文學研究所博士論文，2009 年。

曾雨萍，〈清朝民間秘密宗教女宗教師研究〉，國立臺灣師
　　範大學歷史學系碩士論文，2005 年。

黃立儀，〈嘉慶初年川陝楚白蓮教之役（1796~1804）：以
　　天時、地利、人和為中心的再檢討〉，國立臺灣師範大
　　學歷史學系碩士論文，2005 年。

董至善，〈清朝社會控制之研究 —— 以秘密社會判例為中
　　心〉，國立臺灣師範大學歷史學系碩士論文，2003 年。

廖小菁，〈在救世與造反之間：清代天理教反叛事件中的信
　　仰與詮釋〉，國立臺灣大學政治學系碩士論文，2003 年。

鄭如卿，〈清代寶卷中的婦女修行故事研究〉，國立花蓮教
　　育大學民間文學研究所碩士論文，2005 年。

劉耀仁，〈清代民間秘密宗教末劫思想之研究〉，國立臺灣
　　師範大學歷史學系碩士論文，2005 年。

四、期刊論文

（一）臺灣地區

王一樵，〈清朝乾嘉時期庶民社會的邪教恐懼與秩序危機：
　　以檔案中的民間秘密宗教案件為中心〉，《政大史粹》
　　20，2011 年 6 月，頁 95~139。

王爾敏，〈秘密宗教與秘密會社之生態環境及社會功能〉，
　　《中央研究院近代史研究所集刊》10，1981 年 7 月，頁
　　33~59。

李世偉，〈戰後臺灣有關民間宗教研究的回顧與評介

（1950~2000）〉，《臺灣宗教研究通訊》5，2003 年 6 月，頁 11~71。

李淑如，〈《河陽寶卷》中的民間秘密宗教〉，《雲漢學刊》 23，2011 年 8 月，頁 196~214。

邱麗娟，〈近二十年海峽兩岸明清民間秘密宗教研究之回顧 與展望（1979~1999）〉，《史耘》6，2000 年 9 月，頁 49~92。

邱麗娟，〈從口供內容看清代前中期民間秘密宗教的活動 （1723~1850）〉，《興大歷史學報》23，2011 年 6 月， 頁 41~74。

邱麗娟，〈清代官方對民間秘密宗教醫療傳教活動的審理— 以乾嘉道時期為例〉，《興大歷史學報》21，2009 年 2 月，頁 39~69。

邱麗娟，〈清代民間秘密宗教的醫療活動：以病患求醫、入 教為中心〉，《臺灣師大歷史學報》38，2007 年 12 月， 頁 153~188。

邱麗娟，〈清代民間秘密宗教的氣功療法與教派傳佈〉，《人 文研究學報》41:2，2007 年 10 月，頁 79~98。

邱麗娟，〈清乾隆至道光年間民間秘密宗教醫者的研究〉， 《臺灣師大歷史學報》37，2007 年 6 月，頁 85~118。

邱麗娟，〈畫符念咒：清代民間秘密宗教的符咒療法〉，《人 文研究學報》40:2，2006 年 10 月，頁 27~49。

邱麗娟，〈清代民間秘密宗教活動中「男女雜處」現象的探 討〉，《臺灣師大歷史學報》35，2006 年 6 月，頁 141~175。

邱麗娟，〈清代民間秘密宗教的誦經療法〉，《人文研究學

報》40:1，2006 年 4 月，頁 63~83。

邱麗娟，〈清代民間秘密宗教中的道士 —— 以紅陽教與一炷
　　香教爲例〉，《南大學報人文與社會類》38:2，2004 年
　　10 月，頁 1~21。

邱麗娟，〈清乾嘉道時期紅陽教的醫療傳教〉，《臺南師院
　　學報》37：1，2003 年，頁 17~35。

邱麗娟，〈以茶治病 —— 清代中期紅陽教的茶療法〉，《南
　　大學報》39：2，2005 年，頁 67~86。

陳兆南，〈後期寶卷呈現的女性困境 —— 以《白玉樓寶卷》
　　爲例〉，《第四屆通俗文學與雅正文學全國學術研討會
　　論文》，臺北：新文豐，2003 年 12 月，頁 587~603。

莊吉發，〈清代秘密社會史的研究與出版〉，《清史論集》，
　　第十九集，臺北：文史哲出版社，2008 年，頁 185~220。

莊吉發，〈故宮檔案與清代社會史研究〉，《清史論集》，
　　第十一集，臺北：文史哲出版社，2003 年，頁 143~174。

莊吉發，〈從故宮現藏檔案談清代民間秘密宗教盛行的原
　　因〉，《清史論集》，第十六集，臺北：文史哲出版社，
　　2006 年，頁 261~286。

莊吉發，〈評介路遙著《山東民間秘密教門》〉，《清史論
　　集》，第十一集，臺北：文史哲出版社，2003 年，頁
　　335~355。

莊吉發，〈評介金澤著《中國民間信仰》〉，《清史論集》，
　　第十三集，臺北：文史哲出版社，2004 年，頁 265~288。

莊吉發，〈評介秦寶琦著《中國地下社會》〉，《清史論集》，
　　第十四集，臺北：文史哲出版社，2004 年，頁 303~329。

莊吉發，〈評介烏丙安著《中國民間信仰》〉，《清史論集》，
　　第十七集，臺北：文史哲出版社，2006 年，頁 339~357。

莊吉發，〈評介于本源著《清王朝》的宗教政策〉，《清史
　　論集》，第十八集，臺北：文史哲出版社，2008 年，頁
　　293~310。

莊吉發，〈評介馬西沙・韓秉方著《中國民間宗教》〉，《清
　　史論集》，第二十集，臺北：文史哲出版社，2010 年，
　　頁 334~366。

莊吉發，〈師巫邪術 —— 清代術士的活動〉，《清史論集》，
　　第二十集，臺北：文史哲出版社，2010 年，頁 291~312。

莊吉發，〈清代清茶門教的傳佈及其思想信仰〉，《清史論
　　集》，第十八集，臺北：文史哲出版社，2008 年，頁
　　257~284。

莊吉發，〈三教應劫：清代彌勒信仰與劫變思想的盛行〉，
　　《清史論集》，第十四集，臺北：文史哲出版社，2004
　　年，頁 147~166。

莊吉發，〈四海之內皆兄弟：歷代的秘密社會〉，《清史論
　　集》，第十四集，臺北：文史哲出版社，2004 年，頁 7~50。

莊吉發，〈正統與異端：盛清時期活躍於民間的宗教信仰〉，
　　《清史論集》，第十三集，臺北：文史哲出版社，2004
　　年，頁 7~84。

莊吉發，〈政治與宗教 —— 清代嘉慶年間民間秘密宗教的活
　　動〉，《清史論集》，第二十一集，臺北：文史哲出版
　　社，2011 年，頁 283~348。

莊吉發，〈世治聽人，世亂聽神 —— 清代臺灣民變與民間信

仰〉，《清史論集》，第十五集，臺北：文史哲出版社，
　　2005 年，頁 299~324。

莊吉發，〈隱語暗號 ── 清代秘密社會通俗文化的特色〉，
　　《清史論集》，第十六集，臺北：文史哲出版社，2006
　　年，頁 325~358。

莊吉發，〈傳承與創新 ── 從民間宗教寶卷的流傳分析通俗
　　文化的社會適應〉，《清史論集》，第十七集，臺北：
　　文史哲出版社，2006 年，頁 7~40。

曾雨萍，〈近十年來兩岸明清民間秘密宗教研究之回顧（1993
　　~2003）〉，《臺灣師大歷史學報》32，2004 年 6 月，
　　頁 169~190。

楊惠宇，〈清初順康雍三朝之政教關係 ── 以民間秘密宗教
　　的策略運用爲例（1644~1735）〉，《研究與動態》9，
　　2003 年 12 月，頁 179~194。

（二）大陸地區

丁希勤，〈從地藏信仰的興起看明清時期傳統文化的發展與
　　變遷〉，《池州師專學報》2，2006 年，頁 55~57。

中國第一歷史檔案館撰，〈清代檔案與清史修撰〉，《清史
　　研究》第 3 期，2002 年 8 月，頁 4。

孔慶茂，〈民間宗教的創世女神 ── 無生老母〉，《文史知
　　識》3，2008 年，頁 93~98。

田東奎，〈明清律典中的巫術犯罪〉，《唐都學刊》，第 21
　　卷，第 1 期，2005 年。

王健，〈近年來民間信仰問題研究回顧與思考:社會史角度的

考察〉，《史學月刊》1，2005 年，頁 123~128。

江田祥，〈爪牙與叛逆：胥吏與清中期白蓮教起義 —— 以乾嘉之際白蓮教「當陽教團」為中心〉，《歷史教學問題》3，2007 年，頁 45~49。

江田祥，〈客民、地方社會與白蓮教空間擴散 —— 以清乾嘉之際鄂西南來鳳縣為中心〉，《江漢論壇》6，2007 年，頁 106~110。

江田祥，〈清乾嘉之際白蓮教「襄陽教團」的地理分布與空間結構〉，《宗教學研究》3，2008 年，頁 154~163。

李媛，〈16 至 18 世紀中國社會下層女性宗教活動探析〉，《求是學刊》2，2006 年，頁 132~137。

艾晶、譚曉靜，〈「妖書」「妖言」研究現狀述評〉，《群文天地》3，2011 年，頁 107~108。

孟超、狄鴻旭，〈中國民眾意識與明清秘密教門的滋生和發展〉，《貴州師范大學學報》（社會科學版）5，2011 年，頁 90~97。

周輝湘，〈論近代民間宗教的政治變遷〉，《甘肅社會科學》3，2004 年，頁 66~69。

柏樺、劉更光，〈宗教與邪教 —— 明清時期刑罰政治觀〉，《西南大學學報》（人文社會科學版）1，2007 年，頁 56~63。

倪鐘之，〈論李世瑜先生的寶卷研究〉，《民俗研究》2，2011 年，頁 105~113。

孫立新、朱光涌，〈義和團運動的社會與宗教起源 —— 一個綜合解說嘗試〉，《中國海洋大學學報》（社會科學版）

1，2008 年，頁 74~80。

郭緒印，〈評清幫的發源和演變 ── 在泛長三角地區的轉
化〉，《上海師范大學學報》（哲學社會科學版）4，2010
年，頁 76~84。

郭松義，〈清朝的會典和則例〉，收於《清史研究通訊》第
4 期，1985 年，頁 34~36。秦寶琦，〈太平天國的「小
天堂」──「人間天堂」宗教理想的中國實踐〉，《清
史研究》4，2010 年，頁 70~77。

徐小躍，〈論中國民間宗教及其與佛教的關係 ── 以白蓮教、
羅教為例〉，《新世紀宗教研究》2：3，2004 年，頁 36~60。

陸勇，〈晚清秘密教門與近代社會變遷〉，《雲南社會科學》
4，2003 年，頁 83~87。

馬繼武、于云瀚，〈中國古代城市中的民間秘密結社〉，《社
會科學輯刊》5，2003 年，頁 91~95。

曹新宇，〈傳統中國社會的「災難信仰制度」與秘密教門的
「災難神話」〉，《清史研究》2，2003 年，頁 80~88。

袁燦興，〈論聞香教王氏家族〉，《河北科技師范學院學報》
（社會科學版）3，2010 年，頁 46~49+59。

梁景之，〈清代民間宗教的民俗性與鄉土性〉，《歷史檔案》
4，2003 年，頁 62~67。

梁景之，〈從「邪教」案看清代國家權力與基層社會的關系〉，
《清史研究》3，2003 年，頁 53~61。

梅莉，〈清代真武大帝信仰之流變〉，《湖北大學學報》（哲
學社會科學版）5，2005 年，頁 607~611。

張佐良，〈18 世紀中國秘密社會與社會變遷〉，《菏澤學院

學報》6，2007 年，頁 82~85。

張佐良，〈從河州事變看乾隆朝民變的政府對策〉，《學術研究》11，2007 年，頁 110~115。

張榮明，〈從南無教看秘密宗教信仰的特點〉，《管子學刊》1，2008 年，頁 50~54。

張益剛、武傳忠，〈「叫魂」背后的思考：精神控制的危機與應對 —— 從《叫魂》看清政府的社會控制〉，《長春工業大學學報》（社會科學版）2，2009 年，頁 84~86。

屠燕治，〈清秘密會社「天運乙丑」銀牌〉，《中國錢幣》1，2007 年，頁 21~25+79。

黃建江，〈晚清秘密教派與社會變遷〉，《綏化師專學報》2，2004 年，頁 93~95。

楊杰，〈苦難中寄托前行中異化 —— 中國民間秘密宗教試析〉，《肇慶學院學報》3，2010 年，頁 39~41。

萬晴川，〈明清小說與民間秘密宗教及幫會之關系論綱〉，《江西師范大學學報》（哲學社會科學版）5，2005 年，頁 71~76。

萬晴川，〈《三逐平妖傳》與歷史上的王則彌勒教起義〉，《明清小說研究》2，2005 年，頁 136~145。

萬晴川、趙玫，〈西游故事在明清秘密宗教中的解讀〉，《淮陰師范學院學報》（哲學社會科學版）3，2006 年，頁 327~331+398+419。

劉平，〈明清邪教組織的幾種類型〉，《江蘇教育學院學報》（社會科學版）6，2003 年，頁 56~59。

劉平，〈剖析明清「邪教」〉，《江蘇教育學院學報》（社

會科學版）6，2004 年，頁 63~66。

劉平，〈文化變異 —— 明清「邪教」教義的形成與內涵〉，《江蘇行政學院學報》4，2004 年，頁 24~29。

劉平，〈明清「邪教」傳教手段剖析〉，《山東大學學報》（哲學社會科學版）6，2005 年，頁 67~75。

趙志，〈試論清后期金丹道教與幫會組織的融合〉，《陰山學刊》3，2003 年，頁 66~70。

劉平、唐雁超，〈清末民初秘密教門向會道門的轉變—以政府法令為視角的探討〉，《甘肅社會科學》2，2009 年，頁 1~5。

劉健，〈中國民間信仰研究述論〉，《才智》28，2009 年，頁 188~190。

鄧君、周武慶，〈近年來中國明清民間宗教研究〉，《文教資料》33，2006 年，頁 183~184。

鄭永華，〈清代推行教化與治理民間教門之關系試探〉，《北京歷史文化研究》2，2007 年，頁 100~114。

潮龍起，〈秘密社會研究的理論視角〉，《煙臺大學學報》（哲學社會科學版）3，2004 年，頁 324~327。

蔣瀟鋒、張婷，〈中國秘密教門的淵源、現狀、特征及對策研究〉，《江西公安專科學校學報》2，2007 年，頁 86~93。

閻瑞雪，〈中國歷史上的「邪教」概念特徵及處置〉，《科學與無神論》6，2010 年，頁 60~62。

濮文起，〈王森論〉，《貴州大學學報》（社會科學版）4，2006 年，頁 55~58。

濮文起，〈神聖家族：明清時代民間宗教世界的傳教世家〉，

《求索》7，2006 年，頁 139~141。

濮文起，〈《如意寶卷》解析 —— 清代天地門教經卷的重要發現〉，《文史哲》1，2006 年，頁 47~52。

濮文起，〈女性價值的張揚 —— 明清時期民間宗教中的婦女〉，《理論與現代化》5，2006 年，頁 111~115。

濮文起，〈天地門教抉原〉，《宗教學研究》1，2011 年，頁 178~190。

韓志遠，〈王覺一與末后一著教新探〉，《近代史研究》4，2007 年，頁 1~28+160。

五、工具書

丁福保，《佛學大辭典》，北京：文物出版社，1984 年。

車錫倫，《中國寶卷總目》，臺北：國立中央研究院文哲研究所籌備處，1998 年。

胡孚琛，《中華道教大辭典》，北京：中國社會出版社，1995 年。

曹中建，《中國宗教研究年鑑（1997~1998）》，北京：宗教文化出版社，2000 年。

莊吉發，《故宮檔案述要》，臺北：國立故宮博物院，1983 年。

張玉法、洪健榮，《中國近代史史料指引》，臺北：新文豐 2005 年。

濮文起，《中國民間秘密宗教辭典》，成都，四川辭書出版社，1996 年。

六、外文資料

（一） 日 文

宮原民平，《支那の秘密結社》，日本：東洋研究會，1924年。

野口鐵郎，〈中國の秘密宗教の術〉，《史境》，東京：歷史人類學會，1984年。

野口鐵郎，〈明清時代の「邪教」と結社〉，《史潮》18，東京：歷史學會，1985年。

野口鐵郎，《明代白蓮教史の研究》，日本：雄山閣，1986年。

淺井紀，〈關於道光青蓮教案〉，《東海史學》11，1977年。

澤田瑞穗，《校註破邪詳辯》，東京：道教刊行會，1972年。

（二）英 文

Albert Feuerwerker,Rebellion in Nineteeth-Century China. Ann Arbor:Center for Chinese Studies, University of Michigan Press, 1975.

Daniel Overmyer, Folk Buddhist Religion: Dissenting Sects in Late Traditional China. Cambridge: Harvard University Press, 1976.

Daniel Overmyer,Women in Chinese Religions: Submission, Struggle, Transcendence Department of Asian Studies, University of British Columbia,Not yet ready to cite.

Kuhn Philip A, Rebellion and its Enemies in Late Imperial China: Militarization and Social Structure, 1796-1864. Cambirdge: Harvard University Press, 1970.

Kuhn Philip A, Soulstealers: the Chinese Sorcery Scare of 1768. Canbridge: Harvard University Press, 1990.

Susan Naqui, Millenarian Rebellion in China: The Eight Trigrams Uprising of 1831. New Haven: Yale University Press, 1976.

Susan Naquin & Chün-Fang Yü, Pilgrims and Sacred Sites in China, University of California Press.

Susan Naquin, Millenarian Rebellion in China: The Eight Trigrams Uprising of 1813. New Haven: Yale University Press,1976.

Susan Naquin, Shantung Rebellion: The Wang Lun Uprising of 1774. New Haven: Yale University Press,1981.

七、電子資料庫

「漢籍全文資料庫」網址 http://hanji.sinica.edu.tw/。